लोकमंथन

लोकमंथन

भारत बोध : जन गन मन

संपादक

प्रो. संजीव कुमार शर्मा

प्रो. बी.के. कुठियाला

डॉ. रवींद्र भारती

श्रीधर पराडकर

प्रभात प्रकाशन, दिल्ली

ISO 9001:2015 प्रकाशक

प्रकाशक • **प्रभात प्रकाशन**
4/19 आसफ अली रोड,
नई दिल्ली–110002

संस्करण • प्रथम, 2019
मूल्य • पाँच सौ रुपए
मुद्रक • आर–टेक ऑफसेट प्रिंटर्स, दिल्ली

LOKMANTHAN
Ed. Prof. Sanjeev Kumar Sharma • Prof. B.K. Kuthiala
• Dr. Ravindra Bharati • Shridhar Paradkar ₹ 500.00
Published by Prabhat Prakashan, 4/19 Asaf Ali Road, New Delhi-110002
e-mail: prabhatbooks@gmail.com ISBN 978-93-5322-098-3

आमुख

लोकमंथन भारत की सहस्त्रों वर्षों की परंपरा है। विचार मंथन लोक की सार्वजनीन आविष्कृति तथा अभिव्यक्ति का साधन भी है तथा साध्य भी है। मंथन की भारतीय परंपरा वैचारिक शास्त्रार्थ तथा सहमति-असहमति की सार्वकालिक स्वीकार्यता तथा सह अस्तित्व पर आधृत है। 'वादे-वादे जायते तत्त्वबोध:' का भारतीय उद्घोष सम्वाद के नैरंतर्य एवं वैचारिकी के सर्वस्पर्शी स्वरूप को ही उद्भासित करता है। विचार सरणियाँ पारस्परिकता व अन्योन्याश्रियता की परिचायक हैं। असहमति विरोध की सूचना नहीं अपितु परिपूर्णता का द्वार है। अतएव गहन मंथन सर्वतोमुखी विवेचना का पटल है। अनेकानेक वर्षों से भारतीय मनीषा, मेधा व प्रतिभा सघन प्रश्नोत्तरी के माध्यम से परमसत्य का अनुसंधान करने में प्रवृत्त रही है। इसीलिए ज्ञान की सर्वोत्कृष्ट विधा औपनिषदिक परंपरा में एक उपनिषद् का अभिधान ही प्रश्नोपनिषद् है। प्रश्न परीक्षण का सूत्र नहीं है, अपितु ज्ञान पिपासा का तंतु है, जिज्ञासा का चाक्षुस् उन्मीलन है और अदम्य उत्कंठा का शांतिपाठ है। प्रश्नाकुल मस्तिष्क कौतूहल की प्रशस्ति है। विशद एवं वृहद चिंतन का स्वस्तिवाचन है।

विश्व की प्राचीनतम संस्कृति, प्राचीनतम सभ्यता, प्राचीनतम राष्ट्र और प्राचीनतम भाषा होना हमारे आत्म गौरव तथा स्वाभिमान का स्वाभाविक प्रस्थान बिंदु है। अनेकानेक आक्रमणों तथा स्थानीय उपद्रवों ने भी ज्ञान-विज्ञान के क्षेत्र में हमारी अप्रतिहत मेधा तथा मनीषा को कदापि निस्तेज नहीं किया। सहस्त्रों वर्षों से हमारी नवोन्मेषशालिनी प्रतिभा ने प्रकृति से प्रत्यक्ष साक्षात्कार किया तथा रहस्यतम एवं गूढ़तम प्रश्नों को निर्भीकतापूर्वक संबोधित किया। इसीलिए कोई भी सत्यकाम जाबाल, कोई भी नचिकेता, कोई भी अष्टावक्र, कोई भी सर्वदमन भरत कहीं भी कभी भी किसी भी प्रश्न से जूझने में संकोच नहीं करता। भारतवर्ष अपने राजाओं को ब्रह्मर्षि बनने का प्रयत्न करते हुए देखता आया तो आरण्यकों को भविष्यद्रष्टा, राजकुमारों को तपस्वी और तपस्वियों को योद्धा बनते भी देखता रहा है। भारतवर्ष में उद्भूत विश्व प्राचीनतम ग्रन्थ ऋग्वेद ब्रह्मांड भर से कल्याणकारी विचारों के आगमन का निष्कलुष स्वागत करता है। यजुर्वेद उन समस्त भद्र भावनाओं के विश्व

भर के जनसमुदाय में संप्रेषण का आह्वान करता है और ऋग्वेद बहुभाषी, बहुधर्मी, बहुल विचारधारी मनुष्यों को एकात्मकता का सूत्र प्रदान कर साथ चलने, साथ प्राप्तियाँ करने, साथ सोचने, साथ समझने तथा साथ रहने का संकल्प प्रदान करता है। इस प्रकार भारतीय ज्ञान परंपरा विषयों, अनुशासनों, अध्ययन पद्धतियों, उपासना मार्गों, आदि विभेदों को सर्वथा सम्मान प्रदान करते हुए मानव मात्र के कल्याण को ही परम ध्येय मानती है। अतः भारतीय ऋषि सर्वकल्याण को दृष्टिगत करते हुए चिंतन करता है। सब का सुख, सब की नीरोगता, सब का भद्र विचार भारतीय चिंतन का उत्स है। इस परिप्रेक्ष्य में विचार तथा विमर्श की दृष्टि व्यापक, अनाविल, निष्पाप तथा निर्वैर होती जाती है। कालक्रमानुक्रम में परंपरा के कतिपय तत्त्व क्षीण तथा भंगुर होते जाते हैं तथा कतिपय नवीन तत्त्व परंपराविष्ट होते हैं। यही आधुनिकता का मूल तत्त्व है। यही परंपरा की निरंतरता का प्रतीक है। यही नैरंतर्य भारतीय विचार सरणि की सनातनता का अभिधान है। अर्वाचीन तथा प्राचीन का यह सम्मिश्रण ही अकादमिक नवाचार तथा बौद्धिक रमणीयता की पूर्वावश्यकता है। अध्ययन तथा अनुसंधान की स्वतः स्फूर्त इस धारा ने अनेकानेक वर्षों तक भारतवर्ष की अप्रतिम मनीषा से विश्व का परिचय कराया और शिक्षा, ज्योतिष, अध्यात्म, चिकित्सा, युद्ध कौशल, खगोलशास्त्र, आयुर्वेद, धनुर्वेद, चित्रकला, वास्तुशास्त्र, संगीत, आदि क्षेत्रों में विश्व भर का दिग्दर्शन की शक्ति, सामर्थ्य तथा साहस प्रदान किया। इसीलिए भारतवर्ष को सहस्राब्दियों तक विश्वगुरु अथवा जगद्गुरु के अभिधान से प्रतिष्ठित किया गया।

परंतु अत्यंत दुर्भाग्य का विषय है कि सर्वप्रथम तो अनेकानेक विदेशी आक्रमणों तथा पराधीन शासन ने हमारी कई पीढ़ियों तक मानसिक हीनता ग्रंथि का बीजवपन कर दिया और सहस्राधिक वर्षों की परतंत्रता ने स्वतंत्र चिंतन की धारा को अवरुद्ध भी किया। तदनंतर स्वतंत्रता के आंदोलन की अवधि में राष्ट्रवादी बताए गए अकादमिक प्रयत्नों की इतिश्री भी राजनीतिक तथा प्रशासनिक स्वातंत्र्य के साथ ही हो गई। सत्य यह है कि वर्तमान राजनीतिक तथा प्रशासनिक अभिकरण पर अतिशय निर्भरता ने हमारी स्वाभाविक ज्ञान पिपासा की दिशा अनायास ही पाश्चात्योन्मुखी कर दी और परिणामस्वरूप अकस्मात् संपूर्ण भारतवर्ष की बुद्धिजीविता पश्चिम उद्भूत विचार–सरणि के अन्धानुसरण की अभिलाषी, उत्सुक तथा उद्यत होती चली गई। इस परजीविता ने हमारी मौलिकता, प्रभावशीलता, सर्जनात्मकता और आत्मभिमानी तेजस्विता को क्रमशः क्षीण एवं निष्प्रभ कर दिया। मनुष्यों, जातियों, समूहों, समुदायों, वर्गों, भाषाओं, क्षेत्रों, आदि में वर्गीय शत्रुता के बीज खोजने तथा वर्ग संघर्ष की वैचारिक प्रतिष्ठा करने के दुराग्रहों में व्यस्त बौद्धिकता ने मनुष्यों तथा समाजों में दुराव, दुर्भावना तथा दूरी को सायास बढ़ावा दिया। साथ ही इस संबद्ध विषयों, अनुभवजन्य अनुशासनों तथा समयसिद्ध ज्ञान को त्याज्य व प्रगतिविरोधी अभिधानित किया गया। इस परिप्रेक्ष्य में यह नितान्त अपरिहार्य हो गया है कि विश्व कल्याण की दृष्टि

से भारतीय लोक परंपरा का वैज्ञानिक तथा विश्लेषणात्मक रीति से शोधपरक अवगाहन किया जाए और समकालीन प्रश्नों को संबोधित करने की सामर्थ्य, शक्ति तथा सक्षमता का निष्पक्ष अनुशीलन किया जाए।

यह अनुशीलन भारत बोध को अनुप्राणित करे, जन गण मन की भावना से ओतप्रोत हो तथा लोक मंथन के माध्यम से समाज जीवन के विभिन्न पक्षों का तलस्पर्शी व गूढ़ परिचय प्रदान करे, इसी कामना, आकांक्षा व अभिलाषा के साथ 'लोकमंथन-भारत बोध : जन गण मन' शीर्षक से यह सम्पादित पुस्तक सुधीजनों के समक्ष विनम्रतापूर्वक निवेदित है।

संपादक मंडल समस्त लेखकों के प्रति अपना आभार ज्ञापित करता है। प्रकाशन को अत्यल्प समयावधि में यह दुरूह दायित्व पूर्ण करने हेतु साधुवाद व धन्यवाद देना भी हमारा पुनीत कर्तव्य है।

पुस्तक में किसी भी त्रुटि को हमारी अनवधानता मानकर क्षमा करेंगे—यह आशा है।

गच्छतः स्खलनं क्वापिभवत्येवप्रमादतः।
हसन्ति दुर्जनास्तत्र समादधति सज्जनाः॥

इति शम्

—संपादक मंडल

अनुक्रम

Reclaiming Dialogue Tradition: Reinventing Bharatiyata

✍ **Nand Kumar**

The Sanskrit word Teertha literally means "a ford, a crossing place" with a spiritual connotation which can be described as "transition or junction". Bharat is full of such Teerthas (holy places) which open up avenues for an essential spiritual transition that has to be taken place in every potentially divine life. Swami Vivekananda has said it explicitly that ours is such a sacred nation considering the enormous number of holy places known as 'Teertha Sthalis' lying across the length and breadth of Bharat. Draw a circle having a one-kilometre radius, for sure it will have its own divinity with the presence of more than one divine personas or spiritual centres. Shankara Bhagavad Padar, while explaining about Theertha Mahatva or Importance of Holy places or pilgrim centres or pilgrimage, succinctly spelt it out:

Teerthe Teerthe Nirmalam Yogi Vrindam
Vrinde Vrinde Tatwa Vichindanuvada
Vade Vade Jayate Tatwa Bodham
Bodhe Bodhe Bhasate Chandra Chuda

Through Samvada, real enlightenment can be achieved. And, the enlightenment illuminates Chandrachooda, as if fire illuminates after ashes are removed from burning charcoal. When we analyse these lines in depth, we would come to know what is the actual reason for the illumination of Parama Shiv. That is the real healthy discussion between the persons, Samvada. So it is quite clear that the root cause of the formation of Rashtra is Samvada The very name Rashtra denotes the meaning is the equipment of light. The very idea of Rashtra is nothing but an extension of this great idea.

Hence, a mundane place will become Teertha only when it facilitates this divine transition of a human being for which verbal exchange of supramental thoughts is essential. As Aurobindo explained, a process that becomes more and more immediate and real the further it progresses. Then only the ascribed meaning of the word will be conferred upon 'Teertha'. Undoubtedly, Samvada is the one which makes a Teertha, a transition, the sacred place where Yogis assembled and discussed the ultimate philosophy.

Again, not all our Teerthas are located in secluded and pristinely beautiful places. Irrespective of being located in forests, riverfronts or urban centres, they are always sanctified by the presence of Holy men and institutions. From Himalaya to Kanyakumari, the very idea of our nation has been fortified by this sacred geography which in a way a manifestation of our cultural continuity. Its sanctity permeates beyond the geographical limitations and invites soul-seekers from all quarters to this sacred land time and again. In short, the soul of our nation lies in such Teerthas which offer a divine space for meaningful dialogues. Swami Vivekanada has summed it up, Santana Dharma will live as long as Himalaya exists. For him, the sacred Himalaya is ensouled by Divinity and is the protector of India and her civilisation.

Yuval Noah Harari in his much celebrated book, Sapiens: A Brief History of Mankind, seeks answer to the question, what makes us Homo Sapiens special comparing with other Sapiens. Harari explains that it's our imaginations and our ability to believe in myths and stories that enable us to communicate on a mass level – and to control other animals. In the context of Bharat, this communication has further grown to a level which other societies could not achieve. Unlike their western counterparts who were after singularity, our ancestors sought to reconcile science, philosophy and art and celebrated the diverse forms of knowledge and the truth. Our ancestors laid foundation for the cultural and spiritual unity of our nation employing this traditional method of enlightened and dignified multilayered dialogue supported by their invincible and irresistible logic and spiritual powers.

Since time immemorial, out of meaningful discussions and debates, various stages of glorious Hindu Rashtra unfolded. Throughout history, the same process of Samvada made Rashtra strong and advanced its journey further ahead. Hence, the Samvada tradition has got an important role in the nation rebuilding process and the terms Vada and Samvada have got a distinct place in all Hindu scriptures including Bhagavad Gita. Interestingly, in Bhagavad Gita, Lord Krishna describes himself as Vada among all sorts of arguments. According to Hindu philosophy, both Vada and Samvada, argument and dialogue, take a truth seeker to same ultimate goal, the Truth.

Despite umpteen external aggressions, this foundation which erected upon our indigenous knowledge traditions, remained immortal as mighty as Himalaya. Perhaps, the British invasion was the only exception that won to a certain extent to dismantle the peripheral structure of our indigenous system. We have yet to recover from the colossal damage it has caused to our intellectual and social spheres. The main problem lies in the lack of real spirit of Samvada. Though many organisations and individuals have sprung up to give expression to this cultural continuity which was inherited from unbroken successions, from Vedic Rishis to Swami Vivekananda. Owing to many reasons, post-Independent India has failed to connect with its real cultural and civilisational roots. Needless to say that the legacy of our multilayered discussion was also not reinstated in consonance with developing a new Indian state.

Swami Ranganathanada, in his legendary work Universal Message of Bhagavad Gia, has given a profound verbal portrait of our ancient tradition of Samvada: "There are in our study of logic in India three types of Pra Vadana. When you discuss a subject with somebody, you can do it in three ways. They are called Vada, Jalpa and Vitanda. What a wonderful classification! In Vada, your objective is to find out the truth. So, you are discussing a subject with the motivation of finding the truth. You are calm, quiet and never getting into hatred arguments. Such an argument is called Vada. What science does is also what is done in high spiritual life; that is called Vada. What science does is Jalpa, in which you forget the purpose for which you started your discussion. You want to get victory over your opponent without making an honest attempt to arrive at truth. And when it comes to Vitanda, you try to win simply by refuting the other's position. You are not interested in the truth. You are only fighting with words."

Padma Vibhushan Shri P. Parameswaran, aka Parameshwarji, one of the founders of Prajna Pravah, once observed the dialogue is the language of the cultured, whereas the language of the barbarian is of the dagger. Bharat has always practised the former and won the hearts of the people inside and outside her frontiers. It is not only in matters of spirituality but also in mundane matters of everyday life, like politics and economics, social and cultural life, with equal effect.

Further, in our tradition, the highest form of dialogue is believed to be communication through silence (mauna) where no spoken word is employed. Shri P. Parameswaran, in one of his essays, recounts, "Communication through utter silence requires extraordinarily high level of spiritual attainment. Dialogue through language is always liable to be imperfectly understood, if not totally misunderstood. But unfortunately for ordinary human beings, there is no other option. But those who have attained high levels of spiritual power can communicate in silence or even by just a glance."

We got political independence in 1947. Unfortunately, the leadership which was thrust upon us was still suffering from the terminal disease of Hinduphobia. Meanwhile, the countries for political independence along with India have thrived on the agenda of decolonising and nationalising the discourse. But our government was nothing but a relic of our colonial past. As a result, those who had developed a congenital contempt for Bharatiyata occupied the key positions and steered the wheel of the modern Indian state. They have systematically cultivated a habit of praising everything western and ignoring whatever indigenous. It has its reflections on all spheres of Indian life that eventually led to the present apathy of Hindu society.

As Swami Ranganathanadaji laments, the apathy of our political and socio-cultural domains in the latter part of his Bhagavad Gita exposition, it is something like the post-independent political discourse-less Vada, more of Jalpa and Vitanda. "A parliament is where one is supposed to engage oneself in Vada, we discuss with a view to do good to the nation. That is the purpose of discussion in a democracy. That we forget, and we get into Jalpa and Vitanda." Now we have to return to Vada once again since democracy is governance by discussion. Lokamanthan is nothing but a humble effort towards elevating the present discourse towards the real spirit of Samvada, a multi-layered dialogue from the inferior realms of Jalpa and Vitanda, a humble step towards the journey of Mind to Super Mind. Bharat can reclaim its lost glory only by reinventing the tradition of meaningful dialogues and discussions. Lokamanthan seeks to reinvent our traditional multi-layered dialogue process by transforming itself as a Teertha Sthali, where Vitanda and Jalpa give way to the real spirit of Vada. □

भारतबोध सिद्धांत और संकल्पना

✍ मुकुल कानिटकर

भारत एक जैविक इकाई है। इसे केवल राष्ट्र राज्य (Nation-State) के रूप में समझा नहीं जा सकता। पश्चिम में विकसित राष्ट्रवाद (nationalism) के आलोक में भारत को समझने की भूल ही वर्तमान की समस्त समस्याओं की जड़ है। व्यवस्था का अभारतीय दृष्टिकोण समाज को उसके संग जुड़ने नहीं देता। इसलिए जन, मन और तंत्र की सोच में समन्वय न होने से सामूहिक गतिविधि का सर्वोच्च आध्यात्मिक प्रतिमान गण साकार नहीं हो पा रहा है। अतः भारत बोध की प्रथम अनिवार्य शर्त है, इसकी जीवन दृष्टि को समझना। जनता के आचरण में यह जीवन दृष्टि बहुतांश है। इसे परंपरा के रूप में संस्थागत कर सहस्त्राब्दियों के पार भी लगभग शुद्धता के साथ संजोया गया है। आज दो शताब्दियों में 'शिक्षित' समाज मन के दासत्व का परिणाम है कि हमने व्यवस्था में इस दृष्टि को खो दिया है। भारत दृष्टि से उत्पन्न सनातन, शाश्वत सिद्धांतों को कालानुरूप आवश्यकता की पूर्ति हेतु व्यवस्था में ढालना वर्तमान चुनौती है। 700 से अधिक वर्षों के सतत् संघर्ष के कारण सहस्त्रों वर्षों से निरंतर चल रही। इस स्वाभाविक नैसर्गिक प्रक्रिया को हिंदू मानस भूल गया है। अब फिर हमारी संस्कृति विजय की ओर अग्रसर है। 'अंतरराष्ट्रीय योग दिवस' के निमित्त विश्व के 193 से अधिक देशों ने योग जीवनशैली को अपनाया है। यह भारत के जीवन ध्येय की पुनः पूर्ति का शुभारंभ हैं। जब-जब भारत समृद्ध और शक्तिशाली बना, तब तब विश्व गुरु के रूप में प्रतिष्ठित हो, मानवता को धर्म जीवन का पाठ पढ़ाने का दायित्व निभाता रहा है। अब फिर वह स्वर्णिम अवसर सम्मुख है। ऐसे में भारत बोध की समझ, अंगीकार तथा आचरण पूरे समाज के लिए ही अनिवार्य हो जाती है। जीवन के हर अंग में व्यवहार में भारतीयता का स्पंदन अनुनादित होगा ही, किंतु प्रारंभ शिक्षा से ही करना होगा। इतिहास साक्षी है कि जब-जब हमारी शिक्षा व्यवस्था समर्थ हुई, तब-तब राष्ट्र सक्षम तथा समृद्ध हुआ।

शिक्षा के भारतीय प्रादर्श का विकास करने के लिए भारतीयता की संकल्पना को

स्पष्ट समझना होगा। फिर उन सिद्धांतों को शिक्षा क्षेत्र में कैसे लागू करेंगे, इस पर विचार हो सकेगा। जब हम भारतीयता की बात करते हैं, तब हम उन सनातन सिद्धांतों की बात कर रहे होते हैं, जिनका विकास वैज्ञानिक आधार पर हमारे ऋषियों ने किया और समय-समय पर युग की आवश्यकताओं और चुनौतियों के अनुरूप ढालकर जीवन में उतारा। वर्तमान समय में इसी कार्य को पुन: करना आवश्यक है। आइए, इन शाश्वत् सिद्धांतों को सूचीबद्ध करने का प्रयत्न करते हैं।

एकात्म दृष्टि

समूची सृष्टि में निहित एकत्व को जान कर हमने उसे जीवन में ढाला है। पूरे सृष्टि की जैविक एकता के आधार पर जीवन के हर पहलू को विकसित किया गया। ज्ञान, कला, विज्ञान—सभी में यह एकत्व ही प्रकट हुआ। केवल आध्यात्मिक एकत्व की बात नहीं है, यह तो पूर्णत: वैज्ञानिक एकत्व है, जिसे आधुनिक विज्ञान अब समझ रहा है। स्वामी विवेकानंद ने कहा था, "एक तिनके के उगने के लिए भी सारी सृष्टि को कार्य करना पड़ता है। पूरे ब्रह्मांड को साथ लिये बिना एक परमाणु भी गति नहीं कर सकता।" इस जैविक एकत्व का साक्षात्कार ही वास्तविक ज्ञान है। समूचे जगत् की विविधता में अंतर्निहित एकत्व को जानना ही ज्ञान है। रसायन शास्त्री की अंतिम खोज कि वह मूलतत्त्व होगा, जो सारी रचना को समझा सके, उसी एक की खोज में भौतिकशास्त्री है। वे उसे ऊर्जा के एकत्व के रूप में पाने का प्रयास कर रहे हैं। इस एकात्म दृष्टि के अभाव में ही वर्तमान समय में सत्य की खोज भटक रही है। भारतीय पारंपरिक-शिक्षा व्यवस्था में यह एकत्व का अनुभव ही ज्ञान का परम लक्ष्य है।

एकात्म दृष्टि का ही आविष्कार 'वसुधैव कुटुंबकम्' इस लोकप्रिय विचार में हुआ है। संपूर्ण विश्व को अपना कुटुंब समझने का भाव अचानक जाग्रत् नहीं होता। यह हृदय के विस्तार की चरम अवस्था है। मन का अखंड मंडलाकार विस्तार अस्तित्व के एक होने के सत्य का साक्षात्कार है। व्यक्तिगत 'मैं' के आत्मीय भाव का विस्तार परिवार में होता है। अपने आत्मतत्त्व के प्रतिबिंब को हम परिवार में सहजता से अनुभव करते हैं। एकत्व की

इसी अनुभूति को 'आत्मीयता' कहा जाता है। परिवार का सुख-दुःख, स्वप्न, आकांक्षा, संकल्प—सब के साथ हम सहजता से एकाकार होते हैं। परिवार से आगे समाज, राष्ट्र व समूची मानवता के स्तरों पर आत्मीयता के विस्तार के लिए विशेष प्रयत्न करने पड़ते हैं। भारतीय जीवन पद्धति में इन प्रयत्नों का सहज अंतर्भाव है। समाज, राष्ट्र, मानवता, सृष्टि व अंततः परमेष्टि तक एकात्मता की अनुभूति करना, उस हेतु मन में उदारता धारण करना यह भारतीयता के महत्त्वपूर्ण अंग है। हृदय के इस अखंडमंडलाकार विस्तार का संस्कार भारतीय शिक्षण व्यवस्था की नींव है।

विविधता का सम्मान

एकात्म दृष्टि का ही परिणाम है कि भारत में विविधता का सम्मान होता है। भारत में प्रारंभ से ही इस सत्य को साक्षात् किया गया कि एकत्व जब प्रगट होता है, तब अद्वितीयता से अभिव्यक्त होता है। जगत् में कोई भी दो जीवंत वस्तुएँ एक समान नहीं होतीं। यहाँ तक कि एक ही पेड़ के दो पत्ते भी पूर्णतः एक समान नहीं होते। इस सनातन सिद्धांत को भारत में जीवन में उतारा गया। इसी के चलते हमने खान-पान, वेश-भूषा से लेकर सभी परंपराओं में विविधता का सम्मान किया। हम सबको एक-सा नहीं बनाना चाहते। हम प्रत्येक को उसके बीजत्व के अनुसार पल्लवित, पुष्पित होने का अवसर देते हैं। कला, ज्ञान तथा पद्धति में मौलिकता महत्त्वपूर्ण हो जाती है। नकल को निकृष्ट माना जाता है। मौलिकता का प्रोत्साहन शिक्षा में अनिवार्य हो जाता है। इसी में से सर्वसमावेशक जीवन पद्धति का विकास हुआ। 'एकं सत्विप्राः बहुदा वदन्ति' एक ही सत्य को जानकार भिन्न-भिन्न तरीकों से बताते हैं—यह मंत्र विविधता को स्वीकारने का आधार बना। सामन्यतः उद्घोष किया जाता है कि 'विविधता में एकता : हिंद की विशेषता'। किंतु भारतीय विचार में यह कृत्रिम एकता नहीं है। वास्तव मे 'एकता की विविधता में अभिव्यक्ति' का हम उत्सव मनाते हैं।

दिव्यत्व प्रगटन ही जीवनध्येय

प्रत्येक जीव में पूर्णता पूर्व से ही विद्यमान है। यह सुप्त दिव्यत्व ही स्वयं को अभिव्यक्त करने के लिए प्रयासरत है। जीवन का ध्येय इसे पूर्णतः प्रकट करना है। शिक्षा, प्रशिक्षण, आजिविका, संबंध आदि सब इस प्रकटन के माध्यम मात्र है। इसी तत्त्व से प्रेरित हो स्वामी विवेकानंद शिक्षा की परिभाषा करते है—मनुष्य में अंतर्निहित पूर्णता की अभिव्यक्ति ही शिक्षा है।

एकात्म दृष्टि, विविधता तथा दिव्यत्व प्रकटन—इन तीनों सिद्धांतों को एक साथ

समझने पर हमें जगत् में अस्तित्व के तीन शाश्वत वैज्ञानिक नियम ज्ञात होते हैं—

(अ) पूर्ण जगत् जैविक रूप से एक है। ऊपर से दिखते 'नानत्व' के भीतर एक ही चेतना कार्य कर रही है।

(आ) एकत्व का जगत् के बहुत्व में जब प्रकटन होता है, तब प्रत्येक अभिव्यक्ति अपने आप में अद्वितीय होती हैं। अतः यह बहुत्व केवल एक जैसे अनेक बनना नहीं है, अपितु अपनी अपनी विशिष्टता को धारण किए नानाविध रूपों में अभिव्यक्ति है। यह जगत् एक पूर्ण के विविध अंगों से बना है। प्रत्येक अंग की संरचना, कार्य व भूमिका—तीनों अपने आप में अद्वितीय हैं।

(इ) नाना अंगों का पूर्ण से जैविक संबंध है। जैसे पेड़ से टूटी डाली सूख जाती है, वैसे ही पूर्ण से जुड़ाव के बिना अंग जीवित ही नहीं रह सकता। इन तीनों नियमों को समझकर अपने जीवन के ध्येय को पूर्ण के संबंध में अपनी भूमिका, कार्य तथा स्वभाव को प्रकट करना ही सच्चे अर्थ में दिव्यत्व का प्रकटीकरण है। यही जीवन को गढ़ने की वैज्ञानिक पद्धति है।

ईश्वरनिष्ठा

भारत का स्वभाव ही अध्यात्म है। इसके परिणामस्वरूप जीवन के सभी अंगों में ईश्वरनिष्ठा प्रकट होती है। चाहे नृत्य, गायन आदि कलाएँ हों अथवा चर्मकला, धातु गलाना अथवा शस्त्र संचालन, सभी का अंतिम लक्ष्य ईश्वरानुभूति ही है। यहाँ तक कि कामेच्छा को भी हमने ईश्वराभिमुख कर दिया। यह भारत में ज्ञान का परमोद्दिष्ट है। हमारे यहाँ गणित की गणना व्यापार का लाभ गिनने के लिए नहीं है, अपितु उसके माध्यम से भी हम संख्या के परे के सत्य, अपरिवर्तनीय ईश्वर को ही पाना चाहते हैं। जब हम ईश्वरनिष्ठा की बात करते हैं तो हम आस्तिकता की बात नहीं कर रहे। किसी भी बात पर विश्वास करने को हम नहीं कहते। हमारा बल मानने पर नहीं जानने पर है। अतः एक नास्तिक भी ज्ञान के क्षेत्र में उतर सकता है, पर उसके भी ज्ञानार्जन का लक्ष्य 'सत्य' ही होगा। वहाँ ईश्वरनिष्ठा सत्यनिष्ठा के रूप में होगी। 'ईशावास्यमिदं सर्वं' जैसे वेदमंत्र तथा 'समं सर्वेषु भूतेषु' जैसे, गीता, के श्लोक इसी तत्त्व को स्पष्ट करते हैं।

समुत्कर्ष—धर्माधारित विकास

जैविक सृष्टि के प्रति आत्मीय संवेदना का परिणाम यह हुआ कि भारत ने समग्र एवं शाश्वत विकास के अद्वितीय प्रादर्श का अनुपालन सदियों से किया। अभ्युदय व निःश्रेयस, दोनों की समन्वित प्राप्ति को जीवन का लक्ष्य माना गया। धर्म की यही परिभाषा

है। अभ्युदय अर्थात् भौतिक विकास, किंतु साथ ही नि:श्रेयस अर्थात् आत्मिक विकास का भी ध्यान रखना है। इस कारण प्रकृति के विनाश की कीमत पर विकास नहीं हो सकता। धर्म पुरुषार्थ अन्य तीन—अर्थ, काम तथा मोक्ष का आधार है। धर्म पर आधारित अर्थ और काम ही ग्राह्य हैं। इसमें परिवार, समाज व सृष्टि का ध्यान रखा जाता है। सबके समन्वय से ही समग्र विकास संभव है। चतुर्विध पुरुषार्थ तथा आश्रम-व्यवस्था के द्वारा धर्म को समाज में रूढ़ किया गया था। त्याग का आदर्श था—सौ हाथों से उत्पन्न करो व सहस्र हाथों से बाँटो, यह वेद का निर्देश है।

भारतीय व्यापार की समृद्ध परंपरा हजारों वर्षों से निरंतर चल रही है। हमने भले ही संन्यास व त्याग को सर्वोच्च सम्मान दिया हो, किंतु इसका अर्थ यह नहीं कि हमने गरीबी का उदात्तीकरण किया। भारत सदा से ही लक्ष्मी का उपासक रहा है। उत्पादकता व व्यापार, दोनों ही में हम विश्व में अग्रणी थे। सुदूर पूर्व के द्वीपों से लेकर भू-मध्य सागर तक, हमारे व्यापारी जहाज समृद्धि के साथ ही संस्कृति का भी निर्यात करते रहे हैं। मध्य एशिया से चीन तक रेशम मार्ग से व्यापार चलता रहा। यह सारा व्यापार धर्माधिष्ठित था। हिंदू व्यापारियों के प्रामाणिक व्यवहार को अनेक देशों की भाषा, लोकोक्ति व आख्यायिकाओं मे स्थान मिला है। जापानी भाषा में आज भी कहावत है—'हिंदू कभी झूठ नहीं बोलता'। यह समुत्कर्ष का आदर्श है।

सामूहिक चरित्र (राष्ट्रीयता)

भारतीय संस्कृति सामूहिक है। हमारी सारी वैदिक प्रार्थनाएँ बहुवचन में हैं। स्वामी विवेकानंद ने तो यहाँ तक कह दिया कि व्यक्तिगत मुक्ति संभव ही नहीं है। यह सामूहिकता का संस्कार भारत की अनूठी विशेषता है। व्यक्ति को बड़ी इकाई के लिए त्याग करने का प्रशिक्षण बचपन से ही दिया जाता है। व्यक्ति परिवार के लिए त्याग करें। परिवार समाज के लिए, गाँव के लिए, गाँव राष्ट्र के लिए त्याग करें, यह हमारा पारंपरिक संदेश है। सम्मान सामूहिकता का ही होता है। किसी समय जाति, समाज भी व्यक्ति के मन का विस्तार कर सामूहिक चारित्र्य का विकास करने का माध्यम थे। वर्तमान समय में राष्ट्रीयता का जागरण ही इसका सर्वोत्तम माध्यम है। छात्रों में राष्ट्रीयता के विकास के लिए राष्ट्र गौरव जगाना आवश्यक है। इस हेतु सही इतिहास दृष्टि विकसित करना अनिवार्य है। इतिहास की ओर आत्मगौरव के साथ देखने का प्रशिक्षण दिया जाना चाहिए। भारत में तो जबरदस्ती गौरव बढ़ाने की आवश्यकता नहीं है, केवल सत्य को वर्तमान पीढ़ी के सामने प्रकट करने की आवश्यकता है। राष्ट्रीयता के जागरण में सबसे महत्त्वपूर्ण बिंदु है—राष्ट्र के प्रति अभिमान। आज हमारी पीढ़ी को अपने देश पर गर्व ही नहीं है। उन्हें यही शिक्षा मिली है कि जो भी अच्छा है, उच्च है, वह सब विदेशों से आता है। इसी कारण विदेश यात्रा अभिमान का

विषय बन जाती है। अत: राष्ट्रीय चरित्र के निर्माण में आवश्यक है कि छात्रों को स्वदेश के गौरव की बातों की संपूर्ण जानकारी दी जाए। ज्ञान-विज्ञान के हर क्षेत्र में देश द्वारा अतीत व वर्तमान में प्राप्त उपलब्धियों की जानकारी पाठयक्रम का भाग बनें। इतिहास को सही दृष्टि से देखना भी राष्ट्रीय चारित्र्य के निर्माण के लिए आवश्यक है। गौरव के साथ ही राष्ट्रीय ध्येय के प्रति भी सचेत करना आवश्यक है। अपना व्यक्तिगत जीवन ध्येय राष्ट्र ध्येय के अनुरूप होने से सहज प्रगति हो सकती है, इसी से राष्ट्र के व्रत का भान होगा। राष्ट्र जब अपने व्रत के प्रति जाग्रत् हो, तभी अपनी पूर्ण क्षमता के साथ विकास कर सकता है। वर्तमान समस्याओं की जड़ में यही है कि भारत को अपने व्रत का विस्मरण हो चुका है। विश्व का कल्याण ही भारत का जीवन ध्येय है। हम सर्वे भवन्तु सुखिन: की प्रार्थना करते हैं। विश्व के मानवमात्र को श्रेष्ठ बनाना हमारा आदर्श है—कृण्वन्तो विश्वम् आर्यं।

पारिवारिक मूल्य

भारत संबंधों की संस्कृति है। हम अजनबी को भी संबंधसूचक संबोधन से संबोधित करते हैं। सड़क चलते अनजान व्यक्ति को भी हम 'भाईसाहब', 'बहनजी' कहकर पुकारते हैं। हमारे लिए सब परिवार है। विद्यालय को हम 'शाला परिवार' कहते हैं। हमारे लिए किसी भी सामूहिक इकाई का आदर्श परिवार है। आत्मीयता, त्याग, सहयोग तथा कर्तव्यपालन— इन पारिवारिक मूल्यों से ही वास्तविक सामूहिक कार्य, जिसे आज की भाषा में टीमवर्क कहते है, संभव है। वसुधैव कुटुंबकम् का आदर्श पारिवारिक मूल्यों की विश्व में संस्थापना का परम आदर्श है।

दायित्व बोध (यज्ञ कर्म)

यज्ञ भारतीय संस्कृति की अद्वितीय संकल्पना है। प्रत्येक कार्य यज्ञ में आहुति के रूप में किया जाए तो कर्म में उदात्त दायित्वबोध जगता है। यज्ञ का अर्थ केवल अग्नि में हवन कर समिधाओं की आहुति देना नहीं है हालाँकि यह भी पूर्णत: वैज्ञानिक है। यज्ञ संकल्पना का अर्थ इससे अधिक गहरा है। हमारे जीवन-चक्र को बनाए रखने के लिए सृष्टि का सहयोग आवश्यक है। हमसे बड़ी इकाइयों का हमारे जीवन में योगदान हमारे लिए ऋण के समान है। इस ऋण से उऋण होने का माध्यम है, यज्ञ। अपने सामाजिक दायित्व को निभाने का सुंदर तरीका है, यज्ञ। इसी बात को जीवन में ढालने के लिए भारतीय संस्कृति में पंच महायज्ञ की योजना है—ब्रह्मयज्ञ, देवयज्ञ, पितृयज्ञ, भूतयज्ञ व नरयज्ञ। हमारे जीवन को चलाने में जिन सबका योगदान है, उनके प्रति अपनी कृतज्ञता की अभिव्यक्ति यज्ञ है। नरयज्ञ में अतिथि भोजन की योजना थी, अनजान व्यक्ति को

अपना मान कर भोजन करवाना। अपने लिए योगदान करनेवाले अनेक अज्ञात मनुष्यों का आभार व्यक्त करने का यह आत्मीय तरीका है। भूतयज्ञ प्राणियों के प्रति संवेदना का जागरण है। अपने परिवार, पूर्वजों के लिए भाव की अभिव्यक्ति पितृयज्ञ तथा समूची सृष्टि का परिपालन करनेवाली पर्यावरणीय शक्तियों को पुनःपोषित करने के लिए देवयज्ञ किया जाता है। अनादिकाल से जिस ज्ञान ने राष्ट्र की परंपरा का पोषण किया, उसको आगे बढ़ाने के लिए किया गया। निस्स्वार्थ कार्य ब्रह्मयज्ञ में आता है। हवन के अग्निकुंड में समिधाओं की आहुति देना यज्ञ का एक स्वरूप है। वह भी पूर्णतः वैज्ञानिक है। साथ ही, आज के समय के अनुसार यज्ञ के विज्ञान को समझकर उसको युगानुकूल रूप देना भी आवश्यक है।

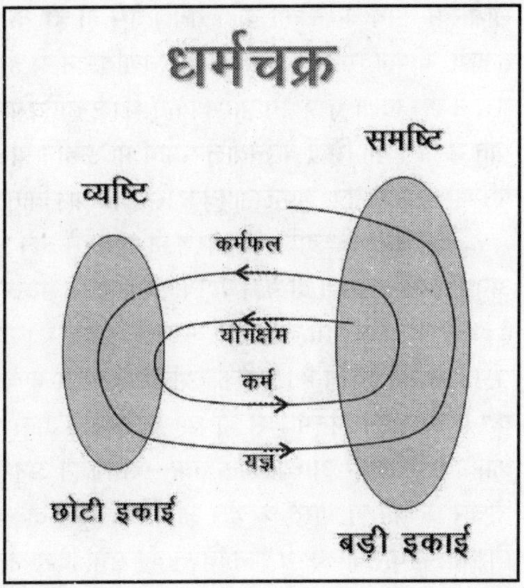

एकात्म मानव दर्शन में पं. दीनदयाल उपाध्याय इसे एक सुंदर प्रादर्श (Model) से स्पष्ट करते हैं। बड़ी इकाई समष्टि से छोटी इकाई व्यष्टि का जन्म होता है। बड़ी इकाई छोटी का पालन-पोषण करती है। इसे 'योगक्षेम' कहते हैं। योगक्षेम को पा सक्षम हो व्यक्ति कर्म करने योग्य होता है। वह बड़ी इकाई को कर्म प्रदान करता है। कर्म के बदले में व्यष्टि को समष्टि से कर्मफल प्राप्त होता है, तो इस लेन-देन में योगक्षेम व्यष्टि पर उधार रहा। उस ऋण से उऋण होने का माध्यम है—यज्ञ। यज्ञ अर्थात् निस्स्वार्थ भाव से किसी भी प्रतिफल की अपेक्षा किये बिना किया गया कार्य। यह आहुति ही जीवन की सार्थकता है। सब कामों में यही दायित्वबोध होने से जीवन परिपूर्ण होता है।

वैज्ञानिक जीवनदृष्टि

भारतीय जीवनदृष्टि पूर्णतः वैज्ञानिक है। यह विज्ञान केवल बाहरी पदार्थ के स्तर का कार्यकारण संबंध नहीं है। इस दृश्यमान जगत् के मूल में जो चेतनतत्व कार्य कर रहा है, उसके सभी स्तरों की अनूभूति को भारत में 'विज्ञान' कहा जाता है। ऊर्जा के सूक्ष्मतम् स्वरूप 'प्राण' का ज्ञान हमारे ऋषियों ने अत्यंत सूक्ष्मता तक विस्तार से किया। उन्होंने जगत् के भिन्न-भिन्न पदार्थों में विद्यमान प्राण की मात्रा, प्रवाह, गति व गुणों को समझा व

उस आधार पर अत्यंत वैज्ञानिक जीवन पद्धति का विकास किया। वास्तुशास्त्र, आयुर्वेद, शकुनविद्या, योग आदि सब प्राणविद्या पर ही आधारित हैं। जीवन में किन वनस्पतियों को कितना महत्त्व देना है, यह भी इसी पर निर्भर करता है। काल गणना, शिल्प रचना, चिकित्सा, कृषि—सभी का विकास इसी वैज्ञानिकता से हुआ। सामान्यरूप से घरों में पाले जानेवाले नियम भी इसी वैज्ञानिकता पर आधारित है। सूर्य जगत् की समस्त ऊर्जा का मूल स्रोत होने के कारण हमारा जीवन उसके साथ जुड़ा है। इसी को ध्यान में रखते हुए दिनचर्या की रचना की गई। सभी संधिकाल के समय तामसिक कार्य जैसे—सोना, बाल काटना, नाखून काटना आदि वर्जित किए गए। संधि में जो भाव होगा, उसका परिणाम कई गुना संभव है। इसलिए प्रातः संधि के समय उपासना, अध्ययन तथा सायं संधि में शारीरिक कार्य करने को कहा गया। ऐसे ही हर कार्य का विज्ञान समझा जा सकता है। तुलसी, पीपल, गाय का महत्त्व भी प्राणविज्ञान से ही समझा जा सकता है। जगदीश चंद्र बसु ने इस दिशा में प्रयोग प्रारंभ किए थे। उन्होंने सिद्ध किया था कि वनस्पति में प्राण हैं। धातु में प्राण को सिद्ध करनेवाले प्रयोग भी उन्होंने प्रारंभ किए थे। धातु पर विषय प्रयोग के परिणाम को उन्होंने, सफलतापूर्वक सिद्ध किया। किंतु उनके बाद वह कार्य आगे नहीं बढ़ा।

इस वैज्ञानिक दृष्टि के कारण ही भारत में ज्ञान प्राप्ति के लिए बाह्य प्रयोगों से अधिक अनुभूति को वरीयता दी गई। ऐंद्रीय निरीक्षणों से परे अनुभूति ही ज्ञान का वास्तविक माध्यम है। भारत में जानकारी को ग्रहण करना ज्ञान नहीं है। ज्ञान का अर्थ है—अनुभव। वास्तव में, यही वैज्ञानिक विधि है। प्रत्येक व्यक्ति के अंदर पूर्ण ज्ञान होता है, केवल उसे अभिव्यक्त करना होता है। अनुभव से ही यह संभव है। अतः अनुभवजन्य ज्ञान ही महत्त्वपूर्ण है। लौकिक से लेकर आध्यात्मिक तक—सब ज्ञान अनुभूति से ही प्राप्त होता है। इसी व्यापक विचार के कारण भारत के द्वार ज्ञान के लिए सदा खुले रहे हैं। आ नो भद्रः क्रतवो यन्तु विश्वतः—कल्याणकारी ज्ञान विश्व की सभी दिशाओं से प्राप्त करें, यह हमारा मूलमंत्र है।

भारतबोध के ये 9 सिद्धांत अन्य सभी विचारों को अपने भीतर समाविष्ट करते हैं। इनमें से प्रत्येक पर विस्तार से अध्ययन, शोध तथा लेखन होना आवश्यक है। अगला कार्य इन सिद्धांतों को व्यवस्था में प्रत्यक्ष उतारने का है। इस बोध को आत्मसात् किए हुए व्यक्ति व्यवस्था में निर्णायक पदों पर पहुँचकर अंदर से इस कार्य को कर सकते हैं। साथ ही, समग्र चिंतन के साथ व्यवस्था के विभिन्न आयामों यथा—शिक्षा प्रणाली, अर्थतंत्र, राज्य-व्यवस्था, न्याय, समाज व्यवस्था आदि पर भारतीय प्रारूप का विकास भी किया जाना आवश्यक है।

पुनः जाग्रत् होती माँ भारती उसके सुपुत्रों को भारतबोध कराए और विश्व मानव को स्वधर्म बोध कराने के सनातन दायित्व को निर्वाह करने का सामर्थ्य प्रदान करे।

□

भारतीय परंपरा में कल्याणकारी राज्य

✍ प्रो. श्रीप्रकाश मणि त्रिपाठी

मनुष्य की व्यक्तिगत तथा सामूहिक उन्नति के लिए विचारकों द्वारा विकसित विविध विधाओं में राज्य का सर्वोच्च स्थान है। मानव के सर्वांगीण विकास हेतु राज्य एक अति आवश्यक एवं उपयोगी संस्था है। इसके कल्याणकारी स्वरूप का प्रत्येक काल में उन्नयन हुआ है। इसका सर्वोपरि उद्देश्य मानव समुदाय का हित है। किसी भी राज्य की महत्ता इस बात में निहित है कि वह किस सीमा तक लोक कल्याणकारी है? इस संदर्भ में राज्य का अपने नागरिकों के प्रति देश की सुरक्षा, शांति और प्रशासन के अतिरिक्त भी वृहत्तर कर्तव्य तथा उत्तरदायित्व है।[1] इस प्रकार के दायित्वों में प्रमुख हैं—नागरिकों का अधिकाधिक हित करना, इस बात की व्यवस्था करना कि उनके जीवन स्तर (रहन-सहन तथा खान-पान) का बेहतर विकास हो, उनके भौतिक, बौद्धिक एवं नैतिक अभ्युदय के सभी साधन पर्याप्त मात्रा में सुलभ हों तथा उनकी और उनके संतानों की शिक्षा का समुचित प्रबंध हो। इस प्रकार "वह राज्य लोक हितकारी होता है, जो अपने नागरिकों के लिए व्यापक समाज सेवाओं की व्यवस्था करता है।"

प्रत्येक शासन प्रणाली का राज्य अपनी परिस्थितियों एवं संसाधन के अनुरूप अपने को जनकल्याणकारी बनाने के लिए सचेष्ट रहता है, क्योंकि किसी भी राज्य की शक्ति और स्थिति उसके निवासियों की संपन्नता, सुख और विकास पर अवलंबित है। मानव हित के साधन के रूप में राज्य का विकास प्राचीन भारतीय चिंतन में तथा पाश्चात्य राजनीतिक विचारधारा में एक जैसा दिखाई देता है। प्राचीन भारतीय विचारकों ने धर्म, दर्शन, अध्यात्म एवं विज्ञान के चिंतन में विशेष तत्परता प्रदर्शित की थी। फिर भी उन्होंने मनुष्य के भौतिक सुखों को नियंत्रित तथा अनुशासित करनेवाले विषयों की उपेक्षा नहीं की। वैदिक व ब्राह्मण साहित्य में स्पष्ट रूप से राज्य के उद्देश्य में यह वर्णित है कि "शांति-व्यवस्था, सुरक्षा एवं न्याय ही राज्य का मूल कर्तव्य एवं लक्ष्य है। प्रजा की नैतिक व भौतिक उन्नति ही राज्य का परम उद्देश्य है।" इसी प्रकार 'महाभारत' के शांति पर्व में यह कहा गया है कि "राज्य को

निरंतर सत्य की रक्षा करनी चाहिए। व्यक्तियों के नैतिक जीवन का पथ-प्रदर्शन, शुद्धि तथा नियंत्रण करना चाहिए तथा पृथ्वी को मनुष्य के लिए निवास योग्य एवं सुखदायिनी बनाना चाहिए।" इस प्रकार प्राचीन भारतीय चिंतन में अल्टेकर के अनुसार, "प्रजा का सर्वांगीण कल्याण ही राज्य का परम उद्‌देश्य माना जाता था।" लोक कल्याणकारी राज्य का स्वरूप देशकाल के अनुसार बदलता रहता है। प्रत्येक युग के विचारकों ने इसे सामाजिक संदर्भों में परिभाषित करने की चेष्टा की है। यूनानी राजनीतिक चिंतक अरस्तु की इस प्रसंग में उक्ति सर्वाधिक समीचीन है। उसके अनुसार, "राज्य का अस्तित्व जीवन (भौतिक उन्नति) के लिए है तथा उसकी निरंतरता सद्‌जीवन (नैतिक जीवन) के लिए है।"[2]

भारतवर्ष सृष्टि का आरंभ कृतयुग (सत्ययुग) से मानता है। कृतयुग की प्रजा धर्मनिष्ठ, सदाचारी और ब्रह्मज्ञानी थी। प्रजा अपनी रक्षा पारस्परिक धर्म का पालन करके करती थी। प्रजा के वर्णाश्रम धर्म की रक्षा के लिए किसी राजा की आवश्यकता नहीं थी। साम्यभाव पराकाष्ठा पर था। यह साम्यभाव किसी बाह्य शक्ति के भय से नहीं वरन् विद्या, त्याग, तपस्या तथा कल्याणकारी दैवी नियमों के ज्ञानरूपी आंतरिक शक्ति से प्रेरित होकर मानसी प्रजा ने स्वत: अपनाया था। प्रत्येक जीव में अपने ही समान आत्मा के दर्शन से ऐसे साम्यभाव की स्थापना हुई थी।

भारत में सृष्टि के साथ ही विद्या और ज्ञान का प्रकाश होना माना गया है। मानसी प्रजा के गुरु ब्रह्म अथवा प्रजापति माने जाते हैं। यही कारण है कि कृतयुग में 'सर्व ब्राह्ममिदं जगत्' अर्थात् समस्त विश्व में विद्वान्-ही-विद्वान् थे। विद्या और ज्ञान से युक्त प्रजा निजी पारस्परिक धर्म से भलीभाँति अवगत थी। अतएव उसे किसी बाह्य शक्ति की आवश्यकता ही नहीं थी। ऐसे ही युग का चित्रण करते हुए व्यासजी कहते हैं, "पहले न कोई राज्य था, न राजा था, न दंड था, न ही दंड देने वाले दांडिक थे। समस्त प्रजा परस्पर धर्म पालन से रक्षित होती थी।"[3] यह उस समाज का चित्र है, जबकि मनुष्य को आध्यात्मिक ज्ञान के साथ-साथ भौतिक पदार्थों का भी पूर्ण ज्ञान था।

व्यक्ति और समाज, दोनों को उन्नति चाहने वाले भारतीय ऋषिगण मानव को शासन का 'स्लेव'[4] नहीं बनाना चाहते थे। इसी भावना से प्रेरित होकर उन्होंने जिन नियमों का दर्शन अपने अंत:करण में किया, वे सर्वहितकारी सिद्ध हुए। वैदिक नियम पक्षपात रहित हैं।

राजा और शासन व्यवस्था की आवश्यकता समाज को तब पड़ी, जब मनुष्य के ज्ञान का ह्रास हुआ और अपराधों का उदय हुआ। अधर्म को रोकने के लिए राजा की आवश्यकता बताई जाती है। भारतीय शास्त्रों में धर्म को राजा का भी राजा बताया गया है।[5] उससे महान् कुछ नहीं है। यही कारण है कि राजा नियम निर्माता नहीं माना जाता है। राजा वैदिक नियमों का पालन करनेवाला है।

मनु का कथन है कि 'मनः सत्येन शुद्धयति' अर्थात् मन सत्य से शुद्ध होता है।[6] सत्यासत्य का निर्णय बुद्धि के द्वारा किया जाता है। बुद्धि ज्ञान प्राप्त होने से परिपक्व होती है। ज्ञान विद्या से प्राप्त होता है। अत: विद्या ही महान् है। जिस समाज में विद्या का अभाव हो, उसका धर्महीन होना स्वाभाविक है। प्राचीनकाल से ही भारतीय विद्वानों ने विद्या के पठन-पाठन पर अधिक बल दिया है। ब्रह्मचर्याश्रम विद्याध्ययन के लिए ही बनाया गया। धर्महीन समाज का सुधार और अनुशासनशीलता शासन के द्वारा कदापि संभव नहीं है।

वर्तमान काल में समाज को अनुशासित रखने और अपराधों को रोकने के लिए प्रतिदिन सरकार द्वारा नए नियम बनाए जाते हैं तथा पुराने नियमों में संशोधन किए जाते हैं,। परंतु इनका प्रभाव दीर्घकालिक नहीं होता है। इससे सिद्ध होता है कि मानवकृत नियम प्रजा के मानसिक विचारों को शुद्ध करने में असमर्थ हैं। मानवकृत नियम शरीर द्वारा किए गए अपराधों को देखता है तथा मान्यता देता है और उसी को दंडित करने की चेष्टा करता है। अपराधों का उद्गम स्थान मन है। मन से उत्पन्न विचार अनुकूल समय आने पर शरीर द्वारा कार्यान्वित किए जाते हैं। जब तक दूषित भावनाएँ कार्यरूप में परिणत नहीं हो जाती हैं, तब तक राजनियम मान्यता देने में असमर्थ हैं। धर्म प्रधान युग में नियम मानसिक अपराध को भी मान्यता देते थे और दूषित विचारों को मन में ही समूल नष्ट करने का प्रयास करते थे। वेदों में ऐसे नियम विद्यमान हैं, जो दुर्भावनाओं को उनके उद्गम स्थान मन में ही समूल नष्ट करने की क्षमता रखते हैं।

'अथर्ववेद' में यह स्पष्ट किया गया है कि सुशासन की स्थापना के लिए भोग्य पदार्थो का वितरण सभी मनुष्यों में समान रूप से होना चाहिए। "अन्न और जल का उपभोग समान हो और अन्न का विभाजन भी समान हो। जैसे रथनाभि के चारों आरे एक समान होते हैं, वैसे ही सब लोग एक समान होकर यज्ञ करें।"[7] तात्पर्य यह है कि खाद्य पदार्थ कुछ व्यक्तियों तक ही सीमित नहीं होना चाहिए। प्रत्येक प्राणी का उस पर समान अधिकार है। शासकवर्ग का भी उस पर एकाधिकार नहीं है। राजा का कर्तव्य है कि वह खाद्यान्नों पर किसी का एकाधिकार न होने दे। इसका कारण यह है कि भोजन के बिना शरीर की रक्षा असंभव है। जीव भोजन से ही जीवित रहते हैं, यह प्राकृतिक नियम है। इस नियम के अनुसार धरती पर नाना प्रकार के भोज्य पदार्थों की उत्पत्ति हुई है। यदि इन पर मुट्ठी भर लोगों का अधिकार हो जाए तो शेष प्राणियों की मृत्यु अवश्यंभावी है। जिनके पास आजीविका का कोई साधन उपलब्ध नहीं है, उनका उत्तरदायित्व अथवा उनके भोजन की व्यवस्था शासन पर है।

दान का विधान वेदों में इसी नियम को दृष्टि में रखकर किया गया है। जिसके पास धन प्रचुर मात्रा में है, वह उसका कुछ अंश जरूरतमंद व्यक्तियों को दे। दान का वेद वर्णित नियम है कि श्रद्धा से दे, अश्रद्धा से भी दे, लज्जा से दे और भय से भी दे।[8]

जो व्यक्ति धन रहते हुए गरीबों को नहीं देता है, वह समाजद्रोही और पापी है। यदि कोई अतिथि राजा अथवा किसी व्यक्ति के घर पर आता है, तो वह उसका यथाशक्ति आदर-सत्कार करे। वैदिक-नियम यह कहता है, "जब विद्वान् और व्रतधारी अतिथि राजा के घर आए, तो राजा को उचित है कि उस अतिथि को अपने से भी श्रेष्ठ माने। इससे राजा न तो क्षत्रिय कुल में दोषी होता है और न राष्ट्र में ही दोषी।"[9] "यदि अन्य किसी व्यक्ति के घर पर व्रतशील और विद्वान् अतिथि आए, तो वह उठकर उससे कहे कि हे व्रात्य! आप कहाँ से आ रहे हैं? आइए, लीजिए यह जल, आप तृप्त हों और जो आपकी इच्छा हो, वह भी आपकी सेवा में प्रस्तुत किया जाय तथा जो आज्ञा हो वही किया जाए।"[10] आतिथ्य-सत्कार के ये नियम मानवीयता के द्योतक हैं।

"सभी मनुष्यों को हृदय और मन समान और दोषरहित बनाया गया है। सभी प्राणी एक-दूसरे से इस प्रकार प्यार करें, जिस प्रकार गौ अपने सद्य:जात बछड़े को प्यार करती है।"[11] "जो जीव (मनुष्य) समान मन वाले हैं, वही प्रजापति को प्रिय हैं और उन्हीं की संपत्ति लोक में सौ वर्ष तक स्थित रहती है।"[12] परस्पर समभाव की जागृति से मानवता की रक्षा होती है। एक व्यक्ति, दूसरे की संपत्ति की रक्षा करता है। इस प्रकार रक्षित धन सैकड़ों वर्ष तक बना रहता है।

समाज का उत्थान और पतन गृहस्थ आश्रम के मनुष्यों पर निर्भर करता है। वस्तुत: गृहस्थ ही समाज को प्रदर्शित करते हैं। उसी के हित के लिए राष्ट्र और शासन-व्यवस्था की आवश्यकता होती है। अर्थशास्त्र गृहस्थ जीवन का भी मुख्यतया अध्ययन करता है। विज्ञान भी गृहस्थों को ही उन्नतिशील बनाने की चेष्टा करता है। इन सब बातों को ध्यान में रखकर मनु केवल गृहस्थ आश्रम के मनुष्यों में कर्म, वेष, वाणी, बुद्धि और आचरण के द्वारा सद्भाव की स्थापना कराने की चेष्टा करते हैं।[13] मनु के अनुसार, अन्य मनुष्यों के अनुरूप ही वेश-भूषा होनी चाहिए। वस्त्रों का समाज पर बहुत अधिक प्रभाव पड़ता है।

वैदिक व्यवस्था त्याग प्रधान है। भारतीय समाज-व्यवस्था में त्याग ब्रह्मचर्याश्रम से आरमा होकर संन्यासाश्रम तक चलता है। आराम और विलासिता की वस्तुओं को त्यागने में व्यक्ति और समाज, दोनों का कल्याण बताया गया है। जीवनोपयोगी वस्तुओं का सेवन मनुष्य के लिए उचित है। मानव की इच्छाएँ कभी पूरी नहीं हो सकती हैं और न ही वस्तुओं के उपभोग से पुन: उपभोग करने की कामना समाप्त होती है; वरन् उपभोग करने की इच्छा में उत्तरोत्तर वृद्धि होती है। बलवती इच्छाएँ कड़ीबद्ध होती हैं। एक के बाद दूसरी सामने आ जाती है। यह क्रम चलता रहता है। इस पर त्याग के द्वारा ही रोक लगाई जा सकती है।

वैदिक सभ्यता में विलासिता की वस्तुओं का कोई स्थान नहीं है। एक ही वस्तु किसी व्यक्ति के लिए आवश्यक है, तो दूसरे के लिए आराम अथवा विलासिता की हो

सकती है। आवश्यकता से अधिक जीवनोपयोगी वस्तुओं का सेवन भी आराम अथवा विलासिता की श्रेणी में आता है। किसी वस्तु को आवश्यक मात्रा में उपभोग करने से अन्य व्यक्तियों को भी वह वस्तु समान रूप से उपलब्ध हो सकती है। आवश्यक मात्रा में वस्तुओं का सेवन अथवा उपभोग भी त्याग कहलाता है।

वस्तुओं का उपभोग इंद्रियों की संतुष्टि के लिए किया जाता है, परंतु उनकी संतुष्टता क्षणिक होती है। इसीलिए तो कहा गया है कि "इस पृथ्वी का समस्त सोना, अन्न, पशु और स्त्रियाँ एक मनुष्य के लिए भी पर्याप्त नहीं है, अतः इन सबका त्याग ही उत्तम है।"[14] इंद्रियों का सारथि मन है। वही इनको नियंत्रित रखने में समर्थ है। इच्छा वृद्धि से व्यक्ति कुमार्ग की ओर प्रेरित होता है। इसे रोकने के लिए आत्म नियंत्रण एवं सदाचार की आवश्यकता होती है। चाणक्य लिखते हैं, "जो पराई स्त्री को माता के समान, पराए द्रव्य को मिट्टी के ढेले के समान और सभी प्राणियों को अपने समान देखता है, वही देवता है।"[15] कोई राष्ट्र कितना भी उन्नत और विकसित क्यों न हो, यदि वहाँ सुव्यवस्था और सदाचार का आधिपत्य नहीं है, तो वह कल्याणकारी राज्य कहलाने योग्य नहीं है।

भारतीय ऋषियों ने कृतयुग को कल्याणकारी माना है। वेद व्यास लिखते हैं, "आत्मज्ञानी, अहिंसक, रतिधर्म ज्ञानी और सभी प्राणियों की भलाई चाहने वालों से यदि यह जगत् भर जाए तो आशीकर्म (काम्य और स्वार्थ बुद्धि से किए जानेवाले कर्म) इससे दूर होकर फिर कृतयुग प्राप्त हो जाएगा।"[16] वेदव्यास के विचार से ऐसी स्थिति में ही मनुष्य का कल्याण हो सकता है। प्राचीन युग में इसी प्रकार का राज्य था, ऐसा शास्त्रकारों का मत है। भ्रष्टाचार जैसी कोई समस्या शासकों के सामने नहीं थी।

यह मानव परंपरा है कि प्रजा शासक के गुणों का अनुकरण करती है। यह बुद्धि का नियम है कि वह प्रतिभाशाली व्यक्तियों से शिक्षा ग्रहण करती है। यदि उच्च वर्ग सदाचारी और त्यागी है, तो मध्यम और निम्न वर्ग भी वैसा ही होगा।[17] यदि उच्च वर्ग में भ्रष्टाचार व्याप्त है, तो अन्य वर्गों के लोग उसी का अनुकरण करेंगे। आदर्श प्रस्तुत करना किसी भी युग या काल में शासकवर्ग का कार्य है।

कल्याणकारी राज्य की स्थापना में प्रजा के साथ-साथ शासक का भी उत्तरदायित्व है। शासकवर्ग का उत्तरदायित्व प्रजा से अधिक होता है। शासन के पास साधन का बाहुल्य होता है। वह अपने साधनों को प्रजा हितैषी कार्यों में लगा सकता है। मानव का मुख्य आहार अन्न है। अन्न कृषि के द्वारा उत्पन्न किया जाता है। वेदों में कृषि और व्यापार पर अधिक बल दिया गया है। कृषि से मनुष्य को सीधे भोज्य पदार्थ प्राप्त होते हैं। यही कारण है कि भारत ने आदिकाल से ही कृषि को धनोपार्जन का साधन माना है। फलस्वरूप, भारत की अर्थव्यवस्था अभी भी कृषि प्रधान है। भूमि को उर्वरा बनाने, नई भूमि को कृषि योग्य बनाने, प्रजा को ऐसे भूमि पर बसाने तथा उसे प्रजा में

आवश्यकतानुसार वितरण करने का कार्य राजा का बताया जाता है। राजा के इस पुनीत कार्य को 'गोमेध' कहते हैं। जिस जनपद की भूमि उर्वरा हो, गौवें बलवान हों तथा अन्न स्वादिष्ट हो, उसे भी 'गोमेध' कहते हैं।

पारसियों की जंद भाषा में भी गोमेध से मिलता-जुलता शब्द 'गोमेज' विद्यमान है, जिसका प्रयोग कृषि-संबंधी कार्यों के लिए किया जाता है। पारसी लोग खेती को धर्म मानते हैं, और खेती करने के समस्त क्रियाओं को गोमेज कहते हैं। इससे यह स्पष्ट होता है कि 'गोमेध' का अर्थ 'गोवध' नहीं है। वैसे भी 'मेध' शब्द का अर्थ 'यज्ञ' है और 'गो' का अर्थ 'इंद्रिय' अथवा 'प्राण' है। जिस यज्ञ से इंद्रियों की तृप्ति अथवा प्राण रक्षा हो, वह गोमेध है। 'शतपथ ब्राह्मण' के अनुसार 'अन्न हिं गौ:' अर्थात् अन्न ही प्राण है।[18] इससे प्रतीत होता है कि अन्नोत्पादन संबंधी कार्यों को गोमेध कहते हैं।

गोमेध की प्रेरणा और आवश्यकता ने भारतीय शासकों से विश्व के अन्य भागों में बहुत से अर्व, व्रज और गांधार आदि का विकास करवाया। वनचर और पशुचर भूमि का विस्तार हुआ। इसी उद्‌देश्य से समुद्र में द्वीपों की खोज की। भूमि को कृषि योग्य और पशुओं के चरने लायक बनाकर मनुष्यों को बसाने में सफल हुए।

जिस भूखंड में गौवें चरती हैं, उसे व्रज कहते हैं। वेदों में गौ गोष्ठों का नाम व्रज है। 'व्रज कृणुध्वं स हि वो नृपाणों' अर्थात् राजा बहुत से व्रज स्थापित करें। इस सूत्र से स्पष्ट है कि गोचर भूमि की स्थापना करना राजा का कार्य है। ऐसे कार्यों से प्रजा लाभान्वित होती है। 'ऋग्वेद' में द्यौ अर्थात् सूर्य को भी व्रज कहा गया है, क्योंकि सूर्य की किरणों को भी 'गौ' कहते हैं। वेदों के आधार पर ही वृंदावन के आसपास के क्षेत्र का नाम भी व्रज पड़ा है। व्रज में गौवों के चरने योग्य घास थी, इसलिए वहाँ गौवें अधिक होती थीं।

वेदों में 'अर्वन्' और 'अर्व' शब्दों का प्रयोग घोड़े के लिए हुआ है। सूर्य की किरणों को भी वैदिक साहित्य में 'अश्व' कहते हैं। सूर्य लोक को 'अर्व' कहते हैं। इसी के आधार पर जहाँ अच्छे घोड़ा पैदा होते हैं, उस क्षेत्र को भी अर्व कहते हैं। अरब देश का वेद आधारित नाम अच्छे घोड़े पैदा होने के नाते ही पड़ा है। अरब 'अर्व' का अपभ्रंश है। अरब देश से घोड़ों का व्यापार पहले अधिक होता था। राजा अपने राज्य में इस प्रकार के क्षेत्र की खोज करके विकसित करें।

ऐसे क्षेत्र जहाँ भेड़ें अधिक पैदा होती हैं, उन्हें गांधार कहते हैं। आयुर्वेद में जबासा (मदार) को गांधार कहते हैं। जबासा ज्येष्ठ मास की कड़ी धूप में भी हरा-भरा रहता है। उसकी सघन छाया में हरी घास उत्पन्न होती है, जो धूप के दिनों में भी भेड़ों के चरने योग्य होती है। 'ऋग्वेद' में रोम वाली भेड़ों के रहने के स्थान को 'गांधारी' कहा गया है,[19] जिससे यह स्पष्ट है कि गंधार अथवा गांधारी भेड़ों वाले देश को भी कहते हैं। आजकल ऊन का प्रयोग अधिक होता है। ऊन भेड़ों से प्राप्त होता है। गांधार प्रदेशों

की आवश्यकता अब अधिक है। भारत सरकार को इन कार्यों पर अधिक बल देने की आवश्यकता है। इस प्रकार के कार्य बिना शासन की सहायता के संभव नहीं हैं।

मशीनीकरण के साथ प्राकृतिक उद्योगों को भी विकसित किया जाना अनिवार्य है। कृत्रिम उद्योग और यंत्र प्राकृतिक उद्योगों को सहायता प्रदान करने के लिए बनने चाहिए। हमारी आवश्यकता की वस्तुओं का निर्माण प्राकृतिक कच्चे माल से तैयार किया जाना जनहित में होता है। कृत्रिम कच्चे माल से तैयार की गई वस्तु सदैव हानिकारक सिद्ध हुई है।

वनस्पति भी राष्ट्र की संपत्ति है। इसकी वृद्धि और रक्षा शासन के अधीन होनी चाहिए। शासकों को फलदार वृक्षों को काटने पर नियंत्रण रखना चाहिए। जिस वनस्पति (वृक्ष) के फल खाने के काम आते हैं, उसको कोई काटने न पाए। विद्वान् लोग कंदमूल एवं फल धर्मतः ब्राह्मणों का धन मानते हैं, इसलिए भी वे काटने के विषय नहीं हैं।[20] तात्पर्य यह है कि फल जनसामान्य के भरण-पोषण के साधन होने के नाते उनके वृक्ष रक्षण के पात्र हैं। शासक का कर्तव्य है कि वह प्रतिवर्ष नए वृक्ष लगवाए। भारतीय अर्थव्यवस्था में फल का भी महत्त्व अधिक था। भारत के मानसूनी जलवायु में आम जैसे कुछ ऐसे वृक्ष पाए जाते हैं, जिन पर धनिक ही नहीं, वरन् सामान्य जनजीवन भी निर्भर करता है। भारतीय आम के वृक्ष को काटना इसीलिए पाप मानते हैं। अन्न, फल और दूध प्राकृतिक भोज्य पदार्थ और संपत्ति हैं। कृत्रिम वस्तुओं के उत्पादन और उपभोग से शांति मिलनी कठिन है।

वेद आवश्यकता की वस्तुओं का उत्पादन स्वयं करने का उपदेश देते हैं। एक परिवार द्वारा उत्पन्न की हुई वस्तु पर परिवार के सभी सदस्यों का समान अधिकार है। परिवार को कोई भी सदस्य उसे अपनी व्यक्तिगत संपत्ति नहीं मान सकता है। परिवार की संपत्ति को सभी सदस्य समान रूप से उपभोग करने के अधिकारी हैं। संयुक्त परिवार प्रणाली भारतीय समाज-व्यवस्था की अनुपम देन है। इतिहास साक्षी है कि जब भी संयुक्त परिवार प्रणाली में हस्तक्षेप करने की चेष्टा की गई है, तब समाज की अर्थव्यवस्था को आघात पहुँचा है। विदेशियों ने इसे नष्ट करने के लिए इसमें अनेक बुराइयाँ बताई हैं। वे अपने 'मिशन' में अधिक सीमा तक सफल भी हुए हैं। भारतीय संयुक्त परिवार प्रणाली प्रायः समाप्ति की ओर है।

शासन को उद्योगों के क्षेत्र में भी समान अवसर प्रदान करने का प्रयास करना चाहिए। जो समदर्शी, समान चित्तयुक्त, प्रजा को पिता के समान पालन करनेवाले और न्यायकारी शासक के राज्य में रहते हैं, वही सुखी होते हैं। ऐसे लोक के विद्वान् अन्न संपन्न और यज्ञ करने में समर्थ होते हैं।[21] इसका कारण यह है कि उन्हें उन्नति करने का समान अवसर मिलता है।

कल्याणकारी राज्य में अनाथ बालक, रोगी और वृद्ध के पोषण की व्यवस्था शासन की ओर से होनी चाहिए।[22] निःशुल्क चिकित्सा की व्यवस्था होनी चाहिए। भोजन के अभाव में मृत्यु राज्य पर कलंक होती है। अतः इस पर अधिक ध्यान दिया जाना चाहिए। अकाल मृत्यु, रोग और उपद्रव से रहित राज्य कल्याणकारी होता है।

'यजुर्वेद' में कल्याणकारी राज्य के आदर्श स्वरूप का वर्णन इस प्रकार है—"राष्ट्र में विद्वान् और तेजस्वी ब्राह्मण उत्पन्न हों। क्षत्रिय शूरवीर, रणधीर, महारथी और 'यजुर्वेद' के ज्ञाता हों। गौवें दूध देने वाली हों, बैल बलवान हों। तुला (घोड़े) तीव्रगामी हों। स्त्रियाँ स्वरूपवान और गुणवाली हों। रथ पर स्थित वीर विजयशील हों। सभा में गुणवान और वीर युवक हों। जब-जब प्रजा कामना करें, तब-तब वृष्टि हो। औषधियाँ और वनस्पति फलें और पकें, जिससे सबको योगक्षेम प्राप्त हो।"[23] इसमें भौतिक सुख और पारलौकिक आनंद, दोनों समाविष्ट हैं। घोड़ा यातायात का एक प्राकृतिक साधन है। आधुनिक यंत्रों की शक्ति का माप अश्व शक्ति है। द्रुतगामी घोड़ों से यातायात के साधनों का बोध होता है। घोड़े तीव्रगति से तभी चल सकते हैं, जबकि अच्छी सड़कें हों। बैल कृषि के लिए आवश्यक हैं। अतः उनके बलवान होने की कामना की गई है। कृषि मुख्यतया वर्षा पर निर्भर करती है। समय पर वर्षा यज्ञ अर्थात् वैदिक क्रियाओं से ही संभव है। मंत्र में संक्षेप में सभी आवश्यक बातों का उल्लेख किया गया है।

राम-राज्य, जिसका गुणगान भारतीय किया करते हैं, में सभी मनुष्य हृष्ट-पुष्ट थे। समय पर वर्षा होती थी। किसी की अकाल मृत्यु नहीं होती थी। मनुष्य रोग रहित थे। दूसरे शब्दों में, चिकित्सा की उचित व्यवस्था थी। उपद्रवों को दबाने के लिए समुचित प्रबंध था। राम जन भावनाओं का आदर करते थे। कल्याणकारी राज्य में जनकल्याण का आदर आवश्यक है।

कल्याणकारी राज्य का सिद्धांत जितना ही पुराना है, उतना ही नवीन। प्राचीन होते हुए भी प्रत्येक देश इसकी घोषणा करने में प्रसन्नता और गर्व का अनुभव करता है। वर्तमान परिवेश में कल्याणकारी राज्य की रूपरेखा शासन-पद्धति के अनुसार बनाई जाती है। तीव्र गति से बदलते हुए संसार में भी इसका महत्त्व बढ़ता जा रहा है।

वैदिक कल्याणकारी राज्य की यह विशेषता है कि इसमें मानव समाज की प्रगति का अधिक ध्यान रखा गया है। प्रगति के वैदिक और आधुनिक दृष्टिकोणों में अंतर है। आधुनिक प्रगति का उद्देश्य रहन-सहन के स्तर को ऊँचा करना और प्रति व्यक्ति आय को बढ़ाना है। इसी लक्ष्य की पूर्ति के लिए शासन के द्वारा योजनाएँ बनाई जाती हैं। योजनाओं की सफलता मनुष्य की क्षमता और प्रवृत्ति पर निर्भर करती है। योजनाओं की रचना के समय मानव प्रकृति का ध्यान रखना चाहिए जिससे अनुमानित लक्ष्य की प्राप्ति करना सहज हो सके।

वैदिक दृष्टिकोण के अनुसार, प्रगति का अर्थ मानव की आत्मिक शांति है। आत्मिक शांति के लिए व्यक्ति के विकास को भी ध्यान में रखना आवश्यक है। ऐसे नियम, जिनसे व्यक्ति की उन्नति में गतिरोध उत्पन्न होता है, मानव समाज को कदापि विकसित नहीं करने चाहिए। वास्तव में, विकास के लिए शासन की नीतियों के आधार पर बनाए गए नियम उतने आवश्यक नहीं हैं, जितने कि व्यक्ति को प्राकृतिक प्रगति के लिए प्रदान किए गए अवसर। व्यक्ति का कल्याण होने से समाज का स्वत: कल्याण हो जाता है। नियमों का पालनकर्ता, अर्थ (धन संपत्ति) का भोक्ता और सुख एवं शांति का अनुभवकर्ता व्यक्ति ही है। जिस प्रकार किसी वृक्ष के जड़ में जल देने से उसके पत्ते, फूल और फल भी तृप्त हो जाते हैं, उसी प्रकार सामाजिक व्यवस्था के मूल व्यक्तियों की उन्नति हो जाने से समाज की स्वत: उन्नति हो जाती है।

इसके अतिरिक्त विद्याध्ययन, अर्थोपार्जन और उपासना में व्यक्ति के परिश्रम की आवश्यकता पड़ती है। इन क्षेत्रों में उन्नति न करनेवाला व्यक्ति ही आर्थिक, शारीरिक और मानसिक कष्ट का अनुभव करता है। यही कारण है कि वैदिक कल्याणकारी राज्य में व्यक्तियों के विकास पर अधिक बल दिया गया है। जिस दिशा में मनुष्यों की रुचि होती थी, उस दिशा में उन्नति करने के मार्ग में राज्य के नियम बाधक नहीं होते थे। फलस्वरूप, विकास की गति तीव्र होती थी। इसलिए रुचि के अनुसार कर्म करने को भी मनु ने धर्म के लक्षणों में अंकित किया। निषिद्ध कर्मों के प्रति उत्पन्न अभिरुचि को मान्यता नहीं दी गई है।

लोक-कल्याण एक विशद हितकारी विचार है। इससे संबंधित कार्य ही राज्य का औचित्य सिद्ध करते हैं। लोक-कल्याण की भावना से ही राज्य जनता में राजनीतिक, सामाजिक, सांस्कृतिक तथा आर्थिक क्षेत्र में वांछित सुविधाएँ प्रदान कर जीवन को सुखद, गरिमापूर्ण एवं नैतिक रूप से श्रेष्ठतर बनाने का यत्न करता है। लोकतंत्र को वास्तविक स्वरूप प्रदान करने के लिए इस प्रवृत्ति को अपनाया जाना आवश्यक ही नहीं, अनिवार्य भी है। भूमंडलीकरण एवं उदारीकरण के सामयिक दौर में सार्वजनिक कार्यों यथा शिक्षा, स्वास्थ्य, संचार एवं सुरक्षा के संदर्भ में निजी क्षेत्र की बढ़ती हुई भागीदारी राज्य के दायित्वों के क्रमश: सीमित होते जाने का द्योतक है।

संदर्भ—

1. डॉ. सुभाष कश्यप, राजनीति कोश, हिंदी माध्यम कार्यान्वयन निदेशालय, दिल्ली विश्वविद्यालय, 2009, पृ.-514
2. "State exists for the life and continues for the sake of good life"—Aristotle.

3. न वै राज्यं राजाउऽसीन्न च दंडो न दाण्डिकः।
धर्मेणैव प्रजाः सर्वा रक्षन्ति स्म परस्परम्॥ महाभारत शांतिपर्व 59/14
4. रोम में प्रत्येक धनी व्यक्ति के पास काफी संख्या में स्टोव होते थे। मनुष्य होते हुए भी उनका जानवरों की भाँति क्रय-विक्रय होता था। किसी 'स्टोव' से प्रसन्न होने पर स्वामी उसे मुक्त कर देता था। वहाँ मुक्ति संभव थी। मार्क्स के सिद्धांत में मानव को निजी नियमों के पालन की भी छूट नहीं है न ही मुक्ति पाना संभव है।
5. तदेतत् क्षत्रस्य क्षत्र यद्धर्मसा स्मादमति परं नास्ति।
6. मनुस्मृति 5/109
7. समानी प्रपासह वोउन्नधागः समाने योक्त्रे सहँवो मुनिज्म।
सभ्यज्वोऽग्निं सपर्यतारा नाभिमिवाभितः॥ अथर्ववेद 3/30/6
8. श्रद्धया देयम्। अश्रद्धयादेयम्। श्रियादेयम्। ह्रियादेयम्।
भियादेयम्। संविदा देयम्। तैत्तिरीयोपनिषद् 11/3
9. तद्यस्यैवं विद्वान् व्रात्यों राज्ञोऽतिथिर्गुहाना गच्छेत्॥1॥
श्रेयांसमेनमात्मानो मानयेत् तथा क्षत्राय नः वृश्चते
तथा राष्ट्रीय न वृश्चते॥2॥ अथर्ववेद 15/1 (10)। 1-2
10. तद् यस्यैदं विद्वान् व्रात्योऽतिथिर्गहाना गच्छेत्॥1॥
स्वयंमेनमण्णुदेत्य बूयाद व्रात्य क्याऽवात्सीर्व्रात्योदकं व्रात्य तर्पयन्तु व्रात्य तथाते प्रियं तथास्तु व्रात्य यथाते वशसाथास्तु व्रात्य यथाते निकास्तथा सिावति॥2॥ अथर्ववेद 15/1 (11)। 1-2
11. अथर्ववेद 3/30/1
12. यजुर्वेद 19/46
13. मनुस्मृति 4/18
14. यः पृथ्विव्याँ व्रीहि यवौ हिरण्य पशवा स्त्रियः।
नालमेकेन तत्सर्व इतिमत्चा शर्म व्रजेत्॥ (वैदिक संपत्ति में उद्धत)
15. मातृवत्परदारेषु परद्रव्येषु लोष्ठवत्।
आत्मवत्सर्वं भूतेषु यः पश्यति सपश्यति॥ चाणक्य नीति 12/13
16. अहिंसकैरात्मविग्दिः सर्वभूत हिते रतैः।
भवेत् कृत युग प्राप्तिः राशीः कर्म विवर्जिता॥ महाभारत शांतिपर्व। 148/63
17. स्वामिन चोपमा कृत्था प्रजास्तद्वृत्तकाङ्क्षया।
स्वयं विन्दय संपन्ना भवनाहि शुभेक्षणे॥
महाभारत, अनुशासनपर्व, अध्याय 145 (पू. 5948)
18. 'प्राणो हि गोः, अन्नम् हि प्राणः'॥ शतपथ ब्राह्मण 4/3/4/25
19. उपोप मे परा मृश मा मे दंभ्राणि मन्य थाः।
सर्वाहमस्मि रोमशा गान्धारीणामि वाविकाः॥ ऋग्वेद 1/126/7
20. वनस्पतीन भक्ष्य फलान्नच्छिन्द् युर्विषये तव।
ब्राह्मणानां मूलफलं धर्म्यमाहुर्मनीषिणः॥ महाभारत शांतिपर्व 89/1
21. ये समानाः समनसः पितरो यम राज्ये।
तेषां लोकः स्वधा नमो यज्ञो देवेषु कल्पतामू॥ यजुर्वेद 19/45

22. अनाधान् व्याधितान् वृद्धान् स्वदेशे पोषयेन्नृप:।

महाभारत, अनुशासनपर्व, अध्याय 145 (पू. 5950)

23. ओ३म् आ ब्रह्मन् ब्राह्मणो ब्रह्मवर्धतो जायताम्, आ राष्ट्रे राजन्य: शरऽइषव्योऽतिव्याधी महारथी जायताम्। दोग्ध्री धेनुर्वोढाऽनड्वानाशु: सप्ति: पुरन्धिर्योषां जिष्णु स्वेच्छा: सभेयो युवास्य यजमानस्य वीरो जायताम्, निकामे निकामे न: पर्जन्यो वर्षतु फलवत्यो न ओषधय: पज्वन्यताम: योगक्षेमो न: कल्पताम्। यजुर्वेद 22/22

□

A Philosophical Dimension of Bharat

✍ Dr. Neerja Arun

देवयुगेत्रैलोक्यंत्रिविधिमिदंब्रह्मणाऽऽदिष्टम्।
अधिदैवतमध्यात्मंतत्साम्येनाधिभूतंच ॥[1]

(In the beginning, Brahma the creator, created three distinct trialokyas, named as divya: divine; sharira: bodily; and bhauma: earthly, in this very sequence. These divisions are based on three principles–adhidaivika: supraphysical; adhyatmic: spiritual and adhibhuta: material.)

Physical and Cosmic Dimensions

A physicist is best to talk about theories. Human mind reads through a number of parallel universes and veiled dimensions, which capture our deeper spaces. What does a physicist have with universes of mind? Do we really have universes of mind? 'Brahmand' is inner or outer? What is the dimension of 'Brahmand'? Where is mind of man situated? What is 'ananta'? Is it timelessness and spacelessness? What is infinity? Between two horizons come a man's fears. But what is the dimension of imagination which gives birth to fear? Does it fall in the orbit of a physicist to measure the dimension of horizon and imagination – is the matter of concern. If not, then, who fixes up the boundaries of a physicist?

We all have fears of falling into other dimensions. Are there any ways that we create fixed dimensions? Mind loves to play with other dimensions as favourite play of imagination. But it's only till it's within the safety zone. It dreads to cross over the safe zone and venture into 'other' dimensions. The realities are brought in new perspectives. It's the reflection of reality which inspired a man's mind to venture into realm of theories. As a result, mind constantly travels into the dimensions in search of 'real reflections'. It travels as much back as it moves further. Faster is forward move, swifter it reaches back into hundreds of centuries. History signifies older civilisations having deeper visions and stable substantiality in comparison to new embodiments. Much before many civilisations, Vedas have dwelled deep into the extra dimension which have diminished the gap between inner and outer and older and newer cosmic spaces and announces: तत्त्वंअसि[2] (That thou art) leading to the mahavakya: अहं ब्रह्मास्मि[3] (I am part of the Universe). India always knew that Physics comes after Mathematics, Mathematics comes after Astronomy, Astronomy comes after Sound and Sound travels there in space. Rigveda talks about eleven kinds of 'rudras'. Rudras have being linked to 'rudram' and its hymns. These are referred to as 'marut', that is, eleven types of winds which make eleven distinct sounds. Rudram is the intermediary between physical elements and the intellect. Rudras are ten senses and wind makes eleven, creating the cosmic dimension of life: आ ते पितर मारुताम्[4]. Rudra is all-pervading and present in every aspect of creation naming conscient or subconscient.

Hence, when Einstein talks about fourth dimension, human mind is not surprised because Vedas have already found these spaces. It would be better to propose in this manner 'the fourth dimension was already there, Einstein held its hand and brought forth to the western world' what Vedas have already established centuries before. It's not inappropriate to say that Einstein falls short as Vedas talk about multiple universes much before. Vedic cosmology talks about 64 dimensions:

As a wonder, it remains mysterious as how do we count dimensions. Much has been talked about the superior Indian tradition while little is exposed as the foundational methodology of Indian scientific system. 'Bhashyas' or 'commentaries' are traditional methods to talk about systems encoded in 'sutra' or 'sukta'.

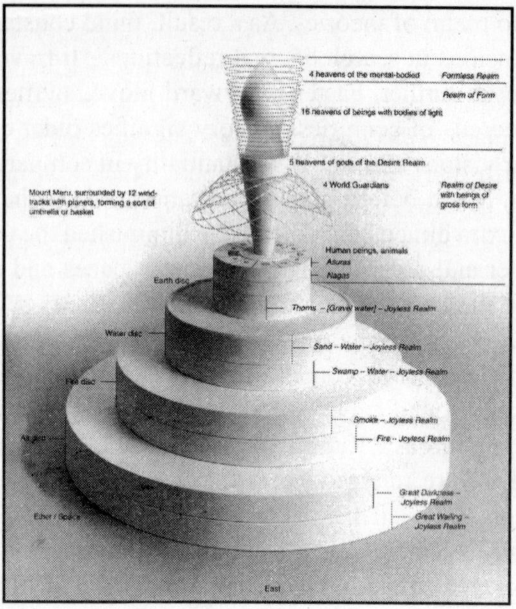

(https://soolaba.wordpress.com/vedic-tour-of-our-universe/)

An Indian Approach to Substances

There's constant yearning to create new realities hidden from sight. Indians though don't talk much about sight but insight: 'Antardrishti'. India has magnanimous tradition of 'Kavya' and 'Ganit'. One is abstract and the other concrete. Interestingly, two oblique terms are woven in the spool of 'Ekbhav', that is unison of spirit. One of the best examples can be derived from Devacarya's Karanaratna (1.3-4) on why a new Karasa should be attempted for computing planetary notions:

शिष्यस्यबुद्धिमंद्यादाचार्यस्योपदेशसंवर्णात्।
गुणोभागयोश्चशेषात्पुराणकरणानिननघटन्ते॥
नष्टानिस्थापयितुंनवानिकरणानिचप्रकाशयितुम्।
तंत्रज्ञानस्यफलंवदन्तितदयंममोत्साहः॥[5]

(The Karasas (astronomical manuals) of ancient times do not yield accurate results either because of the dullness of the pupil's intellect, or because of the cryptic instruction of the teacher, or because of the inexactitude of the multipliers and divisors. It is said that the aim of acquiring knowledge of the shastra is to rectify and re-establish Karasas so lost or to bring to light new ones. Hence this attempt of mine.)

The fact is narrated in Kavya. Kavya has been the soul of Indian thought. The scientific realisation of fact is revealed in poetic form as the seer knew that space and time might not be the same and it may change from place to place. An ore lump was later termed as 'electrum' in 1600 by British scientist William Gilbert, which was initially known as magnet by the western world. Much before than that in one of the kavya traditions, Rasarnavam, (Patalah 6, Adhyayah 40, Slokah 21) in 12th century AD, it's mentioned clearly that magnets are of five varieties – Bhramakam, Chumbakam, Karshakam, Dravakam and Romakantam. They again are single-faced, double-faced, three-faced, four-faced, five-faced and multi faced. Each is again in three colours – yellow, black and red. It's relevant to bring this reference here as Indian approach to science is wrapped in kavya, and kavya has ample potential to reveal truth. West has remained incapable of synthesising aesthetics with factual realities. Hence, it remains unsure about defining dimensions beyond the sight. Indian tradition advanced much ahead in putting forth whole view of Brahmand in less than a "kshan", as is evident from this Shloka from Bhagavad Gita, Chapter 11, while depicting 'The Universal Form'. Lord Krishna grants Arjuna divine vision and reveals His spectacular unlimited form as the Visvarupa: the cosmic universe:

इहैकस्थंजगत्कृत्स्नंपश्याद्यसचराचरम्।
ममदेहेगुडाकेशयच्चान्यद्द्रष्टुमिच्छसि ॥7 ॥

An elaborate discussion is important as prologue to the main contention of argument with an intention to establish that Bharat has always been ahead in existence as "Rashtra", "Bhav" and as "Sabhyata". Its understanding of nature of existence has never clashed with narrow definition of "state" or "rajya". No perplexity is ever observed while talking about universe or about rashtra in reference to Bharat. Bharat has a physical dimension, a spiritual dimension, a philosophical dimension and, above all, a universal dimension. While West is still groping in dark how to define nation and what makes states further to question as how to count the number of nations in the world, Bharat has always enjoyed its magnanimous and uncontended status of being the "Rashtra".

'Bharat' corresponding to 'Rashtra' in Indian Scriptures

What is the dimension of Rashtra? The components required to identify Rashtra are well-known. Dimension of Bharat as 'Rashtra' situates in 'Mangal' and 'Kalyan'. The dimension of Rashtra lies in the breadth of inherent spirit of the region:

आ राष्ट्रे राजन्य: शूर इष्व्योऽतिव्यधी महारथो जायताम्[6]

(Let there be warriors, brave, bow carrier, shooter and valiant persons in our 'Rashtra'. Atharvaveda prays for welfare:

The same spirit pervades throughout Indian civilisation. It's the spiritual dimension more than political dimensions, like people, territory, sovereignty and governance which defines Bharat as rashtra. Dharma is the greatest contribution of Bharatiyata to the world of thought and to civilisation. Dharma is the quintessence of the perceptions of the 'seers' of yore, who laid the early foundations of the Bhratam Janam (Rigveda), the Nation of Bharata. The Nation of Bharata is based on universal life style for humanity. The word 'Dharma' does not have any equivalent in English language. Pandit Deendayal Upadhyaya aptly words the essence of Bharat as rashtra:

'The ideal of the Indian state has been dharmarajya. Tolerance of and respect for all faiths and creeds is an essential feature of the Indian state. Freedom of worship and conscience is guaranteed to all and the state does not discriminate against anyone on grounds of religion, either in the formulation of policy or in its implementation. It is a non-sectarian State and not a Theocracy'.[7]

The entire definition of rashtra thus expands from physical form at local level to universal ambit. Hence, the entire world becomes a family. There extended dimensions established amazing correlations between global and national bindings. What Einstein calls theory of relativity is actually that magnetism which brings the entire universe closer. One person's electricity becomes another's magnetism. The wisdom of rashtra lies in 'Rashtra'. India is practically enriched with its 'tark' and 'kavya' to bring out the scientific, spark from centuries. Only 'Rashtra can pave the way to understand Bharat in terms of 'rashtra.

Philosophical Dimensions of Bharat Rashtra

No other civilisation is as methodical as Indian so as to remain a rashtra even when it was ruled by invaders for many centuries. This happened because West ruled India as a political territory while India kept growing as 'rashtra. The strength of knowledge derived from rashtra has been a spark to save India from collapsing. A slave country had remained a seat of inventions, discoveries, preservation of civilisations, which guided the entire world as a beacon of light. New civilisations were born out of wisdom derived from India. The rashtrabhav became ekbhav, dharma became conscience and material sciences drew its sustainability from kavyas. The wonder called Bharat remained an unintelligible enigma forever. Philosophical depths approved dimensions based on gyan and purusharthas, viz., dharma, artha, kaam, moksha. Hence, Kalidas writes Raghuvansham Mahakavyam establishing Ikshvaku as embodiment of four purusharthas: Raghu as Dharma, Dilip as Artha, Dasratha as Kama and Rama as Moksha. How Rama became the psychic truth of Bharat is evident from legacy of sashtras. Rama sets the conscience as well as establishes most emotional Grand Narrative of entire Brahmand. A number of philosophical narratives are drawn from Ayodhya. Rama's inward journey is as cohesive as its worldly sojourn. So, it sets the dimension of mind. The inference in Indian mind is both 'deductive' and 'inductive'. Its beauty lies in oxymoron with the fact that anuman has to be pratyaksha too; again, ashrita is not 'pratyaksha-agam-viruddra'. It's an important point to be made in the context of rashtra as almost all Indian astronomical studies talk about 'Brahmands'. 'Brahmand' can't be understood until and unless one is acquainted with Panini. Patanjali expounds what is perhaps the basic understanding of science:

"Truth resides in real world within all its diversity and complexity. For a linguist-dimension resists with the language as spoken by the people. He generalises characters which might not be absolute truth but they help in growing of science...valid utterances are not manufactured by linguist, but are already established by practice in the world. One doesn't go to a linguist asking for valid utterances, the way one goes to a potter asking for pots...

...It is the business of the scientist to formulate these generalisations, but also at the same time to be always attuned to reality, to always be conscious of exceptional nature of each specific instance. This attitude ...permeates all Indian science and makes it an exercise quite different from the scientific enterprise of the West."

Bhartrihari in Vakyapadiya talks about this philosophy which leads to unrestricted approach to means as 'upay':

उपादायापि ये हेया तानुपायान् प्रचक्षते
उपायानाञ्च नियमो नावश्यमवतिष्ठते
अर्थं कथंञ्चिद् पुरुष कथंञ्चित् प्रतिपद्यते[8]

(Procedures taught in sashtras are to be discarded, even though they are to be used for accomplishing an objective. There is no necessary limitation on such means. One accomplishes objectives by one mean or other).

A hurried view might find this argument futile while talking about philosophical dimension of a nation. But a careful study shall lead to realisation that Bharat as rashtra has its dimensions in all open procedures which gives ample importance to seers and procedures, only to reject them when not in utility. Those who contradict the theory of Bharat as a rashtra perhaps don't understand that Indian canonical texts (sashtras) don't present a series of propositions, rather they present a series of rules, which serve to specify and characterise systematic procedures in order to accomplish various ends:

अल्पाक्षरमसंदिग्धं सारवद् विश्वतोमुखम्।
अस्तोभमनवद्यञ्च सूत्रं सूत्रविदो विदुः ॥[9]

Scholar taught in western theories search for their limited dimension which create 'States' and not 'Nation'. In some perspectives rashtra is even a bigger connotation than 'Nation'. For example, sashtras give enough variety of terms like vidhi, kriya, prakriya, sadhana, karma, parikrama, karana, upaya, etc. Rashtra also offers various dimensions. The reason how a slave country remained an alive civilisation has much to do with its strength in its land, people, culture, civilisation, history, religion, dharma, literature, arts, political thought and philosophy of life. Rashtra named Bharat has complete Prithvi Sukht of Atharvaveda (12.1) as its national song, which talks about the unity of caste, creed, religion and nativity. 20-191 Suktas of Rigveda are the universal message of continuation. संगच्छध्वम् is its act and यथा वः सुसहासति[10] is the unitary force of republic. संवदध्वम् invites voice of unity which leads up to सं वो मनांसि जानताम् – a call for not only unanimous voice but unanimous conscience, देवा भागं यथा पूर्वे सं जानानां उपासते - may you move in harmony, speak in one voice; let your minds be in agreement; just as the ancient gods shared their portion of sacrifice.

An acute dimension of Bharat as rashtra is in uniformity,

compassion and love, which become the touchstones of national conscience:

ते अज्येष्ठा अकनिष्ठास उद्भिदोऽमध्यमासो महसा वि वावृधुः ।[11]

It's a 'rashtra true to its name 'Bh'-'rat': the light of veda is to illuminate.

शास्त्रं ज्योतिः प्रकाशार्थं दर्शनंबुद्धिरात्मनः ।
ताभ्याँ भिषक् सुयुक्ताभ्याँ चिकित्सन्नापराध्यति ॥[12]

The philosophic dimension rests on mathematics precision, hence can be tested again and again for its ambiguity. Requirement of concordance between observation and computation is one of the fundamental principles of Indian logic:

न हि सर्वत्र गणितं न हि सर्वत्र दर्शनं।
दर्शनं गणितं चैव युग्पद्योगसाधकम् ॥[13]

The soul of Bharat is fusion for synthesis. Theories, philosophy, ganit, vigyan, khagolshastra, and para and apara together are required to understand shastras:

काणादं पाणिनीयञ्च सर्वशास्त्रोपकारं।

All attempts to define philosophical dimension of Bharat shall culminate into the metaphor of inverted tree, propounded in Bhagvad Gita envisaging all horizons of multi-universes. This tree is a Banyan tree. The first thing we hear about this tree is that it's upside down! The next thing we hear about the tree is that it's famous. Then we hear that the tree is both asvattham and avyayam – that it is both temporary and eternal. In other words, it appears to be eternal, but it is eternally changing form and shape, and the form that it is in today will be gone tomorrow. Therefore, any specific version of the tree is temporary, although the tree itself always exists in some version. The fourth thing we learn about the tree is that the Vedic Hymns are its leaves. Leaves carry out photosynthesis and, thus, bring energy and life to the tree. So, Vedic hymns allow this upside down tree to flourish and grow. The fifth thing we hear is that knowledge of this tree is the knowledge of the Veda. In other words, the Veda is meant for clearly knowing what this tree is. The Vedic hymns cause the tree to grow. And the Vedas are meant for knowing the tree. The tree is the material world. Thus the Vedas themselves are not "spiritual". They are "religious". That is, they teach us how to best enjoy the tree, and by following their advice, we cause the tree to be healthy and enjoyable[xv]. The illusion is unnecessary and all pointers are as real as Brahmand, connected to the higher self, with a potential to grow as high as root of Banyan, is the analogical definition of Bharat:

ऊर्ध्वमूलमध:शाखमश्वत्थं प्राहुरव्ययम्।
छन्दांसि यस्य पर्णानि यस्तं वेद स वेदवित्॥[14]

References—

1. Ojha, Pandit Madhusadan. Bharatvarsha – The India Narrative. NewDelhi : Rupa Publications India Pvt. Ltd. 2017, p.1
2. Chhandogya Upanishad. 6//87-Samveda
3. Brihadaranyaka Upanishad. 1/4/10-Yajurveda
4. Rigveda 2.331
5. Devacharya's Karaõaratna 1.3-4
6. Yajurveda 22/22
7. Pandit Deendayal Upadhyaya at a Bharatiya Jana Sangh meeting held at Vijayawada from January 23 to 25, 1965.
8. Bhartrihari Vakyapadayam 2.38-9
9. Vianudharmottarpurasa 3.5.1
10. Rigveda.10.191.4
11. Rigveda. 5.59.6
12. Charak.Sutrasthana 9.24
13. Vridhhagargasamhita https://vicd108.wordpress.com/2011/08/19/the-upside-down-banyan-tree-gita-15-2/
14. Bhagavad Gita 15.1

□

कालजयी 'नाट्यशास्त्र' विचार : भारतीय ज्ञान परंपरा का गौरीशंकर शिखर

✍ **डॉ. बलवंत जानी**

भारतीय पंडितों की साहित्य विचारधारा की प्रज्ञावान परंपरा में, जीवन को और साहित्य को छूते कई विषयों को शामिल किया गया होने से उसे सर्वोश्लेशी और सर्वतोमुखी ज्ञानपरंपरा के रूप में पहचान प्राप्त हुई है। यह पहचान केवल सांप्रत भारतीय विद्वानों द्वारा ही नहीं, लेकिन प्राचीन बृहद भारतीय सीमाबद्ध प्रदेश के बौद्धिकों ने एवं खुद को सर्वाधिक प्राचीन बताते यूरोपीय विद्वानों ने भी दी है। भारतीय साहित्य सिद्धांत मीमांसा, रस, ध्वनि, वक्रोक्ति और शब्दशक्ति को वैश्विक स्वीकृति प्राप्त हुई है। हाल में ही भारतीय प्रज्ञापुरुष अभिनव गुप्त की सहस्त्राब्दी पूरे विश्व में मनाई गई। इस कश्मीरी पंडित की ज्ञानचर्चा शैवधर्म, तंत्र और साहित्य तथा त्रिविध क्षेत्रों में प्रवृत्त थी। उन्होंने अपनी ज्ञानमीमांसा पुरोगामी प्राचीन पंडितों के, उस समय उन्हें प्राप्त साहित्य ग्रंथों के आधार पर की थी।

ई.स. पूर्व तीन-चार हजार सालों पहले, भारतीय ज्ञान प्रसारण, संवर्धन, जतन और संरक्षण की परंपरा और पद्धति कैसी थी, उसका उज्ज्वल उदाहरण उपनिषदों और पुराण ग्रंथ हैं। इस प्राचीन परंपरा का दस्तावेजी आधारभूत स्वरूप भरतमुनि कृत 'नाट्यशास्त्र' ग्रंथ है। भारतीय ज्ञान परंपरा का विश्व को भी स्वीकृत ऐसा यह नाटक विषय संदर्भ का आकर ग्रंथ 'नाट्यशास्त्र' है। हमारी ग्रंथ आलेखन की प्राचीन प्रक्रिया का स्वरूप भी इसमें संरक्षित है।

वास्तव में भरतमुनि समक्ष अत्री ऋषि और अन्य मुनि, नाट्य संदर्भ के प्रश्नों का निराकरण के लिए गए। भरतमुनि के पास उस समय, नाटक के अध्ययन के लिए सौ जितने शिष्य नाटक विषय का ज्ञान प्राप्त कर रहे थे। इस ऋषिवृंद ने नाटक विषय के संदर्भ में प्रश्न किए। नाटक, वेद की उत्पत्ति कैसे और किसके लिए हुई, उसके अंग

और स्वरूप कैसे हैं, प्रकार कितने हैं, उसका परिचय कैसे मिले, और प्रस्तुतिकरण कैसे किया जाए? इस प्रश्नोत्तर के समय शिष्यवृंद भी उपस्थित था। ऋषियों और शिष्यों ने भी बीच-बीच में प्रश्न किए और पूर्ति स्वरूप विवरण भी कहे थे। इस प्रश्नोत्तर और पूर्ति का ग्रंथ स्वरूप है 36 या 37 अध्याय वाला 'नाट्यशास्त्र' ग्रंथ।

इस 'नाट्यशास्त्र' ग्रंथ के बारे में एक हजार साल पहले अभिनव गुप्त का 'अभिनवभारती' नामक ग्रंथ भरतमुनि के 'नाट्यशास्त्र' ग्रंथ की आलोचना स्वरूप लिखा गया था। इस आलोचना ग्रंथ के आधार पर विद्वानों ने मूल 'नाट्यशास्त्र' ग्रंथ के संदर्भ में अनुसंधान शुरू किया था।

ई.स. 1789 में सर विलियम जोंस नाम के ब्रिटिश विद्वान् ने 'अभिज्ञान शाकुंतल' का अंग्रेजी अनुवाद प्रकाशित किया, उसमें उसके रचयिता कालिदास का और संस्कृत में लिखे गए 'नाट्यशास्त्र' ग्रंथ का उल्लेख करते हुए दरशाया था, "मैं यह ग्रंथ प्राप्त नहीं कर सका, लेकिन अगर मिल जाए तो भारत में संस्कृत नाट्यस्वरूप के बारे में बहुत जानकारी और ज्ञानमूलक विवरणों का परिचय मिले।" फिर ब्रिटेन और अमरीकन विद्वान् एच.एच. विल्सन और फ्रिट्ज एडवर्ड द्वारा कुछ हिस्सों का अनुसंधान प्रकाशित हुआ था, लेकिन 1880 में फ्रेंच विद्वान् पाल रेनो ने 'नाट्यशास्त्र' के सतरहवें अध्याय और बाद में उनके शिष्य ग्रोसे ने अट्ठाईसवाँ अध्याय ई.स. 1888 में प्रकाशित किया था। पश्चिम के विद्वानों में इस कारण बहुत भारी जिज्ञासा व्याप्त हुई थी, जिसके प्रतिसाद स्वरूप ई.स. 1894 में भारत में से 'काव्यमाला ग्रंथमाला'—सिरीज में संपूर्ण 'नाट्यशास्त्र' ग्रंथ प्रकाशित हुआ। दूसरी एक हस्तलिपि के आधार पर ई.स. 1929 में काशी से 'नाट्यशास्त्र' ग्रंथ प्रकाशित हुआ।

लेकिन इन दोनों हस्तलिपि के अलावा दूसरी 38 जितनी पांडुलिपियों के आधार पर प्रमाणभूत संस्करण वड़ोदरा से गायकवाड ओरिएंटल सिरीज द्वारा चार खंड में ई.स. 1926 से 1964 के बीच रामस्वामी शास्त्री, रामकृष्ण कवि और जे.एस. पदेशास्त्री द्वारा और प्रथम संस्करण बाद में दूसरा संस्करण डॉ. नांदी और डॉ. नाणावटी ने तैयार किया था। मूल संस्करण में अभिनव गुप्त रचित 'अभिनवभारती' ग्रंथ का भी समावेश किया गया था। इस ग्रंथ को भारत में और भारत के बाहर व्यापक प्रसिद्धि प्राप्त हुई थी। उसके बाद गुजरात में गोवर्धन पांचाल का 'दूत्तवाक्यम्' नामक नाट्य प्रकार के स्वरूप के बारे में प्रकाशित ग्रंथ भी प्रचलित है।

'नाट्यशास्त्र' ग्रंथ में मूल रूप से तो भरतमुनि, अत्रिमुनि—मुनिवृंद और भरतमुनि शिष्य समुदाय के बीच हुई चर्चा, परिचर्चा, पूर्ति, अनुपूर्ति का संपादन है। संहिताशैली अर्थात् विवरण और संवर्धन का संकलन स्वरूप है, इसलिए उसके संपूर्ण रचयिताकर्ता भरतमुनि को नहीं माना जा सकता। लेकिन प्रमुख विचार तो उनके ही हैं। बड़े दर्शनशास्त्री,

शिवतत्त्व और तंत्रविद्या के प्रखर ज्ञाता अभिनव गुप्त द्वारा 'नाट्यशास्त्र' ग्रंथ के संदर्भ में की गई ओलचना ग्रंथ की रचना 'अभिनवभारती' ज्ञान के स्वरूप की—समझ की, अर्थघटन की चर्चा भारतीय बौद्धिकता और उच्च प्रज्ञा प्रतिभाशक्ति का परियाचक है।

'व्यासोच्छिष्टम् जगत् सर्वम्' उक्ति महाभारत के लिए है, उसी तरह 'नाट्यशास्त्र' के लिए भी इस प्रकार का कथन है कि सभी विद्याशाखा और विचारतत्त्व का संगमतीर्थ है। ब्रेख्ट से पहले ढाई हजार वर्ष पूर्व, भरतमुनि ने 'नाट्यशास्त्र' ग्रंथ के लिए कहा था कि मैं 'नाट्यशास्त्र' सिखाता नहीं हूँ, लेकिन नाटक के नमूनों की मीमांसा कहता हूँ। अभिनव गुप्त ने भी किस-किस प्रकार के प्रयोग किए हैं, उसके संदर्भ में भी 'अभिनवभारती' में टिप्पणी है कि 'नाट्यशास्त्र' प्रत्यक्ष रूप से उपदेशक ग्रंथ नहीं है, लेकिन 'भरतसिद्ध सदुपायोपदेशपरक' (अभिनवभारती भाग-1, 4) शास्त्र है। अर्थात् पहले के रंगकर्मियों ने जो पद्धति अपनाई थी, उसके निदर्शनों का दिशादर्शन और परिचय करवाने वाला शास्त्र है।

'नाट्यशास्त्र' ग्रंथ के पठन में से खयाल आता है कि नाट्यसृष्टि कई सारी संभाव्यता और संभावनाओं से भरपूर है। यह केवल एक सागर ही नहीं है, बल्कि उसमें अनेक सागर समाविष्ट हैं। उसकी गहराई, उसकी ऊँचाई असीम अपार है। नाट्य उत्पत्ति, रंगमंच-प्रेक्षागृह जैसी चर्चा से ग्रंथ का प्रारंभ हुआ है। उसके बाद का छठवाँ अध्याय रस के बारे में है। सातवाँ अध्याय भाव विषयक है। अभिनय की चर्चा से संबंधित आठवें और नवें अध्याय में अंग अभिनय और उपांग अभिनय तथा इक्कीसवें अध्याय में आहार्य अभिनय तथा बारहवें अध्याय में सामान्य अभिनय के संदर्भ में चर्चा समाविष्ट है। वाचिक अभिनय के विवरण कई अध्यायों में है, चौदहवें और पंद्रहवें अध्याय में वाचिक अभिनय की चर्चा और छंदविन्यास एवं वृत्त लक्षण के बारे में टिप्पणी है, फिर सत्रहवें अध्याय में काकु, स्वर व्यंजन के विवरण; लेकिन संवाद भाषा संदर्भ में हुई है। महत्त्वपूर्ण चर्चा के स्वरूप में तेरहवें अध्याय में लोकधर्मी और नाट्यधर्मिता के विवरणों पर भी चर्चा की गई है। अठारहवाँ, उन्नीसवाँ और बीसवाँ अध्याय नाटक के विविध प्रकार तथा शैली से संबंधित दशरूपक, संधि और वृत्ति के बारे में है। नाटक में प्रयुक्त संगीत तत्त्व की और वाद्य चर्चा भी 'नाट्यशास्त्र' में से तीसवें से लेकर चौंतीसवें अध्याय में सुषिरवाद्य, ताल, ध्रुवा गायकवादक के गुण और पुष्कर अवनद्धवाद्य जैसे शीर्षक से प्राप्त हैं। अंत में भरत के शिष्यों को—नट को—श्राप, नाटक का भूलोक में अवतार भी वर्णित किया गया है। एक पांडुलिपि में 36 अध्याय और दूसरी पांडुलिपि में 37 अध्याय प्राप्त होते हैं।

□

नाट्यशास्त्र संहिता है, इसलिए स्वाभाविक है कि उसमें विविध रचयिताओं के विचारों को स्थान मिला हो। उसमें अलग अलग समय पर विविध पाठ-विवरण को स्थान प्राप्त हुआ—प्रवेश मिला हो। क्रम में बदलाव, क्रमविहीनता, समग्र आलेखन छुटपुट-बिखरा

हुआ लगे, लेकिन फिर भी अभिनव गुप्त ने 'नाट्यशास्त्र' ग्रंथ का विश्लेषण करते हुए कहा है कि अंतर्निहित एकसूत्रता का, विषयगत संवादिता का और समन्वित महाआख्यान का अनुभव होने से, नाट्यशास्त्र अविच्छिन्न आकरग्रंथ है। अनेक का कर्तृत्व, विविध पंडितों का योगदान होने के बावजूद कहीं भी विषय से च्यूत हुआ नहीं दिखाई देता है। चाहे उसमें कहीं विषय लड़खड़ाता हो, कहीं विधानों में आपसी विरोधाभास हो, फिर भी वह एक संकलन होने से आद्यआचार्य मुनि भरत का मंतत्वय अनुस्यूत का समावेश महसूस होता ही है।

नाट्यशास्त्र के प्रथम अध्याय में ही श्लोक है।

श्न तज्वज्ञानं न ताच्शिल्पं, न साविद्या न सा कला,
ना सौ योगो न तत्कर्म नाट्येऽस्मिन्यन्न दश्यतेश् (नाट्यशास्त्र-1, 116)

अर्थात् संसार की कला, ज्ञान, शिल्प, विद्या, योग, कर्म या ऐसी कोई सामग्री नहीं है, के जो नाटक अंतर्गत समाहित न हो सके। इस तरह 'नाट्योच्छिष्टम् जगत् सर्वम्' उक्ति प्रयुक्त की जा सके ऐसा महाभारत सदृश इस कलास्वरूप 'नाट्यशास्त्र' है। भारत की ज्ञान परंपरा के संदर्भ में बहुत बड़ी विशेषता यह है कि समग्र विश्व को बहुत जल्द, अभिनय, रंगमंच और नाट्य विषयक विषय सामग्री इस तरह तीन प्रकार की सूक्ष्म समझ, व्यापक ज्ञानमीमांसा परक सिद्धांत चर्चा भारत की ओर से प्रदान की गई बड़ी भेंट है। उनमें से भारतीय मूल्यनिष्ठा, रसचर्चा में से प्रकट होती शाश्वत भारतीय भावसृष्टि, पाश्चात्य विद्वानों को बहुत ही अर्थपूर्ण, तर्कपूर्ण और हृदयस्पर्शी लगी थी। इंग्लैंड के भारतीय प्रारयविद्या के विद्वान्, संस्कृत साहित्य के प्रखर अभ्यासु एच.एच. विल्सन ने अपने 'सिलेक्ट स्पेशीमेन ऑफ द हिंदुज थिएटर' में "भारतीय 'नाट्यशास्त्र' नामक प्राचीन ग्रंथ लुप्त है, उसकी हस्तलिपि ढूँढ़ कर अध्ययन किया जाना चाहिए, उनमें से सर्वसमाविष्ट अभिगम के संदर्भ कई पंडितों ने उदाहृत किए हैं।" एच.एच. विल्सन जैसे प्रकांड पंडित के आह्वान से ही पाश्चात्य और भारतीय विद्वानों ने खोज आरंभ की और उसके अच्छे परिणामस्वरूप भरतमुनि प्रणित 'नाट्यशास्त्र' संहिता ग्रंथ दुनिया को प्राप्त हुआ।

'नाट्यशास्त्र' में समाविष्ट भरतमुनि का विशद और व्यापक विश्लेषण बाद में भारतीय साहित्य सिद्धांत परंपरा के सच्चे अर्थ में दिशा-दर्शक और प्रभावक रहा। उनमें शामिल दर्शन संपूर्ण रूप से भारतीय, जीवनमूल्य और मानव भाव केंद्रित होने से विश्व को भी उसमें समाविष्ट (इंडियननेस) भारतीय रीति छू गई थी। नाटक में से निष्पन्न होते विविध प्रकार के रस जैसे कि शृंगाररस, वीररस, हास्यरस, करुणरस, बीभत्सरस, रौद्ररस, भयानकरस, अद्भूतरस आदि का निरूपण हमारी विशिष्ट आस्वाद शक्तियाँ दृष्टि का परिचायक है। शांतरस की अवधारणा बाद में अभिनव गुप्त द्वारा जोड़ी गई, उसमें रस के उद्‌भव के लिए कारणभूत कारकों के भाव, विभाव को भी विस्तार से आलेखित किया

गया है। विश्व की साहित्य सिद्धांत अवधारणा के रचयिताओं को समझ में आ गया था कि भारतीय विद्वानों द्वारा विविध प्रकार के भाव का निरूपण तथा उसके आधार पर प्रकट होते विविध रस की चर्चा प्रेक्षक-भावक पर कितनी प्रभावक है, उसकी सोच भारत की भावक-केंद्रित तथा मूल्यबोध-केंद्रित विभावना की द्योतक है।

विश्व की ज्ञानधारा के प्रवाह में हमारा 'नाट्यशास्त्र' की तरफ से यह बहुत बड़ा अर्पण अनूठा, अनोखा और प्रभावी है। हम गौरव ले सकते हैं कि 'नाट्यशास्त्र' की तरफ से काव्य-कथा साहित्य विषयक भी कैसी दिशा सर्जक को और अभिनेता को प्राप्त होती है। हमारी नाट्यसाहित्य संदर्भ की सोच आज भी प्रस्तुत होने के कारण अनेक भारतीय और पाश्चात्य अभ्यासुओं को यह कालजयी और युगवर्ती लगी है।

ग्रीक, जर्मन जैसी नाट्य परंपरा विमर्श के सामने समय की दृष्टि से उनसे पहले भारतीय 'नाट्यशास्त्र' ग्रंथातर्गत विमर्श, आज विश्व को मूल्यबोध, सौंदर्यबोध और राष्ट्रबोध का अर्थपूर्ण रूप से अवबोध करानेवाली ज्ञानचर्चा-ज्ञानमीमांसा स्वरूप प्रदान लगता है। भारत में ही, विख्यात कश्मीरी पंडित अभिनव गुप्त ने 'अभिनवभारती' में उसके आधार पर भारतीय ज्ञानमीमांसा को रसविचार के संदर्भ में आगे बढ़ाई वह बात ज्ञान आराधना का उनके विकासशील प्रज्ञाप्रवाह का प्राचीन उदाहरण है। भारतीय ज्ञान परंपरा में 'नाट्यशास्त्र' इनमें समाविष्ट उन्नत और वैश्विक विचारधारा की वजह से गौरीशंकर शिखर तुल्य लगता है।

□

अनुप्राणित हो शिक्षा

✍ **प्रो. भगवती प्रकाश शर्मा**

प्राचीन भारतीय वाङ्मय में उपलब्ध आधुनिक विज्ञान, प्रौद्योगिकी, सामाजिक विज्ञान व मानविकी आदि के ज्ञान की सामयिक संदर्भों में व्याख्या, निर्वचन व उसके क्रमबद्ध संकलन और इनका हमारी शिक्षा में समावेश आवश्यक है। चारों वेद, षड् वेदांग, पुराण, उपपुराण, उपनिषद्, षट् दर्शन, आरण्यक, धर्मशास्त्र, संहिताओं, सूत्र ग्रंथों, इतिवृत्तों (यथा वाल्मीकि रामायण, महाभारत आदि), एवं संस्कृत साहित्य के अन्य प्रकाशित ग्रंथों के अतिरिक्त विविध अभिलेखागारों में संग्रहीत 1.2 करोड़ अपठित पांडुलिपियों में अथाह ज्ञान संग्रहीत है। हमारे इस प्राचीन वाङ्मय की सार्थकता व महत्ता को स्पष्ट करने हेतु यहाँ पर कुछ सरल व सुलभ उदाहरणों को उद्धृत किया जा रहा है—

'यजुर्वेद' में हृदयाग्र में विद्युत् स्पंदन का उल्लेख : आधुनिक चिकित्सा शास्त्र के अनुसार, हृदय के स्पंदनों की गति (नाड़ी की गति) 72 प्रति मिनट से न्यून होकर 30-45 प्रति मिनट हो जाने पर एक सिल्वर आयन बैटरी उसके सीने में त्वचा के नीचे लगाकर, उससे एक इलेक्ट्रॉड जोड़कर हृदय के आवरण (पेरिकार्डियम) के अंदर, हृदय के अग्र भाग में स्थापित कर उस इलेक्ट्रॉड में बैटरी से इतनी विद्युत् आपूर्त्ति समायोजित कर दी जाती है कि हृदय (नाड़ी) की गति पूर्ववत् 70 प्रति मिनट हो जाए। 'यजुर्वेद' में हृदय के अग्रभाग में विद्युत् को धारण करने की कामना की गई है। मंत्र में प्रयुक्त शब्द 'अशनि' वैदिक शब्द कोश निघंटु के अनुसार विद्युत् का पर्याय है।

सुश्रुत द्वारा उन्नत शल्य चिकित्सा का विवेचन : सुश्रुत द्वारा 4,000 वर्ष पूर्व रचित, संहिता ग्रंथ में 300 से अधिक शल्य प्रक्रियाओं, 120 से अधिक शल्य चिकित्सा यंत्रों, विविध प्रकार की शल्य चिकित्साओं का वर्गीकरण व कई अध्यायों में उसके प्रशिक्षण का सटीक विवरण दिया गया है। सुश्रुत को यह संपूर्ण ज्ञान धनवंतरि व अन्य उनके पूर्ववर्ती आचार्यों से परंपरागत प्राप्त हुआ है।

'ऋग्वेद' में प्रकाश की गति की गणना : 'ऋग्वेद' से उद्भूत मंत्र, जिसे आठवीं

सदी में आचार्य शंकर ने व 15वीं सदी में सायणाचार्य ने उद्घृत किया है, में प्रकाश को एक निमेष (0.216 सेकंड) के आधे भाग अर्थात् 0.108 सेकंड में 2,202 योजन गमन करनेवाला बतलाया है, जिससे प्रकाश की गति 1,86,300 मील प्रति सेकंड निकलती है। यह सन् 1676 में रीमर द्वारा की गई गणना से बहुत पहले से सूत्रबद्ध ही थी।

न्यूटन से कई शताब्दि पूर्व गुरुत्वाकर्षण के सिद्धांत व गति के सिद्धांतों का प्रतिपादन : न्यूटन द्वारा में गुरुत्वाकर्षण के सिद्धांत के प्रतिपादन के पूर्व वराहमिहिर (505-587) व ब्रह्मगुप्त (598-670 ई.) ने ब्रह्मस्फुट सिद्धांत में एवं भास्कराचार्य (1114-1185 ई.) ने 'सिद्धांत शिरोमणि' व 'लीलावती' नामक ग्रंथ में व उनके द्वारा पुनसंपादित और भी प्राचीन ग्रंथ 'सूर्य सिद्धांत' में इसका वर्णन किया है। मूल सूर्य सिद्धांत का उद्गम (1000 ई.पू.) से पहले का माना गया है। 'सूर्य सिद्धांत' में भास्कराचार्य द्वारा 'गुरुत्वाकर्षण शक्ति' शब्द युग्म के प्रयोग के साथ कर उसे समझाया गया है।

इसी प्रकार 'वाल्मीकि रामायण' के 'सुंदरकांड' में हनुमानजी द्वारा लंका गमन हेतु सुदीर्घ छलाँग लगाते समय, उन्होंने विचार किया कि वे जितने वेगपूर्वक छलाँग लगाएँगे, उसकी प्रतिक्रिया में उतने ही प्रबल वेग से उस स्थान की धरती पीछे को धसकेगी, और इसलिए उन्होंने एक ऊँचे पर्वत पर चढ़कर छलाँग लगाने का निर्णय लिया। वाल्मीकिजी रामायण में लिखते हैं कि उनके छलाँग के वेग की प्रतिक्रियावश वह पर्वत विदीर्ण हो गया व धरती के समतल हो गया। यह न्यूटन के 'गति के तीसरे सिद्धांत' 'क्रिया के समानुपात में (उसकी विलोम) दिशा में प्रतिक्रिया होती है' का उदाहरण है। ऐसे प्रत्यक्ष व परोक्ष ज्ञान विज्ञान के अनगिनत उद्धरण 'रामायण' व अन्य ग्रंथों में है।

'वाल्मीकि रामायण' की प्रागैतिहासिकता : 'वाल्मीकि रामायण' का काल त्रेता युग में था। इसका आरंभ 21, 25, 120 वर्ष एवं समाप्ति 8, 69, 120 वर्ष पूर्व मानी गई है। इसमें उस युग में पाए जानेवाले 4 दाँत वाले हाथियों का जो वर्णन आता है, वे आधुनिक अनुवांशिकीय अनुसंधानों के अनुसार 4 करोड़ वर्षों से पृथ्वी पर पाए जाते रहे हैं, और 10 लाख वर्ष पूर्व पूरी तरह विलुप्त हो गए। आज उनके 10 लाख वर्षों से पुराने जीवाश्म अर्थात् अस्थि अवशेष या फॉसिल्स ही पाए जाते हैं। नासा व अन्य वैज्ञानिकों द्वारा भी रामसेतु को 17.5 लाख वर्ष पुरातन व मानव निर्मित बतलाया जा रहा है। अतएव इतिहास में ऐसे सभी स्रोतों का समावेश भी आवश्यक है। रामायण कालीन यह दस लाख वर्ष से भी पुरातन हमारी सभ्यता तब कितनी उन्नत थी, जहाँ सड़कों पर भी बर्फ से शीतल किए हुए जल के छिड़काव (हिमशीतेन वारिण:) की परंपरा रही है। अर्थात् तब बर्फ का महानुमाप उत्पादन होता था व बर्फ से शीतलीकृत जल के छिड़काव की परंपरा आज भी नहीं है, वह उस काल में थी।

भू-चुंबकत्व का उत्तर दिशा में सिर रखने पर प्रभाव : न्यूरोफिजीशियंस का

कथन है कि पृथ्वी के भू-चुंबकत्व (geo-magnetism) के कारण, नित्य उत्तर दिशा में सिर रखकर सोने से मस्तिष्क की कार्य प्रणाली पर प्रतिकूल प्रभाव होता है। मस्तिष्क के ई.ई.जी. अर्थात् EEG (एनसिफेलो इलेक्ट्रा ग्राफ) के अंकनों के आधार पर यह निष्कर्ष निकाला गया है। विज्ञान ने अब उत्तर दिशा में सिर रखकर सोने के परिणाम का पता लगाया है। हमारे पुराणों व वास्तु ग्रंथों में चारों दिशाओं में सिर रखने के परिणामों का विवेचन करते हुए भूल कर भी उत्तर में सिर नहीं करने का निर्देश किया है। 'विश्वकर्मा प्रकाश' के अनुसार, पूर्व में सिर रखने से विद्याध्ययन में रुचि बढ़ती है। दक्षिण में धनार्जन की ओर रुचि बढ़ती है। पश्चिम में सिर रखने से चिंता में वृद्धि होती है व उत्तर में आयु क्षीण होती है। भूलकर भी उत्तर में सिर नहीं रखना चाहिए।

योग की वैज्ञानिकता पर अनुसंधान : विविध योग क्रियाओं यथा आसन, प्राणायाम्, मुद्राओं, बंध आदि के शरीर व स्वास्थ्य पर होनेवाले परिणामों पर भारत के बाहर विश्व के सौ से अधिक विश्वविद्यालयों में वृहद् स्तर पर सुदीर्घ अनुसंधान हो रहे हैं। नोबल पुरस्कार विजेता एलिजाबेथ ब्लैकबर्न ने तो पाया कि केवल 90 दिन तक, प्रतिदिन 12 मिनट गहरे श्वसन के अभ्यास से तनावजन्य वृद्धावस्था से सुरक्षा प्रदानकर्ता टेलोमरेज के आकार में 43 प्रतिशत की अभिवृद्धि हो गई।

'ऋग्वेद' में आधुनिक व्यावसायिक प्रबंध के सूत्र : 'ऋग्वेद' में आज के कंपनियों के पॉर्टफोलियों प्रबंध जैसे प्रबंध के कई श्लोक हैं, जिनमें विश्व में अनेक स्थानों पर ईष्ट साधन करनेवाली पूँजी (इष्टका) से दैनिक दोनों समय धेनु को दुहने की भाँति लाभार्जन आदि का विवेचन है यथा—

इमा मे ऽ अग्न इष्टका धेनवः संत्वेका च दशं च दशं च शतं च शतं च।
सहस्त्रैं च सहस्त्रैं चायुतं चायुतं च नियुतैं च नियुतैं च॥2॥
अर्बुदं च न्यर्बुदं च समुद्रश्च मध्यं चान्तश्च परार्धश्च।
एता में अग्न इष्टका धेनवः संत्वमुत्रामुष्मिँल्लोके॥3॥

उपरोक्त श्लोक के अनुसार, एक से अधिक स्थानों पर निवेशित पूँजी से संचालित व्यवसाय से उसी प्रकार अनवरत, नियमित लाभ होंगे, जैसे—गौ प्रतिदिन नियमित दोनों समय दूध देती है। वह लाभ उत्तरोत्तर बढ़कर दस गुना, सौ गुना··· अरब, खरब, नील, पद्म व शंख गुना होंगे। यह मंत्र उन्नत व्यवसाय का द्योतक होने के साथ-साथ हजारों वर्ष पूर्व हमारे यहाँ दाशमिक प्रणाली के उपयोग की भी जानकारी कराता है। यहाँ पर, जिस प्रकार सतत् व निर्बाध लाभ देने वाले पूँजी को धेनु कहा है, उसी प्रकार अमेरिकी बॉस्टन कंसल्टेंसी ग्रुप पोर्टफोलियो प्रबंध में कंपनियों का वर्गीकरण—केश काऊ, स्टार, डॉग आदि नामों का प्रयोग करता है।

वैदिक काल में अर्थव्यवस्था इतनी उन्नत थी कि तब केवल धन-संपदा के विविध

प्रकारों व उनके लिए आज से अधिक पर्याय थे। धेनु, इष्टका, ब्रह्म, वेद, वृद्धि, वित्त, बंधु, द्युम्न, वसु, भोग, श्रव, गय:, क्षत्र, मीढु, मेधा, श्वात्र, वैध या लब्धव्य, रेक्ण, द्रविण, राध:, रयि, वरिव:, वृत, वृत्र आदि इनमें से दो की यहाँ व्याख्या की जा रही है—

धेनु : व्यवसाय में सहज व स्थिर लाभार्जन कराने वाला धन, द्रव्य एवं व्यवहार्य धन ये सब 'धेनु' संज्ञक हैं। अत: जिस मूलभूत पूँजी से अर्जन होता है, वह धेनु संज्ञक है। आज भी हम शेयर बाजार में तेजड़िये को बुल (Bull) अर्थात् बैल या साँड़ व मंदाड़िया को बीयर अर्थात् भालू (Bear) कहते हैं।

इष्टका : व्यवसाय में निवेशित मूल पूँजी का नाम 'इष्टका' (Capital Employed) है। अपने व्यापारिक इष्ट साधन के लिए इसका प्रयोग होता है। जैसा कि **इमा मे अग्न इष्टका धेनव:** (यजुर्वेद।17 2) में दोनों शब्दों का प्रयोग हुआ है।

'ऋग्वेद' में सौ चप्पुओं वाले जलयानों (शतरित्र) से सामुद्रिक व्यापार के वर्णन प्राचीन काल में भारत में एक उन्नत अर्थव्यवस्था का संकेत करते हैं। इस प्रकार अनेक सहस्त्राब्दियों पूर्व हमारे यहाँ उन्नत आर्थिक व व्यावसायिक प्रबंध विकसित था।

(8) वैदिक काल की उन्नत शासन व्यवस्था, लोकतंत्र व चुनाव आदि : वैदिक काल में आज की भाँति चुनाव एवं चुने हुए राष्ट्राधिपति को पदमुक्त किए जाने के भी पर्याप्त संदर्भ हैं। 'ऋग्वेद' के मंत्र क्रमांक 10-173-1 के अनुसार वैदिक युग में भी देश में राष्ट्र के अधिपति के चुनाव होते रहे हैं। इसी मंत्र में इस चुने हुए राष्ट्राधिपति से शासन में स्थायित्व के साथ जनप्रिय बने रहने की अपेक्षा भी की गई है। यथा—'आत्वा हर्षिमंतरेधि ध्रुव स्तिष्ठा विचाचलि: विशरत्वा सर्वा वांछतु मात्वधं राष्ट्रमदि भ्रशत्'। ऋक 10-174-1। भावार्थ—हे राष्ट्र के अधिपति! मैं तुझे चुन कर लाया हूँ। तू सभा के अंदर आ, स्थिरता रख, चंचल मत बन, घबरा मत, तुझे सब प्रजा चाहे। तेरे द्वारा राज्य पतित नहीं होंगे। उक्त मंत्र से यह भी विदित होता है कि राष्ट्राधिपति को संसद् जैसी किसी सभा में भी आना पड़ता था। शायद स्थानीय स्वशासन हेतु भी कोई (नगरों/ग्रामों या प्रांतों के) पंचायतें हुआ करती थीं। इनसे भी उस चुने हुए राष्ट्राधिपति का अनुमोदन आवश्यक था, ऐसा प्रतीत होता है और ये पंचायतें शायद राष्ट्राधिपति को हटाने में भी सक्षम थीं। इसके अतिरिक्त राष्ट्राधिपति का चुनाव तो प्रत्यक्ष प्रणाली से होता रहा होगा। ऐसा 'अथर्ववेद' में मंत्र क्रमांक 3-4-2 के इन शब्दों कि 'देश में बसने वाली प्रजाएँ तुझे चुनें।' से प्रतीत होता है, लेकिन ये ग्राम/नगर/प्रादेशिक पंचायतें विद्वत् परिषदों के रूप में भी होती रही होंगी, ऐसा इस मंत्र के शब्दार्थ से प्रतीत होता है। यथा 'त्वां विशेष वृणता राज्याय त्वामिमा: प्रदिश: पंचदेवी:। वष्मन राष्ट्रस्य कुकदि श्रयस्व ततो व उग्रो विमजा वसूनि।' अथर्ववेद 3-4-2। भावार्थ—देश में बसने वाली प्रजाएँ शासन के लिए तुझको राष्ट्रपति या प्रतिनिधि चुनें। ये विद्वानों की बनी हुई उत्तम मार्गदर्शक, दिव्य पंचदेवी (पंचायतें) तेरा वरण अर्थात्

अनुमोदन करें। तत्पश्चात् तू उग्र तेजस्वी व प्रभावशाली दंड को न्याय बल के साथ सँभाल और हमको जीवनोपयोगी धनों एवं अधिकारों का न्यायपूर्वक समान रूप से विभाजन कर।

राष्ट्र का नेतृत्व कैसा हो? इसका भी निरूपण 'अथर्ववेद' में किया गया है यथा—'स्वस्तिदा विशान्पति बृत्रहा बिमृधो वशी। वर्षेन्द्रः पुर एतु नः सोमपा अभयंकरः।' अथर्ववेद 1-21-1:। इसका अर्थ है, (प्रजा का या हमारा) कल्याण करनेवाले हिंसा या आतंक का निरोध कर सके, ऐसा बलवान सोमपा (अर्थात् ब्रह्मज्ञानी, ऐश्वर्ययुक्त, न्यायप्रिय, यज्ञकर्ता, क्षत्र तेज संपन्न व प्राण बल का पान करनेवाला) शत्रुओं को नष्ट कर प्रजा को अभय प्रदान करनेवाला हमारा नेता बने। 'यौनः पूषन्नथो वृको दुःशेव आदि देशाति। अपस्मतं पथो जहि। ऋग्वेद। 1-42-2। भावार्थ—हे पूशन! प्रभो, यदि पापी व दुःखदायी हम पर शासन करें, तो उसे हमारे पथ से दूर कर काँटे की भाँति उखाड़ कर फेंक दें। इसी प्रकार 'ऋग्वेद' के मंत्र 1-42-3 में परिपंथी, चोर व कुटिल जनों को दूर करने का आग्रह है। इससे यह स्पष्ट होता है कि आज से सहस्त्राब्दियों पूर्व भी हमारे देश में आज से भी उन्नत लोकतंत्र सुस्थापित था। बौद्ध साहित्य में 2,600 वर्ष पूर्व के जिन अनेक गणराज्यों का विस्तृत वर्णन व 'तैत्तिरीयोपनिषद्' में जिन शासन पद्धतियों का विवेचन आता है, वे हमारे देश में अति प्राचीन काल में आज से बेहतर उत्तरदायी सुशासन, लोकतंत्र व गणराज्यों के प्रमाण हैं।

बुद्धिमत्ता पूर्ण प्ररचना सिद्धांत (इंटेलिजेंट डिजाइन थ्योरी) : वैज्ञानिकों का एक वर्ग ब्रह्मांड व सभी जीव प्रजातियों को एक बुद्धिमत्तापूर्ण रचना मानता है कि इस अति विशाल व व्यवस्थित रूप से संचालित ब्रह्मांड एवं प्रत्येक जीव प्रजाति की रचना बेतरतीब तत्त्वों के संयोजन से नहीं होकर अत्यंत बुद्धिमत्तापूर्वक की गई रचनाएँ हैं। इन वैज्ञानिकों का प्रथम तर्क है कि ब्रह्मांड में अनवरत भ्रमणशील अरबों आकाश गंगाएँ, प्रत्येक आकाश गंगा मं व्यवस्थित रूप से अपनी धुरी पर भ्रमणरत् व अपनी-अपनी कक्षा में भ्रमणरत् अरबों ग्रह नक्षत्र और उनके भी अपने-अपने सौर मंडल या नक्षत्र मंडल सुव्यवस्था के साथ संचालित हो रहे हैं। वह सभी बुद्धिमत्तापूर्ण की गई योजना से ही संभव है। इसी प्रकार सभी जीव प्रजातियों के विकास में भी एक सप्रयोजन बुद्धिमत्तापूर्ण योजना ही अंतर्निहित प्रतीत होती है। DNA से जीवन निर्माण का जो डिजिटल कोड है, वह अनियोजित नहीं, सप्रयोजन नियोजित सिद्ध होता है। संपूर्ण ब्रह्मांड के क्रिया-कलापों और सभी जीव प्रजातियों के जीवन चक्र में एक प्रकार की परिपूर्णता युक्त जटिलता सामने आती है। इन जटिलताओं के अत्यंत स्वल्प अंश को भी निकाल देने पर संपूर्ण तंत्र ढह जाता है। इसे 'Irreducible complexity' का सिद्धांत कहा जाता है। इसी प्रकार ब्रह्मांड व सभी जीव प्रजातियों में पाई जानेवाली सारी जटिलताएँ सोद्‌देश्य या सप्रयोजनपूर्वक नियोजित हैं। इनमें सारी जटिलताएँ निर्देशित हैं, संयोगजन्य नहीं। इस प्रकार की अलघुकरणीय जटिलताओं (जिन्हें कम नहीं किया जा सके, ऐसी जटिलताएँ) और सप्रयोजन या निर्देशित जटिलताओं के

पीछे बुद्धिमत्तापूर्ण रचना का होना स्वाभाविक है। इस पूरे विषय पर अनेक ग्रंथ रचे गए हैं, जो उद्विकास (evolution) के स्थान पर नियोजित सृजन के सिद्धांत का प्रतिपादन करते हैं। इसे इन दिनों 'Creationism in place of evolution' कहा जा रहा है। पाठक इस विषय में लेखक के 'Intelligent Design theory' पर प्रकाशित लेखों का अध्ययन भी कर सकते हैं। हमारे पुराणों के प्रतिपाध्य 5 विषयों में से 'सर्ग' अर्थात् 'सृष्टि रचना' के खंड में बुद्धिमत्तापूर्ण प्ररचना सिद्धांत (Intelligent Design Theory) में अत्यंत साम्य दिखलाई देता है।

बहुसंख्यक पुरातात्त्विक व अन्य अनुसंधान : हमारे गौरव का प्रतिपादन करनेवालों का हमारे पाठ्यक्रमों में समावेश ही नहीं है, जो किया जाना चाहिए। अनेक पुरातात्त्विक अनुसंधान भी इस दृष्टि से पठनीय हैं।

तमिलनाडु में कोडूमनाल में उत्खनन में एक प्राचीन 2,800 वर्ष पुरानी औद्योगिक नगरी मिली है। वहाँ पर ऐसे Vitrified Crucibles मिले हैं, जिनका उपयोग इस्पात (Steel) बनाने में होता था। वहाँ अत्यंत उन्नत व स्वल्प कार्बनयुक्त इस्पात (Low Carbon Steel) का उत्पादन होता था। आज चाहे सब कहते हैं कि विट्रीफाईड टाइल्स का विकास यूरोप में हुआ है, लेकिन कोडूमनाल में 2,800 साल पुराने विट्रीफाइड क्रुसिबल्स (Vitrified Crucibles) मिलने से भारत में विट्रीफिकेशन प्रक्रिया की प्राचीनता सिद्ध होती हैं। उड़ीसा की भट्टियों में तैयार इस्पात (जंग न लगने वाला) 2,000 वर्ष पूर्व भारत की स्टील उत्पादन प्रौद्योगिकी की कहानी कह रहा है। अशोक की लाट कहलाने वाला गरुड़ स्तंभ-महरौली, दिल्ली में इसका प्रमाण है। कोडुमनाल में 2,500 वर्ष पुराने वस्त्र उद्योग, रत्न संवर्धन व इस्पात उद्योग हमारे प्राचीन गौरव का प्रमाण हैं। कोडूमनाल में पुरानी सभ्यताओं यथा मिस्र (अरब देश), रोम (इटली) और थाईलैंड (दक्षिण-पूर्व एशिया) के सिक्के निकले हैं। ये सिद्ध करते हैं कि भारत प्राचीन समय से ही समृद्ध एवं दूर देशों से विश्व-व्यापार में व प्रौद्योगिकी विकास में भी अग्रणी रहा है।

कोडूमनाल में मिले अनेक उत्तर भारत के नामपट्टों व अभिलेखों से लगता है कि 2,500 वर्ष पूर्व देश में आर्य और द्रविड़ जैसा कोई विभाजन एवं उनमें किसी प्रकार का वैमनस्य नहीं था और इससे आर्यों का बाहर से आगमन व द्रविड़ों पर आक्रमण की कल्पना भी निराधार हो जाती है। कोडूमनाल के उत्खननों में पद्मासन की अवस्था में बैठे नर कंकाल भी मिले हैं, जो वहाँ 2,500 वर्ष पूर्व योग की परंपरा का प्रमाण देते हैं। हाल में किए वंशाणु साम्य अर्थात् जीन पूल के अध्ययनों में उत्तर व दक्षिण भारत के लोगों में नस्ल भिन्नता के भी कोई प्रमाण सामने नहीं आते हैं। आर्यों के भारत के बाहर से आने व द्रविड़ों पर आक्रमण और उनके बीच परस्पर अलगाव का मिथक कोडूमनाल में उत्तर व दक्षिण भारत में पारस्परिक लेन-देन के प्रमाणों से भी निर्मूल हो जाता है।

वस्तुत: सिंधु घाटी सभ्यता का आर्यों का भारत में आगमन पर नष्ट किए जाने के जो मिथ्या विवेचन हैं, वे भी नवीन खोजों के बाद निर्मूल हो गए हैं। उपग्रह के चित्रों व नए पुरातात्त्विक उत्खननों से निर्विवाद रूप से यह सिद्ध हो गया है कि वह सभ्यता 300 वर्षों के जलवायु प्रकोप के कारण समाप्त हुई। वहाँ पर जो मिट्टी की अनेक परतें जमा हुई हैं, वह वातावरण में परिवर्तन व जल प्लावन का परिणाम है। वहाँ के भूगर्भिक अनुसंधान यह भी बतलाते हैं कि 4,200 से 4,000 वर्ष पूर्व मानसून की बरसात का विलोपन भी जन विस्थापन का कारण बताया जा रहा है। सभी ताजा अनुसंधानों से यह निर्विवाद रूप से सिद्ध हो गया है कि वहाँ से कोई आक्रमणजनित विस्थापन नहीं हुआ, जैसा आर्यों के बाहर से आगमन की बात करनेवाले इतिहासकार कहते आए हैं। विश्व के अति प्राचीन विश्वविद्यालयों में गिने जानेवाले सन् 1575 में स्थापित लीडेन विश्वविद्यालय में तमिल के चोलराज राजेंद्र की राज्याज्ञा की एक हजार वर्ष प्राचीन 30 किलो वजन के जो ताम्रपत्र हैं, वे संस्कृत में विष्णु स्तुति से प्रारंभ होते हैं और उसमें बाद के वर्णन तमिल भाषा में हैं। इससे यह मिथक भी ध्वस्त हो जाता है। 2014 में चोलराज के राज्यारोहण की सस्त्राब्दी में इनका प्रदर्शन किया गया था। स्मरण रहे, चोलराज राजेंद्र ने एक हजार वर्ष पूर्व अपने राज्य का विस्तार बंगाल में गंगा तट से संपूर्ण श्रीलंका व म्याँमार सहित संपूर्ण दक्षिण पूर्व एशिया तक किया था।

सोलहवीं सदी तक विश्व का सबसे संपन्न देश : इस बात की पुष्टि हाल ही में यूरोप से प्रकाशित विश्व के सहस्त्राब्दीगत आर्थिक इतिहास ग्रंथ (World Economic History—A Millennium Perspective) में भी कही गई है। औद्योगिक देशों के संगठन OECD, जिसमें अमेरिका, जापान व यूरोप आदि सदस्य हैं, के आग्रह पर ब्रिटिश आर्थिक इतिहासकार 'एंगस मेडिसन' ने हाल ही में विश्व का 2,000 वर्ष का इतिहास लिखा है। उसमें उसने लिखा है—शून्य A.D से लेकर 1000 A.D तक भारत का सकल घरेलू उत्पाद अर्थात् GDP विश्व में सर्वोच्च 33 प्रतिशत था, अर्थात् पूरे विश्व का तृतीयांश उत्पादन भारत में ही होता था। यहाँ तक कि मुगलकालीन अत्याचारों, जजिया आदि के बाद भी 1700 A.D तक भी यह 24 प्रतिशत रहा है। यही आज घटकर लगभग 3 प्रतिशत रह गया है।

समावेशी विकास का अर्थशास्त्र : प्राचीन भारतीय वाङ्मय में विकास की अवधारणा मानव मात्र के योगक्षेम व पूर्ण रोजगार पर आधारित रही है। इसलिए 'कौटिल्य अर्थशास्त्र' में चाणक्य ने मानव मात्र के योगक्षेम पर बल देते हुए लिखा है कि मनुष्यों को आजीविका प्रदान कर उनके सुख-चैन की व्यवस्था करने का शास्त्र अर्थशास्त्र है। यथा "मुनुष्याणां वृत्तिरर्थ:। मनुष्यवती भूमिरित्यर्थ: तस्य पृथिव्याये लाभ पालनोपाय शास्त्रमर्थशास्त्रमिति।" अर्थात् संपूर्ण भूमंडल पर आवासित मानव मात्र के लिए लाभपूर्ण

आजीविका से उसके योगक्षेम को सुनिश्चित कर, सबके लिए स्थायी सुख-चैन की व्यवस्था का शास्त्र ही अर्थशास्त्र है। 'ऋग्वेद' में परिवार की उत्पादकीय संपत्ति को 'पूँजी' कहते हुए इस बात पर सर्वाधिक बल दिया गया है कि परिवार की यह उत्पादकीय संपत्ति अर्थात् पूँजी, जो उसके योगक्षेम का अवलंबन है, कभी भी पृथक् नहीं की जाए अर्थात् 'विकेंद्रित उत्पादन' को आर्थिक रचना-योजना का आधार माना है। दूसरी ओर आधुनिक अर्थशास्त्र पूँजी की मानवीय संदर्भ से विरहित समष्टिगत परिभाषा देता है—'Produced means of Production is Capital' और आज तो देश का विकास विदेशी पूँजी निवेश-केंद्रित ही बना दिया गया है। रोजगार व मानव का योगक्षेम लगभग गौण ही है। इसलिए आज हम रोजगार विहीन आर्थिक वृद्धि (Jobless Growth) के दौर में चले गए हैं। हमारे आर्थिक चिंतन की सर्व समावेशी विकास की अवधारणा व विकेंद्रित उत्पादन व नियोजन का सिद्धांत इस पर बल देता रहा है कि प्रत्येक व्यक्ति व परिवार का योगक्षेम ही विकास व आर्थिक वृद्धि का आधार होना चाहिए। 'योगक्षेम' शब्द में 'योग' से आशय है—'अप्राप्त की प्राप्ति' (अर्थात् जो अबतक प्राप्त नहीं हुआ है, उसकी प्राप्ति) एवं 'क्षेम' का अर्थ है, 'जो प्राप्त हो गया, उसकी सुरक्षा'।

वर्तमान शिक्षा में समावेश आवश्यक

उपरोक्त उदाहरणों से यह स्पष्ट हो जाता है कि हमारे प्राचीन वाङ्मय में विविध प्रकार का सामयिक महत्त्व का प्रचुर ज्ञान संग्रहीत है। आज के प्रत्येक विषय यथा भौतिकी, रसायन विज्ञान, जीव विज्ञान, क्वांटम सिद्धांत, इतिहास, भूविज्ञान, अर्थशास्त्र, राजनीति शास्त्र, समाज शास्त्र, प्रबंध, वाणिज्य आदि सभी विषयों पर कई खंडों में स्वतंत्र ग्रंथों का लेखन किया जा सकता है। अतएव हमारे प्राचीन वाङ्मय के विधिवत् अध्ययन, अनुसंधान, लेखन व इनका शिक्षण आज की महत्ती आवश्यकता है। हमारे इतिहास के पुनर्लेखन से लेकर भाषा विज्ञान से क्वांटम मेकेनिक्स पर्यंत सारे विषयों से संबंधी ज्ञान के संकलन के प्रयास वृहद् स्तर पर आवश्यक हैं।

□

भारतीय राष्ट्रीयत्व का स्वाभाविक साक्षात्कार

✍ डॉ. शरद हेबालकर

"एक ही समाज के कुछ लोग धर्मांतरित होते हैं और ऐसे धर्मांतरित लोगों के वंशज अगर दावा करते हैं कि 'हमारा एक अलग राष्ट्र है, तो यह बात इतिहास में सचमुच अद्वितीय लगती है। अगर इसलाम धर्म का उदय भी नहीं हुआ था, तब से हिंदुस्तान एक राष्ट्र है तो केवल श्रद्धास्थान बदलने के कारण उनका अलग राष्ट्र क्यों माना जाता है, यह समझ के बाहर है। केवल हम कभी जेता थे, इस कल्पना से अपने अलग राष्ट्र का दावा न करें।" *(महात्मा गांधीजी का बैरिस्टर जिन्ना को पत्र—15-9-1944)*

सन् 1947 में भारत का विभाजन हुआ। इस प्रकार का राष्ट्र का विभाजन नहीं होना चाहिए, यही इच्छा महात्मा गांधी, नेहरूजी, स्व. सावरकरजी, बाबासाहब अंबेडकरजी तथा समूचे भारतीय समाज की थी। राष्ट्र के विभाजन का स्वीकार क्यों और कैसे करना पड़ा, यह स्वतंत्र अलग विषय है। परंतु 'भारत एक अखंड राष्ट्र है और उसको विभाजित करना अतीव वेदनादायक है, इस प्रकार का विभाजन नहीं होना चाहिए' यह भारतीय समष्टि जीवन के हृदय का साक्षात्कार उसी समय प्रकट हुआ था। महात्माजी के शब्द थे, "हिंदुस्तान केवल मौलिक या भौगोलिक आविष्कार नहीं है। यह तो हजारों वर्षों की संस्कृति, इतिहास एवं परंपरा युक्त राष्ट्र है।" इस विषय के संदर्भ में किसी के भी मन में भ्रांति या संभ्रम नहीं था।

धर्मांतरित मुसलिम मूलतः भारतीय वंश के हैं। धर्मांतरित होने से उनके पूर्वज नहीं बदलते, न उनकी परंपरा बदलती है। उनका कोई अलग राष्ट्र नहीं होता, यह महात्मा गांधीजी की भावना सारे भारतीयों की प्रतिनिधिक भावना थी। स्वातंत्र्य-आम्लि के कारण आंदोलन करनेवाली पीढ़ियों ने इसी भावना से अपना जीवन समर्पित किया। महात्मा गांधीजी एवं जवाहरलाल नेहरूजी के हिंदू-मुसलिम एकता के प्रयास भी इसी भावना की

ओर निर्देश करते हैं। फाँसी पर चढ़नेवाले क्रांतिकारियों के सामने भी विभाजित भारत राष्ट्र कभी नहीं था।

भारत के प्रति पाश्चात्य दृष्टिकोण

भारत एक राष्ट्र नहीं तो अनेक राष्ट्रों से बना हुआ एक उपखंड है, यह ब्रिटिशों का युक्तिवाद था। उनकी दृष्टि से तो ये अनेक राष्ट्र उनके साम्राज्य की कॉलोनियाँ थीं। अपने साम्राज्यवाद के लिए, उसके दृढ़ीकरण के हेतु कितने ही काल्पनिक और भ्रांत सिद्धांतों को प्रचलित किया। अंग्रेजी भाषा के माध्यम से भारतीयों का बुद्धिभ्रंश करनेवाली पाश्चात्य शिक्षा पद्धति प्रारंभ की। भारत की ऐतिहासिक परंपरा को नकारा। धर्म और श्रद्धा स्थानों पर प्रहार किया। 'असभ्य और जंगली भारतीयों को सभ्य बनाने का अपना दायित्व है' यह उनकी समझ थी। सन् 1857 के स्वातंत्र्य युद्ध के बाद उनके ध्यान में आया कि उनका संघर्ष ऐसे प्राचीन राष्ट्र से है कि जिस राष्ट्र को संघटित होकर आक्रामकों का प्रतिकार करने की प्रदीर्घ भूतकालीन परंपरा है। फिर उनकी धारणा (पॉलिसी) निश्चित हुई। मुसलिमों का हाथ पकड़कर भारत के राष्ट्रीयत्व का चेतनामयी प्रवाह क्षीण करने की योजना उन्होंने बनाई।

भारत का विभाजन करने से ब्रिटिश उनकी योजना में अंशतः सफल हुए, इसमें दोमत नहीं हैं, परंतु भारत के अनेक टुकड़े अलग-अलग राष्ट्र के रूप में विश्व पटल पर अंकित होंगे, ऐसी उनकी कल्पना थी, जो पूरी तरह से असफल हुई। यह भी भारतीय राष्ट्रीयता का नैसर्गिक साक्षात्कार था। ब्रिटिश जब अठारहवीं सदी में अपने साम्राज्य की नींव भारत में डाल रहे थे, उसी समय भारत में राष्ट्रीय पुनरुत्थान और प्रबोधन के प्रयास आरंभ हो चुके थे। उन्नीसवीं सदी में इस राष्ट्रीय प्रयासों ने विराट् रूप धारण किया। राष्ट्र, राष्ट्रवाद, राष्ट्रीयत्व—इनकी चर्चा करने की आवश्यकता भारत में स्वतंत्रता से करने की आवश्यकता नहीं थी। भिन्न-भिन्न भाषा, पंथ, संप्रदाय होते हुए भी यह एक राष्ट्र है, इसके बारे में भारतीयों के मन में कभी संदेह था ही नहीं। परंतु अपने राष्ट्र के अधःपतन का कारण अपने समाज के अधःपतन की सद्यःस्थिति में है और उस दृष्टि से परिपूर्ण प्रयास करने पड़ेंगे, इस सत्य का साक्षात्कार हो गया था।

राष्ट्रीय उत्थान के हेतु राजनीतिक एकीकरण

भारत की सांस्कृतिक परंपरा में राज्य एवं राष्ट्र, ये दोनों अलग संकल्पनाएँ थीं। परंतु प्रातःकाल में राष्ट्रीय स्तर पर राजकीय संघटन भी राष्ट्रीय उत्थान के हेतु अपरिहार्य है। इस विचार की अभिव्यक्ति ने प्रकट रूप लिया। राष्ट्रीय कांग्रेस के नाम पर पूरा भारतीय समाज केवल दो दशक में ही ब्रिटिश सत्ता के सामने राष्ट्रीय आह्वान के रूप में खड़ा

हुआ। इस राष्ट्रीय प्रक्रिया को भी भारतीय दृष्टिकोण से देखना आवश्यक है। उस समय के सभी नेता जानते थे कि ब्रिटिश भेदनीति में विशेषज्ञ हैं और मुसलिम समाज राष्ट्रोत्थान के राह पर की सबसे बड़ी समस्या है। नामदार गोपाल कृष्ण गोखले राजकीय संघटन के उद्गाता थे। इस समस्या पर भाष्य करते हुए उन्होंने कहा था, "हिंदू और मुसलिम इन जमातियों की विरासत ही मूलत: शत्रुत्व की है। यह शत्रुत्व की भावना सामान्य स्थिति में सुप्त होने पर किसी क्षुद्र कारण से भड़क जाती है।"

1904 में 19 जनवरी के 'केसरी' वृत्तपत्र में लोकमान्य तिलकजी ने हिंदुत्व, राष्ट्रीयत्व और हिंदू धर्म की चिकित्सा करते हुए लिखा था—

"हिंदुस्तान में आज तीन-चार धर्म प्रचलित हैं। इस कारण हिंदू धर्म को राष्ट्रीयत्व नहीं है, ऐसा कहना गलत है। केवल जनसंख्या की दृष्टि से देखें तो हिंदुओं का समाज बड़ा है और यह समाज जिस बंधन से एकत्रित है, वही हिंदुत्व है। उसकी उपेक्षा करेंगे, उस बंधन को दृढ़ नहीं करेंगे तो समाज को बालु के कण समान बिखरने का अवसर देने लायक भूल होगी। अगर किसी को लगता है कि हिंदुत्व की विस्मृति के अच्छे परिणाम होंगे तो वह निश्चित ही विनाशकारी भ्रम होगा।"

योगी अरविंद घोषजी ने कहा था कि राष्ट्रीय कांग्रेस उस समय सच्चे अर्थ से राष्ट्रीय बनी, जब उसने अपने राजनीतिक संघटन की जड़ को भूतकाल से जोड़ा। भगिनी निवेदिता ने इस प्रक्रिया का वर्णन किया था—'By the past, through the present, to the future.'

पंडित जवाहरलाल नेहरू साम्यवाद से प्रभावित थे। फिर भी 26 जनवरी, 1950 में भारत के संविधान के समय पर उन्होंने कहा, "यह दिवस विशेषता से औचित्यपूर्ण है, जो भूतकाल को वर्तमान काल से संयुक्त कर रहा है।" इसके छह मास पूर्व ही राष्ट्रपति राजेंद्रबाबू प्रसादजी ने सोमनाथ के उध्वस्त मंदिर के पुनर्निर्माण और भगवान् सोमनाथ की प्राण-प्रतिष्ठा के अवसर पर कहा था, "आज भारत ने हजारों वर्षों के अपमानों का प्रतिशोध लिया है।" भारत के स्वाभाविक राष्ट्रवाद का और हजारों वर्षों के अतीत की गौरवशाली परंपरा का प्रकटीकरण जब इस प्रकार से होता है, तब अलग से उसका स्पष्टीकरण करने की आवश्यकता नहीं होती।

भारतीयों का न्यूनगण्ड 'आत्मविस्मृति'

अपने गौरवशाली इतिहास, संस्कृति एवं विश्वव्यापी धर्म की विस्मृति ने भारतीय समाज को न्यूडगण्ड ने ग्रस्त किया। यह एक महत्त्वपूर्ण समस्या थी। इस समस्या का समाधान करना, उसको दूर करना—यह राष्ट्र के पुनरुत्थान का दूसरा अपरिहार्य आयाम था। महर्षि दयानंद, श्री रामकृष्ण परमहंस, स्वामी विवेकानंद, योगी अरविंद घोष एवं

ऐसे अनेक महापुरुषों के प्रयास इस दिशा में होते रहे। इसी प्रयास में अनेक राष्ट्रीय इतिहासकार, मनीषी, लेखक, कवि, पत्रकार, शिक्षा संस्थान—इनका कार्य इस दिशा में पूरक सिद्ध हुआ। स्व. सावरकरजी ने हिंदू, हिंदू धर्म, हिंदुत्व, राष्ट्रीयत्व—इन संकल्पनाओं की वैज्ञानिक चिकित्सा की। डॉ. केशव बलिराम हेडगेवारजी ने आदर्श हिंदू-समाज का प्रत्यक्ष रूप साकार करने की दृष्टि से राष्ट्रीय स्वयंसेवक संघ के रूप में परिस्थिति निरपेक्ष हिंदू संघटन की नींव डाली। इस संघटन के प्रयास ने पुनरुत्थान के सारे प्रयासों का विराट् रूप धारण किया।

'समाज प्रबोधन—सामाजिक दोषनिवृत्ति'

"राष्ट्र के उत्थान में यह तीसरा अपरिहार्य आयाम है। मेरे राष्ट्र के उत्कर्ष का दायित्व मेरा है।" इस धारणा से कार्यरत व्यक्तियों का समाज ही राष्ट्र कहलाता है। अगर यह भावना नहीं है तो वह केवल शासन की (राजा की) प्रजा होती है। समाज मेरा है, समाज के हर एक व्यक्ति का सुख-दुःख मेरा सुख-दुःख है, यह भावना ही राष्ट्र और समाज का मूल अधिष्ठान होता है। इसके लिए आवश्यक समाज प्रबोधन एवं सामाजिक दोष दूर करने की प्रक्रिया अगर भारत में नहीं होती तो अतीत से महान् संस्कृति और परंपरा युक्त राष्ट्रीय जीवन खंडित हो जाता। विश्व के कतिपय प्राचीन राष्ट्रों का जीवन इस प्रक्रिया के अभाव में मिट गया है। सैकड़ों वर्षों के आक्रमणकारियों से संघर्ष करते हुए भारतीय राष्ट्रजीवन क्षत-विक्षत हो गया था। समष्टि जीवन में जातिभेद, अस्पृश्यता, बालविवाह, सतीप्रथा, कर्मकांड, रूढ़िप्रियता ऐसे अनेक दोष दृढ़मूल हुए थे। किसी काल में समूचे विश्व को अध्यात्म की शिक्षा देने वाला यह समाज इन दोषों के ही धर्म मानने लगा था।

कितने ही ऋषि, साधु, संत निरंतर समाज प्रबोधन की प्रक्रिया में लगे हुए थे। ब्रिटिश शासनकाल में इस प्रक्रिया में और गति प्राप्त हुई। राजा राममोहन रायजी ने सतीप्रथा के विरुद्ध निर्णायक प्रयास किए। आगे 1830 में समुद्र गमन करके वे विदेश में गए। ब्रह्मसमाज के रूप में संघटन स्थापित किया। बालशास्त्री जांभेकरजी ने धर्मांतरित 'श्रीपाद शेषाद्रि' को शुद्धीकरण करके हिंदू परंपरा में लाया। दादोबा पांडुरंगजी ने 'परमहंस मंडली' की स्थापना की और भिन्न-भिन्न जातियों का इकट्ठा खान-पान प्रारंभ किया। महात्मा ज्योतिबा फुलेजी ने अस्पृश्यों के लिए एवं नारी शिक्षा के लिए स्कूल खोले। केशवचंद्र सेनजी ने मिश्र विवाह का प्रारंभ किया। प्रार्थना समाज के माध्यम से विधवा विवाह के प्रयास प्रारंभ हुए। एक प्रदीर्घ और कठिन प्रक्रिया देश भर में सभी प्रांतों में प्रारंभ हुई। समाज के विरोध में सुधारकों के ये प्रयास धीरे-धीरे बल पकड़ते गए। समाज का सहयोग मिलता गया। केरल में एलुवा जाति के श्री नारायण गुरु, जो स्वयं अस्पृश्य थे, उन्होंने संस्कृत का अध्ययन करके सामाजिक कार्य प्रारंभ किया। महाराष्ट्र की डॉ. आनंदीबाई

जोशी अकेली अमेरिका में जाकर डॉक्टर बनकर आई। यह समाज प्रबोधन का रोमांचकारी युग था। डॉ. अम्बेडकरजी के प्रयास ने तो समाज प्रबोधन में राष्ट्रीय प्रेरणा प्रदान की।

भारत कभी एक राष्ट्र नहीं था। यह संभ्रम भी इस प्रक्रिया के कारण दूर होता गया। ब्रिटिश शिक्षा प्रणाली के कारण एक वर्ग समाज में ऐसा भी था, जिसकी धारणा ऐसी बन गई थी कि भारत नामक राष्ट्र का स्वाधीनता संग्राम के पश्चात् निर्माण हो रहा है। वह नया है, उसका भूतकाल से कोई संबंध नहीं। परंतु इतिहास की साक्षी को यह वर्ग बदल नहीं सकता था। धीरे-धीरे उनका प्रभाव भी क्षीण होता गया। राष्ट्रीय आंदोलन में 'वंदे मातरम्' यह गीत मंत्र बन गया था। बंकिमचंद्रजी के उपन्यास में यह गीत है, परंतु इस गीत ने सामान्य व्यक्ति को ब्रिटिश सेना की लाठियों और गोलियों के सामने सीना तानकर खड़े रहने की प्रेरणा दी। क्रांतिकारकों को हँसते हुए फाँसी पर चढ़ने की प्रेरणा दी। राष्ट्रवाद की यह प्रेरणा ब्रिटिश वसाहतवाद के कारण नहीं थी। 'ऋग्वेद' के अंतर्गत 'माता भूमिः पुत्रोऽहम् पृथिव्याः' इस मातृभूमि की संकल्पना से यह प्रेरणा जुड़ी हुई थी। 'भारत' यानी केवल भौगोलिक अभिव्यक्ति नहीं तो यह भूमि मातास्वरूप है। इस प्राचीन प्रेरणा का ही वह अर्वाचीन साक्षात्कार था।

राष्ट्रवाद की पाश्चात्य संकल्पना

यूरोप में फ्रेंच राज्य क्रांति के पश्चात् यानी अठारहवीं सदी के अंत में राजनीतिक शक्ति के रूप में राष्ट्रवाद का उगम हुआ। यह पाश्चात्य विद्वानों की धारणा है। अरिस्टॉटल से चल रहा 'राष्ट्र', इस संकल्पना का संभ्रम पाश्चात्य विद्वानों को आज भी नहीं छोड़ता। हिंदू दृष्टिकोण मानता है कि 'राष्ट्र' यह जीवमान संकल्पना (living organism) है। राज्य तो एक यंत्रणा (machinery) है। जब ब्रिटिश सत्ता थी, तब स्वातंत्र्य संग्राम किसने किया? उसके पूर्व हिंदुस्तान का बादशाह कहलानेवाले 'औरंगजेब' से निरंतर संघर्ष किसने किया? उसके भी पहले ईरान, ग्रीस, शक, हूण, कुषाण—इन आक्रमणकारियों से प्रदीर्घ संघर्ष किसने किया? महात्मा गांधीजी ने ब्रिटिशों से संघर्ष किया, यानी किसने किया? ढाई हजार वर्षों तक भारत संघर्षरत रहा। कौन युद्ध कर रहे थे? सब का उत्तर एक है—'हम'। इस एक 'हम' शब्द से राष्ट्रस्वरूप का बोध होता है।

राष्ट्र की चिति

राष्ट्र का जीवन संघटित, सुसंस्कृत एवं संपन्न समष्टि पर निर्भर होता है। एक राष्ट्रीयत्व की भावना का निर्माण भी उसी से होता है। इस भावना के अभाव में राष्ट्र जीवन का अध:पतन होता है। यदि यह भावना जाग्रत् रही तो सब प्रकार के आक्रमण, बुद्धिभेद,

विघटन—इनसे संघर्ष करने के शक्ति का निर्माण निसर्गत: होता रहता है। राष्ट्रीयत्व की प्रखर भावना यही राष्ट्र का 'ओज' या चिति होती है। राष्ट्र के प्रति असीम श्रद्धा की भावना राष्ट्रीयत्व की स्वाभाविक आवश्यकता होती है। प्राश्चात्य विचारवंतों और विद्वानों की तुलना में भारतीय मनीषियों की विचारों की ऊँचाई अधिकतम थी। उनको विचारवंत नहीं, अपितु दार्शनिक कहा गया है। स्वामी विवेकानंदजी का इस संदर्भ का भाष्य जितना महत्त्वपूर्ण, उतना मनोरंजक भी है। उन्होंने कहा था—

"विचारों की जिस ऊँचाई पर भारतीय ऋषि, मुनि, संत पहुँचे हुए थे, वहाँ तक अगर पाश्चात्य विद्वान् पहुँचे होते तो उनका सीना विदीर्ण होकर वे नष्ट हो जाते।" 'ऋग्वेद' में राष्ट्रीय एवं सामाजिक प्रार्थनाएँ हैं। इतने प्राचीन काल में राष्ट्र के समष्टिजीवन का शास्त्र शुद्ध, उदात्त और फिर भी व्यावहारिक विचार इन सामूहिक प्रार्थनाओं में स्पष्ट रूप से प्रकट होता है। मूलत: राष्ट्र के निर्माण का उनका उद्‌दिष्ट क्या था।

राष्ट्र के निर्माण की भारतीय प्रक्रिया

जिन ऋषियों ने राष्ट्र का निर्माण किया, उनका उद्‌दिष्ट था—'विश्व का कल्याण'। विश्व के कल्याण के हेतु उन्होंने राष्ट्र का निर्माण किया। बल और ओज राष्ट्रनिर्मिति का अधिष्ठान था। 'बल' यानी संक्षप्ति, एकरस और सुसंस्कृत समाज और ओज यानी चिति अर्थात् राष्ट्रीयत्व की विशुद्ध प्रबल भावना।

भद्रामिच्छन्त ऋषय: तपो दीक्षां उपसेदु अग्रे।
ततो राष्ट्रं बलमोजश्च जातं तदसौ देवा उपसंनमन्तु॥

ऋषियों ने जगत् के कल्याण की इच्छा की, उसके लिए संकल्प किया, यानी दीक्षा ली। फिर वे कार्यरत् हुए (तप किया)। उनके तप के फलस्वरूप राष्ट्र, बल और ओज का निर्माण हुआ।) राष्ट्रनिर्मिति के साथ राज्यशासन के संदर्भ में भी व्यवस्थात्मक संदर्भ 'अथर्ववेद' की ऋचाओं में आता है। राष्ट्र के लिए संविधान आवश्यक होता है। सभा (मंत्रिमंडल) और समिति अर्थात् लोकप्रतिनिधियों का सदन (लोकसभा) इनकी व्यवस्था संविधान में होती है। प्रजापति अर्थात् राजा को सभी भारतीय जन निर्वाचित करते हैं। अगर राजा का अध:पतन हुआ तो उसका निर्वाचन स्थगित करके उसको निष्कासित करने का अधिकार संविधान ने प्रजा को दिया है। इस प्रकार की सुचारु शासन-व्यवस्था की ओर वेदों में निर्देश प्राप्त होता है।

अगर हम आज के संविधान की ओर देखें तो लगता है कि यह तो मानो वेदकाल से चलती आई परंपरा है। भारत के राष्ट्रीय जीवन का प्रारंभ इतना प्राचीन है। उस समय गणराज्य थे—जनपद थे, आज प्रात या राज्य हैं और उनके अंतर्गत जिले हैं। आज की स्थिति में राष्ट्रजीवन के लिए पोषक, प्रेरक और मार्गदर्शक—इस प्रकार का चिंरतन साधन

अक्षुण्ण परंपरा से भारत को प्राप्त है। उसके प्रकाश में वर्तमान काल की व्यवस्था को बल देते हुए भविष्य काल को भी उज्ज्वलतम बनाना कोई असाध्य बात नहीं है। आज के संकटग्रस्त काल में, शुद्ध काल में राष्ट्र की चिति जाग्रत् होती है और एकरस राष्ट्रीयत्व का साक्षात्कार कराती है।

विश्वपटल पर 'भारत' एकमेव राष्ट्र ऐसा है, जो आज भी अपना लक्ष्य भूला नहीं है। विश्व कल्याण हेतु समर्थ-समृद्ध भारत यही इस राष्ट्र की कामना थी, जो वर्तमान में भी उतनी ही तीव्र है।

जिस राष्ट्र का जीवन हजारों वर्षों का होता है, उस राष्ट्र को निरंतर संघर्षरत भी रहना पड़ता है। स्वाधीनता के पश्चात् भी कितने संघर्ष हुए। संघर्ष में कभी सीमाएँ विस्तारित होती हैं तो कभी सीमाओं का संकोच होता है। जब तक राष्ट्र के चिति का जागरण होता रहेगा, ऐसे सभी समस्याओं का समाधान भी होता रहेगा।

□

लोकशिक्षा और लोक में शिक्षा

✍ श्रीमती इंदुमती बेन

ज्ञान की दो परंपराएँ

विद्यालय हो न हो, लोक तो होता ही है। शास्त्रों का मार्गदर्शन न हो तो भी लोकव्यवहार चलता ही है। साधन और माध्यम हो न हो, कलाओं का आविष्कार होता ही है। वैद्य और उनका शास्त्र हो न हो, बीमारियों का इलाज होता ही है। न्यायालय हो न हो, झगड़ों-टंटों के निकाल होते ही हैं। यहाँ तक कि साधु, संत, कथाकार हो न हो, धर्मसाधना और मोक्षसाधना भी होती है। आदिकाल से भारत में ज्ञान की दो परंपराएँ रही हैं। एक है, वेद परंपरा और दूसरी है, लोक परंपरा। दोनों की समानरूप से मान्यता भी रही है। श्रीमद् भगवद्‌गीता का यह कथन देखें—

यस्मात्क्षरमतीतोध्हमक्षरादपि चोत्तमः।
अतोइस्मि लोके वेदे च प्रथितः पुरुषोत्तमः॥15-18॥

अर्थात् मैं क्षरपुरुष से भी परे हूँ और अक्षरपुरुष से भी उत्तम हूँ। इसलिए लोक में और वेद में 'पुरुषोत्तम' कहा जाता हूँ। श्री भगवान् के अनुसार ही यह गुह्यतम ज्ञान है। यह ज्ञान जितना और जैसा वेद में है, वैसा ही लोक में भी है।

जो विद्यालय में पढ़ने हेतु नहीं गया, वह अनपढ़ है और जिसे शास्त्रों का पता नहीं, वह अज्ञानी है, ऐसा समीकरण हमारे मन-मस्तिष्क में बैठ गया है, परंतु यह समीकरण ही अज्ञानजनित है, ऐसा लोकव्यवहार सिद्ध करता है। उदाहरण के लिए कल्पना करें कि भारत के एक बड़े भू-भाग में कोई विद्यालय नहीं है। कोई संचार माध्यम वहाँ पहुँचे नहीं हैं। कोई साधु-संत वहाँ बाहर से जाते नहीं हैं। कोई डॉक्टर, वकील, न्यायालय, पंचायत आदि की व्यवस्था नहीं है। व्यापार वाणिज्य आदि कुछ भी नहीं है। तो भी उस भू-भाग का जीवन व्यवहार तो चलेगा ही। स्त्री-पुरुष संबंध होंगे, बच्चों के जन्म होंगे, उनका संगोपन होगा और घर भी बसेगा।

लोग बीमार होंगे तो पंचमहाभूतों और वृक्ष-वनस्पति से उसे औषधि प्राप्त होगी। औषधि पहचानने की और प्राप्त करने की विद्या भी अंदर से सूझेगी। अन्न के लिए खेती होगी। वस्त्र भी बनेंगे। एक-दूसरे के मनोभावों की पहचान भी होगी। उसके अनुसार व्यवहार के सूत्र भी बनेंगे। आनंद की अभिव्यक्ति के लिए नृत्य और संगीत भी विकसित होंगे और लोभ, द्वेष, मत्सर आदि मनोविकारों का इलाज करने हेतु रक्षात्मक और उपचारात्मक व्यवस्था भी होगी। सामाजिक जीवन विकसित होगा और शासन की व्यवस्था भी बनेगी। इतिहास कहता है कि सत्ययुग में राज्य-व्यवस्था नहीं थी। न कोई दंड था, न दंड देने वाला। प्रजा धर्म के अनुसार ही जीती थी और परस्पर की रक्षा करती थी। त्रेतायुग में बिना दंड के, दंड देनेवाले के प्रजा का सहज जीवन असंभव हो गया तो लोगों ने अपने में से ही राजा का चयन किया और राज्य-व्यवस्था बनी। राज्य-व्यवस्था के बनते ही न्याय-व्यवस्था, दंडविधान, कर-व्यवस्था आदि भी बनने लगीं।

तात्पर्य यह है कि लोग अपनी आवश्यकता के अनुसार, अपनी परिस्थिति के अनुसार अपने में से ही व्यवस्थाओं का निर्माण कर लेते हैं। यह है—लोक परंपरा। यह है—लोकज्ञान। इस लोकज्ञान का विश्व भी बहुत व्यापक है—समावेशक है। इससे ही शास्त्रों की भी रचना होती है।

वेद परंपरा

हम जिसे वेद परंपरा कहते हैं, वह कहाँ से उद्भूत हुई है? आर्षदृष्टा ऋषियों ने समाधि अवस्था में अपने हृदय में ज्ञान का प्रकाश देखा। इस प्रकाश में उन्होंने सृष्टि को देखा, सृष्टि के व्यवहारों को देखा। यह धर्म था। उसे वाणी प्रदान की। वह सत्य के रूप में आविष्कृत हुआ। उससे शास्त्र बने और शास्त्रों ने हमारे व्यवहार को निर्देशित और नियमित किया। हमारे समस्त व्यवहार के लिए शास्त्र प्रमाण बने।

एक व्यक्ति ऋषि कैसे बनता है? ऋषि आर्षदृष्टा कैसे बनता है? आर्षदर्शन प्रमाण कैसे माना जाता है? सीधे-सादे उत्तर यह हैं कि व्यक्ति सज्जन बनता है, तप करता है और ऋषि बनता है। सज्जन अर्थात् अच्छा मनुष्य। अच्छाई क्या है? दूसरों के साथ के व्यवहार में जो विनम्र है, ऋजु है, सहायक है, भला चाहने वाला है, वह सज्जन है। तप क्या है? किसी उपलब्धि के लिए शारीरिक और मानसिक कष्ट सहना ही तप है। मन को भटकने नहीं देना, कुवासनाओं से ग्रस्त नहीं होने देना, क्रोध-लोभ-मोह आदि को जीत लेना तप है। तपश्चर्या के परिणामस्वरूप उन्हें क्या दिखता है? अपना स्वरूप दिखता है। हम मूल में आत्मतत्त्व हैं, यह दिखता है। तपश्चर्या के परिणामस्वरूप उन्हें विश्वदर्शन होता है। विश्व के व्यवहारों का दर्शन होता है। व्यवहारों के रहस्यों का दर्शन होता है। उन्हें दिखता है कि संसार में दिखाई देनेवाले विभिन्न पदार्थ मूलतः एक ही हैं। उन्हें मंत्रों का

दर्शन होता है अर्थात् ऋत सत्य के रूप में व्यास है, उसका ज्ञान होता है। उसे वे लौकिक रूप में व्यक्त करते हैं। वेदी वेद हैं, जिससे सर्वशाख बनते हैं।

लोकपरंपरा

जो व्यक्ति वन में रहता है, वहाँ के वृक्ष, वनस्पति, नदी, भूमि, प्राणी आदि के साथ जीता है, उनके साथ उसका संबंध बनता है। आवश्यकताओं में से शुरू हुआ संबंध भावना तक पहुँचता है। भावना गहरी होते-होते संबंध आंतरिक बनता है। धीरे-धीरे तादात्म्य स्थापित होता है और पदार्थों और प्राणियों के स्वभावों और व्यवहारों का ज्ञान होता है। यह ज्ञान तादात्म्य से प्रकट होता है। यह अनुभूत ज्ञान है। यह लोकज्ञान है।

यहाँ दो बातें ध्यान देने योग्य हैं। ऋषि की ज्ञानप्रक्रिया का प्रारंभ अच्छाई से होता है और अच्छाई का संदर्भ लोक ही हैं। सत्य का संदर्भ लोकहित है। ज्ञान की परिणति लोकहित है। इधर वनवासियों को, तथाकथित अनपढ़ लोगों को सृष्टि का जो ज्ञान प्राप्त होता है, उसका संदर्भ भी अच्छाई और लोकहित ही है।

दोनों परंपराओं का मूल स्रोत एक

अत: वेदज्ञान और लोकज्ञान का मूल स्रोत एक ही है, यह कहने में कोई अनौचित्य नहीं है। दोनों का मार्गक्रमण भिन्न है, प्रस्तुति भिन्न है। लोकज्ञान परिष्कृत होते-होते शास्त्र बनता है। वेदज्ञान बुद्धि के स्तर पर उतरकर शास्त्र बनता है। दोनों की परिणति लोकहित ही है। जिस प्रकार वेदज्ञान का विस्तार बहुत बड़ा है, उसी प्रकार से लोकज्ञान का भी है। लोक गीत, लोक संगीत, लोक नृत्य, लोक कला, लोक कौशल, लोक पूजा परंपरा, लोक खान-पान आदि हैं तो लोक आयुर्वेद, लोक वनस्पति विज्ञान, लोक मूर्ति विधान, लोक कारीगरी, लोक इंजीनियरिंग आदि आयामों से युक्त भी है। शास्त्र और लोक का स्रोत तो एक ही है, यह हमने अभी देखा, केवल अभिव्यक्ति और उसकी प्रक्रिया भिन्न है। शास्त्रज्ञान से भी लोकज्ञान अधिक व्यापक है। समाज में केवल पाँच से दस प्रतिशत लोक शास्त्रज्ञान और शास्त्र के अनुसार व्यवहार करनेवाले होते हैं। शेष तो लोकज्ञान का ही अनुसरण करते हैं। उनके लिए प्रमाण भी लोकमत ही है। यह उक्ति प्रसिद्ध है—

यद्यपि सत्यं लोकविरुद्ध नाचरणीय न करणीयम।

अर्थात् बात कितनी भी सत्य हो, तो भी लोक का समर्थन नहीं है तो नहीं करनी चाहिए। वैसा आचरण करना चाहिए। दूसरा भी कथन है, 'शास्त्रात्रूढ़िर्बलीयसी' अर्थात् साख से भी रूढ़ि अधिक प्रभावी है। ये दोनों कथन दरशाते हैं कि लोक समर्थन कितना आवश्यक है ?

वेदज्ञान और लोकज्ञान के संकट

वेदज्ञान और लोकज्ञान के सामने संकट कौन से हैं? वेदज्ञान का प्रारंभ शास्त्रों से होता है। शास्त्र दो प्रकार के होते हैं। एक होते हैं—सिद्धांतशास्त्र और दूसरे होते हैं—व्यवहारशास्त्र। व्यवहारशास्त्र सिद्धांतशास्त्र का अनुसरण करते हैं। सिद्धांत देशकाल निरपेक्ष होते हैं, व्यवहार देशकाल सापेक्ष। देशकाल सापेक्षता को आज की भाषा में 'युगानुकूलता' कहा जाता है। व्यवहारशास्त्र को भारतीय परंपरा में 'स्मृति' कहा गया है। स्मृति देशकाल सापेक्ष होने के कारण ही परिवर्तनशील होती है। यदि परिवर्तन नहीं हुआ तो वह निरर्थक और अनर्थक बन जाती है। हर युग को अपनी स्मृति नए से बनानी होती है। अर्थात् स्मृति के सामने स्थगित हो जाने का, देशकालानुरूप नहीं होने का संकट होता है। लोकज्ञान अनुभूति और प्रयोग से प्रारंभ होता है। वह भी नित्यनूतन, नित्यपरिवर्तनशील होना चाहिए। वह यदि परिवर्तनशील नहीं रहा तो अंधविश्वास और बिना समझी हुई, बिना प्रयोजन की रूढ़ि बन जाती है। अर्थात् लोकज्ञान के लिए रूढ़िवादिता का संकट है। वेदज्ञान और लोकज्ञान, दोनों के लिए नित्यजाग्रत्, नित्य चिंतनशील, नित्य अध्ययनशील, नित्य व्यवहारदक्ष, नित्य लोकज्ञ विद्वानों की आवश्यकता होती है। तभी दोनों परंपराएँ कल्याणकारी सिद्ध होती हैं।

दोनों में समन्वय आवश्यक

ज्ञान के क्षेत्र में दोनों परंपराओं को एक-दूसरे को समझने की, दोनों का स्वीकार करने की और दोनों में समन्वय करने की आवश्यकता है। दोनों एक-दूसरे को परखने और परिष्कृत करने में उपयोगी सिद्ध होती हैं। वेदज्ञ और लोकज्ञ को एक-दूसरे का सम्मान करना चाहिए। आज स्थिति विपरीत है। लोकज्ञान को ज्ञान ही नहीं माना जाता। उसे जादू-टोना, जंतर-मंतर, झाड़-फूँक, डोरा-धागा आदि नाम देकर हेय करार दिया जाता है। उसे अशास्त्रीय बताकर अनधिकृत माना जाता है और कई किस्सों में तो दंडनीय अपराध माना जाता है। भारत में इसे दुहरी मार पड़ रही है। एक तो यह परंपरा खंडित हो रही है। दूसरी ओर यूरो-अमेरिकी विचारधारा के प्रभाव में आकर इसका विरोध किया जाता है। नृत्य, गीत, कला आदि दैनंदिन जीवन से हटाकर प्रदर्शन के विषय बनाए जाते हैं। भारत के शास्त्रीय ज्ञान की परंपरा भी खंडित हो गई है। युगानुकूल बनाने की एक स्वाभाविक चुनौती तो है ही, साथ ही परंपरा बचाए रखने की आपतित चुनौती भी है। पश्चिमी ज्ञान दोनों को अलग-अलग तरीकों से ग्रस रहा है। उस स्थिति में प्रथम तो इन्हें संकटमुक्त करने की आवश्यकता है। भारतीय शास्त्रीय ज्ञान और भारतीय लोकज्ञान की परंपरा को प्रथम परिष्कृत करने के उपाय करने चाहिए। बाद में दोनों में समन्वय करना चाहिए। शास्त्र को लोकाभिमुख और लोक को शास्त्राभिमुख बनाना चाहिए।

सर्वसामान्य व्यवहार में लोक का अर्थ होता है—जनसामान्य। जनसामान्य संख्या में बहुत बड़ा है। उसकी अपनी समझ होती है, आकलन करने की पद्धति होती है। वह भला होता है, श्रद्धावान होता है। उसका अंतकरण श्रद्धावान होता है। कुछ तो भारत की मिट्टी और जलवायु के प्रभाव से, कुछ हजारों वर्षों की परंपरा के संस्कार से, कुछ अपने पूर्वजों के संस्कार, माता-पिता की सीख और उनके व्यवहार के अनुकरण से और कुछ साधु-संतों के उपदेश से उसका मानस और व्यवहार बनता है। इस जनसामान्य का जो लोक है, उसके द्वारा भी शिक्षा दी जाती है और उसे भी शिक्षा की आवश्यकता होती है। लोक में शिक्षा और लोक की शिक्षा, ऐसे इसके दो आयाम हैं। लोक शिक्षा को लोक-प्रबोधन, समाज-प्रबोधन, लोकजागरण, लोक मत-परिष्कार आदि विभिन्न नामों से समझा जाता है। आज भी उसके प्रयोग हो ही रहे हैं।

लोक में शिक्षा यह एक महत्त्वपूर्ण विषय है

सामान्य रूप से व्यक्ति की शिक्षा विद्यालय में ही होती है, ऐसा समझा जाता है। युवावस्था तक विभिन्न माध्यमों से विभिन्न विषयों की शिक्षा प्राप्त कर विश्वविद्यालय से प्रमाण-पत्र प्राप्त किया तो पढ़ाई समाप्त हुई, ऐसा माना जाता है। परंतु यह पर्याप्त नहीं है। विवाह होने तक कुटुंब में भी अनेक विषयों की शिक्षा प्राप्त करने की आवश्यकता होती है और यह शिक्षा कैसे देनी चाहिए, इसकी चर्चा हमने पूर्व के अध्यायों में की है। यहाँ भी विवाह संपन्न होकर गृहस्थाश्रम शुरू हुआ तो पढ़ाई पूरी हुई, ऐसा माना जाता है।

□

भारतीय संस्कृति में लोक मीमांसा

✍ प्रो. कौशल किशोर मिश्र

भारतीय संस्कृति में 'लोक' शब्द की व्याख्या विशद है। 'लोक' का अर्थ है—स्थान विशेष, जिसका बोध प्राणी से हो। लेकिन लोक की अन्य व्याख्याएँ भी हैं। उपनिषदों में दो लोक माने गए हैं—इहलोक और परलोक। निरुक्त में तीन लोकों का उल्लेख है—पृथ्वी, अंतरिक्ष और द्युलोक। पौराणिक काल में सात लोकों की स्थापना हुई—भूलोक, भुवर्लोक, स्वलोक, महलोक, जनलोक, तप लोक और सत्य लोक या ब्रह्मलोक। फिर पीछे इनके सात-सात पाताल बनाए गए—अतल, नितल, वितल, गभस्तामान, तल, सुतल और पाताल, मिलकर चौदह लोक माने गए। सायण भाष्य के अनुसार 'लोक' का अर्थ है—संसार, जगत्, स्थान, निवास स्थान, प्रदेश, दिशा, लोग, जन समाज, प्राणी, यश, कीर्ति। स्पष्ट है कि लोक विराट् है। लोक सृष्टि है। लोक संपूर्ण है। लोक के लिए ही पुरुषार्थ का उपार्जन होता है। दंडनीति, राजनीति, न्याय नीति, लोक नीति पुरुषार्थ के अवयव हैं। मनुस्मृति ने (7/99-101) 'लोक' को कैसे संरक्षित किया जाए इसके उपाय बताए हैं—

अलब्धं चैवलिप्सेत लब्धं रक्षेप्रयत्नतः।
रक्षितं वर्धयेच्चैव वृद्ध पात्रेषुनिक्षिपेत्॥
एतच्चतुर्विधं विद्यात्पुरुषार्थं प्रयोजनम्।
अस्यनित्यमनुष्ठां सम्यन्द्रिक्कुर्यादितन्द्रितः॥
अलब्ध मिच्छेद्दंडेन लब्धं रक्षेदवेक्षया।
रक्षितं वर्धयेद्ष्वुद्धया वृद्धं पात्रेसु निःक्षिपेत॥

अर्थात् शासक का कर्तव्य है कि राष्ट्र और लोक के लिए आवश्यक स्रोतों की खोज करे, प्राप्त स्रोतों की रक्षा का दायित्व निभाए, जो स्रोत प्राप्त हो चुके हों, उसमें कमी नहीं बल्कि वृद्धि हो, यह बात ध्यान रखे, वृद्धि का वितरण लोक हित में समान रूप से किया जाना अनिवार्य है। लोक को संरक्षित करने का कार्य पुरुषार्थ है। अर्थशास्त्र में 'लोक' का

अर्थ 'जन' और सृष्टि के संदर्भ में किया गया। जन के रूप में लोक और सृष्टि के रूप में लोक राज्य 'दंड' अर्थात् 'विधि' के माध्यम से करता है—

चर्तुवर्णा श्रमो लोके राजा दंडेन पालितः।
स्वधर्म कर्माभिरतो वर्ततेस्वेषु वर्तषु॥ अर्थ.॥ 4॥

इस तरह से हजारों ऐसे संदर्भ हैं, जिसमें 'लोक' को 'जन' और 'लोक' को सृष्टि के संदर्भ में उद्धृत किया गया है।

हम 'लोक' को 'जन' के संदर्भ में मीमांसा करते हैं। 'लोक' का संबंध मातृभूमि से है। मातृभूमि के साथ 'जन' अर्थात् 'लोक' का सन्निवेश विश्व इतिहास की रोमांचकारी घटना है। 'राष्ट्र' तो मानव अस्तित्व से पहले ही भावानात्मक रूप से उद्‌भूत है, ऐसा वेद मानते हैं। जब राष्ट्र की भूमि पर जन ने अपने प्रथम कदम रखे तो उसे 'भू-प्रतिष्ठा' प्राप्त हुई। 'भू-प्रतिष्ठा', भूमापन, भूमि पर जन के सन्निवेश की संज्ञा है। अंग्रेजी में इसे 'लैंडकिंग' के नाम से समझा जा सकता है। आइस लैंड की भाषा के अनुसार 'लैंड टेकिंग' (पृथ्वी पर पद टेकना) के लिए 'लैंड नामा' शब्द है। डॉ. कुमार स्वामी ने 'ऋग्वेद' को 'लैडनामा बुक' कहा है क्योंकि 'ऋग्वेद' प्रत्येक क्षेत्र में आर्य जाति की भू प्रतिष्ठा का ग्रंथ है।

प्राचीन 'लोक' या 'जनों' के द्वारा भू प्रतिष्ठा (पृथ्वी पर पैर टेकना) विश्व के सभी देशों में एक पवित्र घटना मानी जाती है। (कुमार स्वामी, ऋग्वेद ऐज लैंडनामा बुक, पृ. 34)

लोक या जन के भूत, वर्तमान और भविष्य की अधिष्ठात्री यह भूमि अथवा मातृभूमि है—'सा नो भूतस्य भव्यस्य पत्नी'। (वासुदेवशरण अग्रवाल, भारत की मौलिक एकता, पृ. 67-69)

जन या लोक 'अजीत अहत' और अक्षत रूप में भूमि पर पैर जमाना चाहता है और साथ ही वह भूमि, पृथ्वी और मातृभूमि के साथ अत्यंत घनिष्ठ और अंतरंग संबंध में बँध जाना चाहता है। यह संबंध अटूट है, संवेदनशील है, एक-दूसरे के संरक्षण पर आधारित है। इस संबंध को—"माता भूमिः पुत्रोऽहं पृथिव्याः के रूप में पारिभाषित किया गया। भूमि लोक या जन की माता है। लोक या जन इस भूमि या पृथ्वी के पुत्र हैं। आकाश और पृथ्वी के सहयोग से लोक या जन का जन्म हुआ। आकाश और पृथ्वी के संबंध में जन या लोक उपलब्धि है। यदि लोक या जन के भीतर पुत्र का भाव न पैदा हुआ तो जन या लोक के द्वारा पृथ्वी और पृथ्वी के द्वारा जन या लोक का कल्याण होना असंभव है। जो जन या लोक माता-पुत्र का संबंध मानता है, उसी को पृथ्वी या भूमि वरदान देती है, जैसे माता-पुत्र के लिए देती है—

"सा नो भूमिर्विजतां माता पुत्राय मे पयः।"

पुत्र को ही माता से पोषण प्राप्त करने का अधिकार है।

माता-पुत्र के संबंध की अनुभूति लोक और राष्ट्र के संबंध में अभिव्यक्त होती है। यह अनुभूति राष्ट्रवाद या राष्ट्रीयता की अनुभूति का सबसे सबल पक्ष है। पृथ्वी कोरा मिट्टी-पत्थर का ढेर नहीं है। राष्ट्र के रूप में पृथ्वी के एक जीवंत रूप है। इसी जीवंत रूप को हम मातृभूमि कहते हैं। मातृभूमि के शरीर में से अनेक प्रकार की शक्ति धाराएँ निकली हैं। जो पृथ्वी के पुत्र हैं, उन्हें यह शक्ति धाराएँ हर क्षण आंदोलित करती रहती हैं।

यते मध्यं पृथ्वीं यच्च नभ्यं,
यास्त ऊर्जस्तन्व संवभूवुः॥
तासु नो वेहि अमिनः पवस्य,
माता भूमिः पुत्रोअहं पृथिव्याः॥

लोक पृथ्वी के पुत्र हैं। माता जब कुमाता नहीं हो सकती तो लोक, जो पृथ्वी के पुत्र हैं, वे कुपुत्र क्यों बने? जिस तरह माता की नाभि से पुत्र का लालन-पालन होता है, उसी तरह पृथ्वी या राष्ट्र का मध्य बिंदु भी होता है, उसे 'नभ्यं' कहा जाता है। उस केंद्र से सनातन काल से अनेक उर्जा और राष्ट्रीय शक्ति निकलते हैं। जब पृथ्वी के मध्य से शक्ति का विकास होता है तो राष्ट्र का कल्प वृक्ष हरा होता है। राष्ट्र के कल्प वृक्ष को हरा करने में लोक की ही भूमिका रहती है। लोक की अपेक्षा रहती है, जब 'नभ्य' से बल या शक्ति प्रवाहित हो तो राष्ट्र की उर्जा उसमें प्रवाहित हो। लोक उस ऊर्जा की चेतना के प्राणवायु से संयुक्त हो जाए। पृथ्वी के ऊपर आकाश में छा जानेवाले विचार-मेघ पर्जन्य हैं, जो वर्षण से समस्त लोक को सिंचित करते हैं—पर्जन्यः पिता स उ नः पिपर्तु। उन पर्जन्यों की नई-नई प्रेरणाएँ लोक को जागृत करती हैं। पृथ्वी ही लोक की संचार शक्ति है। पृथ्वी पर उठने वाले महान् वेग मानसिक शक्तियों में प्रकंप उत्पन्न करते हैं और लोक के शारीरिक बलों में चेतना या हलचल को जन्म देते हैं। लोक के शारीरिक और मानसिक, दो प्रकार के वेगों के लिए वेद में 'वेपयु' और 'एजयू' शब्दों का प्रयोग मिलता है—1. महत्सवस्थं, 2. महती वभूव, 3. महन्वेग एजयुर्वेयुष्टे, 4. महांस्त्वैन्द्रो रक्षत्य प्रमादम।

यह भूमि अत्यंत महती है, फलतः इस पर बसने वाले लोक भी महती हैं। इसकी संज्ञा 'सधस्थ' (सह + स्थ) है, अर्थात् यह सभी लोक के समान पितृभूमि है, जहाँ लोक सबके साथ मिलकर एक साथ रहते हैं। पितृभूमि लोक में विभेद नहीं करती, लोक में संघर्ष नहीं कराती। लोक के लिए पितृभूमि का पद अत्यंत ऊँचा है। यह विराट् है, इसका क्षेत्र विस्तृत है। इसके लोक अर्थात् पुत्रों के मनोबल (एजयु) और शरीर बल (वेपयु) भी महती है। इन महत्ताओं से युक्त इस पृथ्वी की रक्षा इंद्र अर्थात् राष्ट्र का संरक्षक बल और दैवी सत्य प्रमाद रहित होकर करते हैं। लोक की चार विशेषताएँ महत्त्वपूर्ण हैं। महान्

देश विस्तार, ऊँची सांस्कृतिक प्रतिष्ठा, लोक के शरीर और मन का उन्नत आंदोलन और बल तथा राष्ट्र की बढ़ी हुई रक्षण शक्ति, लोक की यही चार विशेषताएँ है। जब लोक इन चार विशेषताओं से युक्त हो जाता है, तभी राष्ट्र के जीवन में चमक उत्पन्न होती है। राष्ट्र और लोक अन्योन्याश्रित हैं। इसलिए कहा गया—"हे भूमि! सुवर्ण के दर्शन से हमारे लिए प्रकाशित हो, कोई हमारा बैरी न हो।" भारत में लोक का इतना बड़ा दर्शन दुनिया में कहीं नहीं है। जब लोक का कोई वैरी नहीं होगा तो संघर्ष क्यों? विभेद क्यों? असमानता क्यों? अधिकारों के लिए संघर्ष क्यों? समानता का इससे बड़ा दर्शन और क्या हो सकता है?

लोक ने अपने मातृ-पितृ भूमि को न जाने कितनी परीक्षाओं में उतारा है? हर परीक्षा में पृथ्वी उत्तीर्ण होती गई। इसी भूमि पर लोक-वितंडावादों के कारण घटनाओं के बड़े-बड़े बवंडर उठे, संघर्षों के भूचाल आए, विवादों के होहरे और हड़कंप मचा, झंझावात वात आए, तो क्या हुआ? लोक भी अविचल रहा और पृथ्वी भी। लोक के कारण ही पृथ्वी पर बड़े-बड़े बवंडर और भूचाल, होहरे, हड़कंप, झंझाएँ होती है। इतिहास के बड़े-बड़े युद्ध हुए। क्रांति और विप्लव हुए। पृथ्वी को डगमगाने के प्रयास हुए। सभी में लोक की भागेदारी थी। इसके बावजूद भी पृथ्वी ने अपने मध्य बिंदु को बचाए रखा। पृथ्वी इसलिए सुरक्षित रही कि वह सत्य की शक्ति पर स्थिर रहती है। लोक जब सत्य की शक्ति पर स्थिर रहता है तो व्यवस्थाएँ सुरक्षित रहती हैं। सत्य की शक्ति है कि पृथ्वी पर लोक बिना किसी अड़चन के निवास करते हैं—

'असंवाधं बध्यतो मानवानां।' प्रत्येक दिशा में जो लोक के देश की स्वाभाविक सीमा है, वहाँ तक पृथ्वी का अप्रतिहत विस्तार होना चाहिए। लोक कहीं से उत्क्रांत न हो। भूमि का आश्रय लेते हुए लोक के पैरो में कही ठोकर लगे—"मा निपप्तं भुवने शिश्रियाण।" लोक के दाहिने और बाएँ पैर ऐसी दृढ़ता से जमे रहें, वे लड़खड़ाएँ नहीं—"पद्भ्याँ दक्षिण सव्याभ्याँ मा व्यथिस्महि भूम्याम्।"

भूमि पर लोक का विस्तार स्वाभाविक रीति से चारों दिशाओं में होता है। यह पृथ्वी अनेक लोकों को अपने भीतर रखने का बर्तन है—'त्वमस्यावपनी जनानाम्'। इस पात्र की तीन विशेषताएँ है। एक तो यह विस्तृत है, दूसरे यह अखंड है, तीसरे सब कामनाओं की पूर्ति करनेवाला है।

राष्ट्रीय जीवन का एक बहुत बड़ा सत्य वैदिक सूक्त में सच्चाई के साथ स्वीकार किया गया है। वह यह है कि भाषा, लोक और धर्म की दृष्टि से हमारी अनेक विशेषताएँ हैं—

"जनं विभ्रती बहुषा विवाचसं,
नाना धर्माणं पृथ्वी यथोकसम्॥'

भारत में अनेक प्रकार के जन या लोक रहते हैं। उनकी भाषाएँ विविध प्रकार की

हैं। वे नाना धर्मों के मानने वाले हैं। प्रकृति ने जो विभिन्नता दी है, वह भारत का लोक सहर्ष स्वीकार करता है। इसमें जो कठिनाई आती है, उसे अपनी आर्य बुद्धि से जीतता है। भारत का लोक प्रखर है। वह विभिन्न होते हुए भी अपनी समग्रता एवं एकता के भाव से ऊँचे धरातल पर विद्यमान रहता है—

ता नः लोकाः दुहतां समग्रा
वाचो मधु पृथ्वी धेहिम धेहिमहन्यम॥

विश्व के इतिहास में विभिन्नता की सामग्री को एक में डालकर ऐक्य संपादन का इतना विशाल और सफल प्रयोग किसी दूसरे देश में नहीं हुआ, (भारत की मौलिक एकता, वासुदेव शरण अग्रवाल)। आज भी भारतवर्ष की यही मूल विशेषता है। अनेक धर्मों, संस्कृतियों, विचारों का समन्वय प्रधान है, भारत का लोक। भारत में लोक का सर्वोपरि भाव ऐक्य है। यह लोक इतना सामर्थ्यशाली है कि विभिन्न समुदाय को बिना उखाड़े, नष्ट किए उसे समग्रता के शरीर में अंगीकृत करता है। उसे राष्ट्रीय अंग मान कर, उसकी स्वतंत्रता को स्वीकार करता है। भारतीय लोक की मातृभूमि एक है। एकता की यह प्रक्रिया धरातल पर भी दिखती है और विचारों के स्तर पर भी। भारत मातृभूमि इसीलिए है कि उसके गंध का विशेष प्रकार है। यही गंध राष्ट्रीय विशेषता है। जिसका भी जन्म भारत की भूमि पर हुआ, उन सभी में भारत की गंध है। वृक्ष, वनस्पति, पशु, पक्षी, मनुष्य और संस्थाएँ, भाषा और विचार—सभी पर यही नियम लागू होता है। स्त्री और पुरुष में कोई भेद नहीं है। सभी भूमि या पृथ्वी के गंध से सुवासित है। सभी अपनी-अपनी मातृभूमि के अंग हैं, मातृभूमि की गंध सभी में है। यह असंभव है कि हम उस गंध को हटा सकें। लोक जहाँ भी होगा, वह मातृभूमि की गंध से ही पहचाना जाएगा।

अगर किसी में मातृभूमि की गंध नहीं है, तो वह पृथ्वी पर नहीं है। पृथ्वी के साथ ही मातृभूमि की गंध प्रगट हुई। जल, औषधि, पहाड़—सभी में मातृभूमि की गंध है। मातृभूमि की जो गंध पूर्व युग में जो थी, वह आज भी है। मातृभूमि की जो 'अग्रगंध' राष्ट्रीय उदय के प्रथम प्रभात में देवों को मिली थी, जिसे सूर्या के विवाह में एकत्र हुए अतिथियों ने कमल रूप में सूँघा था, आज भी हमारे सामने जो कमल खिलते हैं, उनमें वही गंध है। सत्य यह है कि भूमि और राष्ट्र खिलते हैं, उनमें वही गंध है। सत्य यह है कि भूमि और राष्ट्र के विकास का प्रवाह एक और अखंड है। इसकी एकता और अखंडता को सूत्रबद्ध लोक ही करते हैं। कहा गया है—"पुरुषों और स्त्रियों में, भूमि और चट्टानों में, द्युलोक और अंतरिक्ष में, जल और औषधियों में, भूमि और चट्टानों में एक अग्नि बसी हुई हैं। इस अग्नि को प्रज्वलित करना एक युक्ति है। जिस समय यह अग्नि लोक के मन में धधकने लगती है, लोक भी अमर्त्य बन जाता है।"

भूमि या पृथ्वी लोक को धारण करता है। भूमि पर अच्छे और बुरे, दोनों तरह के लोक

या जन रहते हैं। पृथ्वी माता दोनों का पोषण करती है। ज्ञानी गुरु और मूर्ख, दोनों का पोषण करती है। वह किसी के साथ विभेद नहीं करती। भद्र और पापी लोक की मृत्यु पृथ्वी की गोद में होती है। पृथ्वी सभी का बिछौना है—'सर्वस्व प्रतिशीयरी।' पृथ्वी का नाम ही क्षमा है—

'क्षमां भूमिम्'। पृथ्वी ही जनों की सहिष्णुता का सबसे अन्यतम उदाहरण है। पृथ्वी से ही लोक या जन में आदर्श गुण उत्पन्न होते हैं।

जन या लोक और व्यक्ति के पारस्परिक संबंध की एक विशेषता है। जन या लोक समष्टि का रूप है, अमर है। व्यक्ति की आयु परिमित है। व्यक्ति का जीवन एक पीढ़ी में समाप्त हो जाता है, लोक या जन युगांतर तक जीवित रहता है। फलतः सभी कर्मों का उद्दीष्ट फल लोक के लिए ही होना चाहिए। लोक के विकसित होने, फलते-फूलने से ही व्यक्ति भी बढ़ते हैं। लोक या जन से पृथक् व्यक्ति के जीवन की कल्पना असंभव है। पृथ्वी और लोक का संबंध सनातन है। पृथ्वी हमारे लोक या जनों की जननी है। पृथ्वी की ही गोद में बैठकर पूर्व के जनों, लोकों ने अनेक विक्रम किए—

"यस्याँ पूर्वे पूर्वजना विचकिरे।"

भारत में लोक का विविधि जीवन है। वह केवल भारत में ही देखने को मिलता है। विभिन्न स्तरों पर लोक जीवन समाज में अपना जीवन निर्वाह करने के लिए स्वतंत्र रही है। भारत में लोक आंतरिक स्वराज्य का उपयोग करता रहा है। यह लोक की इच्छा है कि वह अपने निजी जीवन की कौन सी विशेषता अपने पास सुरक्षित रखना चाहता है और कितना अंश वह दूसरों से ग्रहण करना चाहता है? भाषा, धर्म, देवी, देवता, विश्वास सामाजिक संस्कार—सबके विषय में भारतीय लोक अपनी इच्छानुसार जीवन ढालने में स्वतंत्र रहा है। किसी केंद्रीय शक्ति ने यदि बलपूर्वक लोक के जीवन में हस्तक्षेप करने का प्रयास किया या उसको परिवर्तन करने का प्रयास किया तो लोक संस्कार समाप्त हो जाते हैं। भारत में ऐसा कभी नहीं हुआ। भारत में लोक विचार की नींव इतनी सुदृढ़ रखी गई कि सभी आत्मतृप्ति और अपनी संस्कृति व्यवहार में सुखी रह सकें। भारत में होने वाले कुंभ मेले को लें। भारत में रहनेवाले लोक या जन का कोई व्यक्ति ऐसा नहीं है, जो उसके प्रभाव और खिंचाव से अछूता हो। यह मेला लोक की संस्कृति का विराट् स्वरूप प्रस्तुत करता है। लोक के तीन अमृत पद हैं, जिसका अनुष्ठान लोक और उसकी संस्कृति को अमर बनाती है—दम, त्याग, अप्रमाद। 'महाभारत' कहता है—

'दमस्त्यागोऽप्रमादश्च एतेष्वमृतमाहितम्'॥

भारतीय लोक यह स्वीकार करता है कि—'भूमिरावपनं महत्'। अर्थात् मातृभूमि वह बड़ा थैला है, जिसमें सबके लिए स्थान है। भारत में 'लोक' शब्द की मीमांसा करना ही भारतीय संस्कृति की सर्वतोमुखी कल्याणकारी भावों को स्पष्ट कर देता है।

□

'भारत' नामकरण : एक विश्लेषण

✍ प्रो. चंद्रकांत शुक्ल

भारत अथवा भारतवर्ष के अनेक नाम प्राप्त होते हैं, किंतु आज इसकी 'भारत' संज्ञा ही अधिक प्रख्यात है। इस 'भारत' नाम के संबंध में भी दो मत प्राप्त होते हैं, एक मत के अनुसार ऋषभदेव के ज्येष्ठ पुत्र भरत के नाम पर यह भारत वर्ष कहा गया। 'भागवत् महापुराण' में कहा गया है कि ऋषभदेव के पुत्रों में महायोगी भरत ज्येष्ठ भी थे और श्रेष्ठ भी थे, इसीलिए उनके नाम पर इस वर्ष को भारत कहा गया—**येषां खलु महायोगी भरतो ज्येष्ठः श्रेष्ठगुण आसीद्येनेदं वर्षं भारतमिति व्यपदिशन्ति।**[1] ऋषभदेव का उल्लेख वेदों में भी प्राप्त होता है और उन्हें ही जैनधर्म के प्रथम तीर्थंकर के रूप में भी स्वीकार किया जाता है। भागवत् में स्पष्ट रूप से कहा गया है कि इस वर्ष को, जिसे पहले 'अजनाभवर्ष' कहा जाता था, राजा भरत के समय से उसे 'भारतवर्ष' कहा जाने लगा—**अजनाभं नामैतद्वर्षं भारतमिति यत आरभ्य व्यपदिशन्ति।**[2] इस तरह इसका प्राचीन नाम अजनाभवर्ष था, ऐसा भागवत् उल्लिखित करता है। वस्तुतः अजनाभ नामक एक पर्वत था, जिसका उल्लेख 'महाभारत' में मिलता है।[3] इसी पर्वत के नाम पर इस वर्ष को अजनाभवर्ष कहा गया होगा। विभिन्न पुराणों में इसका वर्णन प्राप्त होता है, जहाँ इसे हिमालय से दक्षिण और लवण समुद्र से उत्तर में अवस्थित बताया गया है।[4] भारत का एक प्राचीन नाम आर्यावर्त भी प्रसिद्ध रहा है।

ब्रह्मांड पुराण में यत्र-तत्र भारतवर्ष का उल्लेख है, जिसमें इसका क्षेत्रफल नौ हजार योजन कहा गया है। वहाँ इसके नौ विभागों तथा पर्वतों की चर्चा प्राप्त होती है। वहीं इसे भारतद्वीप भी कहा गया है, जो कर्मभूमि है।[5] भागवत् में भी इसे कर्मक्षेत्र कहा गया है और अन्य शेष आठ वर्षों को स्वर्गवासी पुरुषों के स्वर्गभोग से बचे हुए पुण्यों को भोगने का स्थान कहा गया है। इसलिए इन सबको भूलोक का स्वर्ग भी कहा जाता है।[6] महाभारत में भी इसे जंबूद्वीप के नौ वर्षों में एक माना गया है और इसका विस्तार से वर्णन किया गया है।[7]

लिंगपुराण भी यह मानता है कि ऋषभदेव के पुत्र भरत के नाम पर ही इस वर्ष का

नाम भारतवर्ष हुआ। उसमें कहा गया कि पुत्रवत्सल ऋषभ ने हिमालय से दक्षिण भाग भरत को दे दिया, जिनके नाम से इस वर्ष का नाम भारत वर्ष हुआ—

सोऽभिषिच्याथ ऋषभो भरतं पुत्रवत्सलः।
हिमाद्रेर्दक्षिणं भागं भरताय न्यवेदयत्।
तस्मात्तु भारतं वर्षं तस्य नाम्ना विदुर्बुधाः ॥[8]

विष्णुपुराण और वायुपुराण में भी कहा गया है कि ऋषभ-पुत्र भरत के नाम से ही भारतवर्ष हुआ।[9]

द्वितीय मत के अनुसार, दुष्यंत-पुत्र भरत के नाम पर इसे भारतवर्ष कहा गया। इस संबंध में भी पुराणों के अनेक संदर्भ प्राप्त होते हैं। दुष्यंत और शकुंतला के गंधर्व विवाह के संबंध में भागवत् में भी कथा आई है, किंतु वहाँ यह नहीं कहा गया है कि इसी भरत के नाम पर भारतवर्ष का नामकरण हुआ है। वहाँ कहा गया है कि भरत भगवान् के अंशावतार थे और वे चक्रवर्ती सम्राट् हुए।[10] शकुंतला और दुष्यंत की कथा महाभारत के आदिपर्व में 'शाकुन्तलोपाख्यानं' के रूप में वर्णित है। पद्मपुराण तथा स्कंदपुराण में भी यह कथानक कुछ परिवर्तन के साथ प्राप्त होता है।

महाभारत के आदिपर्व में अनेक स्थानों पर दुष्यंत-पुत्र भरत का उल्लेख है। एक प्रसंग के अनुसार, दुष्यंत के द्वारा शकुंतला के गर्भ से जिस पुत्र भरत की उत्पत्ति हुई, उन्हीं से भरतवंश प्रवृत्त हुआ और इनसे शासित होने के कारण ही इस देश का नाम भारत हुआ।[11] इनकी उत्पत्ति का वृत्तांत अन्यत्र भी प्राप्त होता है।[12] अपनी बाल्यवस्था में भरत बड़े-बड़े दानवों, राक्षसों और सिंहों आदि का दमन करते थे, अतः इन्हें सर्वदमन कहा गया।[13]

वायुपुराण में ऋषभदेव के पुत्र भरत को तो इस वर्ष के नामकरण का आधार माना ही गया है, इसके अतिरिक्त दुष्यंत-पुत्र भरत को भी ऐसा कहा गया है।[14] महाभारत एवं पुराणों के अतिरिक्त वैदिक साहित्य में भी कुछ आख्यान प्राप्त होते हैं, जिसके द्वारा यह सिद्ध होता है कि दुष्यंत-पुत्र भरत से ही इस वर्ष का नाम भारत हुआ। ऐतरेय ब्राह्मण में ऐसा आया हुआ है कि दीर्घतमा मामतेय ने भरत दौष्यंति को ऐंद्र महाभिषेक के माध्यम से मुकुट दिया, अर्थात् उन्हें राजा बनाया।[15] शतपथ ब्राह्मण में भी ऐतरेय ब्राह्मण के अनेक श्लोक उसी रूप में हैं और वहाँ कहा गया है कि भरत ने वही यश कमाया, जो भरतों को उनके कालों में प्राप्त हुआ था।[16] यहाँ जो भरतों शब्द का उल्लेख है, वह वस्तुतः समूहवाचक शब्द के रूप में प्रयुक्त है। यही तथ्य महर्षि पाणिनि ने भी भरतों को प्राचीन सिद्ध करते हुए उन्हें गोत्रवाचक माना है।[17]

महाकवि कालिदास अपने एक पात्र महर्षि मारीच के मुख से कहलवाते हैं कि इस तपोवन में यह सभी प्राणियों का दमन करने के कारण 'सर्वदमन' नाम वाला है और भविष्य में यह समस्त लोक का पालन करने के कारण भरत नाम को प्राप्त करेगा।[18]

अभिज्ञानशाकुंतल के इस अंश से यह प्रतीत होता है कि कालिदास के समय तक दुष्यंत-पुत्र भरत के नाम पर इस देश का नाम भारत नहीं था।

उपर्युक्त दो मतों के अतिरिक्त तृतीय मत के अनुसार महर्षि मनु ही भरत कहलाए और उन्हीं के नाम पर यह वर्ष भारत कहलाया। वायुपुराण उपर्युक्त दोनों नामकरणों का उल्लेख करते हुए मनु को भी भरत प्रतिपादित करता है और कहता है कि प्रजा का भरण-पोषण करने के कारण मनु भरत कहलाए और निरुक्त के वचन के अनुसार इस वर्ष को भारत कहा गया—

भरणाच्च प्रजानां वै मनुर्भरत उच्च्यते।
निरुक्तवचनाच्चैव वर्षं तद् भारतं स्मृतम् ॥[19]

यही श्लोक इसी रूप में ब्रह्मांडपुराण में भी आया हुआ है[20] और थोड़े परिवर्तन के साथ मत्स्यपुराण में भी उल्लिखित है।[21]

भरत और भारत शब्द वैदिक साहित्य में भी यत्र-तत्र उल्लिखित है। अग्निदेव को ऋग्वेद के अनके मंत्रों में भारत कहा गया है, जहाँ उन्हें यह बताया गया है कि वे भरण-पोषण करनेवाले हैं।[22] भरत शब्द का भी उल्लेख बहुवचन में ऋग्वेद के मंत्रों में मिलता है।[23]

कौषीतकि ब्राह्मण भी अग्नि को भरण करनेवाला होने के कारण भरत कहता है—अग्निर्वै भरत:। स वै देवेभ्य: हव्यं भरति।[24] शतपथ ब्राह्मण में भी कहा गया है कि चूँकि यह प्रजाओं का प्राण होकर उनका भरण-पोषण करता है, अत: इसे भारत कहा जाता है—एष उ वा इमा: प्रजा: प्राणो भूत्वा बिभर्ति तस्मादेवाह भारतेति।[25]

आदित्य अथवा सूर्य को भी भरत कहा गया है। महर्षि यास्क के अनुसार आदित्य को भरत कहा जाता है और उसकी आभा भारती कही जाती है—भरत: आदित्य: तस्य भा इडा च भारती।[26] वेदों में 'अग्नि' शब्द को सूर्य अथवा आदित्य का भी वाचक माना गया है। इस तथ्य की पुष्टि निरुक्त के माध्यम से भी होती है। वहाँ कहा गया है कि दोनों प्रकार की ज्योतियों को अग्नि कहा जाता है।[27]

निष्कर्षत: हम कह सकते हैं कि ऋषभदेव के पुत्र अथवा दुष्यंत के पुत्र भरत के नाम पर यह देश भारत कहलाया। संभव है कि ऋषभदेव तथा दुष्यंत ने अपने पुत्रों का नाम इसी कारण भरत रखा हो, क्योंकि वे अग्नि अथवा सूर्य की तरह समुज्ज्वल होकर प्रजा का भरण-पोषण करेंगे। यों भी भारत का सामान्य अर्थ होता है—भा यानी आभा अर्थात् प्रकाश में रत यानी लीन। इस तरह भारत वह है, जिसमें हर समय हर दृष्टि से प्रकाश विद्यमान है।

संदर्भ—

1. भागवत महापुराण—5.4.9
2. वही—5.7.3
3. महाभारत, अनुशासन पर्व—165.32
4. भागवत—5.6.13, 5.16.9, मत्स्यपुराण—113.28 तथा 44, एवं 114.11 तथा विष्णुपुराण—2.3.1-22
5. ब्रह्मांड पुराण—2.14.62 तथा 72, 2.17.1, 2.21.6, 3.53.14 तथा 3.56.2
6. भागवत—5.17.11
7. महाभारत, भीष्मपर्व—6.7 तथा वहीं अध्याय 9-10
8. लिंगपुराण, पूर्वभाग—472.23-24
9. विष्णुपुराण—2.1.32 तथा वायुपुराण—33.50-52
10. भागवत—9.20
11. महाभारत, आदिपर्व—2.95.96 तथा 74.131
12. वही—73.15 से 74.2 तक
13. वही—74.8
14. वायुपुराण—99.134
15. ऐतरेय ब्राह्मण—39.9
16. शतपथ ब्राह्मण—13.5.4.11—13
17. अष्टाध्यायी—4.2.113
18. अभिज्ञानशाकुंतल—7.33
19. वायुपुराण—प्रथम खंड, अध्याय-45
20. ब्रह्मांडपुराण—अध्याय-16
21. मत्स्यपुराण—अध्याय-114
22. ऋग्वेद—2.7.1, 2.7.5, 4.25.4, 6.16.19 तथा 6.16.45
23. वही—3.33.11-12
24. कौषीतकि ब्राह्मण—3.2
25. शतपथ ब्राह्मण—4.2.2
26. निरुक्त—8.2
27. वही—7.4

□

An Ascetic on Pilgrimage : Bhārat

✍ **Prof. Sanjeev Kumar Sharma**

A magnificent nation Bhārat is the motherland of universally guided conscience. Not all the latter-day secularists have shaken this faith. And this faith is not born out of patriotism of one generation or one thinker; it is the result of age-old studies received out of mosaic of culture, traditions, Shāstras, and wisdom of seers of Bhārat. To be called a 'seer' in Bhārat, one doesn't have to be the teacher of Kings, Priest of churches or Head of religious monasteries. The 'Lok' of Bhārat is sufficiently infused with the wisdom to evolve as a society with ascetic form.

That all the wisdom comes through books is gross misconception. Indian culture can't be read through the pages. It's very much more, and it glistens like a thread of gold through many and varied elements which now go to make up our way of life. Bhārat is aptly known intrinsically woven as force of life with Ganga, Sindhu, Godavari, Narmada, Yamuna, Sutlej and many more flows of sacred thoughts. Through centuries, it has made its 'Lok' seem to line up with influences and impressions to end up calling all its own. We cannot repudiate the Gandhar art because of Gracio-Iranian impact. We cannot disown Taj Mahal because of Islamic inspiration. We cannot reject the art, the manners and the institutions which Ganga-Jamuni sanskriti has influenced into:

गंगेचयमुनेचैवगोदावरिसरस्वति।
नर्मदेसिंधुकावेरिजलेऽस्मिन्सन्निधिंकुरु॥

This invocation to all sacred waters is not restricted to religious practice, rather it's all inclusive tendencies don't fail to remember that Bhārat is as spread and wide as the waters mentioned in this śloka. It's a call to eco-geographical existence of Bhārat. Those who question the concept of Vrihatt Bhārat must visit scriptures innumerable times to locate consolidation of all directions at one prayer. No formal training is given to masses, even then all perform same śāstrās in their rituals. Is it coincidence that it has a larger truth called common conscience?

यद्विधौचनिषेधेचव्युत्पत्तेरेवकारणम् ।
तदध्येयंविदुस्तेनलोकयात्राप्रवर्तते ॥

There is no tradition to cram or memorise day-to-day conversation like scriptures, even then a common simplicity laid with pragmatic weave is seen in 'Lok' of Bhārat. This simple integration of culture is the reference point of Bhārat. A country which becomes not only the epitome of tolerance but also of due appreciation, a nation which never forgets its ethics of respects and a civilisation which learns to grow with desired and undesired changes has to be itself a 'Pilgrim', to make such volatile and catastrophic impressions appear part of culture. It lives sayings of Śrimad Bhāgwad Gīta in verbatim as its life force:

यस्मान्नोद्विजतेलोकोलोकान्नोद्विजतेचयः ।
हर्षामर्षभयोद्वेगैर्मुक्तोयःसचमेप्रियः ॥12.15 ॥

'He, too, owing to whom the world is not disturbed, and who is not disturbed by the world, who is free from joy, impatience, fear and anxiety, is dear to Me'. Bhārat has that strength with which it accepts everything and everyone as part of Bhārat only. At the end, we cannot even throw off the Western influence and institutions which have contributed in all aspects of Bhārat, though they speak audibly of all atrocities, cruelty, injustice and discrimination on world's most ancient civilisation.

Bhārat has tremendous force of inner peace. It's a living spirit. An ascetic can only perform what Bhārat does as a nation and as a society. It absorbs alien elements when necessary, but transmutes them into a new pattern of homogeneous richness. It is, therefore, a magnanimous force of power and beauty, which enriched its society with its tremendous spiritual appeal. A driving force of a nation which many have termed as 'poor', 'uneducated', 'developing', 'catastrophic', 'cattle-generation', 'banana-republic', 'snake-charmers', etc. has retained its belief in its inner asceticism. It has made Bhārat what we are in the world today and will make us what we want to be in the world of tomorrow. Its vitality and its solace are comparable to the power of pilgrimage which keeps cleaning the inner clutter and still remains pure. Its strength to fight each odd out, shaping attitudes, disciplines and approaches to life to suit new conditions, age after age as vigorously in the past as in present.

The foundations of this age-old culture of 'Lok'of Bhārat are Shraddha (faith), Samyams (self-restraint) and Samarpana (dedication), blossoming into Satyam (truth), Shivam (goodness) and Sundaram (beauty). For these values, our forefather lived and died, so did many great souls among the moderns. It places 'Lok' higher than Śāstrās. Bhārat has courage to reject those scriptures which go against the 'lokācharan':

यद्यपिशिष्टं लोक्विरुध्हंनाचरणीयंनाचरणीयं

These eternal values are not thrust upon society and left the governance out of its ambit. These have become our national values, which are embedded in our national outlook. Bhārat commands the respect of the world because of that tone of authority it exercises upon its rulers in the same way as it governs its society. We can look forward into the future with great optimism and sustainability only because they have the vitality which can give the power to indicate their validity even in this fear-and-avarice-ridden world of the day. The rule book doesn't change for elite. Rather, it's expected to possess model character an inch ahead than the common people.Śrimad Bhāgwad Gīta pronounces:

यद्यदाचरतिश्रेष्ठस्तत्तदेवेतरोजन: ।सयत्प्रमाणंकुरुतेलोकस्तदनुवर्तते ॥

Whatever action a great man performs, common men follow. The world pursues whatever standards he sets by exemplary acts. This stricture comes with a realisation germinating out of experience that we are not living in a hypothetical universe. That each picture of reality is as important as its portrayal. In a heady era, it's all the more vital to show the path with character. There is an atmosphere which questions Bhārat's solidarity. It's not hidden that a large section is active to show that Bhārat is losing its luster of light and is reeling under the delirium of hatred. They find the cruel conflicts as unceasing anguish. The greed for power has germinated a class who adopts crooked paths. Such section aspires for Bhārat to live in constant fever of unrest with the poison of self-seeking. A blind political aspiration is indulged to see each forehead marked with blood to quench their thirst of vicious anger and malice. Amidst such call, Bhārat still stands to straighten their crooked feet, tangled in bonds of greed and selfishness. Bhārat as a pilgrim celebrates boundless life. It envisages eternal voice of hope like a serene pond opens love's lotus with inexhaustible treasure of honey saved in its petals. An invisible spirit of mercy and goodness prevails through the mind of people which wipes away all dark stains from its flow.

As a society, renunciation is not mere spiritual or religious act for Bhārat, but as a nation, Bhārat claims pride out of it. All those hearts which appear flaunted with hatred, the right hand spears harmonious spirit to enliven the strings of beauty. A problem of understanding the mind of Bhārat is largely generated out of swaying away from reality due to perceptions. Those who claim to be driven by technology fail to understand the power of scientific philosophy that Bhārat envisages. Our philosophy has the power to understand the ultimate truth as manifested in Nature. People have contradictory images of Bhārat as they live through their sights to believe only what they see, as opposed to the philosophy that flows like an undercurrent only to remain unseen.

There are stark realities behind the world we live in. It's easy to claim reality from preliminary knowledge derived from direct sensual perception of the physical world manifestations. Actually, in the physical world, because of our strongly developed sensual perceptions, we are virtually 'blind'. One has to understand the transcendental power to shift 'sight' into 'insight' to reach to the reality that Bhārat has. Ancient ages have already established that 'Universal Truth' can never come from deductive logic alone. All attempts so far made towards search for axiomatic and ultimate truths, to be physical science, mathematics, or the sciences of philosophy are based on inductive logic or intuitive roots. All mathematicians, astronomers, grammarians and other scientists are called 'Rishi' or 'Mahatma' in Bhāratiya systems. The society has celebrated those scientists as part of its spiritual tradition. Hence, they are elevated as 'Gurus'.

The practice of arriving at general truths through inductive logic, based on analogies and specificities can only come from deep comprehension and intuition intricately combined with knowledge of discipline. The gap between perception and reality is limited only to those who don't 'see' but 'look' at Bhārat. Bhārat as a nation has no dilemma though in having reached to the reality of correlative inner and outer worlds.

As a society, Bhārat is a unison spirit moving together without any discrimination between ethnic or masses, rustic or elite and high brow or low brow. Kumbha Mela is as much a spiritual ablution as physical; Navratri is as much important for a farmer as to a devotee; Ramleela is enjoyable on roads as well as in theatres; 'Folk' is as 'Lok'in 'Fusion' and participating in choosing a government is as sacred as worship. The luxuries of art and literature are as celebrated as depth of science and technical studies. The phenomenon is not new. Scriptures have proved that the knowledge compositions generated in Bhārat can't even be dated, so old they are. Bhārat is an enigma. The society drives the Rājya and not otherwise. It gives opportunity to reconsider our place within our world. Science has comparable impact. It too unveils different sorts of hidden worlds, but society in Bhārat is more scientific in its practices as it brings forth the worlds face to face, which can actually exist and most importantly, can be measured. At the end, each component of 'Lok' in Bhārat enables to gain new insights into our own standing in the universe.

All social practices, simple and adoptable, reflect the essence of human emotions and the spark of common brilliance raises our existence from mundane to extraordinary. Religion is most obvious manifestation of this innate desire for a universe that may be far richer, kinder and gentler than our material existence belies. Nevertheless, while our longings for a deeper reality are in one sense deeply spiritual, they transcend the purely scientific approach. They permeate all aspects of our cultural reality, including the pursuit of science. That makes Bhārat as a society much ahead than others. It celebrates popular trends more than written word. Hence, it's not guided by a single book. The psyche of Bhārat doesn't become orthodox; rather it detests quoting books again and again and believes in Pratyaksh Pramaanam. A number of equations mentioned in scriptures are solved through practices. Bhartrihari goes unto:

धर्मस्यचाव्यवच्छिन्ना:पन्थानोयेव्यवस्थिता: ।
नतांल्लोकप्रसिद्धत्वात्कश्चित्तर्केणबाधते ॥

'Any practice which is followed in continuation can't be questioned by logic because they are established by conduct of people'.

It's a vast realisation and a gigantic endorsement to social practices. Hence, those who want proof of conduct from books fail to contradict social norms.

A big debate emerging these days is about Indian democracy. In 1960, it was feared by Selig Harrison that Indian nationalists would experience democracy as a barrier to the country's development. Yet, more than fifty-odd years after Harrison's book was published, democracy in India is still with us. And it seems to be flourishing. To support, following statement holds how baseless is the cry:

The extensive surveys behind the report show that popular opinion is overwhelmingly in favour of democracy. This historically alien system of governance enjoys a very healthy 95 percent support among those questioned. Although there are methodological issues to be raised with surveys covering this huge and complex country, it is safe to assert that almost all Indians today believe that the country should be governed by elected leaders. And these sentiments are translated into practice during elections. The voter turnout in the general elections in India over the last 30 years compares favourably with those of the presidential elections in USA. Despite the complexities of Indian society, there is a high degree of positive identification with the state and pride in being its citizen.

The higher science performed in our day-to-day life and as inscribed in our scriptures reveals how sublime our imagination has been. Unless one lives in that world of thought, knowledge can't take that shape. The snapshots of that brilliance are perceivable in all sections of society which is pragmatically driven by rituals. Einstein once said:

"One of the strongest motives that lead men to art and science is escape from everyday life with its painful crudity and hopeless dreariness, from the fetters of one's own ever-shifting desires. A finely tempered nature longs to escape from the personal life into the world of objective perception and thought."

History testifies Indian contributions to advanced sciences. The imagination combined with higher intuition project manner in which world took interest in invading Bhārat. Be it spiritual invasion, political invasion, religious invasion or economic invasion. A nation which had twenty-eight world-renowned universities to cater to hundreds of thousands of scholars from all over the world was enslaved taking advantages of its own goodness. The way India transmitted directly its knowledge in Mathematics, Astronomy, Medical Sciences, Ecology and Technology to Europe through Portuguese traders and Christian Missionaries in 16th century, followed by Charter signed by Great Britain for East India Company, endorses the knowledge power of Bhārat. That Bhārat was capable enough to associate conceptual and philosophical underpinnings in its learning is well evident. To quote C.K. Raju:

"Glorious contributions of the Hindu civilisation in India towards advancement of science and technology on the world stage need to be studied, appreciated and correctly narrated to the world by its able descendants for education and enrichment of minds of all–present and future...."

Once again it's time to roll back to ascetic nature of Bhārat. European world stole its propounded knowledge and stamped as its own and Bhārat adopted those very traditions with given names. It even forgot to claim it's proprietary. A juncture arrived where West laughed on any such claim by the time we realised it's our contribution to the world. The reason being that we ourselves lost touch with our language, culture and wisdom. But this didn't change the local wisdom and with 'Lok', folk became important carrier of knowledge. Scriptures do hold a sacred place in Bhārat, but equally important are those ethics which guide the society. The nation has strength to play a significant role in shaping its outlook and attitude and its religious and spiritual philosophy. It is the ground from which much of the Hindu tradition sprouted and where many spiritual teachers experimented with their lives and formulated great philosophical doctrines and the great teachings of the Upanishads. From the days of the Rishis who were mentioned in the Rigveda, to the Mundakas of the Upanishads to the present-day guru traditions, the story of Bhāratīya wisdom has been forged largely in the fire and heat generated by the austerities and sacrifices of numerous generations who like an ascetic turned away from the world to probe into the mysteries of happiness.

Traditionally, in Indian society, asceticism has been the recognised and widely approved means in Hinduism to achieve liberation. Even today, it is the most effective and prescribed path for those who want to escape from the cycle of births and deaths. Ascetic traditions play an important role in the development of Hinduism and its spiritual knowledge. It is the heart and soul of Hinduism. With asceticism comes yoga and yoga practices are a direct result of the emergence of asceticism in Hinduism. It is difficult to say whether ascetic traditions of Hinduism are older than the Vedic ritual religion. There are, however, indications that ascetic traditions and ceremonial and sacrificial traditions grew side by side in remote antiquity and at some point, both become a part of the Hindu way of life which aim to balance human life by a cooperation of sorts prescribing the four aims, namely dharma (religious duty), artha (wealth), kāma (pleasure) and mōksha (liberation). Each time Bhārat has showed that elevated and sublime quality as a nation which is required to term someone an ascetic. It knows well that 'Lok' is supreme. It is permanent. It is embedded in society. It is liberated. It is perpetual. It is all-inclusive. It is a continual force. It is self-engraved. Hence, righteous and discarded behaviour is measured not on the basis of books but on 'Lokāchār.

Rigveda clarifies:

अग्नेनयसुपथारायेअस्मान्विश्वानिदेववयुनानिविद्वान् ।
युयोध्यस्मज्जुहुराणमेनोभूयिष्ठांतेनमउक्तिंविधेम ॥1.1.18 ॥

It's a universal prayer, articulated in two forms – verbatim and philosophical. The literal prayer says: 'O Lord, you are the giver of supreme happiness and possess supreme knowledge. Bless us with all marvelous knowledge through righteous easy way to achieve material gains and prestige. Delineate sinful behaviours from us, born out of crookedness so as to enable us to offer our prayers to you with all humbleness'.The philosophical prayer obviously has larger connotation. It means to achieve right path without hindrances. This cannot be for one person or one region. Hence, it extends to universal benevolence.

The spirit of one becomes the spirit of all. It's omnipresent. The nation moves together, feels together, marches together and thinks together. An ascetic Bhārat is always on a pilgrimage. Its soul is deep, profound and pure. A country never got beaten in spirit. A nation never got defeated because it never craved to defeat to conquer. The words like 'genetics', 'generation', 'gene', 'general' and many others are formed from Sanskrit word 'jan', meaning people. Five types of 'jan' mentioned in Vedās are 'Panchjanya'. These 'Panchjanya' are – 'Anu', 'Puru', 'Drahyu', 'Turvasu' and 'Yadu'. The spread of civilisations is found germinating out of these five 'Jana' only. Bhārat, knowingly or unknowingly lives Vedās in day-to-day life. The journey of an ascetic continues to lead Bhārat a Viśva-guru.

References—

1. Shivtāndavstrotram. 13
2. Saraswatikanthabharanam, 2.138
3. Vāchaspati.Nidesh. P.4069
4. ŚrimadBhāgwadGīta. 3.21
5. Vākyapadīyam. 1.31
6. Selig S. Harrison, 1960. India: The Most Dangerous Decades, Princeton, NJ: Princeton University Press.
7. Alfred Stepan and others. 2011. Crafting State-Nations, Baltimore: Johns Hopkins University Press.
8. http://www.sfheart.com/einstein.html
9. Raju, C. K. 2011. Book Review.Indian Journal of History of Science, 46.1.p. 159
10. Īśāvāsyaupniśaad. 1.189.1

□

Jana Gana-Mana

✍ **Raj Nehru**

The trinity, trigun, tripursundari, trident, trilok and many more. These are a few words that have the prefix 'Tri', which means 'Three', denoting three common social, cultural or religious dimensions hidden inside them. Similarly, many significant historical movements world over have had 'three' key words that expressed their essence.

In the last few years, while travelling across the country, from one region to another, observing people in cities, metropolis, cosmopolis, in villages and even some tribal belts, I got intrigued by this 'three-word' alarm that chimed in my mind so vividly. It propelled my thoughts and glutted my mind with riveting questions, till finally I decided to write about it. The 'trio' that made me restive enough to do something about is: "Jana-Gana-Mana". The trio Jana-Gana-Mana has the essence of my existence contained in it. It connects me with myself, my roots, my heritage, my civilisation, my beliefs and my values. It makes me passionate, charges me up, like adrenaline rushing through my nerves, like fuel for my soul. It connects me with my soul, my society and my soil.

Jana-Gana-Mana is not only a three letter-word. It contains the essence of our culture, our civilization, and our pride. When the world was still hunters and gatherers, 'Bharat' – the land of Jana-Gana-Mana was already an advanced civilisation of those times. Not only did this part excel in trade and commerce, Bharatvarsha was known for its mastery in the area of spirituality, social sciences, life skills and arts, philosophical and educational institutional excellence etc. Seekers from around the world would travel to Bharat to learn, and then spread it back in their regions of origin. The seed of knowledge spread out of Bharat to various regions of the world. If we look at the map of Bharatvarsha, the warmth and pride soar up on observing hundreds of educational marvels that existed and contributed significantly to social, political and economic progress besides spiritual and religious endeavours.

Taxila University was considered to be the seat of Vedic learning. The famous treatise 'Arthashastra' (Sanskrit; Book of Economics and Statecraft) by Chanakya, is said to have been composed in Takshashila itself. Chanakya introduced his mentee Emperor Chandragupta Maurya to this university to pursue his learning. Taxila University was also famous for Skill Training. It is said the Chausath Kala (Ancient Sets of 64 Skills & Arts) school originated in Taxila. Arguably the widest variety of skills and subjects including skill-oriented archery, hunting and elephant lore to highly technical disciplines including law, medical science, economics, statecraft, and military science were taught in Taxila.

Sharda Peeth: located in Kashmir during those days, now its ruins are in POK. Sharda University was famous for preserving Grammatical texts, Brahma Sutras, Buddhist texts on Mahayana Buddhism. Sharada University was considered as Seat of Learning or Throne of Wisdom. It is said that when students graduated in Kashi, they would walk a few steps in the direction of Kashmir as a symbol of going to Sharda University for seeking higher education and would recite "Namustutay ma sharday, ma Kashmir vasini". It is at this temple that Shankaracharya received the right to sit on the Sarvanjnanapeetham or Sarvajna Peetha (Throne of Wisdom).

Vikramashila University was known for its specialised training on the subject of Tantra (Tantrism). It also was one of the two most important centres of Buddhist learning in India during the Pala Empire. It is said that Vikramshila University had listed over 100 teachers and over 1000 students

Vallabhi University: Out of the two important schools of Buddhism, Vallabhi University was famous for championing the cause of Hinayana Buddhism. Besides Brahmanical Sciences, this University trained students on subjects that were touching diverse dimensions and beliefs of the society. Apart from religious sciences, courses offered included Nīti (Political Science, Statesmanship), Vārtā (Business, Agriculture), Administration, Theology, Law, Economics and Accountancy. Established in Saurashtra of modern Gujarat, it flourished between 6th century and 12th century and was described as centre of greatest learnings by many Chinese travellers.

Somapura University, now in Bangladesh, was established by Dharmapala of Pala dynasty, around 781-821 AD. It was a major centre of learning for Bauddha Dharma (Buddhism), Jina Dharma (Jainism) and Sanatana Dharma (Hinduism). It was one of the largest and best known Buddhist monasteries in the Indian subcontinent.

Pushpagiri University was established by Emperor Ashoka himself. Pushpagiri University was a prominent seat of learning that flourished between the 3rd and 11th centuries in India. The entire university is distributed across three campuses on top of the three adjoining hills, Lalitgiri, Ratnagiri and Udayagiri in Orissa. Lalitgiri is especially interesting because here one could observe the evolution of Buddhism from the Theravada sect with its austere and plain worship of a stupa to the growth of Mahayana and Vajrayana (tantric) sects with their elaborate pantheon of Bodhisattvas and other deities.

Kanthalloor University existed near Thiruvananthapuram some 1000 years ago, which had students from Lata, Karnata, Malavya, Kanyakubja, Gollaya, Maharastra, Saurastra, Thakka, Andhra and Saidhava countries or races. Kanthalloor Shala was considered as the Nalanda of the south. It was looked upon as a model by the people of that time. The subjects taught in the University included Mantra, Yoga, Jyhotisa, Rasabhandha, Rasayana (Chemistry), Chandas, Indrajala (Magic), Dantakarma, Kayakarma, Lepy Karma, Citra, Goldsmith Art, Visaharatantram, Paediatrics. Along with painting, vocal music, instrumental music, dramatic performance and dance were also taught.

Nalanda University was established in Bihar and acted as a Buddhist centre of learning from 427 to 1197 CE. It attracted scholars and students from China, Greece and Persia. It had the largest library of the ancient world and with volumes of manuscripts on grammar, logic, literature, astrology, astronomy and medicine.

These are a few of the Universities and the list is long. The head goes up with pride when one looks around and finds hundreds of such institutions, Jagaddala, Odantapuri, Banaras, Bikrapur, Vikram, Ratnagiri, Mithila and Kanchipuram to name a few and pantheons of scholars Chanakya, Panini, Bhaskaracharya, Abhinavgupt, Jivika, Pingala, Sushruta and many more. These institutions and scholars, rishis had a major role to play in the civilisation resurrection. They brought a different dimensions of life where humans beings are not at the centre of the universe, rather environment, nature and other species are. They taught us the values of valuing and preserving plants, animals, natural resources, water, mountains, trees for the life to sustain. And thus were born the beliefs of "Vasudhaiva Kuthumbakam", "Sarve Bhavantu Sukhina", "Ekam Sat Vipraha Bahuda Vadandti". The culture and values that emerged out of these belief systems resulted into societies practising love, warmth, care, integrity, morality, honesty, respect, equality, non-violence, protecting nature and natural resources. It integrated Soil, Soul and the Society.

Indian civilisation since time immemorial has been far ahead of the world on innovation curve in almost every field of life, where Iron pillar of Delhi – regarded as a testament to the skill of ancient Indian blacksmiths and metallurgy; along with stepwells, swimming pools, squat toilet, flush toilets of Indus Valley Civilisation (IVC), and stupas from 3rd century BCE are a testimony to our advances in construction, civil engineering and architecture. From rulers and weighing scales during IVC to incense clocks in metrology, inventions like crucible steel, wootz steel, and seamless celestial globe are evidence to out advances in metallurgy and metals manufacturing. We tough the world to plough and grow cotton, how to use ink, how to shampoo, how to button up their dresses, and how to spin wheels (charkha) to create high fabric like muslin and palampore.

We not only gave the formal systems in Mathematics to the world, we also introduced the concepts including Hindu Number System, Zero, Decimal System, Algebraic abbreviations, Fibonacci numbers, Pascal's triangle and Pell's equation. The world now recognises and credits Indian scholars like Aryabhatta, Panini, Ramanujam, and Brahmgupta, etc. for many of these concepts which were earlier erroneously credited to western and middle-east scholars. Even concept of gravity was given by Indian scientist Aryabhatta, who first identified the force to explain why objects do not fall when the earth rotates. He also developed a geocentric solar system of gravitation, and an eccentric elliptical model of the planets. It was our scientist Brahmagupta who described gravity as an attractive force and used the term "guruhtvaakarshan" for gravity much before Isaac Newton noticed the proverbial apple fall.

Bharat introduced a complete preventive healthcare system to the world through Yoga and Ayurveda, along with cosmetics surgery, plastic surgery, Lithiasis operation and cataract surgery by Sushruta – Father of Surgery. When the world was busy fighting and accumulating material things, our tryst with happiness was through sports and recreational games including polo, chess (Chaturanga - the precursor of chess 280-550 CE), Ludo (Pachisi 6th century CE), Snakes and ladders (Vaikunta pali. Snakes and ladders as a game developed to impart moral education) and Suits game (Kridapatram – playing printed rags/plaques). In the field of Linguistics, we presented to the world the concept of Formal Grammar through 'Ashtadhyayi' a treatise by Panini where he coded formal production rules and definitions for Sanskrit grammar.

The prime reason for India to stake claim to so many ancient inventions was the social, education and training system which allowed the pursuit of excellence in various fields. The fundamentals were deep-rooted in the idea of self-actualisation through seeking; our inquisitive eternal quest to answer even the basics of life and nature. Where other civilisation got largely focussed on materialistic pursuit of happiness, we were entrenched in our fascination with internal happiness. This drove our culture and system to have a visible impetus on the intrinsic values and fulfilment of metaphysical needs besides the science and skills of physical world. Bharatiya sages and scholars have depended heavily upon the inward approach through meditation and other techniques. The central idea in Bharatvarsha always had been to achieve physical satisfaction through metaphysical fulfilment. Whereas, the world, especially the modern western world, focussed on internal satisfaction through physical fulfilment.

The education and skills were imparted to children through a well-planned Gurukul system. The system consisted of various Gurukuls, run by a Guru (grand master) where the children were given holistic life training which included education of shaashtras (books of knowledge), shastra (weapons), krida (sports), yog (health and life), and anushasan (discipline). The system allowed people to develop broader view of life and still pursue their interest areas while keeping them mentally, physically, emotionally, socially and spiritually healthy.

Though, throughout last few millennia, plethora of international tourists and scholars have come to Bharat in search of knowledge and wisdom and hoped to spread the same in their places of origin after going back, but inadvertently almost all of them failed to spread the real essence of these conventions of Bharat. The west pursued individual-centric approach based on outer or physical desires, creating and developing 'things' that improved physical comforts, whilst losing sight of internal/intrinsic values or 'Mana' resulting into internal discomforts. The inventions leading to material comforts became more important.

While west learnt how to invent, the quintessential question of 'WHY to invent things?', receded to oblivion. Inventing, replacing and consuming took societies away from any spiritual gain made. With that pace and passage of time, this resulted into taking humans away from spiritual transcendence towards technological transcendence, where culture has surrendered to technology. Bharat's values, based on eternal happiness, universal equilibrium, and non-violence, allowed us to develop without causing conflicts, that is why Bharat never attacked any country, on the contrary became the place for many to take refuge. Non-violence as value system was so strong that certain sects preferred to walk without shoes to prevent even a tiny insect getting crushed under shoes. Worshipping trees, rivers, mountains, environment and natural resources was a way to inculcate the behaviours of protecting nature and thus preserving life for future.

But today's world is high on technology and consumption has endangered not only the environment but the humanity itself. Today, with a click of a button, one can disrupt the social harmony, cause riots and violence, with help of technology, initiate actions which destroy nature and society. The gun gets glorified and frauds get commercialised. The western value system, driven by the greed and self-centric approach, profiteering, industrialisation, and commercialisation of everything, safety of vulnerable sections of society have become a big issue. We have lost control or are at the verge of losing control. Safety has moved into the hands of machines.

Every single materialistic invention in the last few centuries has solved one problem, but created many more. This has made the rate of destruction catastrophic, and unless something is done soon, the world, as we know, it won't last for long. The Jana-Gana-Mana is a symbolic way to revive our traditional education system that emphasised integration of physical, mental, emotional and spiritual aspects of a human being. The objective was to look inward and create internal comfort to remove external discomfort.

Bharat can and will have to play the central role, if the whole world has to overcome and reverse this apocalyptic cycle. The centuries old wisdom and values of Bharat can guide the world to develop a fresh approach towards development and global sustenance.

□

धर्म, राजनीति एवं शिक्षा

✍ **प्रो. राकेश मिश्र**

विद्यानाम नरस्यरूपधिकं प्रच्छन्न गुप्तं धनं
विद्या भोगकरी यशः सुखकरी विद्या गुरुणां गुरुः।
विद्या बन्धुजनो विदेश गमने विद्या परा देवता
विद्या राजसु पूज्यते न हि धनं विद्याविहीनः पशुः॥

जिस विद्या को महाराज भतृहरि ने अपने 'नीतिशतक' में रूप, धन, भोग, सुख व यश का कारण बताया है, जिस विद्या को राजा पूजते हैं, जो परम देवता है; उसका उपदेश एवं उपलब्धि ही शिक्षा है। प्रत्येक मनुष्य के भीतर जो मौलिक सत्ता स्वभावतः विद्यमान है, उसी को पूर्णता प्रदान करना शिक्षा का लक्षण एवं लक्ष्य है। आदर्श शिक्षा वह होगी, जिसके द्वारा मनुष्य के अंतर्गत समस्त उपादान पूर्ण परिस्फुट हो सकें। यदि शिक्षा केवल पंचभौतिक शरीर का नाम होता तो केवल स्थूल शरीर को पुष्ट एवं सुखी बनाना ही शिक्षा का एकमात्र लक्ष्य होता, परंतु मनुष्य मात्र पंचभूतों का संघात नहीं है। स्थूल, सूक्ष्म एवं कारण शरीर तथा आत्मा से युक्त जीव को मनुष्य कहते हैं। अतः जिस शिक्षा के द्वारा स्थूल, सूक्ष्म एवं कारण शरीर पूर्णता प्राप्त कर सकें एवं आत्मा भी पूर्णोन्नत हो सके, वही शिक्षा सम्यक् शिक्षा कही जाएगी। 'मुंडक उपनिषद्' इसीलिए मनुष्य के संपूर्ण कल्याण के लिए अपरा एवं परा विद्याओं का उल्लेख करता है। इहलोक व परलोक में सुख-शांति को संभव बनाने वाली विद्या अपरा है और परमात्मा की उपलब्धि कराने वाली विद्या परा है। इन दोनों के अनुशीलन से ही शिक्षा पूर्ण होती है। अतः भारतीय संस्कृति भौतिक, मानसिक, बौद्धिक और आत्मिक को लक्ष्य मानने वाली शिक्षा को ही सम्यक् शिक्षा मानती है। स्थूल, सूक्ष्म एवं कारण शरीर के उन्नयन हेतु कला, शिल्प, राजनीति, दर्शन, योगशास्त्रादि हैं एवं आत्यंतिक दुःखनिवृत्ति एवं आत्मज्ञान हेतु अध्यात्मशास्त्र हैं। इसके विपरीत, आधुनिक मनुष्य के समस्त पुरुषार्थ का पर्यावसान भौतिक जगत् में ही है

और इसलिए शिक्षा राजनीतिक, आर्थिक, वाणिज्यिक उन्नति तक ही केंद्रित है तथा इनके हेतु अपरा विद्या को ही सर्वोत्तम एवं पर्याप्त माना जाता है। आत्मोपलब्धि या ऋतंभरा प्रज्ञा से इस शिक्षा का दूर-दूर तक संबंध नहीं है।

सकल उन्नति के मूल में धर्म है, धर्मोन्नति है। इसके अभाव में शारीरिक, मानसिक एवं बौद्धिक उन्नति की संभावना ही नहीं है। शारीरिक व्यायाम मात्र से तब तक शरीर स्वस्थ व सबल नहीं बन सकता, जब तक इंद्रिय-निग्रह न हो, और मन का निग्रह धर्म के बिना हो नहीं सकता। धर्म ही मनुष्य को शुभ-अशुभ कार्यों के परिणाम दिखाता है और स्पष्ट करता है कि उत्तम, मध्यम और अधम क्रिया की किस-किस प्रकार की प्रतिक्रिया होती है ? बुद्धि के विकास का हेतु भी धर्मोन्नति ही है। धर्म पर अप्रतिष्ठित बुद्धि लौकिक चातुरी मात्र है। इहलोक प्रसाधिनी बुद्धि अपूर्ण, अनर्थकर और अशांतिकर होती है। अतः स्पष्ट है कि धर्मतत्त्व का शिक्षा में अंतर्निवेश किए बिना सम्यक् शिक्षा संभव नहीं है। यही कारण है कि भारतीय शिक्षा धर्माधिष्ठित रही है, जो मुनष्य को वर्णधर्म, आश्रमधर्म, राजधर्म, प्रजाधर्म, नारीधर्म, पुरुषधर्म, साधारणधर्म, असाधारणधर्म, आपधर्म आदि का बोध कराती है। मनुष्य का परमधर्म आत्मोन्नति होने के कारण अध्यात्म विद्या के द्वारा आत्मदर्शन शिक्षा का अंतिम पर्यावसान है। इसीलिए पराविद्या की इतनी महत्ता है—'अयत्तु परमो धर्मो यद् योगेनात्मदर्शनम्'।

भारतीय परंपरा में धर्म की सार्वभौमिकता एवं संप्रभुता होने के कारण मानव-जीवन में सभी पक्ष एवं क्रियाएँ धर्माधिष्ठित हैं। यदि शिक्षा धर्माधिष्ठित है तो राज्य एवं शासन भी धर्माश्रित है। वस्तुतः राजधर्म अन्य धर्मों के पालन एवं निर्वहन का आधार है, जीवन के अंतिम उद्देश्य आत्यंतिक दु:ख-निवृत्ति एवं मोक्ष प्राप्ति तथा अवांतर उद्देश्य धर्म, अर्थ, काम का हेतु हैं। इसीलिए महाभारतकार ने राजधर्म को सभी धर्मों का शिरोमणि घोषित किया है तथा 'कामंदकीय नीतिसार' में आंविक्षिकी, त्रयी और वार्त्ता आदि पुरुषार्थोपयोगिनी विद्याओं का रक्षण राजधर्म से ही संभव माना गया है। राजधर्म का उद्देश्य राजाओं, शासकों एवं तत्पालित भूखंड के समस्त प्राणियों के अभ्युदय और नि:श्रेयस का मार्ग प्रशस्त करना है। अपौरुषेय वेद एवं वेदमूलक अग्नि-मत्स्य-विष्णु पुराणादि, रामायण, महाभारत, मनु-याज्ञ्यवल्क्य-नारद आदि स्मृतियाँ, शुक्र-वृहस्पति-प्रणीत नीतिग्रंथ व कौटिल्यीय अर्थशास्त्रादि इस राजधर्म का प्रतिपादन करते हैं।

सभी प्राणी परमेश्वर की संतान हैं और सभी का कल्याण अपेक्षित है। अतः राजनीति का लक्ष्य सर्वजनसुखाय व सर्वजनहिताय ही होगा। कृतयुग में मानवमात्र के धर्मनिष्ठ, सात्त्विक व विवेकी होने के कारण चतुर्दिक आत्मैक्यता एवं आत्मीयता का भाव ही व्याप्त था सभी एक-दूसरे के पोषक व रक्षक थे। अतः राजा व राज्य की कोई आवश्यकता ही न थी।

न वै राज्यं न राजासीन्न दंडो न च दाण्डिकः।
धर्मेणैव प्रजाः सर्वा रक्षन्ति स्म परस्परम्॥

सत्त्व ह्रास के फलस्वरूप रजोगुण एवं तमोगुण की वृद्धि से धर्म का ह्रास एवं अधर्म का विस्तार होने पर मात्स्यन्याय फैला, और इस अराजकता की निवृत्ति हेतु प्रजा की प्रार्थना पर ईश्वर ने अनुग्रह कर सूर्य, चंद्र, इंद्र, वरुण, यम आदि आठ लोकपालों के अंशों और गुणों से युक्त राजा की सृष्टि की। भारतीय राजदर्शन में राजा के दैवीसंपद् से युक्त होने पर बहुत बल दिया गया है, अन्यथा वह अति तेजस्वी दंड का धारण नहीं कर सकता एवं उसका सम्यक् प्रयोग कर धर्म की स्थापना नहीं कर सकता। अजितेंद्रिय राजा को दंड बंधु-बांधवों सहित नष्ट कर देता है, ऐसा मनु का कथन है। कौटिल्य के अनुसार सुख का मूल धर्म है, धर्म का मूल अर्थ है, अर्थ का मूल राज्य है और राज्य का मूल इंद्रियजय है। अतः राजा को दस कामज, आठ क्रोधज एवं उनके मूल लोभ से बचना चाहिए। जितेंद्रियता का मूल विनय है। विनय क्या है ? शास्त्रानुशीलन, दिनचर्या का अनुशासन, संतों व आचार्यों का साहचर्य व उनकी सेवा के द्वारा राजा राजमद को नियंत्रित कर विनयशील एवं विवेकशील बनता है। भारतीय परंपरा में सभी विद्याओं के प्रकाशक और प्रवर्तक ऋषि एवं आचार्य ही रहे हैं। राजा को राजविद्या के रहस्यों व सूत्रों का ज्ञान उन्हीं से प्राप्त करना चाहिए। क्षात्रबल का आधार ब्राह्मतेज है। भारत के राजशास्त्रकारों के अनुसार भूमि, हिरण्य, पशु, धान्य, मित्रादि से पूर्व एवं महत्तर विद्याधन है, एवं राजा को इसका अर्जन व वर्धन करने हेतु सतत प्रयत्नशील रहना चाहिए।

धर्माधिष्ठित शिक्षा एवं धर्मनिष्ठ शासन अन्योन्याश्रित हैं। राजा को 'सर्वलोकगुरु' कहने का प्रयोजन यही है कि राजा का चरित्र एवं आचरण लोक-शिक्षण एवं लोकमत-परिष्कार का प्रमुख स्रोत है। एक धर्मनिष्ठ राजा प्रजा को धर्मानुवर्ती बनाता है और एक पापिष्ठ राजा प्रजा को पापाचारी—

राज्ञि पापिनि पापिष्ठा धर्मिष्ठे राज्ञिः धार्मिकाः।
राजानमनुवर्तन्ते यथा राजा तथा प्रजाः॥

धर्मशील राजा के प्रताप एवं प्रभाव को 'महाभारत' के एक प्रकरण में स्पष्ट किया गया है। जब पांडव अज्ञातवास में थे, तो दुर्योधन उन्हें ढूँढ़ निकालने के लिए बहुत व्यग्र था, ताकि वनवास की शर्त के अनुसार उन्हें पुनः वन में रहने को बाध्य किया जा सके। इस उद्देश्य से वह पितामह भीष्म के पास गया और पांडवों के संभावित निवास-स्थान का कुछ अता-पता पाने के लिए अनुरोध किया। भीष्म ने जो उत्तर दिया, वह धर्मशीलता के प्रभाव को प्रकट करता है—युधिष्ठिर एवं अन्य पांडव धर्मशील हैं। वे जिस नगर या ग्राम में होंगे, वहाँ के निवासी धर्मनिष्ठ, सत्यवादी, मृदुभाषी, जितेंद्रिय, सुखी व संपन्न होंगे। उनकी अधर्म में रुचि न होगी। वहाँ वेद-ध्वनियाँ गूँजती होंगी, यज्ञ होते होंगे, प्रजा

निरोगी होगी, ऋतुएँ समय पर आती होंगी आदि। राजा व मंत्रियों की धर्मनिष्ठा प्रजाजनों को चरित्रवान व सुखी बनाती है।

धर्माधिष्ठित शासन में न तो सीमातीत प्रजा-प्राखर्य है और न ही सीमातीत राज्य-प्राखर्य। फलतः इसमें आधुनिक व्यक्तिवाद या समष्टिवाद की अतिवादिता विद्यमान न होगी। शक्ति का ऐसा एकाधिकार, जिसमें शासक प्रजाजनों के संघों-समुदायों के नियमों व मर्यादाओं का तिरस्कार कर सके और उनकी स्वायत्तता पर कुठाराघात कर सके, धर्मराज्य में कतई मान्य नहीं। इस संदर्भ में 'वाल्मीकीय रामायण' में समाज के विभिन्न वर्गों, संघों एवं श्रेणियों का प्रतिनिधित्व करनेवाली पौर-परिषद् की महत्ता को रेखांकित करनेवाला एक प्रकरण दृष्टव्य है। तत्कालीन संविधान के अनुसार, राजा के ज्येष्ठ पुत्र को ही राज्याधिकार प्राप्त था। अतः दशरथ द्वारा श्रीराम को राज्य का दायित्व सौंपने में कोई संवैधानिक बाधा न थी। संविधान द्वारा निर्धारित इस प्रक्रिया के यथावत् क्रियान्वयन में महाराज दशरथ ही अंतिम निर्णायक थे। परंतु अपने ज्येष्ठ पुत्र को राजपाट सौंपने में वह पूर्ण स्वतंत्र नहीं थे, अपितु पौर-परिषद् की अनुमति भी प्राप्त करनी थी। अतः वह पौर-परिषद् के समक्ष अत्यंत विनयपूर्वक श्रीराम के राज्याभिषेक का प्रस्ताव रखते हैं। पौर-परिषद् के व्यापक अधिकार थे। वह राजा के प्रस्ताव को यथावत् स्वीकार करने हेतु बाध्य नहीं थी। वह प्रस्ताव को संशोधित कर सकती थी, वैकल्पिक प्रस्ताव प्रस्तुत कर सकती थी अथवा प्रस्ताव को अस्वीकार भी कर सकती थी। राजतंत्र में भी राज्य-संचालन की नीतियों के निर्धारण में प्रतिनिधि संस्थाएँ कितनी महत्त्वपूर्ण थीं, यह इस प्रकरण से स्पष्ट है। पौर-परिषद् के समक्ष राजा दशरथ का निवेदन उल्लेखनीय है—

यदिदं मेऽनुरूपार्थं मया साधु समंत्रितम्
भवन्तो मेऽनुमन्यन्तां कथं वा करवाण्यहम्।
यद्यप्येषा मम प्रीतिर्हितमन्यद् विचिंत्याम्
अन्या मध्यस्थयित्ता तु विमर्दाम्यधिकोदया॥

भारतीय राजदर्शन में वेद एवं वेदमूलक शास्त्र संविधान हैं, और राजा को वेदज्ञ ब्राह्मणों व आचार्यों के मार्गदर्शन का अनुसरण करते हुए राज्य-पालन करना है। ऐसी राजनीति वरांगना (पतिव्रता स्त्री) की भाँति पवित्र होती है। राजसत्ता की सीमाएँ हैं। वह शिक्षा आदि जीवन के अनेक महत्त्वपूर्ण क्षेत्रों की स्वायत्तता का अतिक्रमण नहीं कर सकती। शिक्षा का स्वरूप-निर्णय एवं प्रबंध आचार्यों का अधिकार-क्षेत्र है। शिक्षा शास्त्रानुगामिनी है, आचार्य पोषित है न कि शासनानुवर्ती। दिव्यलोक में जो संबंध बृहस्पति एवं इंद्र का है, भूलोक में पुरोहित और राजा का संबंध उसी का प्रतिबिंब है। अतः यह स्पष्ट है कि शासन शिक्षा का संरक्षण तो करता है, परंतु वह शिक्षा-संस्कृति के क्षेत्र का नियंत्रण नहीं कर सकता। यह भी उल्लेखनीय है कि शिक्षा की स्वायत्तता का आधार ब्राह्मतेज है।

आचार्य का ज्ञान एवं आचरण उसे शिक्षा की धुरी बनाता है। गुरुकुल एवं विश्वविद्यालय आचार्यों की आत्मिक-नैतिक श्रेष्ठता के विस्तार मात्र होते हैं। ऐसे आचार्यों व शिक्षकों की राजकीय एवं सामाजिक प्रतिष्ठा का वर्णन करते हुए सातवीं सदी का चीनी परिव्राजक ह्वेनसांग लिखता है—"वे पार्थिव व्यापार से ऊपर उठ जाते हैं। जगत् की निंदा-प्रशंसा उन्हें स्पर्श नहीं करती। उनके नाम विख्यात होते हैं। राजा लोग उनका समादर करते हैं, परंतु वे उन्हें राजसभा में ले जाने में असमर्थ होते हैं। इस देश के सम्राट् उनकी प्रतिभा के लिए उनका सम्मान करते हैं। जनसाधारण भी उनके यश का प्रचार करते हैं। सभी लोग उनकी भक्ति करते हैं।"

मनुष्यों में श्रेष्ठ बुद्धि का योगक्षेम आचार्यगणों का दायित्व है। शासन का दायित्व शिक्षा-संबंधी कार्यों में उनकी सहायता करना, प्रत्येक स्थान में विद्वान् आचार्यों का प्राचुर्य रखना, देशकाल निमित्तों को धर्मशिक्षा के अनुकूल रखना, स्थान-स्थान पर गुरुकुलों व शिक्षा-संस्थाओं की व्यवस्था करना तथा शिक्षार्थियों व शिक्षकों का योगक्षेम करना है। भारतीय राजदर्शन में राजा का वर्णाश्रम धर्म की रक्षा का जो परम कर्तव्य नियत किया गया है, वह शास्त्रानुसारिणी एवं लोकद्वयप्रसाधिनी शिक्षा को सहज रूप में प्रवर्तित करता है।

आधुनिक इहलोकवादी (Secular) राज्य में राजसत्ता सर्वगत् और सर्वस्व है, परंतु धर्माधिष्ठित राज्य में राजसत्ता मनुष्य की नियंता न होकर सेवक है। प्रसिद्ध विद्वान् डॉ. वासुदेवशरण अग्रवाल के अनुसार, "हिंदुओं को सर्वापहारी राजसत्ता कभी नहीं रुची। जीवन का अधिक-से-अधिक क्षेत्र राजसत्ता से किस प्रकार बचाया जा सकता है, उसका उपाय हिंदू सामाजिक जीवन और पारिवारिक जीवन की पद्धति में पाया जाता है। जीवन के अनेक समझौतों के बीच राज्य भी एक समझौता है। उसे सबका स्थान छीनकर जीवन पर छा जाने का अधिकार हिंदू-संस्कृति में नहीं पाया जाता। हिंदू जीवन का अधिकतम् क्षेत्र बाह्य नियंत्रण से जान-बूझकर अछूता रखा गया है। हिंदुओं के संस्कार जन्म से मृत्यु-पर्यंत जीवन का नियमन करने के लिए पर्याप्त हैं। वे मनुष्य के आपसी प्रबंध के बल से प्रचलित और विकसित होते रहे हैं। बहुविधता उनकी विशेषता है, जो देशकालकृत भेदों को स्वीकार करती है।" कहना न होगा कि धर्म को सर्वत्र एवं सर्वस्व मानने वाली समाज-व्यवस्था में सभी अंग एक-दूसरे के पोषक होंगे।

□

भारत का जनमानस और 'मास' की अवधारणा

✍ डॉ. देवव्रत सिंह

परिचय

अठारहवीं शताब्दी के अंत में जेम्स वॉट ने भाप के इंजन का आविष्कार किया। इस ऐतिहासिक खोज ने औद्योगिकीकरण की नींव डाली। इसके बाद अनेक प्रकार की मशीनों का निर्माण हुआ, जो भाप के इंजन पर आधारित थीं। कपड़े की मिल हो या फिर दूर-दराज से सामान को ढोकर लाने वाले रेल के इंजन—सबकुछ इस तकनीक के सहारे चलने लगे। उन्नीसवीं शताब्दी में नई मशीनों ने उत्पादन को गति दी और आवश्यकता से अधिक उत्पादन के बाद, यूरोपीय देश उत्पादन के लिए आवश्यक कच्चे माल और आधुनिक सामान बेचने के लिए नए बाजारों की तलाश करने लगे। आगे चलकर यही आवश्यकता एशियाई और अफ्रीकी देशों के औपनिवेशीकरण का आधार बनी।

अंग्रेजी के शब्द 'मास' को हिंदी में 'जन' कहने का चलन है। इसकी पृष्ठभूमि दरअसल यूरोप के औद्योगिकीकरण से जुड़ी हुई है। जब यूरोपीय समाज सामंतशाही से लड़कर आधुनिक लोकतंत्र में तब्दील हो रहा था तो उस दौरान स्वतंत्रता, समानता और बंधुत्व के क्रांतिकारी विचारों के प्रचार-प्रसार में मीडिया की भी महत्त्वपूर्ण भूमिका रही थी। पश्चिमी विद्वानों ने इस नए उभरते औद्योगिक समाज में आमजन को 'मास' कहकर परिभाषित किया। इन विद्वानों के अनुसार ये जन समाज, यानी मास सोसाइटी पुराने जमाने की तरह एक-दूसरे से कटी हुई नहीं है, बल्कि आधुनिक जनसंचार माध्यमों ने भौगोलिक रूप से अलग-अलग स्थानों पर रहते हुए भी इन सबको आपस में जोड़ दिया है। फ्रांसीसी समाजशास्त्री एमिल दुर्खिम बदलते समाज की व्याख्या करते हुए औद्योगिकीकरण के बाद के समाज को 'मास सोसाइटी' का नाम देते हैं, जिसमें उत्पादन और उपभोग ने नए किस्म के रिश्ते बन रहे थे। व्यक्तिवाद आधारित इस नए समाज में इसी क्रम में समाज के मासिफिकेशन की अवधारणा का भी जन्म होता है।

मास की अवधारणा

आरंभ में 'मास' शब्द का उपयोग थोड़ा नकारात्मक अंदाज में ही अधिक होता था। अकसर मास सोसाइटी को ऐसी विशाल, अनाम, अशिक्षित, असंगठित, अनगिनत और भौगोलिक रूप से बिखरी हुई जनता के रूप में परिभाषित किया जाता था, जो समाज में आर्थिक, राजनीतिक, सामाजिक और सांस्कृतिक रूप से निचले पायदान पर अवस्थित है और जिसका न तो अपना कोई नेता है और न ही दल है। जिसकी सामाजिक स्थिति अपेक्षाकृत कमजोर है। सूचना एवं मनोरंजन के लिए यह पूरी तरह पॉपुलर मीडिया पर निर्भर है। यह भी माना जाता है कि अशिक्षित होने के कारण मास मुख्यत: अतार्किक रूप से व्यवहार करता है। इसलिए किसी भी मसले पर यह आसानी से अनियंत्रित हिंसक भीड़ का रूप भी ले लेता है। लेकिन कार्ल मार्क्स ने 'मास' शब्द को सम्मानित और सकारात्मक रूप में प्रयोग किया। मार्क्सवादी विचारधारा में मास कल्चर, मास स्पोर्ट, मास मूवमेंट, मास प्रॉडक्शन, मास एक्शन, मास ऑडिएंस इत्यादि शब्दों का प्रयोग काफी सम्मानित रूप में किया गया। इस प्रकार के शब्दों में जब बड़ी तादाद में संगठित होकर जन समुदाय किसी गतिविधि को करता है, तो वह मास की गतिविधि बन जाती है। समाजवादी विचारधारा में 'मास' शब्द का उपयोग जन शक्ति, आमजन के बीच बंधुत्व और शोषण के खिलाफ प्रतिरोध के संदर्भ में अधिक किया जाता है।

मास सोसाइटी यानी जन समाज

अधिकांश आरंभिक संचार सिद्धांत भी मास सोसाइटी के विचारों से ही प्रभावित थे। ये विद्वान् संचार को एक सीधी रेखा में चलने वाली प्रक्रिया के रूप में देखते थे। उदाहरण के लिए, बुलेट सिद्धांत के अनुसार संचार प्रक्रिया में कोई संदेश एक बंदूक की गोली की तरह अपने स्रोत से निकलता है और अपने टारगेट पर निश्चित अर्थ के साथ पहुँच जाता है। विद्वानों की यह भी धारणा थी कि इस सरल और सीधी प्रक्रिया का एक निश्चित परिणाम भी निकलता है, जिसे हम समझ और माप सकते हैं। संचार की इस प्रक्रिया को नियंत्रित किया जा सकता है। इस प्रकार संचार का असर इतना व्यापक होता है कि जन समाज का कोई भी सदस्य मास मीडिया से बच नहीं सकता।

दास कैपिटल में कार्ल मार्क्स ने पूँजीवाद की संरचना एवं कार्यप्रणाली को विस्तार से समझाते हुए बताया कि पूँजीवादी समाज के दो हिस्से हैं। पहला इन्फ्रास्ट्रकचर, जिसमें उत्पादन के रिश्ते और उत्पादन की शक्तियाँ शामिल हैं, जिससे अर्थव्यवस्था चलती है, जो पूँजीवाद का आधार है और दूसरा हिस्सा सेना, राजसत्ता, शिक्षा, संस्कृति एवं मीडिया इत्यादि, जो उस पर खड़ी इमारत की तरह हैं। इसे कार्ल मार्क्स ने सुपरस्ट्रकचर का नाम दिया। कार्ल मार्क्स के अनुसार मास सोसाइटी में, क्योंकि बड़ा मीडिया पूरी तरह पूँजीपतियों

के नियंत्रण में है, इसलिए पॉपुलर मीडिया हमेशा पूँजीवाद को बचाने और सैद्धांतिक रूप से उसे निरंतर सही साबित करने का काम करता है। सत्ता के खिलाफ किसी भी प्रकार के विद्रोह के स्वर का वो पुरजोर विरोध करता है और निम्नस्तरीय मनोरंजन के माध्यम से समाज की आलोचनात्मक दृष्टि को निरंतर कुंद बनाकर रखता है। पूँजीवादी लोकतंत्र में मीडिया एक सीमा तक ही असहमति को स्थान देता है और समाज में लोकतांत्रिक मूल्यों के स्थापित होने का भ्रम बनाए रखता है।

जनसंचार और जनसमाज

वैसे तो 'मास' शब्द पहले से उपयोग में रहा है, लेकिन हर्बर्ट ब्लूमर ने सन् 1939 में पहली बार आधुनिक समाज में इस प्रकार के सामाजिक निर्माण के बारे में विस्तार से समझाया। दूसरे विश्व युद्ध के बाद ही 'मास मीडिया' शब्द भी तेजी से चलन में आया। तब तक केवल समाचार-पत्र, रेडियो और सिनेमा ही जन संचार के माध्यम थे। अखबारों और फिल्मों में श्रोताओं तक रेडियो की तरह तुरंत पहुँच नहीं बनाई जा सकती, इसलिए 'मास मीडिया' या 'मास ऑडिएंस' शब्दों के अर्थ सही संदर्भों में समझने में विद्वानों को काफी मेहनत करनी पड़ी। इस नए किस्म के संचार में एक तकनीक विशेष के माध्यम से विस्तृत भू-भाग पर मौजूद बड़े श्रोतावर्ग तक एक साथ पहुँचना संभव बन गया था। इस संचार की प्रकृति एकरेखीय, एकतरफा और अव्यैक्तिक थी। इस प्रकार की संचार प्रक्रिया में संदेश निर्माण का कार्य विशेषज्ञों एक समूह (पत्रकार, विज्ञापन निर्माता, फिल्म निर्माता इत्यादि) द्वारा किया जाता है। संभावित श्रोताओं और संदेश निर्माताओं के बीच कोई सीधा रिश्ता नहीं होता, जबकि अभी तक होनेवाले समूह संचार और अंतरव्यक्ति संचार में श्रोता और संप्रेषक के बीच सीधा संबंध बना रहता था। इसके अलावा जनसंचार में आर्थिक लाभ के लिए बड़ी मात्रा में संदेशों का निर्माण करके उसे श्रोताओं तक पहुँचाया जाता है। यह प्रक्रिया एक बड़े कारखाने में लगभग जूते निर्माण की प्रक्रिया जैसी ही थी।

जनसंचार की एक यह भी विशेषता है कि इसमें संदेशों को एक विशिष्ट फॉर्मेट में तैयार किया जाता है जैसे कि फिल्म का एक विशेष फॉर्मेट होता है। इसी प्रकार समाचार-पत्र का भी खबरें प्रस्तुत करने का एक विशेष प्रारूप होता है। इसमें वैयक्तिक रचनात्मकता और नयेपन की गुंजाइश कम रहती है। जनसंचार की इसी प्रकृति के अनुरूप उसकी एक अलग मास ऑडिएंस भी तैयार हो गई। ये श्रोता समूह नए किस्म के संस्कार लिये हुए थे। मीडिया और उसके श्रोताओं के बीच एक अलग किस्म का रिश्ता भी विकसित होने लगा और जनसंचार माध्यम की विषय वस्तु से उनकी सोच निर्धारित होने लगी। इस प्रकार धीरे-धीरे लोकतंत्र में नागरिकों की राय निर्माण में मीडिया की भूमिका महत्त्वपूर्ण बनने लगी जबकि भारत इस समय आजादी के लिए संघर्षरत था। अंग्रेजों ने अपने निहित स्वार्थों के

मद्देनजर सीमित रूप से ही सिनेमा, रेडियो और समाचार-पत्रों को छूट दी हुई थी। वैसे भी भारतीयों के पास अपनी तकनीक नहीं थी और सबकुछ विदेशों से आयात करना पड़ता था।

भारतीय संदर्भ में मास

भारतीय संदर्भ में मास की अवधारणा को हू-ब-हू लागू करनेवाले विद्वान् अकसर यहाँ की ऐतिहासिक और भौगोलिक परिस्थितियों की अनदेखी करने की गलती करते हैं और इसका परिणाम उनकी एकांगी सोच में परिलक्षित होता है। दरअसल, लगभग पाँच हजार साल पुरानी सभ्यता के उदय और उसके निरंतर परिवर्तित और परिमार्जित होते स्वरूप को समझने के बाद ही हम भारतीय जनमानस की सही समझ हासिल करने का दावा कर सकते हैं। भारतरूपी विशाल भू-भाग पर विकसित इस सभ्यता को, जिसे हम भारतीय समाज के रूप में जानते हैं, जब पश्चिम के विद्वान् समझने का प्रयास करते हैं तो यह कार्य उन्हें दुरूह जान पड़ता है। वे पश्चिम के समाजों से इसकी तुलना करते हुए भारत को समझने की कोशिश करते हैं और यही उनकी सीमा भी है और समस्या भी। दर्जनों विविध और एक-दूसरे से जुदा दिखनेवाली संस्कृतियाँ एक साथ, एक देश में देखकर कई बार तो पश्चिम के विद्वान् हैरत में पड़ जाते हैं। यूरोप और अमेरिका जिस डाइवर्सिटी के सिद्धांत पर पिछले दो दशकों से लंबी-चौड़ी बहस चलाए हुए हैं, वह विविधता तो भारत में सदियों से मौजूद है। डाइवर्सिटी की सैद्धांतिकी पर अकादमिक चर्चा भले ही यहाँ अभी मौजूद नहीं है, लेकिन सदियों के अनुभव के बाद विविधता का स्वीकार भाव तो भारतीय समाज का मूल स्वभाव बन गया है। निस्संदेह भारतीय समाज जाति, धर्म, भाषा और क्षेत्र के आधार पर आज भी बँटा हुआ है। लेकिन फिर भी एक राष्ट्र के रूप में इसे जोड़े रखनेवाले कौन से कारक हैं, यह बात पश्चिम के विद्वानों के लिए समझना स्वाभाविक रूप से थोड़ा कठिन जरूर लगता है।

सदियों से भारत में अन्य स्थानों से लोग व्यापारी, यात्री, आक्रमणकारी बनकर आते रहे। अनेक लोग यहाँ शरण लेने आए और यहीं आकर बस गए। भारत के भीतर ही सदियों तक विभिन्न समाजों का पलायन एक स्थान से दूसरे स्थान पर होता रहा। गौर करने लायक बात यह भी है कि प्राचीन काल से ही भारत-भूमि का लगातार दुनिया के अन्य समाजों से निरंतर आदान-प्रदान चलता रहा। भारत कभी भी बंद समाज नहीं रहा। यहाँ मौजूद विविधता का एक बड़ा कारण यही है। चाहे मध्यकाल में आए अनेक आक्रमणकारी हों या फिर आधुनिक काल में आए पश्चिम के व्यापारी, सभी यहाँ लंबे समय तक रहे या बस गए। भारत के वर्तमान जनमानस में इस मिले-जुले अतीत की महक आज भी मौजूद है।

आधुनिक मीडिया के आगमन से ठीक पहले तक भारत के विशाल भू-भाग पर अनेक ऐसे छोटे-छोटे ग्रामीण-आदिवासी समाज मौजूद थे, जो बाकी दुनिया से लगभग

कटे हुए थे। आजादी के बाद सड़कों और संचार तकनीक की मदद से ये समाज भी बाकी दुनिया से जुड़ते चले गए। विशेषकर रेडियो, टेलीविजन और दूरसंचार क्रांति ने इसमें महत्त्वपूर्ण भूमिका निभाई। बीसवीं शताब्दी, विशेषकर आजादी के बाद बड़ी तादाद में लोग गाँवों और छोटे कस्बों से निरंतर रोजगार और बेहतर जीवन की तलाश में बड़े शहरों की तरफ पलायन करते चले गए और नगरीकरण की यह प्रक्रिया आज भी जारी है। आरंभ में इस पलायन का केंद्र कोलकाता, मुंबई और दिल्ली बने तो बाद में लगभग हर राज्य की राजधानी। यही कारण है कि आज जब हम दिल्ली, मुंबई, कोलकाता, बंगलुरु के जनसमाज पर नजर डालते हैं तो उसमें देश के हर कोने से लोग अपनी अलग पहचान लिये मिल जाते हैं।

इस प्रकार जब हम भारतीय जनमानस को समझने का प्रयास करते हैं तो यह अद्भुत विविधता इस कार्य को थोड़ा कठिन जरूर बना देती है, लेकिन असंभव नहीं। जब पश्चिम के विद्वान् 'मास' शब्द की व्याख्या ऐसे विशाल जनसमुदाय के रूप में करते हैं, जो अनाम, अशिक्षित, असंगठित, अनगिनत और भौगोलिक रूप से बिखरा हुआ है तो उनके मस्तिष्क में इतना बड़ा भू-भाग और इतनी विविधता नहीं होती। पूर्णतया व्यक्तिवादी विचारधारा पर आधारित पश्चिम के विद्वान् भारत की सामुदायिक संरचना को समझने में असफल रहते हैं। उदाहरण के लिए 'मास' सोसाइटी की अवधारणा में मास का निर्माण करने के पीछ प्रमुख कारक उपभोग है, चाहे वो औद्योगिक क्रांति से निर्मित हुए उत्पादों का हो या फिर मीडिया सामग्री का। मास सोसाइटी का सिद्धांत यह भी मानता है कि यह मास सूचना और मनोरंजन के लिए पूरी तरह मास मीडिया पर निर्भर रहता है। यह बात भारतीय समाज में मीडिया के इतने प्रसार के बावजूद आज भी फिट नहीं बैठती। किसी भी मुददे पर राय निर्मित करने में भारतीय समाज का तरीका केवल मीडिया ही एकमात्र आधार नहीं है, बल्कि उसमें समुदाय के अनेक कारक महत्त्वपूर्ण भूमिका निभाते हैं।

भारत का पब्लिक स्फीयर

सन् 1962 में जर्मन विद्वान् जुर्गेन हैबरमास ने अपनी प्रसिद्ध पुस्तक 'द स्ट्रक्चरल ट्रांसफॉर्मेशन ऑफ पब्लिक स्फीयर' नामक पुस्तक में पहली बार पब्लिक स्फीयर की अवधारणा प्रतिपादित की। हैबरमास के अनुसार, सत्रहवीं शताब्दी के अंत में यूरोप में ऐसा माहौल उत्पन्न हुआ, जब मनुष्य इतिहास में पहली बार आम लोगों के बीच कैफेटेरिया, पब, मीटिंग हॉल, क्लब और साहित्यिक केंद्रों में होनेवाली चर्चा-बहस का असर राज्य और सरकार के महत्त्वपूर्ण निर्णयों पर दिखाई देने लगा। हैबरमास ने इसे पब्लिक स्फीयर का नाम दिया और आमजन की मुक्त राय को लोकतंत्र का आधार स्तंभ बताया। इन विचारों ने बाद में सामंतवाद के विरुद्ध फ्रांसीसी और अमेरिकी क्रांति की दार्शनिक नींव

रखी। हैबरमास समाचार-पत्रों, पत्रिकाओं और पुस्तकों को पब्लिक स्फीयर का ही विस्तार मानते हैं। टेलीविजन के बाद दूरसंचार एवं इंटरनेट क्रांति ने हैबरमास की पब्लिक स्फीयर की अवधारणा को आज के समय में अधिक प्रासंगिक बना दिया है।

इसी दौरान भारत में भी अनेक ऐसे उदाहरण हैं, जिसमें मिलता है कि सार्वजनिक स्थानों, जैसे—चौपाल, बैठकी, चाय की दुकानों, हेयर सैलून इत्यादि पर आमजन विभिन्न मसलों पर चर्चा-विमर्श करते थे और इसका असर जनमानस पर पड़ता था। आजादी आंदोलन के दौरान भारतीय समाज में समाचारों का आदान-प्रदान करने में इस प्रकार के अड्डों की महत्त्वपूर्ण भूमिका रही है। अंग्रेजी हुकूमत के खिलाफ जन राय बनाने में मीडिया की भूमिका सीमित थी क्योंकि उस समय समाचार-पत्रों का प्रकाशन कम संख्या में ही होता था। अधिकांश बड़े अखबार अंग्रेजों के समर्थक थे। साक्षर लोगों की संख्या भी सीमित थी। ऐसे में खबरें एक मुँह से दूसरे मुँह तक तुरंत आग की तरह फैल जाया करती थी। लेकिन इस पब्लिक स्फीयर का ब्रिटिश राज की नीतियों एवं निर्णयों पर कोई असर होता था या नहीं इसका कोई संकेत दिखाई नहीं देता।

आजकल करोड़ों की संख्या में आमजन सोशल मीडिया पर अपने विचार दुनिया के साथ साझा कर रहे हैं। समकालीन मुद्दों पर अपनी राय शेयर कर रहे हैं। संचारशास्त्री अब सोशल मीडिया का अध्ययन पब्लिक स्फीयर के एक नए प्लेटफॉर्म के रूप में कर रहे हैं। शोधकर्ता इस बात का पता लगाने के प्रयास कर रहे हैं कि सोशल मीडिया आखिरकार भारतीय समाज का कितना प्रतिनिधित्व करता है।? सोशल मीडिया की गतिविधियाँ भारतीय समाज का कितना और कैसा सच सामने लाती हैं? सोशल मीडिया पर जिस प्रकार की चर्चा-बहस चलाई जा रही है, वो कितनी उपयोगी है और समाज को किस दिशा पर ले जाने वाली है? साथ ही, सोशल मीडिया पर किन लोगों का आधिपत्य है और सोशल मीडिया उपलब्ध कराने वाली अंतरराष्ट्रीय कंपनियों के क्या निहित स्वार्थ हैं? सोशल मीडिया को कैसे और कितने नियमन की आवश्यकता है?

मास यानी जन की शास्त्रीय अवधारणा के अनुसार आमलोग विशाल, लेकिन अपेक्षाकृत शक्तिहीन होते हैं। मीडिया के संदेशों को केवल ग्रहण करने के अलावा उनके पास अधिक विकल्प नहीं होते, यानी वे पैसिव ऑडिएंस होते हैं जबकि इंटरनेट की मूल प्रवृत्ति भागीदारी की है। सोशल मीडिया ने आम लोगों को मुखर और सक्रिय भागीदारी की संभावना दी है। व्यापक स्तर पर मास इसका उपयोग अपने राय, विचार, नाराजगी और गुस्सा दिखाने के लिए भी कर रहा है। पिछले दशक के दौरान अरब देशों में आए राजनीतिक बदलावों में सोशल मीडिया की भूमिका काफी महत्त्वपूर्ण रही है। इसी प्रकार भारत में निर्भया केस में आमजन की नाराजगी और भावनाओं को एक आंदोलन का रूप देने में सोशल मीडिया की अहम भूमिका रही है। पिछले संसदीय चुनाव के दौरान भारतीय

इतिहास में पहली बार राजनीतिक दलों ने सोशल मीडिया यानी फेसबुक, ट्वीटर, यू-ट्यूब का योजनाबद्ध तरीके से उपयोग किया। अधिकांश राजनीतिक दलों के अपने सोशल मीडिया सेल होना इस बात का सबूत है कि राजनैतिक पार्टियाँ भी नागरिकों से संवाद करने के लिए सोशल मीडिया की उपयोगिता को स्वीकार कर चुकी हैं।

दूरसंचार क्रांति और मास का बदलता स्वरूप

वर्तमान में स्मार्टफोन प्रमुख गैजेट बन चुका है। भारत में मोबाइल के सहारे इंटरनेट का प्रसार एवं विस्तार दूर-दराज के इलाकों तक हो रहा है। बैंकिंग, बीमा, खरीद-बेच, होटल बुकिंग, टिकटिंग, शिक्षा, स्वास्थ्य, कारोबार, मनोरंजन, राजनीति, मीडिया, सोशल नेटवर्किंग सभी कुछ मोबाइल के जरिए होने लगा है। एक तरफ सामाजिक संबंधों में मोबाइल फोन की भूमिका महत्त्वपूर्ण बनती जा रही है तो वहीं मोबाइल फोन नागरिकों और सरकार के बीच के संबंधों को भी आसान बना रहा है। निस्संदेह इलेक्ट्रॉनिक मीडिया क्रांति के बाद अब दूरसंचार क्रांति ने भारत में एक ऐसे वृहद् मध्यमवर्गीय जन समाज को जन्म दे दिया है, जो मीडिया का उपयोग करके एक बड़े बाजार का रूप धारण कर चुका है।

देश के बड़े महानगरों और राजधानियों के अलावा अन्य छोटे शहरों में भी एक बड़ा समाज ऐसा है, जो राष्ट्रीय-अंतरराष्ट्रीय घटनाओं से मीडिया के जरिए सीधा जुड़ गया है, जो अब नई तकनीक और ब्रांड के सामान को तुरंत स्वीकार करने के लिए तैयार है और अपेक्षाकृत खुला समाज है। उल्लेखनीय है कि देश भर के विभिन्न हिस्सों में इस उभरते शहरी मध्यमवर्ग के सरोकार, सपने, पसंद, स्वाद, पहनावा, बोलचाल और रहन-सहन लगभग मिलता-जुलता है। सामाजिक जीवन में इस मध्यमवर्ग की सहभागिता अपेक्षाकृत अधिक है। आर्थिक हैसियत होने के कारण मीडिया और बाजार भी इस वर्ग को ही प्रमुखता दे रहा है जबकि यह भी सच है कि देश का एक बड़ा तबका आज भी पिछले दो दशकों में उदारीकरण के बाद आए बदलावों से अछूता है और अपने अस्तित्व के लिए संघर्षरत है। भारत का मध्यमवर्गीय जन मुखर तो है, लेकिन साथ ही परंपरा और आधुनिकता के बीच झूल रहा है। एक तरफ वो पश्चिम को अपना आदर्श मानता है तो दूसरी तरफ उसमें परंपराओं से जुड़े रहने की ललक दिखाई देती है। बच्चों को विदेश में पढ़ाने और वहीं बस जाने का सपना देखनेवाले इस तबके में दुनिया जीत लेने का जज्बा भी दिखाई देता है तो लौट-लौटकर अपने अतीत को सहेजने की प्यास भी।

भारत के जनमानस की मूल प्रवृत्ति

भारत का जनमानस स्वभाव से उदार है और उसके सदियों लंबे अनुभव से ऐसा

संभव बन पाया। ऐतिहासिक रूप से भारत की संस्कृति मिली-जुली होने के कारण विविधता का स्वीकार भाव इसकी प्रकृति बन चुका है। भारतीय जनमानस पश्चिम की तरह तार्किक न होकर आज भी भावुक अधिक है। समाज में परिवार एवं विवाह नामक संस्था की मान्यता और महत्त्व बरकरार है और उसी के इर्द-गिर्द सामाजिक एवं व्यक्तिगत ताना-बाना बुना जाता है। जीवन के अधिकांश निर्णयों में धर्म एवं जाति की महत्त्वपूर्ण भूमिका बनी निरतंर हुई है जिससे पता चलता है कि भारतीयों के जीवन में इन दोनों संस्थाओं का कितना महत्त्व है।

भारत का जनमानस मूलत: उत्सव धर्मी भी है। साल भर चलने वाले दर्जनों तीज-त्योहार और रीति-रिवाजों में भारतीयों को आधुनिक युग में निरंतर व्यस्त देखना हैरान करनेवाला है। भले ही पिछले दो दशकों के दौरान भारत में बाजार का विस्तार खूब हुआ है, लेकिन अधिकांश भारतीय आज भी पश्चिम की तरह उपभोक्तावादी नहीं बन पाए हैं। भोग के संस्कार भारतीय जनमानस का मूल भाव अभी नहीं बन पाए हैं। अधिकांश आबादी के पास आवश्यकता से कम संसाधन होने के बाद भी भारतीयों में संतुष्टि का स्तर अन्य समाजों की तुलना में अधिक पाया गया है। ज्ञात रहे कि इसके पीछे भारतीय मनीषा एवं दर्शन है, जो भारत के जनमानस का अभिन्न अंग है। भारतीय दर्शन केवल अपने बारे में नहीं बल्कि संपूर्ण जगत् के भले की बात करता है और प्रकृति के सभी अंगों से संवाद स्थापित करने का विचार प्रतिपादित करता है। इस प्रकार भारतीय जीवन दर्शन भी एकांगी न होकर बहुआयामी और विभिन्न घटकों जैसे को समेटे हुआ है।

भारतीय जनमानस में अहिंसा एक प्रमुख मूल्य है, जिसको किसी भी स्तर पर प्रोत्साहित नहीं किया जाता। शायद यही कारण है कि भारत में शाकाहार अपनाने वाले लोगों की संख्या अधिक है। व्यक्तिवाद के स्थान पर सामुदायिकता भारतीय समाज की प्रमुख विशेषता है। परंपराओं में गुंथा हुआ जनमानस किसी भी मसले पर सीधा-सपाट न होकर थोड़ा अलग तरीके से सोचता है। भारतीय समाज की असीम विविधता कई बार विरोधाभासी प्रतीत होती है, क्योंकि जनमानस एक साथ कई पर्तों में जीता है और यहाँ कई समाजों का अद्‌भुत संगम दिखता है। इसलिए संपूर्ण भारत के लिए विकास का एक मॉडल बनाना नादानी होगा। भारतीय जनमानस की व्याख्या करने के उद्‌देश्य से बनाई गई किसी भी एक सरलीकृत धारणा के गलत होने की भरपूर संभावना है।

□

लोक, लोकतंत्र और लोकमत परिष्कार की साधना

✍ **दिनेश कुमार**

हम भारत के लोगों ने 26 नवंबर, 1949 को जिस संविधान को अंगीकृत और आत्मसमर्पित किया, वह गत 68 वर्षों में हमारे देश की शासन संचालन की कसौटी पर पूर्णतः खरा उतरा है। हालाँकि बीच-बीच अनेक झंझावात ऐसे भी आए, जब हमारे शासन संचालन का यह यान डगमगाता दिखाई दिया, लेकिन संकट की ऐसी घड़ियों में कुशल खेवनहारों ने पूरी शिद्दत से इसकी रक्षा की। हमारे जनमानस की अगाध आस्था की शक्ति के कारण यह यान बड़ी-से-बड़ी लहरों का गर्व चूर करते हुए अपनी आस्था का दायरा निरंतर बढ़ाता ही रहा। दरअसल, यह संविधान रूपी यान हमारी राजकीय व्यवस्था के संचालन का विधान है। इसके आगे लगा 'सं' प्रत्यय इस 'विधान' में शोभा, समानता, संगति, उत्कृष्टता, निरंतरता और औचित्य के भाव का संचार कर इसे 'संविधान' बना देता है। इस संविधान के आमुख में हमने अपने देश को लोकतंत्रात्मक गणराज्य बनाने की घोषणा की है।

'लोकतंत्रात्मक गणराज्य' बिल्कुल सटीक शब्द समूह है। डेमोक्रेटिक रिपब्लिक से भाषा रूपांतर कर यह शब्द हमने हिंदी में प्रयोग किया। माना जाता है कि यह शब्द ग्रीक भाषा के 'डेमोस' और 'क्रेसी' दो शब्दों से मिलकर बना है। 'डेमोस' का अर्थ जन साधारण है और 'क्रेसी' का अर्थ है 'शासन'। सीधे-सीधे कहें तो जनसाधारण द्वारा अपने लिए तैयार किया गया शासन तंत्र है। यही कारण है कि इस प्रकार के तंत्र को विद्वानों ने 'लोगों की, लोगों के लिए, लोगों के द्वारा चुनी गई सरकार' कहा। इसी जनसाधारण के लिए पश्चिम में दो और शब्द प्रयोग होते हैं, वे हैं 'Mass' और 'Public'। भारत में इनका अनुवाद भी 'जन' या 'लोक' के रूप में ही किया जाता है।

अब विचारणीय तथ्य यह है कि हम अपने तंत्र के लिए जिस प्रकार अनुवादित

शब्दों का प्रयोग कर रहे हैं, क्या वे शब्द उतने ही गहरे भाव को स्पष्ट कर रहे हैं, जैसा कि वास्तव में उनका अर्थ है? पश्चिम के 'डेमोस' और भारत के 'लोक' में कहीं कोई बड़ा भावनात्मक अंतर तो नहीं? क्या पब्लिक सर्विस आयोग जन सेवा की भावना का इजहार कर पा रहा है? शब्दों का अनुवाद करते-करते हम अपनी मूल भावना को कहीं पीछे तो नहीं छोड़ते जा रहे? यह सर्वविदित है कि शब्दों की उत्पत्ति किसी भी देशकाल की परिस्थितियों के व्याकरण से बनती है। जो शब्द जहाँ बुने गए हैं, वे वहीं के भावों को स्पष्ट करते हैं। यह आवश्वक नहीं किसी भी देशकाल का शब्द किसी दूसरे भौगोलिक परिवेश में उतना ही सार्थक हो।

भारत में युग-युगांतर से प्रयोग में लाए जा रहे शब्द 'लोक' और 'जन' पश्चिम के 'मास', 'पब्लिक' या 'डेमोक्रेटिक' आदि शब्दों से कहीं गहन अर्थ अपने में संजोए हुए हैं। इसलिए हम इनका प्रयोग सतही अर्थों में नहीं कर सकते। लोकतंत्र में 'लोक' शब्द का अर्थ सतही अर्थों में करेंगे तो वह मात्र एक शासकीय व्यवस्था को ही इंगित करता रहेगा, जैसा कि आमतौर पर हो भी रहा है। भारत के संदर्भ में लोकतंत्र का अर्थ सिर्फ 'लोगों की, लोगों के लिए, लोगों के द्वारा चुनी गई सरकार' के तौर पर नहीं किया जाना चाहिए। अगर हम ऐसा करते रहेंगे तो यह शब्द भारत रूपी राजनीतिक इकाई, जिसे राजनीति शास्त्र की भाषा में 'राज्य' कहते हैं, की मात्र प्रशासन व्यवस्था की व्याख्या करता रहेगा। यह सच है कि हमारे संविधान निर्माताओं ने जिस संविधान में लोकतंत्र की बात कहीं, वह संविधान देश की प्रशासन व्यवस्था का ही विधान है। यह संविधान भारत गणराज्य का प्रशासन चलाने की नियमावली है। इसमें भारतीय मतदाता कुछ लोगों को चुनकर उन्हें राज्य का प्रशासन चलाने का अधिकार देते हैं। यह पश्चिम के विभिन्न मॉडलों का अनुसरण करते हुए जोड़ा गया विधान है। पश्चिम के चिंतन के मुताबिक, डेमोक्रेटिक तमगा लगवाने के लिए इतना ही काफी है। वहीं, अगर भारत के संदर्भ में बात करें तो यह ठीक है कि किसी भी राष्ट्र के लिए ऐसी प्रशासन व्यवस्था एक आवश्यक घटक है, लेकिन इसे ऐसा मान लिया जाए कि एकमात्र प्रशासन व्यवस्था ही किसी राष्ट्र को उसकी संपूर्णता का दिग्दर्शन करवा देगी, यह पूर्णत गलत होगा।

अगर किसी भी देश को उसकी समग्रता से समझना है तो उसके जन-मन को समझना होगा, खासकर भारत के संदर्भ में यह नियम और भी विस्तारित हो जाता है। यहाँ का लोकतंत्र सिर्फ मतदाताओं का समूह और एक शासकीय तंत्र नहीं हो सकता। भारत के लोकतंत्र को समझने के लिए हमें 'नेशन' की कल्पना से बाहर निकल राष्ट्र के मानदंडों का अध्ययन करना होगा। वहीं राष्ट्र जिसका अपना जन-समूह, उसकी भौगोलिक सीमाएँ, सांस्कृतिक परंपराएँ, जीवन मूल्य और इतिहास होता है, पूर्ण राष्ट्र कहलवा सकता है। हाँ, एक सुदृढ़ शासकीय तंत्र भी इसका अंगभूत घटक रहेगा, जो हमें हमारा संविधान दे रहा है।

जब हम समग्रता से राष्ट्र का चिंतन करेंगे तो पाएँगे कि यह वैसी ही संकल्पना है, जैसी एक जीते-जागते पुरुष की। व्यक्ति की संकल्पना सिर्फ एक शरीर की संकल्पना नहीं है, अपितु उसमें मन, बुद्धि और आत्मा भी सम्मिलित है। जब ये चारों तत्त्व एक साथ मिलते हैं; तभी व्यक्ति की संकल्पना साकार होती है।

'श्रीमद्‌भगवद्‌गीता' के तीसरे अध्याय के 42वें श्लोक में भगवान् श्रीकृष्ण अर्जुन से कहते हैं—

इन्द्रियाणि पराण्याहुरिन्द्रियेभ्यः परं मनः।
मनसस्तु परा बुद्धिर्यो बुद्धेः परतस्तु सः॥

अर्थात् इंद्रियाँ (भौतिक शरीर) महत्त्वपूर्ण हैं। इंद्रियों से महत्त्वपूर्ण मन है, मन से महत्त्वपूर्ण बुद्धि है और बुद्धि से भी महत्त्वपूर्ण आत्मा है। अकेले शरीर को हृष्ट-पुष्ट करने, सजाने-सँवारने से कोई व्यक्तित्व पूर्ण नहीं हो सकता। इसलिए जब हमारे यहाँ व्यक्तित्व निर्माण की बात कही जाती है तो शारीरिक, मानसिक, बौद्धिक और आत्मिक विकास की बात कही जाती है।

जो स्वरूप व्यक्ति का है, उसी का विस्तार समाज है और फिर उसी का दायरा बढ़कर राष्ट्र हो जाता है। विस्तार का यह दायरा परमेष्ठी और उसके बाद अनंत तक चलता है। इस विस्तार में समाज, राष्ट्र और परमेष्ठी अपना मौलिक रूप वही रखती है, जो एक व्यक्ति का है। जैसे व्यक्ति चार घटकों—शरीर, मन, बुद्धि और आत्मा से बना है, ठीक वैसे ही समाज और राष्ट्र की संकल्पना की जा सकती है। समाज के घटक इस प्रकार समझे जा सकते हैं कि जैसे हमने 60 लोगों की किसी संस्था का गठन किया, तो 60 लोग उस संस्था का शरीर हुआ। उन लोगों की संस्था गठित करने की इच्छा संस्था का मन हुआ। संस्था के संचालन के लिए जो नियम बनाए गए, वे इस संस्था की बुद्धि और संस्था का मूल उद्देश्य इसकी आत्मा है। किसी भी सामाजिक इकाई में ये चार मूलभूत तत्त्व अवश्य पाए जाते हैं।

इसी प्रकार जब हम बात राष्ट्र की करते हैं तो वहाँ भी चार घटक स्पष्ट रूप से देखे जा सकते हैं। पहला घटक है, उस राष्ट्र की भूमि और जन। उसकी भूमि और जन समुदाय को किसी भी राष्ट्र का शरीर माना जा सकता है। दूसरा, वहाँ के लोगों की इच्छाशक्ति अर्थात् सामूहिक जीवन जीने का संकल्प। राष्ट्र का तीसरा घटक नियम कानून अर्थात् संविधान, और चौथा घटक है, राष्ट्र की आत्मा, जिसे संस्कृति कहते है। राष्ट्र की आत्मा रूपी संस्कृति के लिए चिति शब्द ज्यादा व्यावहारिक है।

बनावट और रचना के हिसाब से व्यक्ति, समाज और राष्ट्र में सजीव समानता दिखाई देती है और ये सभी इकाइयाँ क्रमशः अपने से छोटी इकाई का ही विस्तार हैं। जैसे व्यक्ति का विस्तार समाज, समाज का विस्तार राष्ट्र। जिस प्रकार शरीर, मन, बुद्धि और आत्मा

के मेल से मनुष्य बनता है, उसी प्रकार देश संकल्प, संविधान/धर्म और संस्कृति/चिति से मेल से राष्ट्र बनता है। विकास के इस विस्तार क्रम को कुछ विद्वान् राष्ट्र के बाद समष्टि और उसके बाद परमेष्ठि तक मानते हैं।

अब चिंतन का विषय यह है कि क्या हम एक लोकतंत्र के रूप से राष्ट्र-पुरुष के रूप में साकार हो रहे हैं ? क्या हमें अपनी भौगोलिक सीमाओं, यहाँ के जन-समुदाय और उनकी सामूहिक इच्छाशक्ति, इसके संविधान तथा इसकी संस्कृति का पूर्णत: आभास है ? यह दुर्योग ही था कि जब हम वर्तमान शासन-व्यवस्था के लिए संविधान का निर्माण कर रहे थे, उसी दौरान हमने अपने देश का भूगोल छोटा कर लिया। 9 दिसंबर, 1946 को संसद् के केंद्रीय कक्ष में जब डॉ. सच्चिदानंद सिन्हा की अध्यक्षता में संविधान सभा की पहली बैठक हुई तो इसके सवा नौ माह बाद ही हमने देश विभाजन का दंश झेला। इस दर्दनाक विभाजन से हमने न सिर्फ अपनी भूमि खोई अपितु दर्दनाक नरसंहारों का मंजर भी देखा। राष्ट्र पुरुष के पहले घटक भूमि और जन, दोनों को ही हमने खोया।

नई शासकीय व्यवस्था में हमने राष्ट्रपुरुष के दूसरे घटक सामूहिक इच्छाशक्ति को कितना सहेजा और कितना प्रबल किया, इसका भी चिंतन करना चाहिए। पराधीनता के दौर में हमारा देश विदेशी शासकों के प्रति व्यापक जनाक्रोश का साक्षी रहा है। अंग्रेजी शासन के प्रति लोगों का गुस्सा यहाँ के लोकसाहित्य में प्रस्फुटित हुआ। कुछ बानगी ऐसी है, जिन्हें हम यहाँ के लोक मानस की अभिव्यक्ति कह सकते हैं। पौराणिक काल से लेकर वर्तमान तक राष्ट्रीयता की यह भावना हमेशा उद्दीप्त रही है। रावण से युद्ध जीतने के बाद राम को जब लक्ष्मण ने सोने की लंका पर शासन करने की सलाह दी तो मर्यादा पुरुषोत्तम ने साफ-साफ कहा कि जननी-जन्मभूमि स्वर्गादपि गरीयसी··· अर्थात् माता और जन्मभूमि स्वर्ग से भी बढ़कर है अर्थात् हमने कभी राज्यसत्ता का विस्तार की बजाय अपने मातृभूमि के प्रति प्रेम को तवज्जो दी। राष्ट्र के प्रति यह भावना न सिर्फ शासक वर्ग तक अपितु जन साधारण तक व्याप्त रही है। हमारे लोक कवियों और गायकों ने ऐसी वाणी का मुखरता देने में कभी कमी नहीं आने दी। एक प्रसंग आजादी के आंदोलन के दौरान का है। देश के संविधान पर चर्चा करने के लिए सन् 1930-31 में इंग्लैंड में आयोजित गोलमेज सम्मेलन में भारत का कोई प्रतिनिधि शामिल नहीं हुआ। इसके बाद लॉर्ड इरविन के साथ हुए समझौते के तहत दूसरे गोलमेज सम्मेलन के लिए एकमात्र प्रतिनिधि के तौर महात्मा गांधी को चुना गया। इस दरमियान इरविन के स्थान पर नियुक्त लॉर्ड विलिंग्डन ने अपनी दमन-नीति चालू रखी, जिससे नाराज होकर गांधी ने परिषद् में जाने की अनिच्छा जताई, लेकिन विलिंग्डन के साथ मुलाकात के बाद वे 29 अगस्त, 1931 इंग्लैंड के लिए रवाना हो गए। उस समय देश में आशंकाओं की आँधी चल उठी। देश की इन आशंकाओं को गुजराती लोक-साहित्य के कुशल चितेरे कवि झवेरचंद मेघाणी ने अपनी कविताओं

के माध्यम से व्यक्त किया। उन्होंने अपनी कविताओं में भारत की जनता के रूप में गांधी को संबोधित करते डर व्यक्त किया कि ब्रिटिश सरकार के दिए वचन झूठे साबित होंगे, जनता की कोई माँग पूरी नहीं होगी और गांधी की अनुपस्थिति में लोगों पर जुल्म ढाए जाएँगे। और यदि वे गोलमेज परिषद् में नहीं जाएँगे तो अपनी अहिंसात्मक रणनीति और विश्वसनीय संवाद-प्रक्रिया खंडित हो जाएगी। इस पर सारा विश्व उन्हें ताने मारेगा। 'जहर का कटोरा' नाम से लिखी इस कविता में कहा गया कि महात्माजी को कड़ुए घूँट पीने होंगे क्योंकि इससे पहले भी ब्रिटिश सरकार विश्वास भंग कर चुकी है। इसी कविता में जनता गांधीजी को आश्वस्त करती है, कि बापू, हमारे दुःख देखकर आप पिघल न जाना और न ही कोई समझौता करना। अर्थात् पूरी तरह से दुःखी जनता को भी अपने राष्ट्र के स्वाभिमान की चिंता है।

आजादी के आंदोलन तक शिखर पर रही इस प्रकार की जनभावनाएँ क्या काल के प्रवाह में धूमिल-सी तो नहीं होने लग गईं ? स्वतंत्रता के सात दशक के काल प्रवाह में हम जातीयता की दल-दल में तो नहीं धँसते जा रहे ? हम कहीं सवर्णों और एस.सी.-एस.टी. के दायरों में तो नहीं सिमट रहे ? आज हम जिन मुद्दों को लेकर जन आंदोलन करने को उतारू हो रहे हैं, क्या वहीं हमारे राष्ट्र का सामूहिक चिंतन है ? कदापि नहीं।

राष्ट्रपुरुष का तीसरा घटक उसकी बुद्धि अर्थात् उसकी व्यवस्था को संचालित रखने के लिए कायदे-कानून हैं। आधुनिक राष्ट्र अपनी शासकीय व्यवस्था के संचालन के लिए संविधान बनाते हैं और उसके मार्गदर्शन में अपने विकास की सीढ़ियाँ चढ़ते हैं। शासकीय व्यवस्था के संचालन के लिए हमारा संविधान हर कसौटी पर खरा उतरा है, लेकिन अगर हम राष्ट्र के संचालन की बात करें तो हमें इससे आगे बढ़कर भी सोचना होगा। राष्ट्र जीवन के संचालन की हर गतिविधि को किसी भी लिखित दायरे में नहीं बाँधा जा सकता। 'युवाओं को देश के लिए कुर्बानी देने से पीछे नहीं हटना चाहिए' यह किसी कानून की किताब में नहीं लिखा, लेकिन उसके बावजूद हर नागरिक अपने इस कर्तव्य को समझता है। 'हमें क्या करना चाहिए और क्या नहीं करना चाहिए' संबंधी सभी बिंदुओं को सूचीबद्ध करना असंभव है। फिर भी, मोटे तौर पर नागरिकों को यह पता होता है कि उनके लिए क्या करणीय है और क्या वर्जनीय ? करणीय और वर्जनीय के इस भाव की गहराई में जाएँगे तो हम कर्मयोग पर पहुँच जाएँगे। 'श्रीमद्भगवद्गीता' के तीसरे अध्याय में भगवान् श्री कृष्ण कहते हैं कि सभी मनुष्यों को अपने-अपने कर्तव्यों का ज्ञान होना चाहिए और उसी के अनुरूप उन्हें व्यवहार करना चाहिए। सबसे खास बात यह है कि भगवान् श्रीकृष्ण ने यहाँ कर्तव्यों की व्याख्या करते हुए उनके लिए 'धर्म' शब्द का प्रयोग किया है।

श्रेयान्स्वधर्मो विगुणः परधर्मात्स्वनुष्ठितात्।
स्वधर्मे निधनं श्रेयः परधर्मो भयावहः॥ 3-35॥

अच्छी प्रकार आचरण में लाए हुए दूसरे के धर्म से गुण रहित भी अपना धर्म अति उत्तम है। अपने धर्म में तो मरना भी कल्याणकारक है और दूसरे का धर्म भय को देने वाला है। (3-35)

इस प्रकार साफ है कि राष्ट्र की बुद्धि के तौर पर 'धर्म' शब्द ज्यादा न्यायसंगत है।

राष्ट्र पुरुष का चौथा और सबसे महत्त्वपूर्ण घटक है, उसकी आत्मा। जैसे मनुष्य की आत्मा होती है वैसे ही एक राष्ट्र की आत्मा है। संस्कृति किसी भी राष्ट्र की आत्मा होती है। विद्वानों ने इसे चिति कहा है। प्रत्येक राष्ट्र की अपनी एक विशेष प्रकृति होती है, जिसे उसकी 'चिति' कहते हैं। इस चिति के अनुकूल व्यवहार करने से राष्ट्रों का विकास और चिति के खिलाफ चलने से पतन होता है। समाज की चिति अपनी अभिव्यक्ति के लिए विभिन्न संस्थाओं को जन्म देती है। विभिन्न परंपराएँ और रीति-रिवाज इसी के कारण बनते हैं। तथाकथित आधुनिक विद्वान् राष्ट्र की चिति की घोर अनदेखी करते हैं। यह उनकी अज्ञानता के कारण भी हो सकता है और किसी आंतरिक द्वेष के कारण भी। भारत के संदर्भ में यह स्पष्ट रूप से कहा जा सकता है कि यह आदिकाल से ही धर्मनिष्ठ राष्ट्र रहा है। सेकुलरवादियों ने इसकी धर्मसापेक्षता को चुनौती देने की हर संभव कोशिश की, लेकिन वे आज तक सफल नहीं हो पाए। आपातकाल के दौरान वर्ष 1976 में 42वाँ संवैधानिक संशोधन कर इसकी प्रस्तावना में 'समाजवाद' और 'पंथनिरपेक्ष' शब्द जोड़े गए। ऐसा करनेवाले लोग न तो यहाँ के लोगों को धर्म से विमुख कर पाए और न ही राज्य सत्ता को सांप्रदायिकता से मुक्ति दिला पाए।

भारत के जनमानस में 'धर्म' की कितनी गहरी पैठ है, इसका अंदाजा लगाने के लिए हमें इसके 'लोक' अर्थात् इसके जन-मन को समझना होगा। अपने देश में 'लोक' शब्द की अवधारणा समय-प्रवाह के साथ विभिन्न भावों के साथ प्रयोग होती रही। कभी हमने इस शब्द को किसी देवता के रहने के स्थान विशेष के लिए प्रयोग किया जैसे—शिव लोक, विष्णु लोक। कभी इसे विश्व के एक विभाग के लिए प्रयोग किया जैसे—स्वर्ग लोक, पृथ्वी लोक और पाताल लोक। पाश्चात्य जगत् की तरह हमने इसे कभी सर्वसाधारण जनता के तौर पर भी लिखा। बताया गया है कि 'ऋग्वेद' में 40 बार और 'अथर्ववेद' में 9 बार 'गणतंत्र' शब्द का प्रयोग हुआ। इससे साफ है कि हम धर्मसापेक्ष रहते हुए ही गणतंत्र रहे हैं।

भारत में व्यक्ति विशेष की रुचि, आवश्यकता, योग्यता और प्रकृति के आधार उपसना पद्धति की स्वतंत्रता सदैव रही है। यह यहाँ की सहिष्णु संस्कृति के कारण ही हो सका कि हर कोई अपनी इच्छा अनुसार यहाँ साधना कर सका और अभिव्यक्ति की आजादी के कारण अपने इन अनुभवों से समाज को लाभान्वित कर सका। यह सारी प्रक्रिया राजसत्ता के हस्तक्षेप के बिना सदैव निर्बाध गति से चलती रही। इसके चलते यहाँ

अनेक शब्दों की अलग-अलग ढंग से व्याख्या हुई। 'लोक' शब्द भी इससे अछूता नहीं रहा। प्रजापिता ब्रह्माकुमारी ईश्वरीय विश्वविद्यालय के संस्थापक दादा लेखराज ने तीन प्रकार के लोक बताए हैं। अपने अनुयायियों के बीच प्रजापिता ब्रह्मा के नाम से विख्यात लेखराज ने जो तीन लोक बताए, उनमें सबसे ऊपर शांति लोक है। इसे ब्रह्म लोक भी कहते हैं। यहाँ आत्माएँ बिंदु स्वरूप में निवास करती हैं। इसकी स्थिति चाँद-तारों के पार है। यह सुनहरे लाल प्रकाश की दुनिया है। वहाँ आत्माएँ जिस बिंदु रूप में रहती हैं, उन्हें हम इन स्थूल आँखों से देख नहीं सकते हैं, लेकिन उनका अस्तित्व महसूस कर सकते हैं। इस आत्मा के निकलने के बाद शरीर का कोई महत्त्व नहीं। यह ब्रह्म लोक ही आत्माओं का मूल स्थान है। वहीं से सभी आत्माएँ चली हैं और अंततोगत्वा वहीं पहुँच जाएँगी। परमात्मा भी हमारी तरह आत्मा है, लेकिन उसका काम बिल्कुल अलग है। उसका काम करने का ढंग हमसे भिन्न है। हम जन्म-मरण के चक्र में आते हैं, वह नहीं आता। वह जरूरत पड़ने पर मानवीय शरीर का सहारा लेकर इस धरती पर आते हैं और कुछ समय बाद वापस वहीं चले जाते हैं।

दूसरा लोक है—सूक्ष्मलोक। सृष्टि के सुधार के लिए परमात्मा परिवर्तन का सहारा लेते हैं। पूरी प्रक्रिया को सिरे चढ़ाने के लिए वह तीन शक्तियों की रचना करते हैं। ये शक्तियाँ हैं—ब्रह्मा, विष्णु और महेश। इन शक्तियों को स्थापित करने के लिए ईश्वर इस सूक्ष्म लोक की स्थापना करते हैं। यह ठीक ऐसे ही है जैसे कोई कंपनी अपना नया प्रोजेक्ट लॉन्च करने के लिए किसी स्थान पर विशेष पर अपना कार्यालय खोलती है। ब्रह्माकुमारी संस्था का विश्वास है कि इस नए कार्यालय को ही सूक्ष्म लोक समझना चाहिए। इस लोक में विश्व की तीन प्रमुख शक्तियाँ रहती हैं। इस सूक्ष्म लोक की स्थिति ब्रह्म लोक से थोड़ी नीचे है। यह सफेद प्रकाश की दुनिया है। यहाँ सूक्ष्म शरीर निवास करते हैं। यह बिना हड्डी-मांस का शरीर होता है। यह हमारे संकल्पों का शरीर है। हम जितना परमात्मा को याद करेंगे, इस सूक्ष्म शरीर की शक्तियाँ उतनी की बढ़ती जाएगी। जब हम एक शरीर छोड़कर दूसरा शरीर धारण करते हैं तो भी स्मृतियाँ हमारे साथ रहती हैं। आत्मा अजर, अमर और अविनाशी है। यह न बूढ़ी होती और न ही मरती है। सभी स्मृतियाँ हमारी आत्मा के साथ संलिप्त होती हैं। तीसरा लोक है यह सांसारिक दुनिया, जहाँ आत्माएँ उपकरणों का प्रयोग कर अपनी-अपनी भूमिका का निर्वहन कर रही हैं।

इंटरनेशनल सोसाइटी फॉर कृष्णा कॉन्सियस (इस्कॉन) के मुताबिक, शास्त्रों में 14 लोक की संकल्पना है। पृथ्वी इनके बीच में आती है। 7 लोक पृथ्वी के नीचे हैं। पहला अतल, दूसरा वितल, तीसरा सुतल, चौथा तलातल, पाँचवाँ महातल, छठा रसातल और सातवाँ पाताल। छह लोक पृथ्वी से ऊपर स्थित बताएँ हैं। ऊपरी या ऊर्ध्व लोक, ये इस प्रकार हैं—1. भूर्लोक (पृथ्वी), 2. भुवर्लोक (राक्षस तथा भूत पिशाच), 3. स्वर्गलोक,

4. महर्लोक (भृगु महिर्षि), 5. जन: लोक (सप्त ऋषि), 6. तप: लोक तथा 7. सत्यलोक यानी कि ब्रह्मा का धाम।

और अंत में…

अगर हम वास्तव में लोकतंत्र की संकल्पना का मूर्त रूप देकर यहाँ के लोगों का जीवन सुखमय बनाना चाहते हैं तो इसके तंत्र को व्यापक दृष्टिकोण देना होगा। इसके लिए दो श्रेष्ठ आदर्श सदैव हमारा मार्गदर्शन करते रहे हैं। एक हैं, मर्यादा पुरुषोत्तम भगवान् श्रीराम और दूसरे हैं—योगेश्वर भगवान् श्रीकृष्ण। इन दोनों ने राजतंत्र के युग में जन्म लेकर भी सच्चे अर्थों में लोकतंत्र को जिया। पंक्ति में खड़े अंतिम व्यक्ति के प्रति राजसत्ता का कैसा दृष्टिकोण होना चाहिए, यह भगवान् श्रीराम के जीवन आदर्श हमें बताते हैं। मात्र गंगा पार करवाने वाले केवट को उन्होंने भवसागर से ही पार लगा दिया। समाज के लिए किस प्रकार मर्यादा का पालन करें, इसका आदर्श उन्होंने खुद राजा होने के बावजूद प्रस्तुत किया। युवराज बनने पर उनके चेहरे पर खुशी नहीं थी और वन जाते हुए भी उनके चेहरे पर कोई उदासी नहीं थी। वह चाहते तो एक बाण से ही सागर को सुखा सकते थे, लेकिन उन्होंने लोक-कल्याण को सर्वश्रेष्ठ मानते हुए विनय भाव से समुद्र से मार्ग देने की प्रार्थना की। शबरी के भक्ति भाव से प्रसन्न होकर उसे 'नवधा भक्ति' प्रदान की। राम ने अपने युग में सामाजिक एकता का महान् कार्य किया। उन्होंने आर्य, निषाद, भील, वानर, राक्षस आदि भिन्न संस्कृतियों के बीच सुमेल साधने का काम किया। इस प्रकार भगवान् श्रीकृष्ण ने अनेक बुराइयाँ अपने सिर लेकर भी लोक कल्याण की भावना को सर्वोपरि रखा।

खास बात यह नहीं कि आज का शासक वर्ग अपनी अपेक्षित भूमिका निभा रहा है या नहीं? अहम सवाल यह है कि क्या आज का जन-समाज अपने कर्तव्य पथ पर चलने को तैयार है? राष्ट्र के परम वैभव की संकल्पना सिर्फ राजपथ के ऐश्वर्य से नहीं, अपितु जन-साधारण की साधना से साकार होगी। आइए, लोकमत परिष्कार के लिए अपनी भूमिका को और व्यापक बनाएँ।

□

Lok Manthan : Samvaad

✍ **Advaita Kala**

A few months ago, I decided to take the "bull by its horns", to speak in proverbial terms. The persistent fall of public discourse had made me retreat from most debates. It was during this time of ambivalence that I decided to explore the traditions of debate known to human beings. Surely, society, as it moved towards its present-day "civilised" avatar, had built consensus not by wars alone but also conversation.

The spirit of debate is an essential aspect of discourse in any society. It is one that has been upheld by philosophical schools around the world. Debate, it was believed, played an important role in citizenship. The Greeks introduced the Socratic method, also known as maieutics, a form of debate that intended to trigger critical thinking by posing challenging questions. This form of a debate was intended not only to provide answers but also challenge presumptive positions, or what we refer to as biases.

Around the 5th century BC, in Greece, there were a group of teachers known as "Sophists" who used philosophy and rhetoric to bolster the speaker's stance. These displays of oratory were meant to entertain and impress and attract a large audience, the equivalent one might say of prime-time TV debates today. The human appetite for sparring using words between people of diverse opinions has always held appeal amidst the masses. However, unlike our televised debates of today, the purpose of these debates was also instructive. And it was Socrates who laid the greater emphasis on the "teaching" aspect of the debate.

When Chaerephon, a childhood friend of the philosopher, visited the Oracle of Delphi, he asked her who was the wisest man in Greece. She confirmed to him that there was none wiser than Socrates. His disciple Plato, formalised the "Socratic method" or dialogues in which the philosopher questions prominent Athenians on moral and epistemological issues.

However, closer to home, we have a far more searing example – one that was recalled by Prime Minister Modi, in a speech he gave in 2015. I quote the relevant section from the speech by way of introduction to the subject of this piece.

"When we talk about dialogue, what kind of dialogue should it be? It is dialogue that produces no anger or retribution. One of the greatest examples of dialogue was the one between Adi Shankara and Mandan Mishra. It is worth recalling and describing this ancient example for our modern times. Adi Shankara, a Vedantic, who did not give high marks for rituals, was a young man while Mandan Mishra was an elderly scholar and a high ritualist who also believed in animal sacrifice. Adi Shankara wanted to establish through dialogue and debate with the highest authority on ritualism that rituals were not necessary for attaining mukti. Whilst Mandan Mishra wanted to prove that Shankar was wrong in dismissing rituals. This was how debates in ancient India….debates on sensitive issues between scholars avoided such issues being settled on the streets. Adi Shankara and Mandan Mishra held a debate and Shankar won. But the more important point is not the debate itself but how the debate was conducted. It is a fascinating story that will remain the highest form of debate for all of humanity. It was agreed that if Mandan Mishra lost, he would cease to be a householder and accept sannyas. If Adi Shankara lost, he would give up sannyas and marry and settle down, becoming a householder. Mandan Mishra who was a high scholar offered to Adi Shankara who was young and, therefore, Mishra considered unequal the opportunity to choose a referee of his choice. Adi Shankara chose Mandan Mishra's wife, a scholar herself, as the referee. If Mandan Mishra lost, she would lose her husband. But she worked fairly. She asked both Shankara and Mandan Mishra to wear fresh garlands and begin the debate and said that the one whose garland lost its freshness would be declared the loser. Why? Because if one gets angry, the body will develop heat and, as a result, the flowers in the garland will lose their freshness in that heat. Anger within is a sign of defeat. On this logic, Mandan Mishra was declared as having lost the debate. And he accepted sannyas and became a disciple of Shankara. This demonstrates the vitality of dialogue and that too dialogue without conflict and anger."

It might be said that Adi Shankaracharya was the originator of "samvaad", the Bharatiya tradition of dialogue or debate that seeks to inform and not vanquish the opponent. In this beautiful exposition by Prime Minister Modi, the true essence of the spirit of dialogue has been communicated in simple terms – terms that can guide us in the present day when presented with the confrontation of ideas.

Challenged by the present environment around debate and anguished by this departure from the tradition of Samvaad, I wrote in my column in the Financial Chronicle after witnessing another such dispiriting display.

"Today, the coarsening of political discourse is a topic that many Indians across class and region comment on with regularity. Bolstering this view are prime-time television debates that exhibit shouting matches. More often than not the loudest voice gets heard, not necessarily the soundest logic. This departure from the Bharatiya tradition of samvaad is something we must all reflect on, whether we participate in these debates or not.

The online cheering squads also seem to acknowledge the rudest and most abrasive interactions, conversations devolve into personal attacks and women are referred to in disparaging terms across political lines. As someone who participates in these debates, I often have a ringside view of the goings on and have had a "Beam me up, Scotty" (Star Trek TV show) moment on more than one occasion. But for indulging momentary impulses of escapism, the level of debate is cause for serious concern for the largest democracy in the world that owes its survival to informed voters.

But we need not despair, even if we lower the volumes on our TV sets. After all, this is a country that has gifted the tradition of samvaad to the world - the art of debate that seeks to inform and not deflate an opponent is the way forward. This very form of debate led to the revival of Hinduism thanks to its artful practice and articulation by Adi Shankaracharya. His famed, civil debate with Mandan Mishra (articulated by PM Modi) is of legend and is today a pilgrimage spot in its own right. To think a place for conversation is held with reverence, in a time when television studios, our-modern day spaces for debate-are reduced to verbal mud-wrestling rings. It is all too easy to blame the media for this situation, but some of the blame must be borne by us as well, the viewers who give huge ratings to these bouts."

Why am I emphasising on television debates in this piece? Because in our age, television has the influence to change the syntax of society. Especially since appearing on TV is viewed as an accomplishment and something to aspire to. As rights awareness grows, as it must in every functioning democracy, we feel deracinated/from being agents of change. Modern-day rights advocacy focusses on individual rights, placing them as the primary focus of human engagement, outside the self. This has been borrowed directly from Western thought, thereby undermining the traditions of Indian philosophy, which views the individual as part of the whole, whilst preserving individual rights. The Hindu exposition on "dharma" which may be loosely translated to mean duties – applies not only to human beings but the Gods as well, it applies to duties to the self and to others. It is this kernel of philosophical truth that should be the core of action.

However, Western liberalism has had a philosophical underpinning which is very different from our own evolvement. John Stuart Mills considered one of the forbearers of Liberal thought, posited the conflict vis-à-vis the church and its long list of normative behaviour that placed a burden on the individual to conform or be ostracised and infringed on individual rights, given its organised structure and clergy. Hence, the conflict between the individual and society set against the backdrop of the influence of the church became the crux of the fight for rights.

However, Indian society, not entirely immune from the dogma of group-think, has not constructed a conflict that sets up the individual against society. Whilst we push for reform and the scourges that debilitate our culture, we must also be wary of adopting an individual vs. society approach when seeking resolution and defining what it means to be free.

Our present-day "samvaad" focusses almost entirely on the individual, as a result, identities that divide are used to emphasise divisions and not bridge them. Very rarely is there a constructive approach that looks at assimilation as the primary objective. Diversity does credit to society, however, if it leads to the creation of silos who believe their assertion lies in countering "the other", there will be very little room for cogent dialogue.

Samvaad is a means of bringing varied stakeholders to the table. It is but natural that different groups will have specific concerns, but it is also possible for those concerns to find a point of confluence. As a woman, for example, religion, regional provenance or linguistic background is of no importance to the concern of crime against women. Holding on to progressive values, I stand with my Muslim sisters in their fight against triple talaq, despite the fact that its presence or absence has zero personal impact. In our own post-1947 evolvement, buzzwords like "majoritarianism" are intended to shame one into silence over hate crimes against Hindus. This has been uniquely detrimental to the intrinsic secularism of our land. A secularism that existed for millennia before it was introduced into our lexicon and belatedly into the constitution. This narrative of secularism, enforced with the majoritarian stick, has fuelled deep discontent and a sense of lack of reparation. If we hail speeches that ask the British Crown for reparation for their rule, then is it so out of the ordinary to reconcile with the oppression of the past to forge a new path ahead. That Hindus were in particular ill-treated by rulers has been established by scholars. However, any discourse or examination of this subject is considered provocative. Our present-day debates view such enquiry with suspicion; and dismiss it outright, hastily stating that the legacy of oppression is a thing of the past with no impact on the present. Whilst it is a "condition" of the past, the systemic cultural cleansing for the large part during those years of rule, created a sense of inferiority in the Hindu mind that even Mahatma Gandhi has commented on, referring to it as "Hindu cowardice". The great man was not triggering conflict but was acknowledging a psychological framework, a servitude that had become a way of life, after centuries of oppression.

Samvaad necessitates honesty, not the kind that weaponises facts to beat down others with, but with the intention of bringing everyone to a place of healing. Distrust between communities is not a post-2014 phenomenon, it has its roots in a divisive past and wounds that were permitted to fester.

A cogent national identity will be the ultimate solution, an identity where India comes first, but that will not happen without conversation or samvaad. Sometimes the best solutions for the future may be found in the past, and it is not "regressive" to say so.

□

इंद्रधनुष-सी छटा है भारत के लोक की

✍ **विजय मनोहर तिवारी**

भारत अंतहीन स्मृतियों की एक जगमगाती शृंखला है, जिसके पास दुनिया को बताने के लिए हजारों सालों के अपने अनुभवों में काफी कुछ है। भारत ने 'महाभारत' देखा और बहुत पहले ही युद्धों और खून-खराबे से मुक्ति और शांति के मार्ग को ही समूची मानवता के लिए श्रेष्ठ पाया। भारत ने समृद्धि के शिखर छुए, मगर इतिहास के एक मोड़ पर आकर संसार को अपरिग्रह का पाठ पढ़ाया। कुछ भी संग्रह नहीं करना है। हर तरह के अनुभवों से गुजरे इस देश ने धर्म की ऐसी इमारत खड़ी की, जिसका हर दरवाजा और खिड़की खुली हुई थी। सत्य की खोज में हर तरह के विचारों और विरोधी विचारों का एक साथ स्वागत था। भारत के ही खाते में शून्य, योग, ध्यान के आविष्कार का श्रेय है। आप भारत को लगातार घूमिए और आप महसूस करेंगे कि इसके कोने-कोने में सनातन स्वरूप किस तरह धड़क रहा है ? लेकिन धर्म इस देश का प्राण तत्त्व है।

पाँच सालों तक भारत के एक बड़े हिस्से की औसत आठ बार यात्राओं के बाद मैं कह सकता हूँ कि भारत को देखना एक जादुई एहसास है। कुछ हैरतअंगेज सा। भारत यानी कुछ जलसे, कुछ जख्म। कुछ धोखे, कुछ पाखंड। कुछ आहें, कुछ कराहें। सबकुछ मिला-जुला। एक बेबूझ-सी पहेली। मगर कुछ ऐसा, जिससे आप प्यार करना चाहेंगे। अगर आप एक बार पूरा भारत घूम लें और दूसरा चक्कर लगाने का भी मौका मिले तो जल्दी यह एहसास हो जाता है कि यह एक ऐसा मुल्क है, जो अतीत में पीछे पसरी कई सदियों के टुकड़ों-टुकड़ों में जी रहा है। आप महसूस करेंगे कि आप अलग-अलग सदियों की ही सैर कर रहे हैं। कश्मीर से कन्याकुमारी तक यह जमीन का ऐसा टुकड़ा है, जहाँ कहीं-न-कहीं हर सदी के अवशेष झाँक रहे हैं। कहीं चमकदार तो कहीं घायल अवशेष।

मेरी यात्राएँ पर्यटन के मकसद से नहीं थीं और न ही किसी विषय की सीमाओं में बँधी फेलोशिप के तहत। लगातार लंबी यात्राओं ने मुझे दूर-दराज के लोगों के साथ घुलने-मिलने के भरपूर मौके दिए। मैंने सतह पर भारत को उसकी समस्याओं से घिरा

हुआ तो अपने आसपास भी देखा था, मगर इन यात्राओं के जरिए उसकी आहत आत्मा की गहराइयों में भी झाँकने का मौका मिला। भारत की तुलना मैं एक ऐसी नदी से करना चाहूँगा, जो लगातार बह रही है। अनादिकाल से प्रवाहित एक परंपरा, जो कभी इतिहास के आसमान में चमकी तो कभी उस पर ग्रहण भी लगे। कहीं पर वह चमक अब भी कायम है तो कहीं ग्रहण के असर भी साफ हैं। अपने हर तट पर यह नदी आपसे कुछ कहती है, अपने अनुभव सुनाती है। उसकी खुशियाँ और उसके गम सब आप महसूस कर सकते हैं।

उत्तर से दक्षिण की तरफ बढ़ते हुए कुछ फर्क एकदम साफ हैं। दूर दक्षिण के राज्यों में भारत अपने गौरवशाली अतीत की रोशनी में आज भी दमक रहा है। धार्मिक रीति-रिवाज और सांस्कृतिक परंपराएँ जितनी यहाँ जीवंत हैं, शायद ही कहीं और हों और इसके केंद्र में हैं हजारों साल पुराने शानदार और साबुत मंदिर, जो समाज को उसके इतिहास से जोड़ते हैं। आकार में जितने विशाल, स्थापत्य में उतने ही बेजोड़। आप तमिलनाडु के तंजावुर, कांचिपुरम, रामेश्वरम, श्रीरंगम् या मीनाक्षी मंदिर के विशाल परिसरों में जाइए, केरल में पद्मनाभ स्वामी मंदिर की सैर करिए, आंध्र प्रदेश में तिरुपति में वेंकटेश भगवान् की एक झलक के लिए घंटों का इंतजार कीजिए या कर्नाटक में श्रवणबेलगोला की एक विशाल पथरीली चट्टान पर रचा स्थापत्य का महान् चमत्कार देखिए। हर तरफ सदियों से एक अलग ही भारत धड़क रहा है। दुनिया भर से भारत को निकट से जानने और देखने की चाहत लिये आनेवाले सैलानियों के लिए हर कहीं हैरत से भर देता है, दक्षिण। ये मंदिर दस हजार साल पुरानी सभ्यता वाले भारत के हिस्से में बचे रह गए ऐसे सबूत हैं, जो आपको आपके बीते हुए कल का हिसाब देते हैं।

मैंने माइकल वुड की एक डॉक्युमेंट्री किसी चैनल पर देखी थी, जिसमें तमिलनाडु के तंजावुर में स्थित बिग टेंपल के निर्माण पर रोचक जानकारी थी। महान् चोल सम्राट् राजा की एक हजार साल पुरानी यह विरासत हर आनेवाले जिज्ञासु को बेचैन कर देती है। करीब ढाई सौ फीट ऊँचे इस मंदिर के शिखर पर 40 टन का एक कलात्मक शिलाखंड है। तमिल में मंदिर के शिखरों को 'विमान' कहा जाता है। यह वही है। मगर इतने भारी-भरकम पत्थर को इतने ऊपर कैसे ले जाया गया होगा? हेलीकॉप्टर से लिये गए कुछ रोमांचक दृश्यों के जरिए माइकल ने बताया कि मंदिर जैसे-जैसे बनता गया, उसे मिट्टी में ढका जाता रहा। लगातार ऊँची होती मिट्टी की इस ढलान को पत्थरों को ऊपर पहुँचाने के लिए सड़क की तरह इस्तेमाल किया गया था। ढलान का आखिरी सिरा करीब डेढ़ किलोमीटर दूर जा पहुँचा था, जहाँ से उस विशाल शिलाखंड को त्रिकोण के कर्ण से ऊपर ले जाया गया होगा। उस ढलान के कुछ हिस्से अब तक बचे हैं।

मैंने तंजावुर के इस मंदिर को ही नहीं देखा, बल्कि राजा राजा के बेटे राजेंद्रन चोल की उस पुरानी राजधानी में भी गया, जो गंगा के किनारों तक जीत हासिल करने के उपलक्ष्य

में बनवाई गई थी—गंगेईकोंडा चोलापुरम्। गंगा तक विजय प्राप्त करनेवाले चोल राजा का पुरम्। प्राचीन मंदिरों के स्थापत्य के जाने-माने विशेषज्ञ डॉ. रहमान अली बताते हैं, "गंगेईकोंडा चोलापुरम् में राजेंद्रन ने एक विशाल कुंड में गंगा से ले जाया गया पवित्र जल भरवाया था। ऐसा उसने अपनी रानी की इच्छा से किया था, जो खुद उस अभियान में शामिल होकर गंगा-स्नान का पुण्य प्राप्त करना चाहती थीं।" यह छोटी सी जानकारी हमें भारत की सबसे महान् नदी गंगा की पवित्रता और पौराणिक प्रसिद्धि की एक झलक तो दिखाती ही है, इससे यह भी ज्ञात होता है कि भारत कैसे सांस्कृतिक रूप से एक रहा है? दूर दक्षिण में भी पवित्र गंगा की चाह कितनी गहरी थी, उस समय?

केरल की राजधानी त्रिवेंद्रम में पद्मनाभ स्वामी का मंदिर इसी दौरान चर्चाओं में आया। करीब पाँच लाख करोड़ रुपए मूल्य के खजाने यहाँ पाए गए। सुप्रीम कोर्ट ने इसमें से एक को खोलने का आदेश दिया और जब इसके दरवाजे खुले तो दुनिया की आँखें खुली रह गईं। इसके अकूत संग्रह की सूची बनाने में दो साल लग गए। त्रावणकोर राजपरिवार के प्रिंस आदित्य वर्मा उस छह सदस्यीय समिति में शामिल थे, जो सुप्रीम कोर्ट ने बनाई थी। उन्होंने कहा, "अपने पूर्वजों द्वारा दान में दी गई सोने की उन बेशुमार वस्तुओं को अपनी आँखों से देखना और हाथों से छूना एक अलग अनुभूति थी। सच कहूँ तो पहली बार लगा कि भारत को क्यों सोने की चिड़िया कहा जाता होगा।" त्रावणकोर के इस पाँच सौ साल पुराने मंदिर में दान की पुरानी परंपरा थी। राजपरिवार ने खुद को पद्मनाभ स्वामी का दास घोषित किया था। सालाना अनुष्ठानों में राजकोष का एक बड़ा हिस्सा पद्मनाभ स्वामी को अर्पित किया जाता रहा। त्रावणकोर देश की उन रियासतों में से एक है, जो विदेशी हमलावरों से बची रही। पुर्तगालियों का एक हमला ही हुआ, जिसमें वे समुद्र और सतह, दोनों पर हारे। बस!

ये सिर्फ पत्थर की कारीगरियाँ नहीं हैं। इनमें भारत का लोक स्पंदन है। अपनी हजारों साल की यात्रा में पीढ़ियों ने जो कुछ सीखा, वह सब जैसे ईश्वर को समर्पित कर दिया। कहीं एक हजार साल पुराने महलों के अते-पते नहीं हैं, लेकिन उन महलों में रहनेवाले राजवंशों के सबसे स्मरणीय स्मारक मंदिरों के रूप में आज भी हमें चौंकाते हैं। त्रिवेंद्रम में पद्मनाभ स्वामी मंदिर के पाँच लाख करोड़ के खजाने किस भारत से हमारा परिचय करा रहे हैं? त्रावणकोर के राजाओं ने खुद को 'पद्मनाभ स्वामी का दास' कहा। अपनी सारी संपत्तियाँ उन्हें ही समर्पित कीं। यह सदियों की संचित संपत्ति भगवान् की है। पाँच साल पहले जब इस दौलत की चर्चा खजाने के रूप में हुई तब मेरी मुलाकात त्रावणकोर राजपरिवार के प्रिंस आदित्य वर्मा से हुई थी। उनकी मां राजमाता लक्ष्मीबाई को आपत्ति थी कि हम 'खजाना' शब्द का प्रयोग क्यों कर रहे हैं, यह गलत है। वह तो भगवान् पद्मनाभ स्वामी की संपत्ति है। कोई लावारिस मिली दौलत नहीं है। उनके ये शब्द किस भाव को दरशाते हैं?

भारत की लोकसमृद्धि की चकाचौंध का एक और स्मारक है—तिरुपति में भगवान् वेंकटेश का मंदिर, जहाँ समृद्धि हर दिन होड़ लेती है। हर दिन करीब तीन से पाँच करोड़ रुपए के चढ़ावे वाले इस देवस्थान में जब मैं गया, तब दान के सिक्कों की छँटाई चल रही थी। पाँच साल में 36 टन सिक्के जमा हुए थे। दुनिया भर में प्रचलित इन सिक्कों में 700 सिक्के करीब पाँच सौ साल पुराने थे, जो महान् विजयनगर साम्राज्य की टकसालों में ढाले गए थे। एक सिक्का पहली सदी के रोमन सम्राट् नीरो का भी था, जिसके बारे में कहा जाता है कि जब रोम जल रहा था, नीरो बंसी बजा रहा था। एक अच्छे-खासे शहर जितनी 12 बैंक शाखाएँ हर दिन तिरुपति में आए नकदी का हिसाब रखती हैं। सौ से ज्यादा लोग दिन भर नोटों की छँटाई और गिनाई करते हैं। घंटों के इंतजार के बाद जब आप अंदर पहुँचते हैं तो भगवान् वेंकटेश की भव्य झलक चंद सेकंड ही आँखों में उतरती है। गर्भगृह के भीतर रोशनी से जगमगाते वेंकटेश। यहाँ आकर आप देख सकते हैं कि दुनिया की बेहिसाब दौलत का कदमों में होना कहते किसे हैं?

हे ईश्वर, इस गरीब और फटेहाल मुल्क में तू किस ठाठ से यहाँ बैठा है और यह सब देख रहा है। दूर-दराज के इलाकों में तेरे बच्चे किन बुरे हालातों में पड़े हैं? वे बीमार हैं। वे हादसों में हैं। वे गर्त में गिरे हैं। भूख से बेहाल हैं। मर रहे हैं और दूसरी तरफ कुछ के पास कोई कमी नहीं है। वे तेरी जय-जयकार में जुटे हैं। तुझे सोने से सजा रहे हैं। तेरी सारी पवित्र नदियाँ मरने के कगार पर हैं। हम किस अंधे युग में जी रहे हैं? पर तू यहाँ इतने ठाठ से बेफिक्र है। हे ईश्वर!

दक्षिण भारत के सोने से चमचमाते मंदिरों के मूल में यहाँ की लोक अभिरुचियों में जाइए। दक्षिण में सचमुच सोने के प्रति दीवानगी गजब है। हर पाँचवाँ होर्डिंग किसी बड़े नामी ज्वेलर का यूँ ही नहीं है। उत्तर भारत में सोने की दुकानें होती हैं। दक्षिण में इसके मॉल मिलेंगे। एक गरीब आदमी भी अपने यहाँ लड़की की शादी में कम-से-कम ढाई सौ ग्राम सोने के आभूषण जोड़ेगा ही। अधिकतम की कोई सीमा नहीं है। कर्नाटक में तुंगभद्रा नदी के किनारे विजयनगर साम्राज्य के 25 वर्ग किलोमीटर में फैले अवशेष भारत के स्वर्ण युग की आखिरी झलक के सबूत हैं। राजा कृष्णदेव राय के समय (1509-1529) यहाँ बाकायदा सोने का एक भव्य बाजार था। तिरुपति मंदिर के शिखर पर चमकता हुआ सोना, 330 किलो वजनी सोने के उन 30 हजार सिक्कों को ढालकर मढ़ा गया है, जो कृष्णदेव राय ने ही दान किए थे। पाँच सौ साल पहले वे 450 किलोमीटर दूर इस मंदिर में सात बार आए थे।

कर्नाटक में बेल्लारी के पास हम्पी में तुंगभद्रा नदी के किनारे कृष्णदेव राय के बनवाए विट्ठल मंदिर के परिसर का हर पत्थर आपको भारत की विभिन्न लोककलाओं के विकास की चरम गाथा सुनाता है। गीत, संगीत, नृत्य, मनोरंजन, नाटक, लेखन और

वाचिक परंपरा के अनगिनत फ्रेम मंदिर की भित्तियों पर हैं। ये किसी शिल्पी की कल्पना मात्र नहीं हैं। ये अपने युग की कहानी वैसे ही सुनाते हैं, जैसे साँची के दो हजार साल पुराने स्तूपों पर मौर्य काल की समृद्ध परंपराएँ अंकित हैं और कोशांबी में पकी हुई मिट्टी पर सदियों पहले लोगों ने अपने समय के लोक की छाप छोड़ी है। और पीछे जाएँगे और मोहनजोदड़ो और हड़प्पा तक आपको भारत भूमि के लोक की धड़कन साफ सुनाई देगी। यह तो ठोस प्रमाण हैं। लेकिन नालंदा, विक्रमशिला और ओदंतीपुरम जैसे महान् विश्वविद्यालयों के पुस्तकालयों की बरबादी के बाद भी हमें शास्त्रों में जो कुछ भी मिला है, वह किस लोक की गाथाएँ सुनाता है?

मगर सोने की सारी कहानियाँ इतिहास की किताबों में ही खत्म नहीं हैं। कुछ कहानियाँ अब भी लिखी जा रही हैं। चेन्नई से डेढ़ सौ किलोमीटर दूर वेल्लोर में एक युवा संत शक्ति अम्मा ने अंदर-बाहर डेढ़ हजार किलो सोने से जगमगाता लक्ष्मी का भव्य मंदिर अभी वर्ष 2007 में ही बनवाया। दक्षिण में इन मंदिरों की मौजूदगी पूरे जनजीवन पर गहरा असर डालने वाली है। अपने विशाल आकार, हैरतअंगेज स्थापत्य और जीवंत सांस्कृतिक परंपराओं ने इन्हें इतिहास की मृत विरासत बनने से रोके रखा है। ये आज की जिंदगी का धड़कता हुआ हिस्सा हैं। ये केवल धर्म की लकीर नहीं है, जिस पर फकीरों की तरह यह देश चल रहा हो। धर्म अनादिकाल से हमारा प्राण तत्त्व रहा है। वह हमारी चेतना में है। अज्ञात का पाने की हमारी सनातन चाहत में है।

पूरे भारत में पैदल भटकने के बाद स्वामी विवेकानंद सन् 1892 में जब रामेश्वरम् होकर कन्याकुमारी पहुँचते हैं तो समुद्र की वह आखिरी चट्टान उन्हें अपनी तरफ आकर्षित करती है, जिसके बारे में मान्यता है कि शिव के लिए सती ने यहीं साधना की थी। विवेकानंद उफनते समुद्र में कूद पड़े थे। तीन दिन तक वे उस चट्टान पर ध्यान में रहे। तट पर लौटे तो शिकागो के धर्म सम्मेलन में जाने का फैसला लिया। बंगाल का एक योद्धा संन्यासी दस हजार साल पुराने एक जर्जर हो चुके देश का असल परिचय आधुनिक विश्व से कराने निकला। उस ऐतिहासिक प्रसंग की याद में महाराष्ट्र के एक सामाजिक कार्यकर्ता एकनाथ रानाडे ने अपना पूरा जीवन ही कन्याकुमारी की उस चट्टान पर विवेकानंद स्मारक के निर्माण में लगा दिया था। चारों तरफ समुद्र से घिरी यह चट्टान देश की उन गिनी-चुनी जगहों में से एक है, जहाँ हर दिन सबसे ज्यादा तसवीरें खींची जाती हैं।

हम अपने इतिहास से बेखबर कौम हैं। इसका खामियाजा हमने हमेशा भुगता है। हमें अपने अतीत की चमचमाती कहानियों को सहेजना नहीं आता, सबक लेना तो दूर। रानाडे का काम इस लिहाज से हमें सिखाता है कि हमें अपने महापुरुषों से जुड़े ऐसे स्थानों को न केवल भौतिक रूप से सहेजना चाहिए, बल्कि उनके संदेश को अपने जीवन में उतारने की कोशिश करना चाहिए।

केरल में कोच्चि के पास आदि शंकराचार्य का जन्म स्थान कालडि एक ऐसी ही शख्सियत का परिचय देता है, जिसने सिर्फ 32 साल की उम्र में पूरा भारत नापा, उसकी आत्मा का अनुभव किया और एक बिखरे हुए राष्ट्र के चार कोनों को संस्कृति के चार सूत्रों में बाँधकर देह त्यागी। गुरु की तलाश आज के मध्य प्रदेश के ओंकारेश्वर में नर्मदा के तट पर पूरी हुई और लगभग तीन साल का समय उन्होंने यहाँ गुजारा। बहुत कम लोगों को ज्ञात होगा कि शंकराचार्य को अपने गुरु गोविंदपाद ओंकारेश्वर में मिले थे। शंकर के जीवन का वह प्रसंग लोकस्मृतियों को आज भी झनझना रहा है। उनकी स्मृतियों को मध्य प्रदेश में सहेजने का काम बहुत देर से अब जाकर शुरू हुआ है। हम आनेवाले सालों में ओंकारेश्वर की पहाड़ियों पर आचार्य शंकर को अलग रूप में देखेंगे। वे हमारे असल अर्थों में लोकनायक हैं। शंकर से लेकर विवेकानंद तक की यह अथक यात्राएँ हमें भारत के किस लोक की गूँज सुना रही हैं?

तो जिस महान् और गौरवशाली अतीत वाले भारत के किस्से हमने बचपन से कहानियों में सुने, उसकी सबसे शानदार नुमाइश दक्षिण के सिवा कहीं नहीं है। मानचित्र पर दक्षिण भले ही भारत के कदमों में हो, मगर सही मायनों में यह भारत के भव्य ललाट पर चौंधियाते मुकुट जैसा है। धर्म, दर्शन, स्थापत्य, कला, संस्कृति का भारत के कदमों में बिछा हिमालय। वहाँ के महान् मंदिरों की स्थिति किसी भी नगर में कुछ ऐसी ही है जैसे हमारे शरीर में धड़कते हृदय की। वे अपनी विराट् रचना से हर पल यह एहसास दिलाते हैं कि दिन भर की आपकी हर गतिविधि के केंद्र में वे ही हैं। आप शहर में कहीं से कहीं गुजर रहे हों, उन देवालयों के गगनचुंबी गोपुरम् आपकी दृष्टि में लगातार बने रहते हैं। आप इस तत्त्व को भूल नहीं सकते।

और अब एक झलक भारत के ऊपरी हिस्से की। उत्तर प्रदेश और बिहार के नाम आज भले ही घबराहट पैदा करें मगर कौन यकीन करेगा कि एक समय यह भू-भाग भारत का इंटलेक्चुअल पॉवर हाउस रहा है? एक राज्य ऐसा है, जहाँ दो अवतारों ने जन्म लिया—राम और कृष्ण। दूसरा, जो दो धर्मों की जन्मभूमि है—बुद्ध और महावीर के धर्म। बौद्ध दर्शन जो भारत में भले ही सिमट गया हो, मगर जिसने अपने समय में दुनिया के कई मालदार मुल्कों को प्रभावित किया। कितने बौद्ध देशों का मक्का-मदीना भारत में है? बुद्ध से जुड़ा यहाँ जो कुछ भी गौरवशाली है, वह अतीत में है। उसमें झाँकने के लिए आपको बिहार के नालंदा और विक्रमशिला के खँडहरों पर जाना होगा। उत्तर प्रदेश में आपको गुमनाम संकिसा और कौशांबी के खत्म होते अवशेष भी देखने होंगे, जिनके अविश्वसनीय से लगने वाले विवरण चीनी यात्री फाह्यान और ह्वेन सांग ने लिख छोड़े हैं। ये यात्री चीन से क्या खोजने भारत आए थे?

प्रयाग, वाराणसी, अयोध्या और मथुरा—ऐसे शहर, जिनके ज्ञात इतिहास ही हजारों

साल पुराने हैं। जिन्होंने इतिहास के भयावह अंधड़ झेले हैं। ये कई बार टूटकर बिखरे और राख से फिर खड़े हुए। मगर नालंदा के महान् विश्वविद्यालय के खँडहरों पर हम तब तक खैनी चबाकर थूकते रहे, जब तक पुरातत्त्व के जानकार किसी विदेशी ने उसका असल परिचय हमें नहीं दिया। लंबी गुलामी में जीते रहने की बेफिक्री ने भारत बोध को हमारी याददाश्त से ही धुँधला दिया। दुनिया के शायद ही किसी देश ने अपने इतने विशाल भौतिक विस्तार में हर कोण से इतनी समृद्ध लोक संस्कृति की विरासत खड़ी की होगी। और यह भी सच है कि दुनिया के शायद ही किसी और देश ने इतने जुल्म सहे होंगे। उसे हर कहीं नष्ट करने की सुनियोजित चेष्टाएँ सदियों तक हुईं। एक वहशी और पागल दौर से भी यह देश गुजरा है। उसकी लोक स्मृतियों में, लोक परंपराओं में और लोक कथाओं में बाहर से आए बेरहम बहेलियों के रुला देने वाले अनगिनत विवरण हैं।

हर उजाले के बाद एक अँधेरा है। हर शाम के बाद रात की आहट है। इतिहास के एक और मोड़ पर यही समृद्धि और शांति हमें महँगी साबित हुई। सिंध से शुरू हुए भारत के पतन की यात्रा ने फिर कभी रुककर साँस नहीं ली। हमारा बहुत कुछ उजाड़ दिया गया। मंदिर मिटा दिए गए। लूट लिये गए। एक बार नहीं, बार-बार। हमारे लोगों की पहचानें बदल दी गईं। उन्हें गुलामों के बाजारों में बेचा गया, लेकिन हमारी स्मृतियों पर खरोंच नहीं आई। इस देश की मनीषा ने, महान् ऋषियों ने ज्ञान को स्मृतियों में उतार दिया। इन्हें पत्थर की तरह खंडित नहीं किया जा सकता था। मिटाया या लूटा नहीं जा सकता था। इसलिए भारतीय संस्कृति के अध्येता डॉ. कपिल तिवारी मानते हैं कि जो कुछ भी लुटा-पिटा और मिटा, उससे ज्यादा ऐसी जगह पर सुरक्षित था, जिसे मिटाने का कोई उपाय नहीं था। इसलिए जैसे ही भारत खुली हवा में आया, फिर से लहलहा उठा। लोक की चमक फिर लौटी। भारत को पुरातन कहना ठीक नहीं, वह सनातन है।

मगर नींद उड़ाने वाली कहानियों का शोर भी हमारे लोक में है। राजस्थान में चित्तौड़ से लेकर मध्य प्रदेश में चंदेरी के आसमान पर मुझे सदियों पहले छाए धुएँ की गहरी चादर अब तक महसूस होती है, जो रानी पद्मावती और रानी मणिमाला के जौहर की चिताओं में जलने वाली औरतों की दिल दहला देने वाली गवाही है। मेरे देश की घायल याददाश्त में दर्ज वह उस बेरहम दौर की हकीकत है, जो हजार साल तक हमने भुगती। पद्मावती और मणिमाला के अंतिम आँसुओं और बेमौत मरने को मजबूर की गई उन जैसी हजारों औरतों की नियति पर आज किसे पश्चात्ताप है? भारत का बोध इन बदकिस्मत किरदारों के बिना अधूरा और झूठा है…

अयोध्या और मथुरा राम और कृष्ण की जन्म भूमियाँ हैं, जो अनादिकाल से भारत की चेतना में समाए हुए हैं। ब्रज में कृष्ण के स्पंदन और उनकी ऊर्जा आज भी जीवंत है। यहाँ लोग अपने आराध्य को अतीत के एक महान् किरदार की तरह नहीं सोचते। वे उन्हें

हर समय अपने निकट महसूस करते हैं। बात-बात में जगह-जगह सुनिए—ठाकुरजी के आने का समय हो गया है···कन्हैया अब भोग के लिए तैयार हैं···चलो, अब उनके शयन का समय हो गया है···। गोवर्धन परिक्रमा में राधा-कृष्ण के दो प्राचीन कुंड हैं। एक के पानी का रंग उजला है, दूसरे का गहरा। एक सज्जन ने दूसरे को ज्ञान दिया, "पानी के रंग से ही यह मान्यता है कि उजला वाला राधा का कुंड है, गहरे रंग वाला कृष्ण का।" उनकी बात एक स्थानीय व्यक्ति सुन रहे थे। उन्होंने विनम्रता से टोका, "श्रीमानजी, मान्यता नहीं है। ये उन्हीं के कुंड हैं। कृष्ण यहाँ भूतकाल में नहीं हैं। अभी और यहीं हैं।"

पता नहीं क्यों, मैं जब भी गया, अयोध्या इसके बिल्कुल उलट ही नजर आई। सच मायने में वहाँ राम की कोई अनुभूति शेष नहीं है। राम अतीत की कहानियों में जगमगा रहे हैं और अयोध्या कलयुग के अँधेरे से जूझ रही है। विवादों और झगड़ों ने एक अलग ही नकारात्मक ऊर्जा से इस नगरी को भरा हुआ है। करोड़ों भारतीयों के आराध्य राम एक बदशक्ल तंबू में विस्थापित हैं। अयोध्या उजाड़ है। सदियों पुराने कई मंदिर, घाट और धर्मशालाओं पर जमी काई, झरती छतों और दीवारों को जैसे राम भरोसे ही छोड़ दिया गया है। यह भारत के कई दूसरे बदहाल शहरों से बिल्कुल अलग नहीं है जबकि आजादी के बाद इन शहरों के अलग ही मास्टर प्लान बनने चाहिए थे। मगर हम अपने लोकतंत्र को जिस रास्ते पर लिये चल पड़े थे, वहाँ सोमनाथ में सरदार वल्लभ भाई पटेल के सर्वश्रेष्ठ कृतित्व भी हमारी आँखों को खटक रहे थे। पंडित नेहरू इस पक्ष में नहीं थे कि सोमनाथ का कलंक भारत के माथे से मिटाया जाए!

नेपाल की सरहद पर श्रावस्ती का नाम बुद्ध की जातक कथाओं में हजारों बार आया है। एक समृद्ध नगर राज्य, जहाँ तथागत ने 24 चातुर्मास किए थे और उनके धनपति शिष्यों ने लाखों स्वर्ण मुद्राएँ जमीन पर बिछाकर बुद्ध का स्वागत किया था। आज का श्रावस्ती देश के चंद सबसे पिछड़े इलाकों में से एक है, जहाँ सबसे ज्यादा बच्चे मर रहे हैं। बाल विवाह और कुपोषण की भयावह स्थिति के चलते इसके वर्तमान का अतीत से कोई जोड़ ही नहीं है। अयोध्या एक महान् तीर्थ है, मगर जिस फैजाबाद जिले में यह है, वहाँ प्रसव के दौरान देश में मरने वाली सबसे ज्यादा महिलाएँ हैं। जिस बिहार ने दो धर्म दिए, वहाँ देश का सबसे अँधेरा कोना पटना से ही सटा हुआ है। अरवल जिला, जहाँ बिजली की सबसे कम पहुँच है, न के बराबर। प्राचीन मगध के महान् राजवंश आज पाटलिपुत्र आकर देखें तो पहचान ही न पाएँ! दुनिया पर गहरा असर डालने वाले विचार और दर्शन उन किताबों में हैं, जिनसे आज की पीढ़ी का संवाद न के बराबर है।

उत्तर भारत की ज्यादातर बस्तियों में लोग अपने घरों की बाहरी और छोटे कस्बों-गाँवों में भीतरी दीवारों पर भी पलस्तर नहीं कराते। ट्रेन से या सड़क से गुजरते हुए लोगों के रहन-सहन एक अजीब बेफिक्री से भरे दिखाई देते हैं। घर के दरवाजे पर ही गाय-

भैंस बँधी होंगी। खैनी-जर्दा या पान चबाते और बेपरवाही से यहाँ-वहाँ इसके अवशेष विसर्जित करते लोग नजर आएँगे। बोली में गालियों का बेवजह इस्तेमाल। अपने आसपास से बिल्कुल ही बेखबर। मूलभाव ऐसा, जैसे वे जहाँ रह रहे हैं, वहाँ बस कुछ ही दिनों के मेहमान हों, इसलिए किसकी परवाह? बिहार में तो घर को 'डेरा' ही कहते हैं। यही स्थिति आप दक्षिण भारत में कहीं नहीं पा सकते। एक सलीका, शांति, स्थायी भाव और अनुशासन आपको उनके व्यवहार में दिखाई देगा। रहन-सहन और बोल-व्यवहार के इस फर्क की वजह क्या हो सकती है?

ऐसा है क्यों? मुझे लगता है कि बीते एक हजार साल की इतिहास की कातिल करवटों ने उत्तर भारत को गहरे तक प्रभावित किया है। विदेशी हमलावरों के लगातार लूट, हमलों और हत्याओं का सदियों तक भुक्तभोगी रहा यह इलाका धीरे-धीरे अपने अतीत से टूटता ही रहा है। अपनी जान-माल की हिफाजत के लिए हुए समझौतों, भगदड़ में आबादी के पलायन और जबरन आस्था परिवर्तन ने एक अलग तरह का सामाजिक मिश्रण खड़ा किया है। आखिरकार हम जहाँ और जैसे भी हैं, अपने अतीत का जमाजोड़ ही हैं।

सदियों तक उथल-पुथल से भरे रहे एक देश की जीवनचर्या में उत्सव ही जीवन का आश्वासन बने रहे। जलसों में आज भी भारतीयों का कोई मुकाबला नहीं है। दुर्गा पूजा के समय ऊर्जा से भरे बंगाल में घूमना एक अलग ही लोक की सैर करना है। अंग्रेजों ने ताकत बटोरने के बाद अपनी पहली राजधानी कलकत्ता में बनाई थी। उनके सपनों का शहर आज पूरी तरह कबाड़ हो चुका है, मगर यह कबाड़खाना दुर्गा पूजा के दिनों में जबरदस्त ऊर्जा से भरा होता है। मैसूर का दशहरा उत्सव तो दुनिया भर के सैलानियों को आकर्षित करता है। विजयनगर साम्राज्य जब ध्वस्त हुआ तो वहाँ का विजयादशमी महापर्व मैसूर के वाडियारों ने जारी रखा। गणेशोत्सव की रौनक महाराष्ट्र में देखिए। होली और दीवाली की रौनक के क्या कहने? अनगिनत देवी-देवता, रीति-रिवाज, उत्सव, लोक परंपराओं के रंग इस देश में बिखरे हुए हैं। किसी-न-किसी कोने में साल भर इनकी रौनक बनी ही रहती है। भारत एक ऐसा एहसास है, जो एक तरफ अवतार रूप में बुद्ध और महावीर की झलक दिखाता है, दूसरी तरफ चार्वाक और वात्स्यान को भी ऋषि का दर्जा देता है। भारत के प्राणों में समाई उदारता और सहिष्णुता का प्रमाण है यह। हमने चार्वाक और वात्स्यायन को पागल नहीं कहा, उनके गले नहीं रेते। उनके विचार को भी दर्शन माना। स्वीकार किया, स्वागत किया।

लोक परंपराओं, बोलियों, गीतों, नृत्यों और मान्यताओं को हमारी जनजातियों ने अपने दामन में किस तरह बचाकर रखा है, यह आप दूर-दराज पहाड़ों और जंगलों में जाकर ही महसूस कर सकते हैं। यह एक अलग भारत है। विकास की मौजूदा दृष्टि उन्हें पिछड़ों की तरह देखती है, जबकि वे प्रकृति के सबसे निकट और सबसे निर्दोष हैं।

उत्तर-पूर्व के राज्यों में पहाड़ी जनजातियों का सौंदर्य भारत की रंग-बिरंगी लोक परंपराओं में एक अलग छटा बिखेरता है। कृष्ण की पत्नी रुक्मिणी अरुणाचल प्रदेश के मिशमी समुदाय की थीं। मिशमी लोग इस पर गर्व करते हैं कि उनके इतने निकट संबंध कृष्ण से रहे। पाँच पांडवों में कृष्ण के सबसे प्रिय अर्जुन की पत्नी चित्रांगदा मणिपुर और भीम की प्रेयसी हिडिंबा नागालैंड में दीमापुर की थीं। एक शिक्षक ने मुझे बताया था कि दीमापुर का पुराना नाम हिडिंबनगर ही है।

भारतीय लोक का बोध जगाने के लिए इतिहास की बेखबरी से छुटकारा सबसे पहले जरूरी है, जो हम आजादी के बाद अब तक नहीं कर सके। गाँव में पैदा होनेवाले हर बच्चे को अपने गाँव और आसपास के अतीत का ज्ञान सबसे पहले होना चाहिए। स्कूली शिक्षाओं में स्थानीय इतिहास की हर अच्छी-बुरी कहानी बच्चों की याददाश्त में दर्ज होनी ही चाहिए। कॉलेज की पढ़ाई किसी भी विषय में हो, मगर प्रदेश और देश के इतिहास और संस्कृति का उसे गहरा ज्ञान होना ही चाहिए। उनमें रुचि पैदा करना और रोचक पाठ्यक्रम तैयार करना सरकार और समाज के लिए एक चुनौती है। यह मुश्किल नहीं है, बशर्ते हमारा अपना इतिहास बोध जाग्रत् हो। बिना इतिहास बोध के हम ऐसे ही हैं, जैसे बिना जड़ों का पेड़। जड़ें जितनी गहरी होंगी, आकाश में वह उतना ही मजबूत उठेगा। भारत अपने लोक में बहुत व्यापक विस्तार में फैला हुआ है। समय की गहराइयों में उसकी जड़ें युगों तक गहरी हैं। इसका भविष्य हमारे आज पर निर्भर है। हम आज अपने लोक में क्या जोड़ रहे हैं ? हमारा अंशदान भारत की अनंत यात्रा के इस पड़ाव पर क्या है ?

□

जन-मन और मीडिया

✍ प्रो. रमेशचंद्र त्रिपाठी

सांसारिक परिप्रक्ष्य में 'जन' शब्द का तात्पर्य है—मनुष्य, व्यक्ति, मनुष्य-समुह, लोक और जनलोक। 'लोक' में 'जन' भी समाहित हो जाता है। जन का मन ही लोकमन है। लोकमंगल या लोक-कल्याण हेतु उचित दिशा-निर्देश देना साहित्य तथा मीडिया का दायित्व बन जाता है। लोक और मीडिया का आपसी तालमेल क्या होना चाहिए? यह प्रस्तुत श्लोक से सिद्ध हो जाएगा—

लोकतंमहितार्थाय विवेकालोकवर्द्धिनी।
उद्‌बोधनाय लोकस्य लोकसत्ता प्रतिष्ठिता॥

मीडिया लोकतंत्र के कल्याण, बुद्धि-विकास और जाग्रत् करने के साथ ही लोकसत्ता की स्थापना करने में सहायक होती है। आज की लोकचेतना में व्यापक परिवर्तन आ रहे हैं। लोक स्वचालित युग, एटॉमिक युग, अंतरिक्ष युग, इलेक्ट्रॉनिक युग और सौर युग से प्रभावित होता रहा है। ये युग नए भविष्य के निर्माण का वादा करते रहे हैं। पर आज मानव सभ्यता को प्रतिष्ठित करने के लिए एक नए विकल्प की तलाश करनी होगी। वर्तमान परिवेश विज्ञान और तकनीकी क्षेत्रों में प्रबल क्रांति का है। चाहे वह आर्थिक क्रांति, औद्योगिक क्रांति, सूचना-क्रांति एवं संचार क्रांति की हो। सभी क्षेत्रों में अद्‌भुत क्रांति की स्थिति दिखाई पड़ रही है। लोक में विकास एवं समृद्धि के साथ-साथ विनाश की भी प्रतिस्पर्धा जोर पकड़ती जा रही है। परिणामस्वरूप, जीवन मूल्य और मानवीय मूल्यों के विकास में बराबर कमी दिखाई पड़ती है। भारतीय लोक का मूल आधार 'सर्वे भवंतु सुखिनः एवं सत्यमेव जयते' ही है।

आज का लोक एक नया विश्व ढाँचा, एक विश्व मार्केट और वैश्विक संस्कृति के परिप्रेक्ष्य में चिंतन-मनन करने का प्रयास कर रहा है। लेकिन ऐसा लगता है कि ये सारी परिकल्पनाएँ विश्वव्यापी परिर्वतन करने में समर्थ नहीं हैं क्योंकि विकास का केंद्र बिंदु मानवता ही है।

आज के लोक जीवन में व्यक्तिगत स्तर और सामुदायिक स्तर पर भी व्यापक बदलाव दिखलाई पड़ते हैं, जिसके नाते वर्तमान सभ्यता पर पर्यावरणीय प्रभाव, विश्वव्यापी विनाशकारी उपकरणों के कारण सुरक्षा की चिंता, संचार-साधनों की वैश्विक क्षमता और विश्व स्तर पर अर्थव्यवस्था की उन्नति लोकमन को असमंजस की स्थिति में डाले हुए है। ये सारी स्थितियाँ जन-मन को प्रभावित कर रही हैं। जन की जीवनचर्या में बदलाव हो रहा है। ऐसी स्थिति में मानवता और प्रकृति ही लोक मानस के विचारणीय बिंदु होने चाहिए।

इक्कीसवीं सदी के इस युग में दिशा विहीन लोक परिवर्तन का मार्ग खोज रहा है। यही वह समय है, जहाँ लोक अपने नए साक्ष्यों, तरीकों और आकांक्षाओं पर चिंतन-मनन करे। प्रौद्योगिकी प्रगति ने लोक के नैतिक मूल्यों के प्रति एक चुनौती उत्पन्न कर दी है। लोक समस्याएँ आज भी वही हैं—गरीबी, अज्ञानता, अभाव, अंधविश्वास तथा भेदभाव आदि। इन समस्याओं के हल के प्रयासों ने एक नई समस्या को जन्म दिया है, जिसकी वजह से अब स्वतंत्रता, समानता और सौहार्द के विषय में विचार करना लाजिमी हो गया है। इसके लिए जनसंचार माध्यमों की आवश्यकता अनिवार्य रूप से परिलक्षित हो रही है।

आज के लोक मानस में यह व्याप्त हो गया है कि सामाजिक दायित्व और मीडिया, दोनों अपने अस्तित्व से भटक गए हैं। सार्वजनिक जीवन में एक शून्यता आ गई है। लोक के व्यक्ति की नितांत निजी बातें मीडिया में चर्चा का विषय बनती जा रही हैं। परिणामतः अब मीडिया में विचारधाराओं पर अनुशीलन न होकर व्यक्तियों के कमजोरियों, यौनाचारों तथा प्रेम-प्रकरण आदि विषयों ने स्थान ले लिया है। मीडिया के प्रति लोक की अवधारणाएँ बदल रही हैं। इसलिए लोक मीडिया के संबंध में अब कुछ इस तरह का विचार व्यवस्थित करने में जुट गया है—मीडिया के प्रसारण में ओछापन आ गया है, सत्य के बजाय चामत्कारिक या तमाशाबाजी को महत्त्व देता है, कवरेज में बहुत बिखराव है। मीडिया लोक के महत्त्वपूर्ण विषयों के प्रति उदासीन दिखाई पड़ता है। तात्पर्य यह कि आज का मीडिया राष्ट्रीय समस्याओं के ज्वलंत मुद्दों को महत्त्व नहीं दे रहा है।

मीडिया के पास लोक के सार्वजनिक मुद्दों से संबंधित गुणवत्तापूर्ण प्रसारण का अभाव है। यह केवल अर्थ उत्पादन में ही लगा हुआ है। लोकप्रियता और टी.आर.पी. के चक्कर में पड़कर अंधविश्वास, भूत-प्रेत और समाज को पीछे धकेलने वाली सामग्री का प्रसारण कर रहा है।

मीडिया संचालकों के मतानुसार, आज के लोक मानस की सूझ-बूझ ही बदल गई है। लोक चटपटे समाचार देखना पसंद कर रहा है। वर्तमान युवा अपनी संस्कृति से

विमुख हो रहा है.। यह बात तो सत्य है कि आज का लोक मानव परिवर्तित हो रहा है। लोक दायित्व में जन साधारण संबंधी विषयों पर बिना किसी दबाव के जनमत निर्माण होता है। यह एक अदृश्य व्यवस्था है। लोक दायित्व हमारे समुदाय में होनेवाली घटनाओं की जानकारी देता है। इसके साथ ही सामाजिक, सांस्कृतिक और राजनीतिक मुद्दों से जन को परिचित कराता है। यहाँ मुद्दों पर सहमति और असहमति के स्वर बुलंद होते हैं।

वर्तमान परिवेश में बुद्धिजीवियों ने यह आरोप लगाया है कि लोक दायित्व का व्यापारीकरण किया जा रहा है। मीडिया में बाजार अपनी पैठ बना रहा है। इसके बावजूद लोकदायित्व और मीडिया, दोनों में जटिल संबंध है। लोकदायित्व का फैलाव मीडिया से कहीं अधिक हैं। संसार की समस्त गतिविधियाँ लोक दायित्व का हिस्सा है। गतिविधियों और जनसंचार माध्यमों का संबंध भी अटूट है। इसलिए जनसंचार माध्यम इसमें केंद्रीय भूमिका का निर्वहन करते हैं।

सूचना क्रांति के इस युग में लोक मन के विचारों को प्रभावित करने एवं जनमत निर्माण के लिए मीडिया की मदद लेना एक स्वाभाविक प्रक्रिया है। इस तरह संचार माध्यम कई भूमिका निभाते हैं। ये लोक की विभिन्न व्यक्तिगत आवश्यताओं की पूर्ति करते हैं। व्यक्ति के व्यक्तिगत स्तर पर ये बृहत्तर समाज के साथ संबंध स्थापित करते हैं। लोगों को मनोरंजन प्रदान करते हैं। अतीत और वर्तमान के विषय में सूचना देते हैं। सांझा संस्कृति और मूल्यों, परंपराओं की महत्ता को विश्व में स्थापित करते हैं। संचार माध्यम लोक के सामाजिक और सांस्कृतिक उत्थान के महत्त्वपूर्ण भाग हैं। संचार माध्यम द्वारा आमजन की समस्याओं के विषय में चर्चा करने के लिए जनता की सहभागिता बढ़ती है। संचार माध्यम जब भी अपने दायित्त्व से मुकरने लगते हैं तो लोक कर्तव्यों की कर्मभूमि सिकुड़ जाती है। संचार क्रांति में संचार माध्यम ने बड़ी तेजी से औद्योगिक घरानों में अपना वर्चस्व कायम कर लिया है।

संचार क्रांति के इस दौर में डिजिटल कम्युनिकेशन के अंतर्गत इंटरनेट और मोबाइल के प्रयोग के कारण संचार-व्यवस्था का खर्च बहुत ही कम हो गया है। इसकी पहुँच भी जन-जन तक हो गई है। डिजिटल संचार में मीडिया, टेलीकम्युनिकेशन, कंप्यूटर उद्योग एक साथ कार्य करते हैं। इनकी इस कार्य पद्धति से संपूर्ण जन-मानस लगातार प्रभावित हो रहा है।

संचार की इस व्यवस्था से मीडिया, टेलीकम्युनिकेशन और कंप्यूटर उद्योग एक साथ मिलकर ऐसा कार्य करेंगे, जिससे विश्व की अर्थव्यवस्था प्रभावित होगी। निष्कर्ष रूप से मीडिया का यह स्वरूप विशाल उद्योग का आकार ग्रहण करता जा रहा है, पर चिंता इस बात की है कि मीडिया के इस प्रारूप में भारतीय जन-मन अपना स्थान नहीं बना पा रहा है। संचार के इस रूप में लोकहित प्रसारण के साधन नहीं है और

न ही उनका धर्म जनता की सेवा करना ही है। आज संप्रेषण क्रांति इतने व्यापक और विशाल पैमाने पर हो चुकी है कि इसे नए युग का आधार बताया जा रहा है। इसके बावजूद लोक स्थिति के विषय में विचार-विमर्श नहीं हो रहा है। वर्तमान युग में यह महत्त्वपूर्ण हो गया है कि संचार व्यवस्था को लोकहित की दृष्टि से किस तरह संगठित किया जाए? ऐसी स्थिति में संचार की नीतियों का निर्धारण किन तत्त्वों के आधार पर किया जाए, यह एक बड़ा प्रश्न है क्योंकि आज तकनीकी युग का विस्फोट हो चुका है। इस परिप्रेक्ष्य में प्रथम सिद्धांत तो यह है कि लोक को अपनी संचार व्यवस्था के बारे में निर्णय लेना चाहिए। इसके लिए समाज में खुली बहस होनी चाहिए।

संचार सिद्धांत निर्धारित करते समय लाभ की अपेक्षा विचार को महत्त्व देना चाहिए। तकनीकी विकास को भी विचारपूर्ण ढंग से नियंत्रित किया जा सकता है। इस नियंत्रण के द्वारा लोकतांत्रिक और सामाजिक हितों को संरक्षित करने का प्रयास किया जा सकता है अर्थात् लाभ-रहित संचार व्यवस्था को जनता के प्रति जिम्मेदार होना चाहिए।

भारतीय जन मानस ने नव माध्यमों का उदय और प्रचार-प्रसार से सामाजिक संरचना में लगातार संघर्ष बढ़ रहा है। इस स्थिति में मीडिया की भूमिका विभिन्न शक्ति समूहों के बीच समन्वय स्थापित करने की हो गई है।

नव माध्यम बाजार के उपभोक्ता दबाव के कारण भी मीडिया का उद्देश्य मनोरंजन करना और सूचना देने मात्र की परिस्थिति में बदलाव दिखाई देने लगा, जिससे सामाजिक, सांस्कृतिक, आर्थिक और राजनीतिक धरातलों पर कई विशिष्ट प्रकार की विशेषताएँ प्रकट होने लगीं। बाजार और मीडिया एक दूसरे पर निर्भर हैं, लेकिन जब बाजार को जीवन दर्शन के रूप में मान्यता दी जाने लगी तब मीडिया, समाज और राज्य के अंतर संबंधों का परिप्रेक्ष्य भी बदलने लगा। ऐसे में लोक में संबंधों का दिशा-निर्देश बाजार करता है, समाज नहीं।

भारतीय मीडिया में विकास को लेकर यह टिप्पणी अत्यंत सरल है कि गुजरा जमाना बेहतर था और संस्कृति का विनाश हो रहा है। इस प्रश्न पर कभी सार्थक चर्चा नहीं चलाई गई कि भूत को भविष्य से बेहतर होने ने समाज को अंधविश्वास की श्रेणी में डाल रखा है। इस तरह ठहराववाद भारत के विकास का शत्रु है। परिवर्तन अटल है। प्राचीन भारत में सत्ता की खोज पर बल दिया जाता था। प्रत्येक परिवर्तन के दौरान मानवीय सभ्यता नए संतुलन स्वयं खोज लेती है। यह भी आरोप लग रहा है कि मीडिया लोक में अपसंस्कृति का विस्तार कर रहा है, सांस्कृतिक वैविध्य को नष्ट कर रहा है। सच तो यह है कि क्षेत्रिय सांस्कृतियों के घुल-मिल जाने से राष्ट्रीय संस्कृतियाँ बनीं। अब राष्ट्रीय संस्कृतियों के घुल-मिल जाने से वैश्विक संस्कृति का विकास हो रहा है।

जनसंचार और इंटरनेट की दुनिया में हर किसी को अपनी संस्कृति का प्रचार-

प्रसार करने के साथ ही नई उभरती हुई वैश्विक संस्कृति में योगदान के अवसर प्राप्त हैं। यहाँ मीडिया के समक्ष एक बड़ी समस्या यह है कि क्या वैश्विक संस्कृति और अर्थव्यवस्था विश्व-बंधुत्व का मार्ग प्रशस्त कर पाएगी? कहा नहीं जा सकता। वैसे तो आज की अर्थव्यवस्था और संस्कृति का उपभोग केवल स्वार्थ सिद्धि पर आधारित है।

आज कल विज्ञान और बाजार का अद्भुत संगम हो रहा है। इस संगम के नाते संपन्नता और बाजार में अभिवृद्धि हो रही है, पर इसके साथ ही सामाजिक बहिष्कृत लोगों की संख्या भी बढ़ रही है। ऐसा वर्ग बाजार से अलग, इंटरनेट की दुनिया से अपरिचित, शेयर-बाजार की उथल-पुथल से परे किसी तरह जीविकोपार्जन के जुगाड़ में व्यस्त है। ऐसे में मीडिया का प्रथम दायित्व यह बनता है कि इन बहिष्कृत लोगों को विकास के प्रथम पड़ाव तक पहुँचाने में सहयोग प्रदान करें।

सूचना एवं संचार की नवीन तकनीकों में विकास को गति देने की अनोखी क्षमता है। परंतु व्यापक शहरी झुकाव ने ग्रामीण इलाकों और गरीब किसानों को सूचना एवं संचार तकनीक (आई.टी.सी.) का लाभ उठाने से वंचित कर दिया है। इक्कीसवीं सदी में विश्वव्यापी गरीबी, अन्न की कमी, कुपोषण, बीमारियों एवं पर्यावरण के भयंकर विनाश के कारण टिकाऊ विकास का लक्ष्य प्राप्त करना मुश्किल हो रहा है। आज मानव सभ्यता के सम्मुख विकास की चुनौतियाँ विकट हैं। दुनिया भर में प्रतिदिन 800 मिलियन लोग, जिनमें अधिकांश औरतें और बच्चे भूखे सोते हैं। विडंबना यह है कि भुखमरी उन ग्रामीण इलाकों में ज्यादा है, जहाँ अन्न उगाया जाता है। यह समस्या कोई नई नहीं है, लेकिन आज ऐसे तकनीक और साधन उपलब्ध हैं, जो स्थिति को बदल सकते हैं। इन परिप्रेक्ष्य में जनसंचार माध्यमों की भूमिका महत्त्वपूर्ण हो सकती है। कई विकासशील देशों में कृषि अर्थव्यवस्था की धुरी है। मीडिया के द्वारा कितनी जल्दी और कितने व्यापक स्तर पर हम ग्रामीण क्षेत्र में परिवर्तन की क्रांति ला सकते हैं, इसी पर इक्कीसवीं सदी की सफलता निर्भर है।

इंटर-गवर्नमेंटल चैनल ऑफ क्लाइमेट चेंज (आई.पी.सी.सी.) की रिपोर्ट के अनुसार, जलवायु परिवर्तन के चलते भारत को खाद्यान, जल और बीमारियों का संकट घेर सकता है। सन् 2050 तक सर्दियों के दौरान तापमान में आधा डिग्री की बढ़ोतरी होगी, जिससे भारत में प्रति हेक्टेयर गेहूँ का उत्पादन 450 किलोग्राम घट जाएगा यानी प्रति वर्ष 126 लाख टन गेहूँ कम पैदा होगा। अर्थात् जलवायु परिवर्तन के कारण आम जन पर इसका प्रभाव अधिक होगा। इस संकट को हल करने में प्रत्येक नागरिक की सहभागिता अनिवार्य है। सहभागिता को सुनिश्चित करने के लिए आज की सूचना एवं संचार तकनीकी की सहायता ली जा सकती है। वर्तमान परिवेश में सामाजिक परिवर्तन और अर्थव्यवस्था को सुचारू रूप से चलाने के लिए संचार तकनीक की महती भूमिका है।

विकास प्रक्रिया सूचना प्रौद्योगिकी के द्वारा गतिवान हो जाती है, पर भारत में डिजिटल डिवाइस के कारण इसका लाभ अधिकांशतः शहरों को ही मिल पाया। ग्रामीण इलाके इस तकनीक का उपयोग नहीं कर पा रहे हैं। इसका तात्पर्य यह है कि अधिक-से-अधिक सूचना एकत्रित कर उसके वितरण की दृष्टि में व्यापकता लाने की आवश्यकता है। ग्रामीणों की समस्याओं को सुनना और सूचना देना अनिवार्य होना चाहिए। वे स्थानीय समस्याओं को ज्यादा अच्छी तरह से व्यक्त कर सकते हैं। संचार माध्यमों द्वारा उनके पारंपरिक ज्ञान में नए वैज्ञानिक दृष्टिकोण के लाभ को समझाया जा सकता है। मोबाइल, वेबसाइट, रेडियो और टेलीविजन द्वारा उन्हें एग्रोनामी की जानकारी दी जा सकती है। हानिकारक कीटनाशकों से सावधान भी किया जा सकता है।

आज लोक में विरोधाभासों का ही बोलबाला है। परंपरा-विरासत और अंधी आधुनिकता, कानून व्यवस्था और अराजकता, सहकार और टकराव, लोकतंत्र और व्यक्तिवाद-सामंतवाद, खुला बाजार और एकाधिकार, समानता और विषमता, न्याय और जुल्म, पारदर्शिता और भ्रष्टाचार, शांति और आतंक, भाईचारा और दादागिरी, सामाजिक न्याय और जुल्म आदि का विरोधाभासी रूप चारों तरफ दिखाई पड़ता है। इन विरोधाभासों की समाप्ति के लिए दृढ़ इच्छा-शक्ति, संकल्प और कारगर कदम उठाने की आवश्यकता है। इस परिप्रेक्ष्य में जन के मत का निर्माण करना अनिवार्य है, जिससे सबकी सोच और प्राथमिकताएँ सही एवं राष्ट्रनिष्ठ हों। ऐसे विचार या भाव का निर्माण स्वस्थ माहौल में ही होता है। यह कार्य मीडिया द्वारा ही संपन्न हो सकता है। मीडिया में आज उसी जोश-खरोश की आवश्यकता है, जो आजादी की प्राप्ति के लिए था। आज तो राष्ट्र की अखंडता, प्रभुसत्ता एवं सुरक्षा के प्रति भी ठोस जनमत का निर्माण करना आवश्यक हो गया है।

भारत में नवजागरण गतिशील विचारों, संस्कारों, उन्नति और समृद्धि के लिए रहा है। लोकमानस में आजादी प्राप्त करने की छटपटाहट थी। इस संघर्ष में मीडिया की भूमिका आदर्शोनमुखी रही है। जहाँ इन संघर्षो के लिए देश के नागरिकों ने कुरबानियाँ दीं, वही प्रिंट मीडिया और पत्रकारों के बलिदान का भी गौरवमयी इतिहास रहा है। समाज में परिवर्तन अनिवार्य है। संचार परिवर्तन का प्राण है। जनसंचार उसकी गतिशीलता व चेतना को कायम रखता है। जनसंचार में मीडिया की भूमिका आजादी के संघर्ष और आजाद भारत में रही है और आज भी है। मीडिया लोक के मत को प्रभावित करके जनमत का निर्माण करते हैं। मीडिया अत्याधिक प्रखर, अच्छी तरह शिक्षित, जागरूक, चैतन्य, प्रबुद्ध, जानकार एवं चिंतनशील वर्ग का प्रतिनिधित्व करता है। मीडिया सारी सामाजिक, राजनीतिक, आर्थिक एवं प्रशासनिक गतिविधियों को प्रभावित करता है। इसका प्रभाव व्यक्ति, वर्ग, समूह, समाज, राष्ट्र और विश्व पर होता है। यह माहौल को

बनाने या बदलने में महत्त्वपूर्ण भूमिका निभाता है। यह वातावरण स्वस्थ है या अस्वस्थ, रचनात्मक या विध्वंसात्मक, सकारात्मक है या नकारात्कम, समाज को जोड़ने वाला है या तोड़ने वाला—यह संपूर्ण स्थिति इस बात पर निर्भर करेगी कि पत्रकार और अखबार या चैनल या संचार क्रांति की दृष्टि एवं सोच कैसी है? इस परिवेश का रचनात्मक होना अतिआवश्यक है। अंधविश्वास, भाग्यवादिता, हर किस्म के (व्यक्तिगत, जातीय, वर्गगत या सांप्रदायिक) अंहकार या जड़वादी धारणा से उसको प्रभावित नहीं होना चाहिए। इसी तरह की सोच देश में चारों तरफ विकसित होना भी जरूरी है, यह कार्य मीडिया ही कर सकता है। समय-समय पर देश के निर्माण एवं सर्वांगीण विकास में मीडिया ने हमेशा बहुत बड़ा रोल अदा किया है।

आज के युग में लोक का हर वर्ग मुख्य रूप से पीड़ित वर्ग और सृजनात्मक कार्य में लगा समर्पित वर्ग मीडिया से बड़ी अपेक्षाएँ रखता है। यह अपेक्षा ही उसकी उपयोगिता का प्रमाण है। मीडिया द्वारा राष्ट्र-निर्माण के प्रति सरकार, शासक एवं जन-मन को प्रतिबद्ध किया जा सकता है।

मीडिया जगत् और लोक जगत्, दोनों को एक ताकत अपनी शक्ति से सर्वाधिक प्रभावित कर रही है। वह है—बाजारी ताकतें (मार्केटिंग फोर्सेस)। बहुराष्ट्रीय कंपनियों का जाल भी चारों तरफ फैल रहा है। ये कंपनियाँ अपनी आधुनिक तकनीक, बड़ी पूँजी एवं प्रचार यानी विज्ञापन की बाढ़ से चहुँ ओर छा रही हैं। इनकी धनशक्ति असीमित है। ये ताकतें देश के अर्थतंत्र को प्रभावित करते हुए राजनीतिकों भी अपने प्रभाव में ले लेती हैं। कंपनियाँ एक प्रमुख विज्ञापनदाता हैं, इसलिए मीडिया इनकी अपेक्षा नहीं कर सकता। परिणामत: मीडिया अपने मूल दायित्व से भटक गया है।

आज के लोकमानस की एक सर्वोपरि विकट समस्या है—आतंकवाद। आतंकवादी आंदोलन राजनीति या सांप्रदायिकता से प्रभावित है। यह आतंकवाद कहीं राजनीति से जुड़ा है, कहीं धर्म या जाति के उन्माद से तो कहीं तस्करों व अन्य अपराधी माफियाओं से। यह मीडिया को भी प्रभावित करने का प्रयास करता है। कहीं-कहीं आतंकवाद का लक्ष्य सत्ता प्राप्ति एवं साम्राज्यवादी मनोवृत्ति है। आतंक से डरकर मीडिया का स्वर धीमा भी पड़ा और बदला भी। मीडिया की यह स्थिति लोकतंत्र और अभिव्यक्ति की आजादी के लिए अत्यंत घातक है।

मीडिया के क्षेत्र में आधुनिक तकनीक क्रांति का व्यापक प्रभाव पड़ा है। मीडिया विशेषज्ञों के अनुसार, समाचारों की दुनिया डेस्कटॉप, लेपटॉप के इंटरनेट संस्करणों के 'नेट' से निकलकर पाठक या जनता की मुट्ठी में या उसके साथ होगी। अब हमारा सेलफोन ही वशीकरण मंत्र की तरह उपयोग होने लगेगा। यह मीडिया को भी अपने वश में कर लेगा। मीडिया में 'हाईटेक' का प्रवेश होने से अब खबरों को पढ़ने के लिए

वेबसाइट पर जाने का चलन तेजी से बढ़ रहा है। यह स्थिति मीडिया के विश्वव्यापी प्रसार में भी बहुत सहायक हुई। बाजार में वीडियो वाले सेलफोन आने से मीडिया भी प्रभावित हो रहा है। यह व्यवस्था जनमत को कितना प्रभावित करेगी यह समय-सापेक्ष पता चलेगा। इस दशा में टेक्नोलॉजी की क्रांति, मीडिया संस्थानों की मुनाफे के प्रति प्राथमिकता, अर्थतंत्र, मुक्त बाजार तथा सत्ता के प्रभाव के नाते मीडिया को 'ब्रांड' बनाने की धुन के बीच मीडिया की भूमिका क्या होगी? यह सत्य आधारित रह पाएगा या नहीं? मीडिया के व्यापक प्रसार के समय उसके साख की रक्षा तो आज की महती आवश्यकता है। आज के सत्ता प्रतिष्ठानों, धनतंत्र, माफिया गिरोहों, आतंकवादी ताकतों और आतंक के जरिए राजनीति करनेवाले गिरोहों तथा कानून-राजनीति-न्याय व्यवस्था पर हावी होनेवाले तत्त्वों के सामने मीडिया को डटकर आना पड़ेगा। राजनीति, अर्थतंत्र, टेक्नोलॉजी की प्रगति ने मीडिया के प्रतिमान बदलने में मुख्य भूमिका का निर्वाह किया है। इसके बावजूद यदि मीडिया जनमानस, इनसानियत, आदर्शों, जीवन मूल्यों, सांस्कृतिक मूल्यों के नजरअंदाज करेगा तो मीडिया की स्वयं ही स्थिति क्या होगी? आज लोकमानस में अराजकता, अपराधी तत्त्वों का बढ़ता दबदबा, राजनीति व सत्ता पर उनके दबाव के कारण सारे मूल्य एवं मान्यताएँ नष्ट हो रही हैं। ऐसे समय में मीडिया ही प्रकाश स्तंभ है। मीडिया को अपने दायित्व, जवाबदेही तथा रोजी की चिंता करनी होगी। इसके साथ ही मीडिया का एक उद्देश्य लोक के भविष्य का निर्माण करना भी है।

जनमानस के भविष्य को सुधारने का दायित्व मात्र मीडिया से ही संभव नहीं है। अगर राजनीति भ्रष्ट है, देश के शासक वर्ग एवं विपक्ष में नफरत की हद तक बिखराव है, न्यायालय समय पर न्याय नहीं दे पाते, कानूनों के बावजूद जनता को सामाजिक न्याय नहीं मिलता एवं शोषण, विषमता, जुल्म, भेदभाव, सम्पति का केंद्रीकरण, धर्मों की संख्या तेजी से बढ़ने के बावजूद भी दूनी गति से अधर्म, अनैतिकता, आपसी नफरत, हिंसा व नरसंहार का सिलसिला बढ़ता जाता है तथा इनसानियत की भावना कमज़ोर होती है, तब अकेला मीडिया ही क्या कर लेगा?

लोक-मानस में सत्ताधीश, सत्ता की महत्त्वाकांक्षा में अंधे राजनेता, आर्थिक व मार्केटिंग ताकतें, आतंकवादी, थैलीशाह एवं भ्रष्टाचार में लिप्त तत्त्व या जातिवाद, संप्रदायवाद व क्षेत्रवाद में लिप्त लोग मीडिया और मीडिया से जुड़े लोगों को खरीदने लग गए है। यह स्थिति समाज और मीडिया, दोनों के लिए दुःखद है। वैचारिक भिन्नता, सामाजिक टकराव, आर्थिक एवं राजनीतिक संकट के दौर में समाज के चिंतकों एवं मीडिया को छोटे-छोटे विवादों, आपसी मतभेदों एवं अहंकार से ऊपर उठकर समाज की परिस्थिति का सही आकलन करके इस समस्याओं के निराकरण हेतु सही रास्ते मीडिया को बताने होंगे। यह कार्य भी मीडिया का ही है।

मीडिया को इस दायित्व के निर्वाह के लिए कलम में पैनापन तथा संयम भी जरूरी है। अधिक-से-अधिक समाचार देने के साथ ही समाज की गलत गतिविधियों की तरफ साहस के साथ संकेत होने चाहिए। एक संपादक के अनुसार, "सरकार का केवल इस कारण समर्थन नहीं करें, क्योंकि वह सरकार है या केवल इस कारण विरोध नहीं करें; क्योंकि वह सरकार है।" लोकतंत्र में सरकार और मीडिया, दोनों को ध्यान रखना चाहिए कि किसी भी आजादी की परीक्षा इस बात से होती है कि विरोधी या विपरीत राय रखनेवालों को कितनी आजादी है?

भारतीय मीडिया ने विगत दस वर्षों में नए आधुनिक दौर में प्रवेश किया है। प्रिंट और टी.वी.-रेडियो के साथ ही डिजिटल मीडिया एक नवीन माध्यम के रूप में स्थापित हुआ। प्रत्येक समाचार-पत्र और चैनल ने अपने भू-संस्करण, वेब पोर्टल और डिजिटल पेज शुरू कर दिए हैं। इसके अतिरिक्त अनेक स्वतंत्र न्यूज पोर्टल वेब पत्रिकाएँ भी सामने आ रही हैं। इंटरनेट के प्रसार और मोबाइल फोन के स्मार्टफोन संस्करण ने अब डिजिटल मीडिया को बेहद लोकप्रिय कर दिया है। फेसबुक, ट्विटर जैसी सोशल साइट्स ने सोशल के मीडिया के रूप में एक नई क्रांति ला दी है। वर्तमान समय में हर व्यक्ति अपने विचार को व्यक्त करने के लिए किसी अखबार, पत्रिका और संपादक की कृपा का मोहताज नहीं है। सोशल मीडिया में अपना अलग अकाउंट खोलकर पेज बनाकर लोग खुलकर अपने विचारों को व्यक्त कर रहे हैं। उनके अपने समूह हैं, जिनमें विचारों के आदान-प्रदान, बहस और वैचारिक विमर्श के दौर चलते रहते हैं, लेकिन सोशल मीडिया की यह स्वतंत्रता कई बार स्वच्छंदता और अराजकता को भी जन्म देती है। कई बार अश्लील वीडियो, फोटो, गाली-गलौज और असभ्यता की पराकाष्ठा वाले पोस्ट इस नए स्वतंत्र माध्यम को कलंकित भी करते हैं। इसे लेकर समाज और सरकार में चिंता भी है और उस पर अकुंश लगाने के लिए कानूनी उपाय भी खोजे जा रहे हैं।

वर्तमान परिप्रेक्ष्य में मीडिया के दो स्वरूप है। प्रथम में घाटे-मुनाफे का बाजारी अर्थशास्त्र है। इस पर कई बार फेक न्यूज का भी आरोप लगता है। इसके बावजूद मीडिया की यह मुख्यधारा बाजार और पत्रकारीय सरोकारों के बीच दिन-प्रतिदिन संतुलन बनाने की कोशिश करती दिखाई दे रही है। द्वितीय डिजिटल और सोशल मीडिया का वह विस्तृत संसार है, जो स्वच्छंदता और अराजकता की स्थिति तक स्वतंत्र है। इसके लिए न विशेष पूँजी की जरूरत है, और न ही पत्रकारों की फौज की/एक व्यक्ति से लेकर कुछ सम विचार वाले व्यक्तियों के समूह अपने मंच तैयार करके अपनी अभिव्यक्ति कर रहे हैं। इस मीडिया का प्रचार-प्रसार दिन-दूनी रात-चौगुनी गति से हो रहा है। किताबें और अखबार पढ़ने की आदत से दूर और टेलीविजन के सामने घंटों बैठने की

विवशता से मुक्त युवा पीढ़ी के मध्य डिजिटल और सोशल मीडिया अत्यधिक लोकप्रिय हो रहा है। भारतीय मीडिया को अपने इन्हीं दोनों स्वरूपों के मध्य से अपने भविष्य के मार्ग को सुदृढ़ करना है।

आज के मीडिया के विषय में रॉबर्ट डब्ल्यू. मैक्वेंसी की एक टिप्पणी विचारणीय और सोचनीय भी है। "विचारक, चिंतक, प्रगतिवादी, जनवादी और समाजवादी आस्था रखनेवाले संचार के सभी व्यक्तियों के लिए यह अनिवार्य हो गया है कि संचार और संप्रेषण के ऊपर व्यावसायिकता की बढ़ती प्रवृत्ति का विरोध करें। यदि हम ऐसा नहीं करते तो आगे चलकर महत्त्वपूर्ण सामाजिक परिवर्तन कर पाना कठिन हो जाएगा। आज संप्रेषण क्रांति इतने व्यापक और विशाल पैमाने पर हो चुकी है कि इसको 'नए युग का प्रतीक' बताया जा रहा है। फिर भी, इसके बारे में सार्वजनिक विचार-विमर्श का अभाव है।"

भारत में जन का मन आज मीडिया में रम रहा है। मीडिया का अदभुत विकास हो रहा है। मीडिया की कार्यविधियों से जन का चिंतन प्रभावित हो रहा है। चिंतन स्वस्थ है या अस्वस्थ, यह अलग का विषय है, पर मीडिया चिंतन का पर्याय बन रहा है। डिजिटल मीडिया मानव-मन को अनुशासित और भ्रमित भी कर रहा है। लोकतंत्र में लोक ही प्रमुख है। हमारे यहाँ कहा भी गया है—

चक्षुषा मनसा वाचा कर्मणा च चतुर्विधम्।
प्रसादयति यो लोक 'त' लोको अनुप्रसीदति।

जनता की आँख, मन, वाणी और आचरण—इन चारों को ध्यान में रखकर किए गए कर्म से ही प्रजा प्रसन्न होती है। यहाँ प्रजा का तात्पर्य लोक से है। मीडिया जो कुछ भी करता है—लोक के लिए ही करता है। अर्थात् जन के मन के अनुरूप एक कल्याणकारी, संस्कृतिनिष्ठ समाज का निर्माण करना मीडिया का परम लक्ष्य है।

संदर्भ—

1. वॉरेन ब्रीड, सोशल कंट्रोल इन दि न्यूज रूम, सोशल फोर्सेज (1955)
2. मंजुनाथ पेडाकुट और ज्योत्स्ना कपून थिंक ग्लोबली प्रोग्राम लोकली—दि प्राइवेटाइजेशन ऑफ इंडियन नेशलन टेलीविजन, 'डेमोक्रेटाइजिंग कम्युनिकेशन : ए कंपरेटिव पर्स्पेक्टिव ऑफ इनफॉर्मेशन एंड पॉवर—प्रस्तुत शोध-पत्र, जून 1955'
3. वनिता कोहली-खांडेकर, द इंडियन मीडिया बिजनेस (2006), रिसपांस बुक्स, नई दिल्ली
4. सेचस डी. जैफरी, 2005, दि एंड ऑफ पॉवर्टी, पेंगुइन पेस, न्यूयॉर्क।
5. राधेश्याम शर्मा—मीडिया क्रांति या भ्रांति—पृ.सं. 160 /
6. राधेश्याम शर्मा—मीडिया क्रांति या भ्रांति—पृ.सं. 162 /
7. पी. साईंनाथ, मार्च 2006 को जयपुर में आयोजित इनसाफ के राष्ट्रीय सम्मेलन में भाषण।

□

संस्कृति का राजनीतिक संस्कृति पर प्रभाव

✍ प्रो. श्रीप्रकाश सिंह

संस्कृति समाज का दर्पण है, समाज का प्रवाह है, समाज का जीवन दर्शन है—ऐसे अनेक विश्लेषणों से संस्कृति के महात्म और प्रभाव का उल्लेख किया जा सकता है, परंतु संस्कृति को किसी निश्चित परिभाषा में बाँधा नहीं जा सकता या किसी भी प्रकार से विषयक अनुशासन में रखकर इसकी परिभाषा देना लगभग असंभव है। क्योंकि इस शब्द का प्रयोग बहुआयामी संदर्भ में भिन्न-भिन्न अर्थों के साथ ही अनेकानेक परिपेक्ष्य में किया जाता रहा है। अल्फ्रेड ग्रोवर तथा क्लायड क्लूकोहन ने अपनी रचना 'कल्चर : अ क्रिटिकल रिव्यु ऑफ कंसेप्ट एंड डेफिनिशन' में इस अवधारणा की 164 परिभाषाएँ गिनाई गई हैं। यद्यपि समाज विज्ञान में, इतिहास में, मानवशास्त्र में समाजशास्त्र में संस्कृति को ऐसे अनौपचारिक और सहजकर्ता की तरह देखते हैं, जो अनूठी मानवीय गतिविधियों के जरिए मनुष्य और उसकी सामाजिक संरचनाओं के क्रमिक विकास पर अपना प्रभाव छोड़ता है। संस्कृति में मानवीय संभावनाओं का आत्म-सचेत मूल्यांकन सुलभ कराने की संभावना होती है। वह मूल्यों के एक विन्यास की नुमाइंदगी करती है, जिससे बनने वाले फलक पर मानवीय जीवन के वांछनीय रूपों के दर्शन किए जाते हैं। इस प्रकार संस्कृति समाज का एक ऐसा अपरिहार्य उपकरण है, जिसके प्रयोग से मनुष्य और उसका पर्यावरण अपने भीतर होनेवाले परिवर्तन की गति और दिशा को एक सीमा तक नियंत्रित कर सकता है। इतिहास की नजर से देखा जाए तो उत्खनन से प्राप्त अवशेषों के अध्ययन के आधार पर पुरातन संस्कृतियों एवं सभ्यताओं का अनुमान लगाया जा सकता है। संस्कृति का जन्म वस्तुतः मानव के प्रादुर्भाव से संबंधित है। मानव वैज्ञानिकों का विश्वास है कि आधुनिक मानव शरीर की संरचना जिस स्वरूप में आज है, वह हजारों वर्ष पूर्व के मानव शरीर से भिन्न है, जिस प्रकार समाज और मानव शारीरिक संरचना गतिमान है, उसी प्रकार मानव संस्कृति भी परिवर्तनशील है, परंतु यह अपनी निरंतरता को बनाए रखती है—गुफाओं और कंदराओं में रहनेवाले जंगली जानवरों का शिकार कर जीविकोपार्जन करनेवाले आदि

मानव और आधुनिक मानव के मध्य निरंतर संबंध बनाए रखनेवाली कड़ी ही संस्कृति है।

संस्कृति की मौजूदगी यह बताती है कि हम सब एक ऐसे जगत् में रहते हैं, जो मनुष्य द्वारा ही रचा गया है और जिसकी सार्थकता की प्रासंगिकता भी उन्हीं की देन है। अपनी रोजमर्रा की जिंदगी का साक्षात्कार करते हुए हमें संस्कृति और उसके बहुआयामी मूल्यों की मान्यताओं का एहसास होता है। इसी संस्कृति के माध्यम से मनुष्य सामाजिक प्रवृत्तियों, मूल्यों और आचरण की साझेदारी की तरफ जाता है, जिनसे संस्थाओं, समूहों और संगठनों की रचना होती है, जिसे आधुनिकता के संदर्भ में राजनीतिक संस्कृति भी कहा जाता है, जो इस लेख का मूल उद्देश्य भी है। राजनीतिक संस्कृति का क्या अभिप्राय है? राजनीतिक संस्कृति किस प्रकार से पश्चिम के प्रभावों से अपने आप में अन्योन्य क्रिया करती है? जैसा कि यह माना जाता रहा है कि संस्कृति किसी एक समाज में पाई जानेवाली उच्चतम मूल्यों की वह चेतना है, जो सामाजिक प्रथाओं, व्यक्तियों की चितवृत्तियों, भावनाओं, मनोवृत्तियों, आचरण के साथ-साथ उसके द्वारा भौतिक पदार्थों को विशिष्ट स्वरूप प्रदान किए जाने में अभिव्यक्त की जाती है। मौलिक रूप से लेख को तीन भागों में विभक्त कर के प्रस्तुत किया जाएगा। प्रथम भाग में राजनीतिक संस्कृति के समक्ष संस्कृति को लेकर भारतीय तथा पश्चिमी बहसों को उल्लिखित किया जाएगा। दूसरे भाग में भारतीय संस्कृति को किस प्रकार और किस-किस रूप में अभिव्यक्त किया जा रहा है या किया जा सकता है, जिसमें राजनीतिक संस्कृति का विचार एवं विकास शामिल है। तीसरे भाग में राजनीतिक संस्कृति का वर्तमान परिदृश्य का अवलोकन किया जाएगा, जिसका मूल प्रश्न यह होगा कि क्या संस्कृति के अनुरूप राजनीतिक संस्कृति विकसित की जा सकती है?

राजनीतिक संस्कृति : भारतीय एवं पश्चिमी बहस

उत्तर औपनिवेशिकता के प्रभाव में सांस्कृतिक बहस में अकसर यह बहस मुख्य रूप से शामिल हो जाती है कि भारतीय संस्कृति पर विदेशी या पाश्चात्य संस्कृति मूल रूप से हावी रही है, लेकिन बहुत ही रणनीतिक तरीके से इस अवधारणा को वैधता प्रदान करते हुए पाश्चात्य संस्कृति भारतीय संस्कृति के मूल्यों को भी अपने घेरे में समाहित करते हुए पश्चिम अपने आप को सार्वभौमिक रूप में प्रस्तुत करता है। और हमारी चिंतन प्रक्रिया और सामाजिक मूल्यों को प्रभावित करता है, जिसमें प्राय: मौलिकता का अभाव दिखता है और संस्कृति का यह स्वरूप थोपा हुआ-सा प्रतीत होता है। इससे भारत अपने धार्मिक तथा सामाजिक क्रिया-कलापों से अपनी संस्कृति का स्रोत निर्मित करता है, जिसमें आस्था, एकता तथा विविधता को निर्मित करते हुए भारतीय संस्कृति को निरूपित करता है। वहीं पाश्चात्य ज्ञान ने इस प्रक्रिया को भौतिकतावादी तथा विज्ञान के नाम पर इसके

स्वरूप को उपभोक्ता और भोक्ता के रूप में परिभाषित कर दिया है। हमेशा से भारतीय संस्कृति में ऐसी पाश्चात्य प्रवृत्तियाँ देखी जाती हैं, इस कथन के आलोचना स्वरूप राजीव मल्होत्रा ने एक महत्त्वपूर्ण विमर्श को अंकित किया है, जो इस तथ्य का मार्ग प्रसस्त करती है कि भारतीय संस्कृति किसी भी प्रकार से भौतिकवादी मानसिकता की उपज नहीं थी, अपितु आध्यात्मिकता पर आधारित है। जहाँ मल्होत्रा यह भी मानते हैं कि भारतीय धार्मिक सभ्यता, सामाजिक बनावट और समाज के अंदर व्याप्त समावेशी विचार का मूल आधार 'संस्कृति' है। व्युत्पत्तिशास्त्र के अनुसार संस्कृति का अर्थ है—विस्तृत, परिष्कृत, शालीन और सभ्य जो अभिव्यक्ति की पूर्णता की ओर संकेत करता है। संस्कृति शब्द ऐसी ही सभ्यता और चलन के लिए उपयोग किया गया है, जो सनातन धर्म की व्याख्या करते हुए समाज को समावेशी बनाता है। यही नहीं यह आधुनिक भारत की सीमाओं को पार कर दक्षिण एशिया, दक्षिण पूर्व, पूर्वी एशिया के अधिकांश भागों को भी प्रभावित करता है। भारतीय संस्कृति का महात्म इतना अधिक था कि जिसने अखिल एशियाई संस्कृति में विकास और परिवर्तन को भी प्रभावित किया है। इसके लक्षण के रूप में वास्तुकला, शास्त्रीय संगीत, नृत्य, नाटक, मूर्तिकला, चित्रकला, धार्मिक अनुष्ठानों आदि के अभिव्यक्त भंडार को देखा जा सकता है।

भारतीय संस्कृति में किसी भी प्रकार के अभिजात्यवादी पक्षपात को नहीं देखा जा सकता, जो इसे पाश्चात्य संस्कृति से अलग करने के कारक के रूप में भी स्थापित करती है। जिसमें वेदों और पुराणों के माध्यम से यह देखा जाता है कि भारतीय संस्कृति में कुलीन वर्ग के अतिरिक्त अन्य वर्गों में भी विशेषकर जनसामान्य में फैलाने के माध्यम और स्मृतियों तथा कथाओं में समाए आध्यात्मिक संदेशों को प्रसारित करने के साथ-साथ प्राचीन लोकप्रिय संस्कृति के बहुआयामी पथ की स्थापना करती हैं। इस संदर्भ में विजयनाथ की पुस्तक 'पुरांस एंड एक्यूलरेशन' यह बताती है कि पुराणों ने विभिन्न सामाजिक स्तरों, जातियों, धार्मिक संप्रदायों एवं पारंपरिक भारतीय भू-भागों को ऐसी पद्धति से जोड़ा, जिसमें विकेंद्रीकृत तथा लचीलेपन की प्रकृति शामिल थी। यही तत्त्व सामाजिक गतिशीलता का उपकरण बनें, जिन्होंने जनजातीय लोगों को बड़ी संख्या में समाज में ब्राह्मणों के समान प्रवेश करने हेतु सक्षम बनाया। लेकिन आधुनिकता की परिवर्तित राजनीतिक परिभाषाओं ने संस्कृति के कई भारतीय सिद्धांतों को प्रभावित किया है।

भारतीय राजनीति में संस्कृति के आयाम

इस आयाम में मूल रूप से भारतीय संस्कृति के शास्त्रीय परंपरा के बौद्धिक वर्गों ने पाश्चात्य संस्कृति के सार्वभौमिकता के दावे की आलोचना की है, जिसमें भारतीय इतिहास के संदर्भ से पश्चिमी मानसिकता का खंडन किया गया और उसकी कमियों को उद्घाटित

करने का प्रयास किया। जहाँ हेगेल ने पाश्चात्य आधारित इतिहास की अवधारणा में यह स्थापित करने का प्रयास किया है कि पश्चिम की अवधारणा ही असाधारण है, क्योंकि इस यात्रा में वह नेतृत्व करने के लिए पूर्व निर्दिष्ट है, जबकि अन्य सभ्यताओं को लेकर हेगेल यह मानते हैं कि इन्हें पश्चिम के पीछे-पीछे चलना पड़ेगा या मिट जाना पड़ेगा। यह प्रवृत्ति निम्न से उच्च स्वरूप में विकसित होती है, जिसमें यह स्पष्ट करते हुए हेगेल यह आगे कहता है कि ईश्वर की योजना और विश्व इतिहास विधाता की योजना दो विपरीत दिशाओं में अग्रसर होती रही हैं। जहाँ भारतीय इतिहास में यह माना गया है कि व्यक्ति या मानव जाति, प्रकृति और ईश्वर के समक्ष समान है, इसे हेगेल ने मिथ्या करार दिया है। दूसरी तरफ मिल की पुस्तक 'हिस्टरी ऑफ ब्रिटिश इंडिया' में भी भारतीय इतिहास एवं संस्कृति को लेकर एक अविश्वास को दरशाया गया है, जिसने उपनिवेशवादी मानसिकता में भारत को प्रतिमूर्ति के रूप में स्थापित किया, साथ ही भारत की बौद्धिक परंपराओं से संबंधित प्रत्येक दावों को खारिज करते हुए आदिम और असभ्य देश के रूप में घोषित किया। साथ ही, भारतीय इतिहास और संस्कृति पर सकारात्मक विचार रखनेवाले विलियम जोंस को भी हिंदुओं का उन्नत सभ्यतावाला करार देते हुए उनकी आलोचना प्रस्तुत की। इस प्रकार की राजनीति को एक प्रभुत्वकारी शक्ति के रूप में परिभाषित किया जा सकता है, जो किसी खास मानसिकता से ग्रसित हो। इस राजनीति के विपरीत भारत में अपना मार्ग चुनने की पूर्ण स्वतंत्रता और किसी धार्मिक हठधर्मिता को नकारने तथा सभी के मतों को सुनने का एक लोकतांत्रिक इतिहास अशोक से पहले की भारतीय संस्कृति में व्याप्त था।

भारतीय संस्कृति में दूसरा आयाम राष्ट्र और राष्ट्रवाद का है, जिसका आधार अति प्राचीन है। उदाहरण के तौर पर, हड़प्पा सभ्यता में राष्ट्रवाद धार्मिक और सामाजिक राष्ट्रवाद का मिला-जुला रूप था—हड़प्पा सभ्यता के उत्खनन में अधिक-से-अधिक धार्मिक तत्त्वों का मिलना साथ ही संपूर्ण हड़प्पा सभ्यता क्षेत्र में लगभग एक जैसी व्यवस्था का प्रचलित होना इस बात का प्रमाण है कि तात्कालिक समय में संपूर्ण हड़प्पा समाज एक हद तक धार्मिक राष्ट्रवाद से साझे रूप से जुड़ा हुआ था। जैसा कि ए.एल. बाशम ने लिखा है कि वास्तव में ऐसा प्रतीत होता है कि मिस्र एवं मेसोपोटामिया की सभ्यताओं की भाँति हड़प्पा की सभ्यता भी एक धर्म राज्य पर आधारित थी। परंतु वर्तमान परिदृश्यों में समग्र भारत राष्ट्रवाद को लेकर पश्चिम की बहसों से दो-चार होता रहा है। यहाँ ध्यान देने योग्य तथ्य है कि राष्ट्रवाद का विमर्श राष्ट्र-राज्य सिद्धांत की देन है। भारतीय समाज की राष्ट्र की संकल्पना अत्यंत प्राचीन है। इसका राष्ट्रबोध, आत्मीयता, ममत्व, अनुराग, परंपरा, संस्कृति के संवाहकों के माध्यम से परिलक्षित होता है, जिसकी वर्तमान विमर्श में औपनिवेशिकता के प्रभाव में उपेक्षा होती है, इसलिए भी भारतीय ज्ञान परंपरा के अ-औपनिवेशीकरण की आवश्यकता है।

राजनीतिक संस्कृति का वर्तमान परिदृश्य

भारतीय मनीषा के विपरीत वर्तमान परिदृश्य में समाज विज्ञान में संस्कृति को लेकर कई पद महत्त्वपूर्ण रूप से प्रयोग किए जाते हैं—संस्कृतीकरण, कल्चरल स्टडीज, बहुसांस्कृतिक समाज का प्रयोग होता है, जिसमें राज्य की संकल्पना, समाज की बनावट तथा समाज के बीच होनेवाले अन्योन्य क्रियाओं तथा साहित्यों का अध्ययन तथा विश्लेषण किया जाता है, जिसे एक सैद्धांतिक कारीगरी का भी परिणाम माना जाता है जिसमें यह स्थापित करने का प्रयास किया गया है कि भारतीय सभ्यता पर किसी एक सांस्कृतिक केंद्र का वर्चस्व कभी नहीं रहा है। पुराने सांस्कृतिक बहुलतावाद से हटकर बहु-बहुलतावाद को अपनाने के साथ-साथ राज्य और संस्कृति में चार परिवर्तन हुए और ये परिवर्तन केवल भारत के संदर्भ में ही नहीं, बल्कि तीसरी दुनिया में भी व्याप्त हैं। पहला परिवर्तन राष्ट्र की बढ़ती जिम्मेदारियों की ओर इशारा करता है कि राज्य संसाधनों तथा उन संसाधनों के वितरण में समाहित साझेदारी का समावेशन करें, जिसमें राष्ट्र एक अभिभावक की भूमिका ही अदा न करें, बल्कि समाज अपनी संस्कृतियों के साथ उसके निर्माण का भी कार्य निरंतर करता रहे। दूसरा परिवर्तन आधुनिक राज्य के उदय को लेकर है, जिसमें भारतीय सभ्यता के प्रति राज्य उसके गौरवशाली इतिहास को सर्वांगीण रूप से बनाए रखे तथा महाकाव्यात्मक संस्कृति पर भी स्वस्थ रूप से उसकी निरंतरता व विकास को बनाए रखे। तीसरा परिवर्तन लोकतंत्र को केवल एक शासन व्यवस्था के रूप में न देखें बल्कि उसे सांस्कृतिक इतिहास के रूप में भी प्रसारित करें, क्योंकि भारत में लोकतंत्र को लेकर इतिहास मूलतः दो प्रकार की संस्कृति का महत्त्वपूर्ण स्थान रहा है—प्रथम, सामाजिक चयन की संस्कृति, दूसरा सार्वजनिक चयन की संस्कृति विद्यमान रही है। अंत में भारत हमेशा से सर्वधर्म समभाव के विचार को लेकर आगे बढ़ता रहा है, जिसमें पदसोपानीय अनुक्रम न होकर अधोस्तरीय प्रक्रिया से धार्मिक सद्भावना तथा समस्त धार्मिक महत्त्व का सम्मान करते हुए अपने आपको धर्मनिरपेक्ष राजनीति का मार्ग प्रशस्त करती है। इन आधारों पर यह कहा जा सकता है कि भारतीय राजनीति को उसकी संस्कृति के आधार पर सुगठित और सुविचारित, मूल्य आधारित बनाया जा सकता है।

□

पश्चिमी राजनीतिक चिंतन को भारतीय चिंतन की चुनौती

✍ प्रो. कौशल किशोर मिश्र

अंग्रेजों ने भारतीय मेधा पर यह आरोप लगाया कि भारतीयों में राजनीतिक चिंतन की कोई प्रतिभा नही थी। ब्रिटिशों ने भारत को राजनीतिक चिंतन की प्रक्रिया सिखाई। वास्तव में इसी भ्रम को फैलाकर साम्राज्यवादियों ने भारत पर शासन किया। 10 मई, 1857 को मेरठ से प्रारंभ हुए विद्रोह ने पहली बार भारतीय मानसिकता को झकझोरने का कार्य किया। इसमें भारतीय विद्वानों में आत्मगौरव का भाव जगाया। आत्म गौरव का भाव शिक्षा, संस्कृति, भाषा, चिंतन, सामाजिक, आर्थिक, राजनीतिक एवं भाषा सभी क्षेत्रों में प्रकट हुआ। वास्तव में भारत में चिंतन की परंपरा पर अध्ययन की गंभीर शुरुआत 1857 के विद्रोह के बाद ही हुई। भारत के बारे में कहा गया कि "भारत राष्ट्र और राष्ट्रीय भावनाओं से शून्य रहा है। लोकतंत्र की भाषा न जानने के कारण निरंकुश एवं आततायी राजतंत्र से शासित रहे हैं। भारतीयों की नियति पतन और अपकर्ष की रही है। भारतीय राजनीतिक संवेदना और प्रक्रिया के अभाव में पलते रहे हैं। भारतीय धर्म और आध्यात्मिक समस्याओं में खोए रहनेवाले दार्शनिक हैं। उनको सुधारने के लिये, उन्हें सभ्य (civil) बनाने के लिए उन्हें पराधीन बनाए रखना जरुरी है। यदि उनके विदेशी शासक न होते तो भारतीय जड़ बने रहते, और राजनीतिक चिंतन का संस्कार न पाते। भारत का दुर्भाग्य रहा कि इन विचारों के सुर–में–सुर मिलाने का काम खुद भारतीयों ने किया। 1857 के विद्रोह के बाद इस तरह के विचारों के विरुद्ध प्रतिक्रिया हुई। भगवानलाल इंद्रजी, आर.जी. भंडारकर, आर.एल. मिला, बाल गंगाधर तिलक ने भारतीय राजनीतिक चिंतन की प्राचीनतम परंपरा को खोज निकाला। उन्होंने सिद्ध कर दिया कि राज्य और शासन व्यवस्था पर विश्व में प्रथम चिंतन भारतीयों का ही है।

1857 में रमेशचंद्र दत्त ने वैदिक मेलों के आधार पर सिद्ध किया कि विश्व में राष्ट्र

की प्रथम अवधारणा वेदों ने की। 1894 में पूर्णंदु नारायण सिंह ने कहा कि वेद में नियंत्रित राजतंत्र था, यह मात्र कर वसूलनेवाली संस्था नहीं थी। 1905 में कौटिल्य अर्थशास्त्र की खोज के बाद यह सिद्ध हुआ कि भारत में अर्थशास्त्र की परंपरा प्राचीन रही है। यह अर्थशास्त्र नहीं वरन् सुशासन की राजनीतिक परंपरा है। कौटिल्य ने राजनीति, सुशासन, स्वदेशी, राष्ट्र राज्य, लोकतांत्रिक संस्थाओं, वैश्विक राजनीति, नेतृत्व, अर्थव्यवस्था, कर प्रणाली, सेना, अंतरराष्ट्रीय संबंध, कल्याणकारी राज्य को विश्लेषित करनेवाले 13 अर्थशास्त्रियों के नाम बताए। वे हैं—बाहुदंतीपुत्र, दीर्घपारायण, घोटकमुख, कणिक, भारद्वाज, कात्यायन, किन्जल्क, पिशुनपुत्र, कौणपदंत, पाराशर, पिशुन, वातव्याधि एवं विशालाक्ष। कौटिल्य ने कहा कि अर्थशास्त्र की रचना इन अर्थशास्त्रियों के विचारों पर आधारित है।

1907 में ए.सी. दास ने नियंत्रित राजतंत्र का स्वरूप प्रस्तुत किया। 1907 में ही ए.सी. दास ने स्थानीय शासन, पंचायती राज, सत्ता के विकेंद्रीकरण का सुस्पष्ट रूप बताकर भारत में निरंकुश राजतंत्र के अस्तित्व के पश्चिमी धारणा का खंडन किया। 1913 एवं 1915 के मध्य काशी प्रसाद जायसवाल ने अपने लेखों के माध्यम से भारत में राजनीतिक परंपरा के सभी मूल तत्त्वों को उद्घाटित किया। 1924 में 'हिंदू पॉलिटी' नामक से उन्होंने सिद्ध किया। भारत में राजनीतिक ढाँचा अंशत: एथेंस के गणतंत्रों और अंशत: ब्रिटेन के ढंग के संवैधानिक राजतंत्रों का योग है। पौर एवं जनपद जैसी संस्थाओं के अस्तित्व बताकर उसकी आधुनिक उपादेयता सिद्ध की। उन्होंने बताया कि जिन राजनीतिक संस्थाओं को हम पश्चिम की देन समझते हैं वे भारत में ही फली-फूली। के.वी. रंगास्वामी आयंगर ने 1936 में 'Some Aspect of Ancient Indian Polity' लिखकर भारत में राजनीतिक चिंतन को प्लेटो और अरस्तू से भी पुरानी परंपरा बता दिया। 1934 में ही के.वी. रंगास्वामी आयंगर ने 'Ancient Indian Economic Thought' लिखकर 'एक राष्ट्र एक कर' की अवधारणा सिद्ध की। 1931 में एस.के. आयंगर ने 'Ancient India' नामक ग्रंथ में कहा कि लोक कल्याणकारी राज्य की अवधारणा भारत की देन है। 1927 में एन.सी. बंद्योपाध्याय ने 'Kautilya or An Exposition of His Social and Political Theory' नामक ग्रंथ लिखकर कहा कि संघीय शासन व्यवस्था, एक जन, एक राष्ट्र, सबका विकास, सशक्त केंद्र, मौलिक अधिकार, जनसापेक्ष नेतृत्व, सुशासन, भ्रष्टाचार मुक्त राष्ट्र की अवधारणा कौटिल्य ने ही दी। 1927 में ही एन.सी. बंद्योपाध्याय ने 'Development of Hindu Polity and Political Theory' नामक पुस्तक लिखकर 'Political Theory' नामक राजनीतिक चिंतन की विद्या का खोज करने का श्रेय भारत को दिया। 1935 में जे.जे. अंजारिया ने 'The Nature and Ground of Political Obligation in Hindu State' नामक पुस्तक लिखकर बताया कि

विश्व में राज्य की अवधारणा का विकास पहले भारत में हुआ, बाद में पश्चिमी लोगों ने भारत से उधार लिया। 1930 में पी.एन. बैनर्जी ने 'History of Hindu Taxation' नाम पुस्तक में जी.एस.टी. जैसी अवधारणा का संकेत दिया और बताया कि टैक्स का आधार जनता की सुरक्षा से है। अगर राज्य सुरक्षा के दायित्व का निर्वाह नही करता तो, प्रजा राज्य को टैक्स देने से मना कर सकती है। 1921 में एस. बसु ने 'State, Nation and Kingship in Jatak' नामक किताब लिखकर जातक ग्रंथों में राजनीतिक परंपरा का विश्लेषण किया। 1929 में डी.आर. भंडारकर ने 'Some Aspect of Ancient Indian Polity' नामक किताब लिखकर हिंदू राजनीतिक चिंतन को आगे बढ़ाया और बताया कि पश्चिम के राजनीतिक चिंतन की तुलना में अधिक समृद्ध थी। 1925 में डी.आर. भंडारकर में 'Ashok' नामक पुस्तक लिखकर बौद्ध लोकतांत्रिक व्यवस्था का वर्णन किया। बताया कि बौद्धों में मताधिकार की परंपरा ज्यादा संबद्ध थी। एस.बी. बोस ने 'Hindu Concept of Governance' पर पुस्तक लिखकर हिन्दुओं के सुशासन को स्पष्ट किया। बताया गया कि 'मिनिमम गवर्नमेंट और मिनिमम गर्वेनेंस' की कल्पना भारत ने की। 1923 में सी. चक्रवर्ती ने 'A Study in Hindu Social Polity' नामक किताब लिखकर बताया कि भारत में समाज सापेक्ष राजनीति थी। समाज सर्वोच्च था, राजनीति उसकी सहयोगी। 1921 में एस.के. दास ने 'Rig-Vedic India' लिखकर ऋग्वेद में राजनीतिक व्यवस्था का स्पष्ट उदाहरण प्रस्तुत किया। 1907 में डी.सी. दास ने 'Limited Monarchy in Ancient India' लिखकर यह बताया कि भारत में संवैधानिक राजतंत्र था। 1929 में बी.आर. दीक्षितर ने 'Hindu Administrative Institution' लिखकर भारत में लोक प्रशासन की प्राचीन व्यवस्था को स्पष्ट किया। यू.एन. घोषाल ने 1923 में 'Hindu Political Theory' लिखकर यह दावा किया कि पॉलिटिकल थ्योरी का जन्मदाता पश्चिम नहीं था, भारत था। 1927 में होकार्टे ने 'Kingship' लिखकर यह सिद्ध किया कि भारत की राजनीतिक व्यवस्था की व्यापकता को स्पष्ट कर दिया। नरेंद्रनाथ लॉ ने 1916 में 'Forms and Types of State in Ancient India' लिखकर अरस्तू को चुनौती दी और कहा कि अरस्तू का संविधानों का वर्गीकरण भारतीय राजनीतिक चिंतन का ऋणी है। 1920 में नरेंद्रनाथ लॉ ने ही 'Inter State Relations in Ancient India' लिखकर यह सिद्ध किया कि अंतरराष्ट्रीय राजनीति के चिंतन की परंपरा भारत में सुस्पष्ट थी। लिंड ब्लैंड ने 'The Ultimate of International Relations, 1912' में लिखकर प्राचीन भारत में अंतरराष्ट्रीय राजनीति के विभिन्न अवयवों को स्पष्ट किया, और कहा कि अंतरराष्ट्रीय राजनीति के चिंतन की परंपरा भारत से शुरू हुई।

1916 से 1930 के मध्य प्राचीन भारतीय राजनीतिक पहलुओं को स्पष्ट करनेवाली

अनेक महत्त्वपूर्ण रचनाओं के प्रकाशन हुआ। आर.सी. मजूमदार, शामाशास्त्री, वी.के. सरकार, ए.वी. विश्वनाथ, बेनी प्रसाद ने अर्थशास्त्र, धर्मशास्त्र, धर्मसूत्र, नीतिग्रंथ, महाकाव्य, बौद्ध, जैन, यहाँ तक कि कालिदास, भर्तृहरि, बाण, भवभूति, माघ, कल्हण, तथा मेरु तक आचार्य आदि की सूचनाओं के आधार पर भारतीय राजनीतिक संस्थाओं, लोक प्रशासन, अंतरराष्ट्रीय राजनीति, राजनीतिक सिद्धांतों का लौकिक और व्यावहारिक दृष्टि से विवेचन कर पश्चिमी प्रश्नों का उत्तर दिया। 1930 के बाद तो प्राचीन भारतीय राजनीतिक चिंतन की कृतियों की बाढ़ आ गई। 1940 तक विश्व के राजनीतिक सिद्धांतकार यह मानने लगे कि भारतीय राजनीतिक चिंतन का क्षेत्र पश्चिम की तुलना में ज्यादा व्यापक और व्यावहारिक था। चिंतन की परंपरा का अध्ययन करना श्रेष्ठता का सूचक है। स्वतंत्रता संग्राम के दिनों में इन रचनाओं का उद्देश्य राष्ट्रवादी दृष्टिकोण को उपस्थित करना था। माना यह गया कि इन कृतियों ने राष्ट्रीय आंदोलन को गति प्रदान की। स्वतंत्रता के बाद मुख्यत: 1952 से प्राचीन भारतीय राजनीतिक परंपरा के अध्ययन-अध्यापन की गति धीमी पड़ गई। उस समय यह मान लिया गया कि स्वतंत्र भारत में राजनीतिक-सामाजिक विज्ञान में राष्ट्रवादी ढ़ंग से चिंतन की कोई आवश्यकता नही है। वस्तुत: आधुनिक प्रगतिशील बनने और पश्चिमी राजनीतिक मूल्यों का अन्धानुकरण करने की होड़ में विद्वानों ने अपना स्वत्व मिटाने और आत्मगौरव का भाव लुप्त करने में अपना कदम बढ़ाया। प्राचीन भारतीय राजनीतिक चिंतन को 'कूपमंडूक चिंतन' का पर्याय मान लिया गया। लेकिन भारतीय खिचड़ी सोच के बाद भी कुछ जिद्दी विद्वान् थे, जिन्होंने स्वयं को हेय दृष्टि से देखे जाने के बाद भी भारतीय चिंतन पर कार्य करना जारी रखा। 1962 में चार्ल्स ड्रेकपेपर ने 'Kingship and Community in Ancient India' नामक पुस्तक लिखकर भारतीय राजनीतिक चिंतन की प्रासंगिकता सिद्ध की। 1973 में जे. थामस ने 'संप्रभुता' को प्राचीन भारतीय चिंतन के संदर्भ में परिभाषित किया। जिन्होंने बोंदा के संप्रभुता के सिद्धांत को हास्यास्पद करार दिया। स्वतंत्र भारत में आर.एस. बेतई, सी.पी. भांभरी, एम. भंडारी, एन.के. दत्ता, एस. मुखर्जी, एस. मिश्रा, एम.वी. पटवर्धन, के.एम. पनिक्कर ने भारतीय राजनीतिक चिंतन और राष्ट्र की व्याख्या नये संदर्भों में की। 1963 में बी.ए. सेलीटोर ने 'Ancient Indian Political Thought and Institution' लिखकर भारतीय राजनीतिक चिंतन में शोध के वैश्विक प्रतिमान स्थापित किए। आर.एस. शर्मा ने 1980 में मनु के अनुसार प्राचीन राजनीतिक चिंतन में 'राजधर्म' की परिभाषा प्रस्तुत की। 1985-86 में डॉ. कौशल किशोर मिश्र की पुस्तक 'मनुस्मृति में राजतंत्र' ने लोगों को सोचने को मजबूर कर दिया कि मनु ने जिस 'राजधर्म' को प्रतिपादन किया वह 'सर्वजन सुखाय' था। 1958 में केवल मोटवानी ने 'Manu Dharmshastra' लिखकर यह सिद्ध किया कि वैश्वीकरण की अवधारणा मनु के दर्शन में मिलती है। 1976 में एस.डी.

शर्मा ने 'The Concept of Justice in Ancient India' लिखकर न्याय की भारतीय अवधारणा को स्पष्ट कर दिया। 1963 में एच.एन. सिन्हा ने The Kaultiyan State a Welfare State' लिखकर कल्याणकारी राज्य का आधुनिक अवधारणा को आगे बढ़ाया। 1964 में जे.डब्ल्यू. स्पेलमैन ने Political Theory in Ancient India लिखकर पॉलिटिकल थ्योरी के पश्चिमी सिद्धांत को चुनौती दी। 1974 मे वी.पी. वर्मा ने 'Studies in Hindu Political Thought and its Metaphysical Foundation' लिखकर राजनीति विज्ञान के अनेक प्रश्नों के उत्तर दिया। वी.पी. उपाध्याय ने 1980 में प्राचीन भारत में अंतरराष्ट्रीय संबंध लिखकर अंतरराष्ट्रीय संबंध में मार्गेन्थू के सिद्धांत को चुनौती दी। 1965 में एल.डी. ठाकुर ने प्रमुख स्मृतियाँ का अध्ययन नाम किताब लिखकर स्मृतियों में लोकतंत्र की अवधारणा की खोज की।

वास्तव में भारतीय विद्वानों का एक वर्ग हमेशा राजनीतिक चिंतन के क्षेत्र में पश्चिमी अवधारणाओं को भारतीय संदर्भ में चुनौती देता रहा। विश्व ने एक अर्थ में यह स्वीकार कर लिया है कि प्राचीन भारत के राजनीतिक चिंतन की सुदीर्घ परंपरा रही है। लेकिन भारत में कतिपय स्वार्थों से एक बड़ा बौद्धिक वर्ग भारतीय चिंतन परंपरा को स्वीकार करने को तैयार नहीं है।

□

जन-गण-मन और पत्रकारिता

✍ **हरिश वशिष्ठ**

गणतंत्र में देश, काल और परिस्थिति के अनुसार आमजन के मन से जुड़ने की यात्रा ही तो पत्रकारिता है। किसी ने सही ही कहा है—

कलम ही अब बंदूक-तलवार हो जाए।
इक गरीब की सूरत अखबार हो जाए।।

मीडिया के माध्यम से हम लाखों-करोड़ों जन की आवाज बन जाते हैं, उन नि:शब्दों को भी शब्द दे देते हैं, जो शायद अपनी बात कह सकने में उतने सक्षम नहीं हैं। इसीलिए आमजन के लिए पत्रकारिता की एक और बड़ी जिम्मेदारी है कि किस समय कौन सा शब्द परोसना है, किसे परोसना और कितना परोसना है, इस पर पूर्ण नियंत्रण रहे। शब्द भी एक तरह का भोजन हैं, इनका भी अपना एक स्वाद है। बोलने या लिखने से पहले इस स्वाद को अगर स्वयं भी चख लेंगे तो खुद के साथ-साथ दूसरों को भी अच्छा महसूस होगा। शब्दों के स्वाद का संतुलन अगर सध गया तो आमजन के लिए इससे बढ़िया कोई रसोइया भला और कौन होगा ?

देश भर में फैले 98 करोड़ से ज्यादा मौजूद सक्रिय मोबाइल फोनों की भयावह टेक्नोलॉजी के जंगल में, जहाँ हर पल लाखों मैसेज घूमते-फिरते हों, वहाँ एक विश्वसनीय सूचना आमजन तक पहुँचाना एक बड़ी जिम्मेदारी का एहसास है किसी भी पत्रकार के लिए। इस विश्वसनीय सूचना को आमजन तक पहुँचाना सीधे-सीधे पत्रकारिता की साख के साथ जुड़ा हुआ है। साथ ही, सवाल जुड़ा है मीडिया में बाजार की भूमिका का। मीडिया की सार्थकता उसकी विश्वसनीयता पर ही निर्भर करती हैं, बाजार और विश्वसनीयता के बीच में संतुलन बनाना तलवार की धार पर दौड़ने के समान है। देश के हजारों-लाखों पत्रकार हर पल तलवार की इस धार पर दौड़ते हुए संतुलन बनाने की कोशिश में कभी सफल होते हैं तो कभी रपट भी जाते हैं।

'90 के दशक में अर्थव्यवस्था के खुलने के साथ शुरू हुए दौर में जहाँ अखबार

बहुसंस्करण वाले हो गए, वहीं टी.वी. चैनलों की बाढ़-सी आ गई। फिर शुरू हुआ सोशल मीडिया का दौर और अब डिजिटल मीडिया ने एक गहरी दस्तक दे दी है। इस सबके बीच अभी भी आमजन तक एक विश्वसनीय सूचना पहुँचाना किसी भी पत्रकार के लिए एक बड़ी चुनौती बना हुआ है।

विश्वसनीयता के इस संकट से देश का चुनाव आयोग भी परेशान है। कहने को तो सोशल मीडिया ने आमजन को आज इतनी आजादी दे दी है, जितनी उसे कभी नहीं थी। यह आजादी कभी उकसावे का कारण बन जाती है तो कभी राजनीतिक व्यापारी मतदाताओं को प्रभावित करने के लिए बड़ी चालाकी से इसका इस्तेमाल करने लगते हैं। मुख्य चुनाव आयुक्त ओ.पी. रावत को परेशानी में यह तक कहना पड़ा कि फेक न्यूज की संख्या इतनी ज्यादा है कि कई बार तो यह समझ पाना कठिन हो जाता है कि क्या ठीक है और क्या गलत? यहाँ तक कि महाभारत काल में भी फेक न्यूज का इस्तेमाल किया जाता था। अश्वत्थामा हाथी को मार कर एक फेक न्यूज के माध्यम से आचार्य द्रोणाचार्य को सूचित किया गया कि उसी नाम का उनका पुत्र मारा गया है। द्रोणाचार्य हथियार छोड़ देते हैं और उनका वध कर दिया जाता है, युद्ध का पासा पलटने लग जाता है। फेक न्यूज को रोकने के लिए चुनाव आयोग सोशल मीडिया कंपनियों को कह रहा है कि वे चुनाव में अपने प्लेटफॉर्म को फेक न्यूज के लिए इस्तेमाल न होने दें, ताकि वोटरों को गलत ढंग से प्रभावित होने से रोका जा सके। इसके लिए चुनाव आयोग साइबर विशेषज्ञों की कुछ टीमें भी तैयार कर रहा है।

इस डिजिटल युग के कोलाहल में अकसर सच्चाई और तथ्य छिप-से जाते हैं। ऐसे में गंभीर पत्रकार के लिए सच्चाई को सामने लाकर उसे आमजन तक पहुँचाना एक दुरूह-सा कार्य हो जाता है। बाजार, मार्केटिंग, प्रबंधन के दबाव, अपने पाठक/दर्शक तक तथ्यों को पहुँचाने की जिम्मेदारी के कारण अधिकांश पत्रकार हमेशा तनावग्रस्त रहते हैं। गणतंत्र के आम आदमी के मन को खुश करने की कोशिश में संपादक से लेकर स्ट्रिंगर तक अधिकांश पत्रकार युद्ध क्षेत्र में रहनेवाले एक सैनिक की तरह अकसर तनावग्रस्त रहते हैं। अखबारों, न्यूज चैनलों के न्यूजरूम देर रात्रि तक एक वॉर रूम की भाँति हाई वोल्टेज माहौल में काम करते हुए दिखाई देते हैं। खबरों को जुटाने और उनकी पुष्टि के लिए प्रतिबद्ध इन जुनूनी लोगों की कोई भी गलती अक्षम्य समझी जाती है। जल्दबाजी में संपूर्ण सच्चाई तक पहुँचने की कोशिश अकसर पत्रकारों को उसके काफी करीब तक ले भी जाती है, परंतु यह उनके खुद के लिए भी कई बार खतरा लेकर आती है। अपने अनुभव और प्रशिक्षण के कारण अकसर पत्रकार इस खतरे को उठाने को तैयार भी रहते हैं।

भारत एक प्रयोगधर्मी देश है। यहाँ कोई अंतिम व्यक्ति, अंतिम विचार, अंतिम

वाक्य या अंतिम पुस्तक नहीं है। यहाँ कोई पूर्ण विराम भी नहीं है। देश विविधताओं से भरा हुआ है। विविध विचार, विविध भाषाएँ, विविध खान-पान, विविध रीति-रिवाज ही तो इस देश को खास बनाते हैं। प्रकृति भी तो एकरूपता से नफरत करती है और विविधता का सम्मान करती है। देश की इस विविधता को पत्रकारिता ने भी आत्मसात् किया है। विविध विचारों की मुखर और प्रखर अभिव्यक्ति पत्रकारिता को इस महान् देश की महान् परंपरा से भी जोड़ती है। इस देश के विविध जनमानस को एकरूपता में पिरोने में पत्रकारिता ने भी एक अहम् भूमिका निभाई है।

अगस्त 2018 में माओवादी/नक्सली विचारकों की गिरफ्तारियों के संदर्भ में सुप्रीम कोर्ट के जस्टिस डी.वाई. चंद्रचूड़ की यह टिप्पणी विरोधी विचारों को भी स्वीकार करने के संदर्भ में अत्यंत महत्त्वपूर्ण है कि "मत-भिन्नता लोकतंत्र का सेफ्टी वॉल्व है और अगर मत-भिन्नता की इजाजत नहीं दी गई तो प्रेशर कुकर फट सकता है।" जस्टिस चंद्रचूड़ चीफ जस्टिस दीपक मिश्रा की अध्यक्षता वाली उस खंडपीठ का हिस्सा थे, जो इस मामले की सुनवाई कर रही थी।

मीडिया अपने अलग-अलग अवतारों में लोकतंत्र के पहरुए के रूप में विभिन्न विरोधी विचारों को एक मंच प्रदान कर सेफ्टी वॉल्व के रूप में मीडिया एक बड़ी भूमिका निभा रहा है। कई बार इसी कारण इसे एक खास विचार से जुड़े तबके की आलोचना का शिकार भी होना पड़ता है, परंतु विविधताओं से भरे इस देश में लोकतंत्र तभी जिंदा रह पाएगा, जब हम विचारों की भिन्नता को मन से स्वीकार करेंगे, किसी मजबूरी में नहीं।

हार्वर्ड के दो प्रोफेसरों, डेनियल जिबलाट तथा स्टीवन लेविटस्की की नई पुस्तक 'हाउ डेमोक्रेसिज डाई' में इस संदर्भ में एक टिप्पणी है कि मौजूदा वक्त में किसी तख्ता पलट के माध्यम से लोकतंत्र समाप्त नहीं होंगे, अपितु मूलभूत अधिकारों तथा नागरिक स्वतंत्रता को लगातार कम करते हुए सरकारें तथा उसके साथ चलने वाला मीडिया सतत राग अलापते हुए एक राष्ट्र विरोध नरेटिव का डर खड़ा करते रहेंगे। सन् 1975 में इमरजेंसी लगाने के बाद तत्कालीन इंदिरा गांधी सरकार के खिलाफ देशव्यापी आंदोलन चला रहे जयप्रकाश नारायण समेत लाखों लोगों को लंबे समय तक जेल की सलाखों के पीछे भेज दिया गया। सत्ता का स्वभाव हमेशा लगभग ऐसा ही रहा है, परंतु मीडिया का मूल स्वभाव आमतौर पर विभिन्न विचारों के समावेश तथा आमजन के अधिकारों के रखवाले का रहा है।

भारत में तो पत्रकारिता का विकास ही ब्रिटिश सरकार के अन्याय के खिलाफ आवाज बुलंद करने तथा बेआवाज आमजन को आवाज देने के माध्यम के रूप में ही शुरू हुआ था।

अफवाह थी कि मेरी तबीयत खराब है
लोगों ने पूछ-पूछ के बीमार कर दिया।
रुक-रुक के लोग देखते हैं मेरी तरफ
तुमने जरा-सी बात को अखबार कर दिया।

राहत इंदौरी का यह शे'र पत्रकारिता के पेशे के एक विरोधाभास की तरफ इंगित करता है कि क्या छापा जाए और क्या न छापा जाए। बात अब छपने से आगे निकल चुकी है कि मीडिया में आम पाठक के लिए क्या दिया जाए और क्या न दिया जाए। प्रसिद्ध पत्रकार कुलदीप नैयर हँसते हुए अकसर एक बात कहा करते थे हर अफवाह एक खबर होती है और उसका खंडन भी खबर। तो फिर एक ही जगह दो खबरें क्यों न दी जाएँ?"

अकसर कहा जाता है कि मीडिया अपनी साख को बनाए रखने के लिए अकसर खबरों की सच्चाई को ठोक-बजाकर परखने के बाद ही उसे आगे परोसता है। तो क्या कुलदीप नैयर ये कह रहे हैं कि खबरों की विश्वसनीयता को बिना परखे ही उन्हें आगे परोस देना चाहिए? नहीं, ऐसा तो नहीं है। इमरजेंसी में प्रेस पर लगी सेंसरशिप का विरोध करते हुए जेल जानेवाले मूर्धन्य पत्रकार से यह उम्मीद कौन कर सकता है कि वो पत्रकारों को अराजक होने का संदेश दे रहे हैं।

आमजन तक सही सूचना पहुँचाने की छटपटाहट हर पत्रकार के मन में रहती है। 31 अक्तूबर, 1984 में तत्कालीन प्रधानमंत्री श्रीमती इंदिरा गांधी की हत्या के बाद पंजाब में प्रेस पर सेंसरशिप थोप दी गई थी। उत्तर भारत में सिखों के खिलाफ हमले शुरू हो गए थे तथा उसका असर पंजाब में भी देखा जाने लगा था। ऐसे में सेंसरशिप के बावजूद आम पाठक तक सही सूचना पहुँचाना तथा क्षेत्र की सांप्रदायिक स्थिति को बिगड़ने न देना पत्रकारों के लिए एक बड़ी जिम्मेदारी थी। 'ट्रिब्यून' समाचार-पत्र समूह के प्रधान संपादक तथा देश के मूर्धन्य पत्रकारों में से एक प्रेम भाटिया को देर रात तक सेंसर अधिकारियों से एक-एक शब्द पर उलझते हुए पाठकों तक सही सूचना पहुँचाने की अपनी जिम्मेदारी को निभाते इस लेखक ने खुद देखा है। दो बार हाई कमिश्नर भी रह चुके श्री प्रेम भाटिया कई बार तो काटे गए किसी शब्द या वाक्य के लिए सेंसर अधिकारियों से सीधे भिड़ भी जाते थे तथा कटु वचन बोलने में भी उन्हें कोई गुरेज नहीं होता था। ध्येय केवल एक ही था, अपने पाठक तक सही सूचना पहुँचाना।

श्री प्रेम भाटिया का मानना था कि नए पाठकों की जो पीढ़ी अब आ रही है, वह अखबारों के स्तर, उनके गुण तथा उसके समाचारों की व्यापकता को देखकर ही अखबार चुनेगी। यह एक अच्छा संकेत है। पाठकों की संख्या बढ़ेगी ही, साथ ही उनमें से अधिकांश ऐसे भी होंगे, जो चाहेंगे कि वे अखबार पर जितनी रकम खर्च करते हैं, वह वसूल भी हो। इसलिए आज के अखबार के पाठकों की बजाय वे अधिक पैनी नजर वाले होंगे। किसी

भी समाचार-पत्र के संपादक या प्रकाशक का यह सोचना तो बड़ी धृष्टता होगा कि शिक्षा के प्रसार की प्रक्रिया केवल पाठकों में ही चलती रहेगी। अपने पाठक की अपेक्षाएँ पूरी करने के लिए संपादक और प्रकाशक को भी अपना ज्ञान बढ़ाते रहना होगा। संतोष कर लेने की प्रवृत्ति खत्म होना वास्तविक बुद्धिमानी का लक्षण है। स्वर्गीय भाटिया की यह सोच आज पत्रकारिता के सभी अंगों—इलेक्ट्रॉनिक्स, सोशल तथा डिजिटल मीडिया पर भी खरी उतरती साबित हो रही है।

सन् 1947 से पहले देश की पत्रकारिता का मिशन अंग्रेजों से आजादी था। यह देश के आमजन की भावनाओं की अभिव्यक्ति का माध्यम भी था। इस संदर्भ में उस समय लाहौर से छपने वाले अंग्रेजी अखबार 'द ट्रिब्यून' के एक यशस्वी संपादक कालीनाथ रे की अपने पाठकों, देश तथा मानव मूल्यों के प्रति निष्ठा को याद करना उचित ही होगा। 13 अप्रैल, 1919 को जब बैसाखी के दिन अमृतसर के जलियाँवाला बाग में शांतिपूर्वक आंदोलन कर रहे 1,000 स्वतंत्रता सेनानियों को गोलियों से भून दिया गया, तब बहुत कम बोलने वाले, शर्मीले-से कालीनाथ रे की लेखनी ने पूरे पंजाब में एक जन आंदोलन को खड़ा कर दिया। पंजाब के तत्कालीन मुख्य सचिव ने अपने आकलन में एकदम सटीक कहा, "'द ट्रिब्यून' की शिनाख्त ब्रिटिश-विरोधी भावना भड़काने के लिए जिम्मेदार अखबार के तौर पर की गई है, उसका यह काम किसी भी अन्य एकल संगठन की अपेक्षा कहीं ज्यादा बड़ा है। इसके चलते हमने इस समाचार-पत्र को सरकारी विज्ञापन देना बंद कर दिया है।"

जलियाँवाला बाग घटना के ठीक 4 दिन बाद कालीनाथ रे को उनके देशभक्तिपूर्ण संपादकियों के लिए गिरफ्तार कर लिया गया। इसमें वह संपादकीय विशेष था, जिसका हैडिंग था 'धधकता अविवेक'। इस संपादकीय में पंजाब के लेफ्टिनेंट गवर्नर माइकेल ओ'डायर की तीखी आलोचना की गई थी। उनके साथ ट्रिब्यून को सचालित करनेवाले ट्रस्ट के एक सदस्य मनोहर लाल को भी बंदी बना लिया गया।

यहाँ तक कि कलकत्ता से आए कालीनाथ रे के एक वकील को भी पंजाब में प्रवेश करने से रोक दिया गया था। महात्मा गांधी ने तब देश भर की कांग्रेस इकाइयों को पत्र लिखकर 'ट्रिब्यून' के संपादक की रिहाई करवाने के लिए जोरदार प्रदर्शन करने का निर्देश दिया। उसके साथ ही उन्होंने कांग्रेसजनों को कहा कि वे स्थानीय वकीलों के लिए मिलकर इस बारे में सम्मेलन करें, स्थानीय समाचार-पत्रों के संपादकों को जोड़कर सभाएँ आयोजित करें और सार्वजनिक प्रदर्शन कर बाबू कालीनाथ रे की रिहाई के लिए ब्रिटिश सरकार को ज्ञापन भिजवाएँ। इसके साथ-साथ गांधीजी ने अपने अखबार 'यंग इंडिया' में 'द ट्रिब्यून एंड रोलेट ऐक्ट' एक लेख भी लिखा और पूरे देश में प्रदर्शन शुरू हो गए।

एक पत्रकार-संपादक की देश के आमजन से यह घनिष्ठता पत्रकारिता के मिशन होने की एक अद्‌भुत मिसाल है।

अकसर अफवाहें खबरों को जन्म देती हैं और शुरू में अफवाह समझी जानेवाली चीजें बाद में एक बड़ा रहस्योद्‌घाटन बनकर आम पाठक के मानस को झकझोर देती हैं। एक बात बहुत स्पष्ट है कि अफवाह और उसका खंडन दो खबरों के माध्यम से पत्रकारों के लिए एक संदेश है कि अपने आँख और कान हमेशा खुले रखें। अपने दायित्वों के प्रति सावधान रहें और किसी सूचना की अनदेखी केवल इसलिए न हो जाए कि कोई कह रहा है कि यह तो कोरी अफवाह है, खासकर सत्ता प्रतिष्ठान या राजनेता।

आखिर समाचार किसके लिए हैं, अखबार किसके लिए, मीडिया की दृष्टि में कुछ भी करते हुए कौन रहता है। गांधीजी कहा करते थे कि कुछ भी कहते हुए हमारी दृष्टि समाज के अंतिम पायदान पर खड़े अंतिम व्यक्ति पर होनी चाहिए। पत्रकारिता के विद्यार्थियों को पहला सबक यही तो सिखाया जाता है कि हम हर रोज एक बड़ी चिट्‌ठी अपने दर्शकों या पाठकों को भिजवाते हैं। यह वैसा ही है जैसे हम एक आत्मीयजन को चिट्‌ठी लिखते हैं कि उस तक हमारी बात पहुँच जाए, पूरी आत्मीयता के साथ पहुँच जाए। हम समाचार, लेख, संपादकीय, टी.वी. डिबेट, वीडियो के माध्यम से हर क्षण अपने पाठक, दर्शक के मन और मस्तिष्क तक जुड़ने की कोशिश करते रहते हैं। यह गणतंत्र के आमजन के मन से जुड़ने की सतत् यात्रा ही तो है। प्रयास होता है कि यह सतत् यात्रा सफल हो पर हमेशा ऐसा हो भी नहीं पाता है। कहीं-कहीं पत्रकारिता चूक भी जाती है, जैसा कि एक शायर ने कहा भी कि—

छोड़कर जिक्र मेरा, छाप दिया सबकुछ।
और इस शहर के अखबार से क्या चाहते हो।।

संचार तो है ही जन के लिए, तो उस आमजन को यह हमेशा लगना चाहिए कि यह उसी की तो बात हो रही है, उसी की भाषा है, उसी का तर्क है, जो वह खुद नहीं कह पा रहा है।

□

Of People and Population

✍ **Ajay Bhardwaj**

We, The People.........is the opening phrase of the Preamble to the Constitutions of India and the United States of America, the two biggest democracies in the world. People are people. Self-respecting and responsible. They are not a population. Such is the dignity attached to the word in the two constitutions.

When we say "We, the People....", it does not refer to a motley crowd of people being herded around innocuously. Nor is it a bunch of people put together more to reflect a number rather than the spirit. A crowd, or a mass which is identified with its collective mindset, where individuals merge to become a definitive group, so to say.

The phrase, We, the people....., makes a conscious assertion of a respectful identity which has a will and a purpose that cannot be overlooked.

This "jana" is not merely a "gana" where individuals lose their identity and become a kind of flock.

While Europe struggled for centuries to arrive at this essence of the people, which involved human dignity and respect, in India, it has always been the guiding principle for the rulers as well as for the common man since the ancient times. Even in Rigveda, which is the earliest written book in the human civilisation, the message is "bahujan sukhaya, bahujan hitaya!" The well-being of the people is the main goal by which a ruler should live.

In Arthashastra, Kautilya reasserts the aphorism saying "Praja sukhe sukham rajah.....!". It clearly enunciates that if people are happy and comfortable, only then the king could be happy. The king, in fact, is a messenger of God to help provide happy and comfortable living conditions for the people. That is why, sometimes even kings would become synonymous with God because they are embodiments of benefactors for people, who, in turn express their gratitude even by worshipping them sometimes. And, in turn, the king would treat his subject as a reflection of divinity, service of people would be service of god.

Vivekananda, for the purpose of providing an aesthetic vision to this aphorism, said that the Brahman, the enlightened, never seeks fruits or happiness for his action but works for the welfare of others. He also observed that a "socio-aesthetic worker" aims to usher a distinctive change in the society to derive the benefit of a life of beauty and order. He emphasised that a realisation of "valiant aesthetic force in the society" was essential through "mahashakti" (divine force).

So, the people are a "mahashakti", which collectively has its psyche and mindset that can be termed as the collective wisdom of the people.

Various states even in the past would govern or claim to govern in the name of the people. Both the Roman Republic and the Roman Empire used the Latin term senatus populusque Romanus (the Senate and People of Rome). This term was fixed to Roman legionary standards, and even after the emperors achieved a state of total personal autarchy, they continued to wield their power in the name of the Senate and People of Rome.

The people as a persona of dignity and respect were never lost sight of till autocracy gained currency in the medieval times. It was during this period that human beings or the people became a mass for subjugation. The more the number of people subjugated, the more powerful the ruler or the king was supposed to be. The entire power was vested in the hands of the autocratic ruler while the people were left to fend for themselves and meet their fate meekly.

The British rule or colonies set up by the French or the Dutch were a grave reflection of the torturous times that the people had to undergo. While 'the sun never set on the British empire' might have been an often-quoted greatness of the British rulers, but for the people, it was a period that made them feel like slaves when they would be at the mercy of kindness the powers that be. There was a complete loss of human dignity and grace. There have been umpteen stories narrating how the British and the French would transport human beings as slaves from

India to far-off places where they sought to establish their suzerainty.

Autocracies, to maintain their hold on power, apparently rely on heavy doses of repression. Their power appears to be heavily centralised in the upper echelons of the social order. However, the reality is much more complex.

Autocracies mould their masses, who are both the victims of repression and its beneficiaries. Beneficiaries in the sense of "smaller" autocrats also repressing those below them in the social order. As such, repression is decentralised, creating fertile ground for 'societal repression', the main victims of which are those on the margins and the weaker segments of society such as minorities, women and the poor.

This repression is recreated at all levels of society as well as in a number of situations at schools, the workplace, and even within families and homes. With a state policy that condones this form of repression, a society with extremely limited margins of freedom is created in both the public and the private spheres, with the burden lessening as one moves up the social ladder.

As the repression carries on, people become masses, a group of population. In India, we had these situations when the Islamic invaders spelt their brutalities with the sway of swords. The people lost their self-respect and dignity and became fodder to the greed and loot of the invaders. The violent crusades left no space for masses acquiring self-respect and dignity and soon an era of slavery entered India.

Indian slaves were an important component of the highly active slave markets of medieval and early modern Central Asia. The all-pervasive nature of slavery in this period in Central Asia is shown by the 17th-century records of one Juybari Sheikh, a Naqshbandi Sufi leader, owning over 500 slaves, forty of whom were specialists in pottery production while the others were engaged in agricultural work. High demand for skilled slaves and India's larger and more advanced textile industry, agricultural production and tradition of architecture demonstrated to its neighbours that skilled labour was abundant in the subcontinent leading to enslavement and "export" of large numbers of skilled labour as slaves, following their successful invasions.

After sacking and looting Delhi, Taimur enslaved several thousand skilled artisans, presenting many of these slaves to his subordinate elite, although reserving the masons for use in the construction of the mosque in Samarkand. Young female slaves fetched a higher market price than skilled construction slaves, sometimes by 150%. Because of their identification in Muslim societies as kafirs, "non-believers", Hindus were especially in demand in the early modern Central Asian slave markets, with Indian slaves specially mentioned in studies and archives prepared by Turkish pastoral groups.

The trend of repression carried on even during the British times in India and elsewhere. It was the time when exploitation of human resources was at its peak.

According to Sir Henry Bartle Frere (who sat on the Viceroy's Council), there were an estimated 8,000,000 or 9,000,000 slaves in India in 1841. In Malabar, about 15% of the population were slaves. Slavery was officially abolished in India by the Indian Slavery Act V. of 1843. Provisions of the IPC of 1861 effectively abolished slavery.

When Britain abolished slavery in its Empire, through the Slavery Abolition Act, 1833, it included a clause that allowed slavery inside India and enslavement of Indians for colonial markets operated by the East India Company.

After the United Kingdom abolished slavery by the mid-19th century, it introduced a new indentured labour system that scholars suggest was slavery by contract.

In this new system, they were called indentured labourers. South Asians began to replace Africans previously brought as slaves, under this indentured labour scheme to serve on plantations and mining operations across the British empire. The first ships carrying indentured labourers left India in 1836. In the second half of the 19th century, indentured Indians were treated as inhumanely as the enslaved people previously had been. They were confined to their estates and paid a pitiful salary. Any breach of contract brought automatic criminal penalties and imprisonment. Many of these were brought away from their homelands deceptively. Many from inland regions over a thousand kilometres from seaports were promised jobs, were not told the work they were being hired for, or that they would leave their homeland and communities. They were hustled aboard the waiting ships, unprepared for the long and arduous four-month sea journey.

Slavery and apartheid remained the keywords of the British rule in India and other parts of the world, reducing people to a faceless mob or a crowd.

Mahatma Gandhi had a taste of it in 1893 when at a railway station in South Africa, he was thrown out for travelling by a first class ticket in the cabin reserved for the whites. The demarcation between the human beings was so stark and alarming, obviously because all were not considered equal.

Hence, the people in the society were compartmentalised, and the self-respect that they enjoyed varied in degrees so decisively. Quite naturally, the society was in grip of inhuman systems like "Apartheid" in South Africa spelling disaster for the society. It is quite significant to note that the practice of Apartheid came into practice as late as in the 1940s when the world had started restoring dignity and respect to the people cutting across the casteist or racist lines.

In India, as the nation adopted the Constitution with a preamble saying "We, the people of India..........give ourselves the Constitution".

The people, who were till recently addressed as the subject or the slaves under the British, arrogated a Constitution to themselves to run the government. They became "jan shakti" (people's strength) and the elected government became a reflection of "janadesh" (verdict of the people).

The people became a positive energy for transformation in the society. They were no more herded around the corners of the world for exploitation.

It strives to reduce the social and economic inequality between the people. To achieve this goal, our Constitution has incorporated several provisions that are in the benefit of the weaker sections of the society to realise the goal of equality enshrined in the Constitution.

In order to empower all sections of the society equally, RSS undertook a "samrasata" campaign to bring about a sense of equality in all sections of the society. Its purpose has been to wipe out a sense of alienation from among a section of the society which has been feeling traditionally left out or neglected. Its purpose is to accord equal respect and dignity to all regardless of class or caste.

Besides its political connotations, the sociological implications of the word 'people' assume different dimensions.

At times, it is treated as a collective noun, indicating the collective behaviour of the group. The terms like "mob mentality" or "crowd behaviour" denote to a particular manner in which the entire group would act in a given situation.

The collective behaviour is a term sociologists use to refer to a miscellaneous set of behaviours in which a large number of people engage. More specifically, it refers to relatively spontaneous and relatively unstructured behaviour by a large number of individuals acting with or being influenced by other individuals. Relatively spontaneous means that the behaviour is somewhat spontaneous but also somewhat planned, while relatively unstructured means that the behaviour is somewhat organised and predictable but also somewhat unorganised and unpredictable.

The collective behaviour refers to a miscellaneous set of behaviours. As such, these behaviours often have very little in common with each other, even if their basic features allow them to be classified as collective behaviour. Common forms of collective behaviour discussed in this section include crowds, mobs, panics, riots, disaster behaviour, rumours, mass hysteria, moral panics, and fads and crazes. Of these forms, some (crowds, panics, riots, and disasters) involve people who are generally in each other's presence and who are more or less interacting with each other, while other forms (rumours, mass hysteria, moral panics, and fads and crazes) involve people who are not in each other's presence – in fact, they may be separated by hundreds or thousands of miles – but nonetheless share certain beliefs or concerns.

A crowd is a large number of people who gather together with a common short-term or long-term purpose.

A casual crowd is a collection of people who happen to be in the same place at the same time. The people in this type of crowd have no real common bond, long-term purpose or identity. An example of a casual crowd is a gathering of people who are waiting to cross the street at a busy intersection in a large city. True, they are all waiting to cross the street and to this degree, do have a common goal, but this goal is temporary and this particular collection of people quickly disappears once this goal is achieved.

□

Thirukkural's Way for Better Human Living With Special Reference to People, Governance and Thought Process

✍ Dr. P. Sasikala

Abstract

When most of the existing languages were not even developed 2000 years ago, ancient India offered Thirukkural, a brilliant literature showing the structural framework for wisdom-based living. Commonly referred to as 'Ulagappothumarai' means 'Universal book of principles', the values suggested in the text are common for all, irrespective of time, space, religion and language. Such was the thought process and developed civilisation of the ancient Indian society.

Thirukkural, written by Thiruvalluvar, has 1330 kurals (couplets) of 2 lines each. They are arranged in 133 sections of ten kurals, which adheres to 'Kural Venpa' grammar. Short, sharp and wholistic practical wisdom encapsulated in 2 lines kural, the first one containing 4 words and the second line, having 3 words. Thiruvalluvar's work is on the fundamental basis of Hindu thoughts like four purusharthas – Dharma, Artha, Kaama and Moksha. The first three being called Trivarga as one unit and Thirukkural is grouped under Aram, Porul and Kaamam. The subject matter encompasses Virtue, Wealth and Love, which were considered as the three major goals of human life in ancient India. Thirukkural is so rich that it is one of the most translated non-religious text, with nothing in this world that is not mentioned in it.

This paper is focussed on Thirukkural, that are relevant to People, Governance and the thought process on this area under discussion. Classical Tamil words referring to Common man, the Leader, Ruler and the Government are searched in 1330 couplets. Multiple interpretations of selected Thirukkurals having reference to few of the aforementioned words are discussed carefully. The study shows how Thiruvalluvar referred to common man and the ruler as inseparable contributors for the governance of a divine Nation. His emphasis on the innate responsibility of the Government and the Common Man is also discussed. Also we explored the circumstances in the life of leaders, who referred to Thirukkural while taking significant decisions in Governance. The theme-based chapters in Thirukkural give complete visualisation of an issue, analysis and wisdom-based strategic decision for realisation, and finally, the after effects of absence of right deed.

1. Introduction: Thirukkural–Masterpiece for better living

Tamil is one of the oldest classical languages of the world and it has been described as "the language of contemporary India which is recognisably continuous with a classical past". This status is given to the language based on 3 parameters: its origin is ancient, it has independent traditions, and it possesses considerable body of ancient literature. Thirukkural, the Sacred Couplets written in Tamil by Thiruvalluvar is one of the most universally acclaimed literature referred to as 'Book of Life'. Though written over 2,000 years ago, the way of life advised by Thiruvalluvar is still relevant today and used by people around the world without any modification. It is considered as a masterpiece of human thoughts, compared in India and abroad to the Bible, John Milton's Paradise Lost, and the works of Plato. Nobel laureate and German philosopher, Dr. Albert Schweitzer says about Thirukkural, "There hardly exists in the literature of the world a collection of maxims in which we find so much lofty wisdom".

Rich Structure of Thirukkural

In 1812, Thirukkural, first published by Gnanaprakasam, in

Madras, uses magnificent 14,000 Tamil words. Truly a Universal Work, unbounded by region or language. 'Thiru' is an honorific prefix which stands for "sacred". Thirukkural is similar to micro-blog style short sentence, 1330 kurals and 2660 lines with no subject missed and anyone can refer for any situation, where the thoughts are ordered and characterised clearly and concisely.

Thirukkural is organised in three sections – Aram, Porul and Inbam meaning virtue, realities of life and love, respectively. Each section has chapters dealing with different aspects of that thought. Every chapter begins with a theme and it is explored exactly in ten kurals. The chapter sequence is enough to know the purpose of Kural. The chapters are categorised expressing the gentle progression of thoughts, the strength of the ideas and the emotions. For example, in Aram (Virtue), the kurals talk about the way of life to be led by a king, a spy, a trader or even a common man. There is a straight and direct message for anyone and everyone. Thiruvalluvar assures the reader grasp the concept, with vast literature survey and put a conclusion which is logical and relational with no disagreement. Yet it is written in a way to gently direct even a simple human thought to higher realisations.

Thirukkural completely remains within the language framework, relevant to computer languages of this century. They are well defined as Syntactic: Thirukkural adheres to the grammatical pattern of Venpa, one of the accurate forms of poetic grammar, in Tamil. Each kural has exactly 7 words, 4 in one line and 3 in the next. Semantic: In Thirukkural, every word has meanings, significance and their specific implication within kural. Pragmatic: Thirukkural looks at the same words and their meaning, and also considers context. In each situation, the various listeners in the conversation define the ultimate meaning of the Kural based on other clues that lend subtext to the meaning. It is appropriate for all and definitive body of semantic knowledge it illustrates around human virtues.

Interpretations and Reverence

Interpretations and commentaries for Thirukkural are given by many scholars like Parimelazhagar, Mu.Varadharasanar, Kalaignar, and Solomon Pappaiah. As per an inscription at the Varadharaja Perumal Temple at Kanchipuram, Parimelazhagar, a Tamil poet of 13th century CE, has given one of the best commentaries on Thirukkural. He is believed to have had a good understanding of Ahama, Siddanta and Vedanta, which are considered vital to unravel the riches of Thirukkural, which helped him do justice to his commentary.

Linguistic Versions

First translation in any European language was done in Latin by Constanzo Beschi, a Jesuit missionary in 1730. The most popular translation was done by GU Pope in 1886.Thirukkural is available in most spoken languages of the world, including Arabic, English, Chinese, French, Japanese and Spanish among others. As per the Central Institute of Classical Tamil, an autonomous institute under Ministry of HRD, Govt. of India, Thirukkural was the first book translated in 54 languages, including 24 foreign languages, and also in "Wagri Boli", a language used by Narikuravas, and in Sourashtra and Thulu languages. This ancient didactic Tamil literary work will soon be available to the visually impaired by bringing out a Braille version in Tamil as well as English (as per Madurai bench of the Madras High Court ruling in March 2018).

Admiration for Thirukkural

During 11th century CE, a separate book, 'Thiruvalluva malai' was written, which is a compilation of all laurels, appreciations for Thirukkural given by other great poets of Sangam era.

Avvaiyar about Thirukkural

In the first century, the female Tamil poet Avvaiyar spoke about smallest particle – atom, with reference to Thirukkural – 'anuvai thulaithu ezhkadalai pugatti Kuruga tharitha kural'. The meaning is an atom (Anu) is broken and all 7 oceans (Kadal) added into it and the atom closed back. This is what the thirukkural is all about. Thirukkural is as powerful as the energy of the seven large oceans compressed into a divided atom.

Thirukkural is sworn upon when testifying in Tamil Nadu's courts of law. Such recognition bears testimony to the code of conduct prescribed by this secular book.

School Education

The timeless illumination of ways and values of life is learned by students in Tamil Nadu, from primary education to higher education. 1050 of the 1330 couplets of Thirukkural are included as mandatory subject in the school curriculum. The poems serve multiple purposes such as moral description to students, learning the language Tamil itself, and even to understand the grammatical structure of Venpas.

2. The Author Saint, Poet and Philosopher–Thiruvalluvar

Thiruvalluvar, who worked as a weaver, is supposed to have lived in Mylapore in Chennai, or in Thirunainar Kuruchi, a village in Kanyakumari District of Tamil Nadu, with his wife Vasuki. He proved wisdom is definitely not attached to occupational status. Kanyakumari Historical and Cultural Research Centre (KHCRC) claims that Valluvar was a king who ruled Valluvanadu in the hilly tracts of the Kanyakumari District of Tamil Nadu. Mamulanar, Tamil poet of the Sangam period, mentioned that Thiruvalluvar was the greatest Tamil scholar.

The image of Thiruvalluvar conceptualised by Shri K.R. Venugopal Sharma is officially recognised by the State of Tamil Nadu. Thiruvalluvar day is observed on 15th (16th on Leap Years) of January according to Tamil Calendar தை-2, as part of the Pongal celebrations in honour of this literary giant. There is a statue of Thiruvalluvar outside the School of Oriental and African Studies in Russell Square, London (Fig. 2). French translation of Kural 1118 is displayed in France Railways, showing the respect for acceptance of the text worldwide.

Fig.1. A temple for Thiruvalluvar in Mylapore

Fig.2. Thiruvalluvar's statue in SOAS, University of London

The 133-feet statue for the Towering Personality on the solid foundation of Virtue, Thiruvalluvar's majestic statue in Kanyakumari, is one of the prominent symbols of Tamil Nadu, which pays ultimate tribute to the masterpiece of this great man. The 133 feet denote Thirukkural's 133 chapters and his three fingers denote three themes – Aram, Porul, and Inbam. The 95-feet statue, representing 70 chapters on Porul – Wealth combined with 25 chapters on Inbam – Love, stands on a 38-feet pedestal, representing 38 chapters on Aram – Virtue. The significance, thus, adds to the fact that wealth and love can only rest on the solid foundation of virtue.

Fig. 3. Thiruvalluvar's statue in Kanyakumari

Fig. 4. Thiruvalluvar featured in Indian Coin and Stamp

Admiration for Thiruvalluvar

Similar to conferences and university courses for Shakespeare, there exists the same for Thiruvalluvar, where the depth of his work and influence is researched and analysed.

Thiruvalluvar Calendar

There is also a calendar in his name, the Thiruvalluvar Calendar, which starts from his birthday. It is recognised as one among the official calendars of the Tamil Nadu government.

Temple for the poet

Thiruvalluvar has been highly adored as a poet-saint over the centuries. In the early 16th century, a temple was constructed in Mylapore, Chennai, as a tribute to Valluvar.

Valluvar Kottam

To honour the Kural literature and its author, a monument named Valluvar Kottam was constructed in Chennai in 1976. All 133 chapters and 1330 verses of the Kural are inscribed in the corridors in the main hall. There is a separate memorial in Chennai where all the stanzas are inscribed in stones with pictorial depictions. The poetry starts with 'அ', the very first letter of Tamil language and ends in 'ன்', the last main letter Meyyezhuthu.

3. People, Governance and Thought Process in Thirukkural

This section is focussed on Thirukkural, which relevant to people, governance and the thought process about this subject. Classical Tamil words referring to common man, leader, ruler and government are searched in 1330 couplets. Thirukkural containing variant Classical Tamil words referring to

- people, citizen which are represented by Makkal
- king, leader, ruler which are represented by Mannan, Vendhan, Arasu
- nation, country, government which are represented by Kudi, Arasu, Naadu, Irai are identified and categorised in three groups:

Table 1: Classical Tamil Kural words representing People, Leader and Nation

S. No.	English words	Classical Tamil Words	No. of Kurals
1.	People, Citizen	Makkal	14
2.	King, Leader, Ruler	Mannan, Vendhan, Arasu	15
3.	Nation, Government	Kudi, Arasu, Naadu, Irai	45

It is found that there are direct references to People, Leader and Government in 74 Kurals, in which various aspects like involvement of People in Governance through determination and true efforts to raise family and Nation are analysed.

People in Governance

Thiruvalluvar referred to common man as first person in governance. Moral thoughts of a citizen, his determination and efforts to raise family and nation are considered vital. He adds that they are inseparable contributors for the Governance of a divine nation. He emphasised the innate responsibility of the Government and the Common Man, in which there are 140 couplets on higher, yet most fundamental, virtue based on grace, benevolence and compassion, 250 couplets on human love and passion, 200 couplets on domestic virtue, 40 couplets on God, rain, ascetics, and virtue, 130 couplets on morality, both positive and negative.

First Person in Governance
Moral Thoughts of Citizen

Determination and Efforts to Raise Family and Nation

The first person in the Governance is – the patriotic citizen, who takes care of the Nation, just like he takes care of his family. When a man determines and makes efforts to raise his Family and Nation, the Deity will clothe itself and appear before him to voluntarily help by leading the way. When few other authors limit their description of 'Kudi' to family, Parimelazhagar interprets 'Kudi' as Nation, the bigger concept of more than a Family that follows common principles and ethics.

Kural 1023:

kutiseyval ennum oruvaRkuth theyvam
matidhatruth thaanmunh thuRum

Translation:

'I'll make my race renowned', if man shall say,
With vest succinct the goddess leads the way.

Natural Success of true efforts

Those who are prompt in their efforts to better their family and Nation, they need no deliberation; such efforts will of themselves succeed.

Kural 1024:

soozhaamal thaanae mudiveydhum thamkutiyaith
thaazhaadhu ugnatru pavarkku

Translation:

Who labours for his race with unremitting pain,
Without a thought spontaneously, his end will gain.

Table 2 shows 14 Kurals which has direct reference to People through classical Tamil word Makkal. Parenting methods for nurturing emotional maturity and academic excellence in the young children, which will ultimately pave way for a better society, are clearly given in these Kurals. Thiruvalluvar says, "Mother is more suitable to teach

Sandranmai, which means love, humility, benevolence, empathy and truth, ability to deliver good to the listener through speech, developing an awareness regarding one's level of competence in his domain knowledge and conducting oneself appropriately, Skills to safeguard oneself from unscrupulous persons are discussed in these Kurals."

Table 2: Classical Tamil Kural word Makkal, representing People, Citizen

Chapter Number	Kural Number
7	61, 62, 63, 64, 65, 66, 68
20	196
39	386, 388
41	410
100	993, 997
108	1071

Second person in Governance: Moral thoughts of Leader Ownership of a distinguished leader

There are 100 couplets on ministers of state and 220 couplets on essential requirements of administration, 250 couplets on royalty. The second person considered here in the Governance is the leader. While speaking about Governance, Thiruvalluvar mentions the essential qualities of the Head of the Nation in a meticulous way. The possession of a celebrated King includes six things – fearless army, patriotic citizens, unending wealth, ministers who understand the development of the Nation, neighbouring friendly states ready to help, non-destructive fort and the one who has all this is a lion among kings.

Kural 381:

padaikuti koozh-amaichchu natparaN aaRum
utaiyaan arasaruL ERu

Translation:

An army, people, wealth, a minister, friends, fort: six things-
Who owns them all, a lion lives amid the kings.

Innate character of a Leader:

Never to fail in these four things – fearlessness for injustice and enemies, liberality in giving for the needy, action with wisdom, and encouraging support at times of difficulty is the inherent kingly character.

Kural 382:

anjaamai eekai aRivookkam inhnhaankum
enjaamai vaendhark kiyalbu

Translation:

Courage, a liberal hand, wisdom, and energy – these four
are qualities a king adorns for evermore.

Highest quality of Men in a Leader

According to Thiruvalluvar, the ruler of the country is treated highest among the Men. He says, the ruler should possess the best qualities of Men. The only difference between a citizen and the ruler is the responsibility in taking decisions for better Governance. He adds that a king, who performs his own duties, and protects his subjects, will be esteemed as a God among men.

Kural 388:

muRaiseydhu kaappaatrum mannavan makkatku
iRaiyendru vaikkap padum

Translation:

Who guards the realm and justice strict maintains,
that king as god o'er subject people reigns.

Table 3 shows, 15 Kurals which have direct reference to King, Ruler, and Leader through classical Tamil words Mannaraal, Mannarkku, Arasu, and Irai. These Kurals discuss about character of leader treated at par to God, ability to maintain neutrality, an ability to act soft in interpersonal interaction, payment of tax to the Government, bravery of warriors, reading body language, ability to come out of the sense of powerlessness in the context of leader.

Table 3: Classical Tamil Kural words Mannaraal, Mannarkku, Arasu, Irai representing King, Ruler, Leader

Chapter Number	Kural Number
1	5, 10
39	388
44	432, 436
55	541, 547
56	556
57	564
70	692
74	733
78	778
110	1093
116	1157
117	1161

Governance in Thirukkural

Promotion of good governance based on certain generally accepted core principles, which is a major responsibility of the government, are also discussed by Thiruvalluvar. These core principles include accountability, transparency, fairness, efficiency, participation, and decency.

Kural 385:

iyatralum eettalunG kaaththalum kaaththa
vakuththalum valla tharasu

Translation:

A king is he who treasures gains, stores up, defends,
and duly for his kingdom's weal expends.

Creating innovative opportunities to generate revenue, accumulate wealth accrued from this income in a place, safeguard the assets that are created using these profits, and use such funds towards virtue, prosperity and happiness, the one who does all this effectively is a leader of Good Governance. He is a king who is able to acquire (wealth), to lay it up, to guard, and to distribute it. Here the word 'Arasu' refers to Government, Leader of the Government or the King. It is interpreted as the responsibilities of a Government (Apex of the Government). Thirukkural tried to caution us all about fake news before 2000 years. Kural 423, quotes – To discern the truth in everything, by whomsoever spoken, is wisdom. Don't see the nature of the person (friend or foe) – who is communicating the message, understand the benefit of the message, that is knowledge.

Table 4 shows the Kural which has direct reference to Country, Nation through classical Tamil words Naadorum, Naadu, Naadenba, Naatin, Naatitkku, Naadenba, Maanilathu and Maanila. These Kurals give ability to delegate responsibility, ability to revive a dormant relationship and association, Neutrality and a list of standards for evaluating a country.

Table 4: Classical Tamil Kural words Naadorum, Naadu, Naadenba, Naatin, Naatitkku, Naadenba, Maanilathu, Maanila representing Country, Nation and Tamil word Kudi representing Country, Nation and Family

Classical Tamil Kural Words	Chapter No.	Kural No.
Naadorum	52	520
Naadu	56	553
Naadu	74	731, 732, 733, 734, 735, 738, 740
Naadenba	74	736
Naatin	74	736
Naatitkku	74	737
Naadenba	74	739
Maanilathu	07	68
	53	526
Maanila	55	544

	14	133
	18	171
	390	390
	51	502
	55	542, 544, 549
	56	554
	61	601, 602, 604, 609
Kudi	64	632
	69	681
	80	793, 794
	89	887, 888
	90	898
	96	952, 953, 954, 957
	100	992
	103	1022, 1023, 1025, 1028, 1029, 1030

Table 4 also shows the Kurals which have direct reference to Country, Nation and Family through classical Tamil word Kudi. Well-being indices of a good country, resourceful factors for selection, best managerial skills for sustained productivity through their strategies, going to roots suggested means of garnering strength for the ruler, right scepter indication for a system of just dispensation in place, a versatile secretary of state or a minister are the few of the emphasised notions related to Governance in the Thirukkural mentioned here. The word "Kudi" treats Family as an institution, is the training ground for inculcating hope for humanity.

Respect for learned person by Thiruvalluvar

Respect for learned person by Thiruvalluvar and the thoughts for them are identified through the keyword "Saandror" representing Intellectuals, Scholars directly in 8 kurals, specified in Table-5.

Table 5: Classical Tamil Kural word Saandror representing Intellectuals, Scholars

Chapter No.	Kural No.
20	197
66	656, 657
81	802
84	840
93	923
99	982
108	1078

Intoxication is painful even in the presence of one's mother; what will it not then be in that of the wise? (Kural 923) Though a minister may see his mother starve; let him do not act which the wise would (treat with contempt) (Kural 656). Here the respect for scholars was seen more than of a mother by Thiruvalluvar. Wiseman acceptance are explained as 'The constituents of friendship are things done through the right of intimacy; to be pleased with such a right is the duty of the wise (Kural 802). Further he adds what not to be done as 'The appearance of a fool in an assembly of the learned is like placing one's unwashed feet on a bed' (Kural 840).

Kural 545 emphasises on Governance and people beautifully. Where the Good Governance prevails, the environment is well taken care of and the Nature in return takes care of people blessing them with copious rains and plentiful crops. The frequency analysis of words having reference to people, nation shows the importance of people-led Governance even 2000 years ago.

4. Influence of Thirukkural in Governance

Ellis, the then Madras Collector's Thirukkural influence in Governance (1777-1819)

The author explored the circumstances in the life of leaders, who referred to Thirukkural, while taking significant decisions in Governance.

Francis Whyte Ellis (1777-1819), a British civil servant in the Madras Presidency, is recognised by several scholars, including Robert Caldwell. Thomas R. Trautmann, Marshall Sahlins, Professor of History and Anthropology at the University of Michigan, United States and the editor of the journal Comparative Studies in Society and History, in his 'Languages and Nations: The Dravidian Proof in Colonial Madras', hails the 1816 work of Ellis as "proof of the unity and non-Sanskritic origin of the South Indian languages", rediscovered the stone slab with Tamil Inscription by Francis Whyte Ellis.

The colonial administration has dug twenty-seven wells in 1818 as per the orders of Ellis, then Madras Collector to reduce severe drinking water shortage in Madras. Periya Palayathamman temple at Royapettai, Madras being one of these twenty-seven wells. Ellis' long inscription appreciated Thiruvalluvar and quoted one of his Thirukkural couplets to justify the steps initiated during drought. Ellis appeared to seek authenticity for his work from Thirukkural, citing a popular Kural dealing with statecraft, for his construction of 27 wells in Madras city to ease the severe water scarcity. Kural no. 737 of Chapter "The Land" under "Essentials of a State" of part-II (Wealth/Polity), referred to by Francis Whyte Ellis explains, "The constituents of a kingdom are the two waters from above and below ground level, well-situated hills and the water from these hills, an indestructible fort which acts as guard of a country. The detailed engraving was on one such well's wall, the Poetical Tamil inscription composed in Asiriyapaa meter is shown below:

Elleeson Inscriptions

It is me, Elleeson, the resident of city of Chennai Pattinam (Chennai city's colonial name), a part of Jayamkonda Thondiya (Thondai) Naadu, the beautiful piece of land, amidst ocean bounded by Western Ghats Hills in the west and eastern (Bay of Bengal) ocean looking the like sparkling jewels; and while carrying my official duties of Mint Supervisor (Employed in the Colonial Madras, Madras Presidency), I got totally absorbed by the real meaning of the classic of couplets or Thirukkural composed by Thiruvalluvar, a celebrated "Poet's Poet" aka Divine Poet from Mylapore:

Essentials of a State: Chapter 74 The Land – Kural: 737.

Waters from rain and springs, a mountain near and waters thence;
Thee make a land, with fortress' sure defence – The-Sacred Kural by Rev. G. U. Pope

I have commissioned 27 wells on an auspicious day confirming beneficial Varam (Solar day), Tithi (Lunar day), Nakshatra (Star Constellation), Yogam (Star and Weekday combination) and Karanam (Half of the part of Tithi) according to Hindu almanac (Panchang); during the English Calendar year 1816; the equivalent Shalivahana calendar year (aka Saka year) being 1740; and the equivalent Tamil calendar year being Vehudhanya, the 12th year of 60 years' cycle followed in Tamil Calendar system.

Ellis was a member of the Madras Literary Society and founder of the College of Fort St. George. He also helped to set up the College Press, which published Ellis' own translation and commentary of 'Thirukkural. He translated 18 chapters of the first section Aram dealing with Law and Virtue into English in a non-metrical verse.

The practice of Rulers' images being embossed on coin is in tradition, since Sangam Age, but Thiruvalluvar, was the first non-royal Tamil personality to get the honour of having his image embossed on Gold coin. Inspired by Thiruvalluvar's understanding and insight about life, Francis Whyte Ellis, the then Collector of Madras was in charge of the Treasury, and Mint, accolade distinguished distinction on Thiruvalluvar His efforts made East India Company to issue gold coins in 1820s in honour of Thiruvalluvar. Only 4 coins of this series are currently preserved. Two of those are in Kolkata and two in London.

Fig. 5. The golden coin depicting Thiruvalluvar

Thirukkural influence in the thought process of Leo Tolstoy

"A Letter to a Hindu" was a letter written by Leo Tolstoy, the Great Russian author and thinker for India's independence from British colonial rule on 14th December, 1908. The letter published in the Indian newspaper Free Hindustan made young Mohandas Gandhi's views on non-violent resistance stronger and clearer. In this letter, Tolstoy introduced Gandhi to the ancient Tamil moral literature, the Thirukkural, which Tolstoy referred to as the Hindu Kural. Gandhi then took to studying the Kural while in prison.

It is said that Tolstoy's concept of non-violence was augmented when he read a German translation of Thirukkural. He even goes on to quote passages from the 'Hindu Kural' in his correspondence with Gandhi. It is a little known fact that Gandhi studied Tamil for the sole intention of studying Thirukkural in its aboriginal form. Mahatma Gandhi was a strict follower of Thirukkural. He called it "a textbook of indispensable authority on moral life" and went on to say, "The maxims of Valluvar have touched my soul. There is none who has given such a treasure of wisdom like him."

Chapters 26, 32 and 33 of Thirukkural are dedicated to the virtue of Ahimsa, namely vegetarianism, non-harming, and non-killing, respectively. Thiruvalluvar says that Ahimsa applies to all life forms.

Excerpt from "A Letter to a Hindu – The Subjection of India – Its Cause and Cure by Leo Tolstoy"

The aim of the sinless One consists in acting without causing sorrow to others, although he could attain to great power by ignoring their feelings. The aim of the sinless One lies in not doing evil to those who have done evil unto him. If a man causes suffering even to those who hate him without any reason, he will ultimately have grief that will not be overcome. The punishment of evil-doers consists in making them feel ashamed of themselves by doing them a great kindness. Of what use is superior knowledge in the one if he does not endeavour to relieve his neighbour's want as much as his own? If, in the morning, a man wishes to do evil to another, in the evening, the evil will return to him. The Hindu Kural.

5. Conclusion

Thirukkural is a guiding light for life, though written centuries ago, its principles are still relevant in present-day contexts and stand as an embodiment of human life. This paper focussed on providing the significant attributes of Thirukkural, Thiruvalluvar and an idea about how Thirukkural deals with the ethics, values and the thought process of People involved in Governance. The circumstances in the life of leaders, like Leo Tolstoy, Francis Whyte Ellis, Mahatma Gandhi who referred Thirukkural, while taking important decisions in Governance are mentioned. It is also presumed that, if one leads life according to ethical principles set out in the text, the fourth Purusharthas – moksha or liberation will be automatically achieved.

References—

1. Zvelabil, Kamil, 1973: The Smile of Murugan Leiden, p11-12
2. Central Institute of Classical Tamil :http://www.cict.in
3. Schweitzer, Albert, 1936: Indian Thought and its Development, The Beacon Press, Boston
4. Tolstoy, Leo (14 December, 1908). "A Letter to A Hindu: The Subjection of India – Its Cause and Cure." The Literature Network. THE HINDU KURAL
5. http://www.tnpsc.gov.in/francis-whyte-ellis1.html
6. Rev G.U. Pope, Rev W.H. Drew, Rev John Lazarus, and Mr. F.W. Ellis 1886, Thirukkural Translated, WH Allen & Company; p40–41, verses 311–330
7. Prof. R. Venkatachalam, 2015 Thirukkural – Translation – Explanation: A Life Skills Coaching Approach

□

कला में भारतीय दर्शन के मूल तत्त्व

✍ डॉ. नीरजा अरुण

कला अपरा विद्या है। 'अपरा' की परिभाषा करने से पहले यह आवश्यक है कि कला के स्वरूप की विवेचना की जाए। यह अद्‌भुत बोध है कि कला का ज्ञान पक्ष भी है और क्रिया पक्ष भी। वेदों से उत्पन्न होने के कारण कला का ज्ञान पक्ष है और शास्त्रों द्वारा रचित होने के कारण कला का क्रिया पक्ष है। ज्ञान एवं क्रिया का परस्पर प्रयोग किसी और सभ्यता में दृष्टिगोचर नहीं होता। क्रिया किसी भी स्वरूप में हो सकती है। वह नाट्‌य भी हो सकती है, लेखन भी, चित्रकला भी, पट्ट-कला भी, भित्ति चित्र भी, संगीत तथा नृत्य भी। काव्य का वर्णन इस पंक्ति में नहीं आता। ज्ञान तथा क्रिया से परिपूर्ण काव्य ही सभी कलाओं का मूल है।

काव्य अत्यंत उच्च भाव है। सभी विधाओं का मूल एवं केंद्र काव्य ही है। काव्य द्वारा रचित कलाओं का अंत सुख से होता है। यह सुख ही आनंद का भाव है। जो काव्यात्मक नहीं, वह सुखदायक भी नहीं। जो सुखदायक नहीं वह कला नहीं। जो कला नहीं, वह मानव के सामाजिक एवं आंतरिक जीवन के उत्थान में सहयोगी भी नहीं। अत: सभी सभ्यताओं में रचना का आरंभ काव्य से ही हुआ। जो सभ्यता काव्य रूप में सर्जन कर सकी, वह उच्चतम स्वरूप को प्राप्त हुई। काव्य से परे रहीं सभ्यताएँ मात्र लिखित रूप को ही सर्जन मानती रहीं, जबकि काव्यात्मक सर्जन से उद्‌भूत कला स्मृति, दर्शन, अनुभूति एवं झंकार के रूप में सामाजिक दायित्व का निर्वहन करती रहीं। यही कारण है की पश्चिमी सभ्यताएँ उसी लक्ष्यांक से संस्कारित दृष्टिगोचर होती हैं, जबसे वहाँ लिखित 'शब्द' सभ्यता में आया। पश्चिमी समाजों का प्रलेखन लिपि के आविष्कार के पश्चात् ही दिखाई देता है। इसी कारण से पश्चिमी सभ्यतायों में कला के प्रति भ्रम एवं विभ्रम, दोनों हैं। ईश्वर अथवा बाइबल पर आधारित कला का निर्माण अत्यधिक न्यून अवस्था में मात्र शब्दों में ही दिखता है अत: कला धर्म के शब्दों से प्रतिबंधित दिखाई देती है। काव्य रहित कला मनुष्य को जीवन का अर्थ तो समझाती है, परंतु उसके उन्मादित

आनंद की अनुभूति से पश्चिमी समाज वंचित रह जाता है। इसीलिए आनंद, सौंदर्य और परमानंद की अनुभूति के लिए उद्यत समाज में धर्म और कला के मध्य सदा ही संघर्ष रहा है। PURITAN AGE इसी का एक उदाहरण है। प्लेटो और अरस्तु भी कला को स्वाभाविक नहीं, कृत्रिम ही मानते हैं।

भारतीय सभ्यता का मूल भी धर्माधारित वेदों में निहित विधि और देशना ही है। परंतु इनका निर्वाह काव्य द्वारा किए जाने के कारण, भारतीय सभ्यता धर्म को बंधन नहीं, एक संगीत मानती है। इसी कारण सभी धार्मिक साहित्य का सृजन भी काव्य के ही किसी-न-किसी रूप में ही हुआ है। यह तुलना आरंभ में करना इसलिए अपेक्षित है कि इसी मूल भाव से सभ्यताओं का भेद स्वत: स्पष्ट हो जाता है। काव्य अर्थात् मात्र गद्यात्मक स्वरूप का निषेध नहीं होता। काव्य का अर्थ है कि सृजनकर्ता को यह विदित है कि काव्य के कितने स्वरूप होते हैं, उनकी क्या तकनीक है, उनका क्या वैज्ञानिक स्वरूप है, उनका संयोजन किस अभिप्राय से करना है, उसे किस रूप में प्रस्तुत करना है, उसमें ताल, राग, रस, भाव एवं कथा-वस्तु का समन्वय किस भाँति करना है तथा उसका प्रारंभिक एवं अंतिम उद्देश्य क्या होगा ? किस विषय-वस्तु में काव्य और कला के किस रूप का उपयोग करना है। भारतीय दर्शन में संवाद भी एक कला है और राज्य भी, आखेट भी और हठ भी। चौंसठ कलाओं से युक्त चंद्रमा भी दर्शन की विवेचना का केंद्र है और त्रियाचरित्र दरशाती ककैयी भी। काव्य कला पर आधारित सृजन नाटक, कविता, गीत, चित्र, नृत्य, कथा अथवा संगीत बनता है। अंतत: तो सभी कृतियों में दर्शन ही अभिलक्षित होता है। भरतमुनि ने भी रचनात्मक विधा को 'काव्य' की ही परिभाषा दी है। ये काव्य वेद द्वारा निर्देशित होते हैं, जिनमें ज्ञान एवं क्रिया, दोनों का समावेश होता है—

प्रत्यक्षेणानुमित्या व यस्तुपायो न वेदयते।
एनं विन्दन्ति वेदेन तस्माद् वेदस्य वेदता॥[1]

स्पष्ट संकेत हैं कि कला सृष्टि के निर्माण के साथ ही अस्तित्व में आ गई थी। इसीलिए भरतमुनि के 'नाट्यशास्त्र' में नाट्यशास्त्र का प्रथम आचार्य स्वयं सृष्टिकर्ता स्वयंभू पितामह ब्रह्मा को माना गया।

भरत मंत्र

कला में 'भरत' शब्द बार-बार आता है। यह स्वयं में एक मंत्र है। 'नाट्यशास्त्र' में भरत को मुनि के योग में रखना एक अभिप्राय ही है। भरत एक समन्वित सूत्र है—'भ+र+त'। अनेक पृष्ठ मात्र 'भरत' को व्याख्यायित करने में व्यतीत हो जाएँगे, परंतु भारतीय दर्शन के तत्त्वों को समझने के लिए आवश्यक है कि 'भरत' को भी समझें। संक्षेप में कहें, तो भरत का अपना अगम एवं विधान है। इस वंश का भी नाम भरतवंश है। भरत

नट की भी संज्ञा है। (ना.शा. 35.23) अत: भरतवंश ही नटवंश भी कहलाता है। भरत एक संगठन भी है और अकादमी भी। इसमें रत सैकड़ों नर-नारी ही 'भरत संतति' कहलाते हैं। श्रृंगार के प्रयोग में भी संलिप्त रहनेवाले पूर्णरूप से अनाविष्ट और अनासक्त योगी की भूमिका कला से ही प्रेरित हो सकती है। कला एक अनुवांशिक संस्कार भी है। आदिसृष्टि से गृहणीत यह विधा स्वर्ग से पृथ्वी पर जब आई तो भरतपुत्र इतने आसक्त हो गए कि उनका वंश चल पड़ा। अंत में 'भरत वाक्य' की विवेचना करना भी अपेक्षित है। 'शांति, शांति, शांति' यद्यपि प्रत्येक कला में लिखित दृष्टिगोचर नहीं होता, तथापि निर्दिष्ट अवश्य होता है। इसी भरत वाक्य तक पहुँचने का मार्ग है, भरत मंत्र। प्रत्येक कला का सर्जन इसी मूल मंत्र से होता है। अब इस भरत मंत्र की व्याख्या करें तो स्वयं भरत का ही वचन है—

भकारो भावसंयुक्तो रेफो रागाश्रीतोऽत्र हि।
तकारस्तालसहितस्तस्माद् 'भरत' उच्यते॥[2]

अर्थात् 'भरत' मंत्र में 'भ' का विषय है भाव, 'र' का विषय है 'राग' या 'रस' तथा 'त' का 'ताल'। भाव, राग, रस और ताल ही भारतीय कला के मंत्रजनित सिद्धांत हैं। काव्य का अभिन्न स्वरूप भाव, ताल, रस एवं राग के संयोग से ही प्राप्य हो सकता है।

विषय के प्रारंभ में ही कहा गया कि कला अपरा है। अपरा अर्थात् 'अ' + 'परा'। यहाँ 'अ' सादृश्यार्थक ही है। परा का प्रतिपाद्य, है ब्रह्म तत्त्व। इसी भाँति अपरा का प्रतिपाद्य ठहरा 'महामाया'। जहाँ परा के लिए मात्र एक अक्षर का ज्ञान ही अपेक्षित है 'ॐ' वहीं अपरा के लिए क्या नहीं अध्ध्ययन्न के क्षेत्र में आता है—

न तच्छास्त्रं, न तच्छिल्पं, न सा विद्या, न सा कला।
नासौ योगो न तत् कर्मं नाट्येऽस्मिन् यन्न दृश्यते॥[3]

ब्रह्म 'क्षर' है और माया 'अक्षर'। माया भी वह, जिसमें परा निहित हो, अर्थात् ब्रह्म युक्त परा का अर्थ एक ही है 'अलम्'। परा सभी को प्राप्य नहीं है। अत: अपरा द्वारा परा की प्राप्ति ही कला का मूल उद्देश्य है। अंतर केवल क्षणों का है। परा 'नित्य' है, 'कूटस्थ' है और अपरा 'परिवर्तनशील' है और 'क्षणिक' है। नाट्य यदि महामाया है तो रस उसे परा की क्षणिक अनुभूति कराता है। कला के इस तीर्थ में भागवत् का महारस भी है, रासलीला का महाज्ञान भी और परमानंद का वैभव भी। अपरा का एक अर्थ होता है 'और ही कुछ' अर्थात् 'निराला'। जीवन के वास्तविक क्षणों से जो बोध नहीं होता, वही बोध वास्तविक जीवन पर आधारित कला से कुछ निराला ही हो जाता है। इस निरालेपन की अनुभूति ही परा है।

कला का आधार

प्रश्नों के इस संवेग में एक महत्त्वपूर्ण प्रश्न है कि कला का आधार क्या है।? क्या

ब्रह्मा और ब्रह्मांड कला की अवधारणा बनाते हैं? नाट्य कहाँ होता है? उसकी पृष्ठभूमि क्या है? सभी को विदित है कि कला का एक पटल होता है। कभी रंगपीठ, कभी भीति, कभी नाट्यगृह, कभी भोजपत्र, कभी वाद्य और कभी गुफाओं के प्रस्तरों पर सजे रंग इन पटलों का काम करते हैं। परंतु क्या वास्तव में कला के यही पटल हैं? कहीं इसका सही आधार 'चिति' तो नहीं? कला में जो घट रहा है, क्या वह पहले कहीं चिति में तो नहीं घट रहा? वस्तु, कथा, प्रयोग, गतिविधि, वर्णन, भंगिमा, ध्वनि, लय, ताल, शब्द, रंग— क्या ये पहले चिति में घटते हैं, फिर पटल पर उतरते हैं? मंच पर घट रहीं घटनाएँ क्या मात्र मंच पर ही घट रही हैं या उनका पटल कुछ और ही है।

चिति किसकी? कवि की? या प्रेक्षक की?

सृजनकर्ता एवं प्रेक्षक, दोनों की ही चिति कला का आधार है। न केवल चिति चैतन्य है, अपितु रंगपीठ और उसके सभी पदार्थ भी चैतन्य हैं। इसीलिए नर्तक के नृत्य में राम, कृष्ण और नटराज के भी दर्शन हो जाते हैं। यही लीला है कला की। चिति सदा ही केंद्र रही है। सत, चित्त और आनंद के केंद्र में भी चिति ही है। एकात्म मानववाद का केंद्र भी चिति है। चिति ही चित्त की साधक और धारक है। चिति के कंपन से सत्य और आनंद भी विचलित हो उठते हैं। घर्षण में सत्यम्, शिवम् एवं सुंदरम् की अवधारणाएँ नष्ट हो जाती हैं। इसीलिए कला में वह वर्जित है, जो सुंदर नहीं है, सत्य नहीं है और शिव भाव से वंचित है। चिति ब्रह्मज्ञान का स्रोत है। कला का अभिप्राय ही परा तक ले जाना है। अत: अभिनवगुप्त कहते हैं कि मात्र वैखरी, मध्यमा और पश्यंति ही नहीं अपितु परा भी भाषा का एक प्रकार है। परा उद्भव है। शेष सब भौतिक क्रियाएँ हैं। सामाजिक अभिप्राय हैं और लौकिक अर्थात् हैं।

चिति के रंगमंच पर और कला के पटल पर सब भासित है—प्रतिभासित नहीं। स्वयं न होते हुए भी वह पटल सजीव है। एक ही पटल पर समस्त ब्रह्मांड प्रदर्शित हो सकता है। अत: कला साधना से वृहत्त है। वह अद्भुत लीला है।

सर्जक चिति में सृजन करता है और प्रेक्षक अपनी चिति के अनुभव से आनंद की अभिलाषा से रस का पान करता है। कला का सृजन एक वंश या एक काल के लिए नहीं होता। वह कालजयी है। प्रेक्षक की चिति का सर्जक की चिति से संयोग होता है, तभी वह सहोदर होता है। इस सहभागिता में सहोदर भाव ही यह निश्चित करता है कि कितने काल के इए सर्जक एवं प्रेक्षक की चिति एकाकार हो सकते हैं? इसी योग के आधार पर कला का तीन श्रेणियों में विभाजन होता है—तात्कालिक, सामायिक एवं कालजयी। जब तक कला प्रेक्षक के चित्त से एकाकार हो उसे स्पंदित एवं द्रवित करती रहेगी, जब तक कला का सत्य रूप सौंदर्य एवं शिव भाव से रंजित रहेगा, तब तक वह कला भी अस्तित्व में रहेगी।

अनेक काव्य रचनाओं, रागों, चित्रों एवं संगीत की धारायों के सहस्त्र वर्षों तक जीवित रहने का मूल कारण यही है। हाथ से सर्जित कला मूलतः रस का सर्जन करने हेतु लक्षित है—

यतो हस्तो ततो दृष्टि, यतो दृष्टि ततो मनः।
यतो मनः ततो भावः, यतो भावः ततो रसः।।[4]

ईश्वर से एकाकार होने के लिए भक्त जिस एकात्म की कामना करता है, वही कामना सहोदर प्रेक्षक कला में सहृदय होने के लिए करते हैं। अभिनवगुप्त ने इसी को प्रत्यभिज्ञा माना है।

कला की शक्ति

कला बहुत शक्तिशाली होती है। उसके प्रभाव से पृथ्वी डोल जाती है। इसीलिए उसे 'विभावन' भी कहते हैं। वि+भावन वि यानी 'बिना कुछ के' और भावन यानी 'सबकुछ', अर्थात् 'बिना कुछ के भी सबकुछ'। कुछ न होते हुए भी कालिदास के 'कुमारसंभवम्' में हिमालय भी है और गंगा भी। भावना से बना यह विभावन भावनोपीत अस्तित्व की रचना कर डालता है। इसीलिए कला हमें हिला डालती है। क्योंकि वह शून्य में से भी आकार लेकर सत्य की रचना कर डालती है। यह प्रतिभासित नहीं, प्रतिभ है; क्योंकि इसमें मिथ्या होने का दावा नहीं है। काल्पनिक होते हुए भी असत्य नहीं है। यही रीति लोक की भी ही, माया होते हुए भी वास्तविक है। "विज्ञानवादी का विज्ञान भी यहीं समझ में आता है, वेदांती का ब्रह्म भी और शिवागामी का परम सत्य भी।"

कला के हर स्वरूप में प्रथम सोपान काल्पनिक है, परंतु अंत रसास्वादात्मकता लिए निपट सत्य एवं वास्तविक है। इसीलिए जैसा-जैसा रंगपीठ या पटल पर होता है, वैसे ही भाव प्रेक्षक में जन्म लेते हैं। करुणा, हास्य, शृंगार, क्रोध, वीरता, वात्सल्य, ईर्ष्या, जुगुप्सा, शोक आदि प्रतिक्रियाएँ काल्पनिक पटल पर की गईं वास्तविक क्रियाएँ हैं। कला के मूल में पाठ है। जीवन के असंख्य सत्य से प्रमाणित कार्य-कलापों में दुर्दिन और अशिवकारी तत्त्वों का निषेध ही कला का अभिप्राय है। वैसे ही जैसे धर्म, अधर्म को जीवन से त्यक्त करने का संदेश देता है, कला भी अहितकारी और असत्य को चित्त से निष्कासित करने का संदेश देती है। यही कारण है कि भारतीय दर्शन ने काव्य का रूप लिया। वेद, रामायण, महाभारत, गीता का पाठ भी हो सकता है और अभिनय भी। यह कैसा अद्‌भुत् उच्च दर्शन है, जो श्रव्य भी है, दृश्य भी है, पाठ्य भी है और कला भी है?

वाल्मीकि, तुलसी, मीरा, कबीर, रामानुज, रामानंद, नरसिंह मेहता साहित्य की रचना कर रहे हैं या भारतीय दर्शन की व्याख्या कर रहे हैं? राग-रागिनियों से युक्त मंत्रों से ऋषि मुनि जप कर रहे हैं या ध्वनि संयोजन के अद्‌भुत् प्रतिमान प्रस्तुत कर रहे है? तांडव नृत्य है या विध्वंस? कालिदास के गौरी-महेश्वर जगत् के माता-पिता परम परमेश्वर हैं

या श्रृंगार से अभिभूत अलौकिक चित्त? शाकुंतलम् मात्र एक नाट्य है या जीवन के हर अंग/उपांग पर की गई समीक्षा? इस प्रातिभ से ही प्रतिभा का जन्म हुआ है। जिस सभ्यता में जितनी विकसित प्रतिभा होगी, वह सभ्यता उतनी ही उन्नत होगी। कला में जनमे शिव की उन्मीलना ही विश्व की उन्मीलना है। इसीलिए वह स्वात्मयतन पर आधृत रहती है—

यदुन्मीलनशक्त्यैव विश्वमुन्मीलति क्षणात्।
स्वात्मायतनविश्रान्ताम् तां वन्दे प्रतिभां शिवाम्॥[5]

कला का फल

यज्ञ आदि तप और साधना परा तक पहुँचने के लिए की जाती हैं। इसी भाँति अपरा भी कामनाओं की पूर्ति का लौकिक साधन है। परा की भाँति अपरा के भी अपने अनुष्ठान और तप आदि होते हैं। परा एवं अपरा दोनों का ही मार्ग शुचिता का है। मन को शुद्धि देना ही जीवन का उद्‌देश्य है। भरतमुनि कहते हैं—

या गतिर्वेदविदुर्षां य गतिर्यज्ञकारिणाम्।
या गतिर्दान-शीलनां तां गतिं प्राप्नुयाद्धि सः॥[6]

कला का वही फल है, जो धर्म का है : हृदय को शुद्ध करना। यम, नियम और आचार, दोनों की ही क्रियाएँ हैं। शुचिता टूटते ही धर्म भी खंडित हो जाता है और कला भी। कला के अभिप्रायपूर्ण और स्वार्थी प्रयोग से सभ्यताएँ नष्ट होती देखी गई हैं। धर्म के दुराचारी हाथों में जाने के परिणाम भी गोचर हुए हैं। धर्म का नाश करने के लिए कला का विनाश किया जाता रहा है। मंदिर और मूर्ति कला का परिचायक हैं, परंतु उन्हें ही दर्शन का पर्याय मान कर जब नष्ट किया गया, तब कला को नहीं, दर्शन को नष्ट करने की बात की गई। जब-जब शुचिता का अभाव होता है, तब-तब कला की दीपिका बुझ जाती है। समाज में विसंगतियाँ उत्पन्न हो जाती हैं। कला के मूल में उसी दर्शन का आभास होता है, जिस सभ्यता में वह कला जन्म लेती है। इसीलिए भारतीय कला की समालोचना बिना भारतीय दर्शन के सम्यक् ज्ञान के संभव ही नहीं हैं। एक कवि द्वारा रचित रामराज्य कैसे एक समाज की कसौटी बन जाता है, यह तब तक नहीं जाना जा सकता, जब तक राम क्या है इसकी अवधारणा स्पष्ट न हो। और राम की अवधारणा धर्म में, वरन् नहीं कला के ही किसी स्वरूप में मिलती है। अतः कला जीवन के अंतिम लक्ष्य तक ले जाने का मार्ग भी है और साधन भी।

रस तत्त्व का इसमें बड़ा योगदान रहा है। एक प्रसिद्ध सूक्त है—'रसौ वै सः'। अर्थात् वह परमात्मा ही रस रूप आनंद है। 'कुमारसंभवम्' में पानी, तरल और द्रव के अर्थ में रस शब्द का प्रयोग हुआ है। 'मनुस्मृति' मंदिरा के लिए रस शब्द का प्रयोग करती है। मात्रा, खुराक और घूँट के अर्थ में रस शब्द प्रयुक्त हुआ है। 'वैशेषिक दर्शन' में चौबीस गुणों

में एक गुण का नाम 'रस' है। 'रस' छह माने गए हैं—कटु, अम्ल, मधुर, लवण, तिक्त और कषाय। स्वाद, रुचि और इच्छा के अर्थ में भी कालिदास 'रस' शब्द का प्रयोग करते हैं। प्रेम की अनुभूति के लिए 'कुमारसंभवम्' में 'रस' शब्द का प्रयोग हुआ है। 'रघुवंश', आनंद और प्रसन्नता के अर्थ में 'रस' शब्द काम में लेता है। 'काव्यशास्त्र' में किसी कविता की भावभूमि को 'रस' कहते हैं। रसपूर्ण वाक्य को काव्य कहते हैं। अभिनवगुप्त ने जिस साधारणीकरण की व्याख्या की है, वह कला के फल का ही पर्याय है। अत: कला का फल विभिन्न दशाओं में भिन्न प्रकार ले लब्ध है। भर्तृहरि सार, तत्त्व और सर्वोत्तम भाग के अर्थ में रस शब्द का प्रयोग करते हैं। 'आयुर्वेद' में शरीर के संघटक तत्त्वों के लिए रस शब्द प्रयुक्त हुआ है। सप्तधातुओं को भी रस कहते हैं। पारे को रसेश्वर अथवा रसराज कहा है। पारसमणि को रसरत्न कहते हैं। मान्यता है कि पारसमणि के स्पर्श से लोहा सोना बन जाता है। रसज्ञाता को रसग्रह कहा गया है। 'उत्तररामचरित' में इसके लिए 'रसज्ञ' शब्द प्रयुक्त हुआ है। भर्तृहरि काव्यमर्मज्ञ को 'रससिद्ध' कहते हैं। 'साहित्यदर्पण' प्रत्यक्षीकरण और गुणागुण विवेचन के अर्थ में 'रस परीक्षा' शब्द का प्रयोग करता है। नाटक के अर्थ में 'रसप्रबंध' शब्द प्रयुक्त हुआ है। यही कारण है की अलग-अलग भावों से युक्त कला अलग-अलग प्रभाव डालती है।

कला का प्रभाव मात्र अध्यात्मिक अथवा लौकिक ही नहीं, वरन् वैज्ञानिक भी है। भारतीय दर्शन की भाँति ही भारतीय कला भी पूर्णतय: वैज्ञानिक तत्त्वों से युक्त है। यही इसकी कालजयिता का कारण भी है और सार्वभौमिकता का भी। यह एक विभिन्न विषय है। अत: इसकी विवेचना का यह उपयुक्त स्थान नहीं है।

कला की आवश्यकता

यदि कला में दर्शन के तत्त्वों की इतनी समन्वयता है तो स्वाभाविक रूप से प्रश्न उठता है कि कला की क्या आवश्यकता है? क्या मात्र दर्शन से ही वह अभिप्राय पूरा नहीं कर सकते जो कला से अपेक्षित है? कला की अपेक्षा का कारण क्या हो सकता है? उत्तर एक वाक्य में दिया जा सकता है—'आत्मा वा हे दृष्टव्य: श्रोतव्य:, मन्तव्य', अर्थात् 'स्वयं को देखो, समझो एवं जानो' तभी हम परमात्मा के दर्शन कर सकते हैं। यहाँ देखने का अर्थ मोटर देखना नहीं है, वरन् सम्यक् रूप से अपनी सभी ज्ञानेंद्रियों का उपयोग करना है। क्या हम किसी अभाव से ग्रस्त हैं? क्या मात्र धन का अभाव ही अभाव है? क्या संपन्नता में कोई अभाव नहीं? तब स्वर्ग में नाट्य की आवश्यकता क्यों पड़ी? जब सबकुछ सुलभ हो, प्राप्य हो, अधीन हो तब परिपूर्ति के उस भाव के पश्चात् क्या भाव आने चाहिए? क्या समाधि का ही एक मात्र चयन रह जाता है? क्या लौकिक उपलब्धियों से परा की अनुभूति संभव है? यहीं कला की आवश्यकता होती है। विनोद

और गंभीर दर्शन के संयुक्त भाव से युक्त, कला ही 'एक समाधन है सभी के लिए' (कालिदास, माल्विकाग्निमित्रं 1-4)। कला से अतृप्त चित्त को तृप्ति मिलेगी। स्वप्नदृष्टा को अभिदान मिलेंगे और निद्रा रहित विचलित मन को निद्रा का वरदान। 'विश्रान्तिजननं काले नाट्यमेतद् भविष्यति' (ना.शा. 1.111)

यही गूढ़ता है कला की। रस तो एक ही है—परमानंद, परंतु उस रस तक पहुँचने के मार्ग आठ हैं। समस्त मायिक जगत् भी 8 ही मूर्तियों में बँटा हुआ है शिव भी अष्टमूर्ति हैं, उनकी मूर्तियाँ हैं—पंच महाभूत, सूर्य, चंद्र और चैतन्य तत्त्व। नटराज में भी अष्टमूर्ति है। काशी और महाकाल में भी अष्टमूर्ति है। अष्ट रस हैं। इसीलिए इंद्र अष्टरसी नाट्य देखते हैं। इसीलिए सृजनकर्ता के मानसपुत्र होते हैं या विद्या वंश। उनका एक संपूर्ण संसार होता है, उसका दर्शन होता है, परंतु वह स्वयं दर्शन मात्र नहीं होता। इस पूर्ण स्पंदन से जो रस प्रेक्षक को मिलता है, वह शिव ही नहीं अपितु परमशिव है—

वस्तुतः शिवमये हृदि स्फुटं सव्वर्तः शिवमयं विराजते।
नाऽशिवं क्वचन कस्यचिद् वचस्तेन वः शिवमयि दशा भवेत्॥[7]

कला में निहित प्रमाण

कला का क्या प्रमाण हो? तो इसका उत्तर है 'लोक'। लोक में जैसा होता है, उसी का कला में अनुकरण किया जाना चाहिए। अनेक ग्रंथों में लोक को ही आधार बनाने की बात दुहराई गई है। कला में दृष्टि होती है। यह आतंरिक एवं बाह्य, दोनों ही स्वरूपों में विद्यमान है। आंतरिक दृष्टि में बुद्धि का भी संयोजन होता है। शब्दकला, दृश्यकला, श्रवणकला एवं शिल्पकला सभी पदार्थों को प्रतीतिगोचर बनाती हैं। कला के सिद्धांतों में उल्लंघन निषेध है। गोपनीयता के आवरण में विदेहता तो संभव है, परंतु नग्नता नहीं। मृत्यु की अनुमति है, परंतु द्वेष, हिंसा या अत्याचार की नहीं। लोक संभव होते हुए भी अश्लीलता का कोई स्थान नहीं है। यहीं दर्शन का कला से समन्वय आता है। सुकृति में विकृति का कोई स्थान नहीं है।

भरताः! भगवन्त एव साक्षान्नटनव्यापृतिमूर्तयो भवन्ति।
मुनितां शिवताधिवासितां च कृपया बिभ्रति, वो रसा अलन्तु।
लसंतु, द्रवन्तु, जयन्तु॥[8]

संदर्भ—

1. तैत्तरीय संहिता भाष्य भूमिका में सायण द्वारा उद्धृत
2. https://isha.sadhguru.org/in/hi/wisdom/article/bharat-india-ya-hindustan-antar-kya-hai

3. ना. शा. 1.113,19.130
4. https://www.speakingtree.in/blog/yato-hastatato-drishti
5. द्विवेदी, रेवाप्रसाद, कालिदास ग्रंथावली, काशी हिंदू विश्वविद्यालय, 1986, पृष्ठ-4
6. ध्वन्यालोक: - बालप्रियालोचनभाष्यसमेतम्/उद्द्योत: 1 लोचन, प्रथम उदयोत का अंतिम पद्य
7. ना. शा. 36.78
8. कृष्णामूर्ति, क. अभिनवगुप्त : ध्वन्यालोकलोचनांत, मेहरचंद लक्ष्मीदास प्रकाशन, नई दिल्ली, 1988. पृ.-27
9. https://www.loc.gov/acq/ovop/delhi/salrp/dwivedi.html

□

Native Narrative Consciousness of Indian Cinema

✍ T.S. Nagabharana

From the initial stage, Indian cinema has been dependent on the concept of nativity. It is the prime source of filmic projections highlighting diverse characteristics of the nation. Its interpretative focus on native forms was with popular constructions. The word nativity considered as rebellion countering metaphorical term and its depiction in the form of cinematic communication is varied in nature according to the change factors of the society. Scholarly interpretations clearly indicate constant strength of native cultural conscious phenomenon while questioning outer hegemonic attacks. Filmic experiments in the pre-Independence era as well as post-Independence period showcased Indian cultural fragrance through native elements. Mythological versions and rich literature traditions pressurised film representatives to speculate cinematic themes in terms of indigenous identity conscious. They have executed the whole process of cinematic narration by blending its technical aspects with local cultural ingredients. By doing so, they have contributed valid films to construct gradual cinematic growth systematically.

The term nativity consciousness or the concept of native culture is basically associated with belongingness of an individual or people of particular land or nation. The long-standing survival of their domain is dependent on individualistic characteristics and their internal-external image dependent on cultural and societal perceptional notions. These are instrumental in framing societal, regional and national identity of particular nation. Values and beliefs preferred by individuals or the group or the mass are decisive factors in formulating cultural identity consciously. Nativity consciousness is the prime pillar in constructing cultural image of the nation or region. If a particular artistic form representative is trying to project cultural image of the nation or region through the several aspects of nativity, diverse indigenous patterns to be considered for the purpose. Such patterns convey historical facts with regard to the native diversity. They are also important in the process of extending image of the native conscious culture.

In India, literature and cinema both have portrayed diversified native cultural patterns with authenticity. They authenticated native cultural historical ingredients by building healthy interaction with generations of different times. Their constructive contents safeguarded the trajectory of significant glory of our native structures. In the field of cinema, both popular and new wave streams played the same role in a unique way.

Comprehensive Foundation

Native culture is the foundational source for all kinds of artistic representations. They allow older traditions to flow with current transformational process aiming at making newer trends. The architecture of mass communication is based in native cultural aspects. That formula is mechanism found in Indian folklore which is considered as treasure trove of several facets of nativity. Every folk art form advocated signature identity of nativity and constructed popular texts by highlighting different facets of conscious value system. For instance, Yakshagana and Bayalata, iconic theatric folk forms of Karnataka portrayed Kannada native structures successfully.

There are such many more folk artistic models across the nation appeared with regional diversified characteristics. Those who were familiar with these modules added new dimension to literature and cinema at the time of creative scripting process. This crafting strategy identified with the consciousness of highlighting native values to show right path for the societal growth. Vachanas, revolutionary poetic texts gifted by 12th-century progressive thinkers, Tatvapada, philosophical songs and various kinds of folk expressions made wider impact on the generations. They are still relevant for the contemporary society.

Literary Traditions

Literature identified as a native projective institution delineating the connective roots of heritage and reframing perceptional conscious potentiality of generations. Those who treated literature in this context, their experiments in the field of performing arts created new wave and set new trends. Theatre is one of the earliest beneficiaries of taking advantage from native traditions especially pertaining to conceptualisation of themes, concretising stories and other artistic elements. In this way, the concept of native consciousness enriched literary tradition as well as performing arts including the artistic platform of theatre. This journey of artistic collective responsibility continued through the cinematic frames. Their dependency over native culture and native elements provided creative formulae of movie-making.

Projection of Nativity Consciousness

Indian cinema constructively projected nativism through its filmic frames and attained gradual growth aiming at attracting spectators of different parts of the country. Cultural tools including language, societal rituals, belief system and religious symbols were considered as core aspects at the time of film-making. Indian cinematic native conscious narrative patterns were framed based on the firm mechanism of these cultural elements. Consideration of these elements is essential for the cinematic communication within the framework of nativity architecture in the country where many regional cultural patterns and language structures influence the masses extensively. The universal success of cinematic directorial ventures is determined by these essentials.

Cinematic projection of nativity is basically a complex process. An individual artistic personality has to be very familiar with language preferences of people representing different regions in a particular country. If he or she makes film in Hindi which is considered as one of the national languages, its linguistic mechanism and impact potentiality should be taken into consideration. The familiarity of Hindi literary traditions and folklore patterns is mandatory for the cultural appropriation of cinematic narration. As an individual director of one specific region of the country, he has to accord preference to that regional language, its people and their cultural background. This kind of native cultural consciousness of directors is instrumental in constructing native narrative patterns and making wider impact.

It is important to note that movie-making segments of different regions have to be named as per the native cultural diversity. The term Bollywood represents Hindi movie-making production process. This particular word is not denoting the diverse identity of Hindi language movies which captured native structures with the artistic authenticity from the initial stages of Hindi cinematic journey. There are plenty of instances with regard to the native reflections in both popular and new wave streams. By considering these cultural features of Hindi cinema, native term has to be coined instead of preferring the usage of Bollywood. The broader term like Bharateeya Cinema is an appropriate usage to reflect regional diversity which includes national Hindi cinema. In Kannada, Chandanavana, instead of calling it as Sandalwood; the term Chandanavana is unique usage. It denotes cultural uniqueness of Kannada cinema. The same formula could be applicable to other regional cinema industries also.

Native Signs

The question of language identity is precious because each regional cinema associated with its own characteristics of cultural significance. Cultural consciousness without understanding valid literary and folklore textual traditions of particular region, an individual representative of cinema will not be able to make cinema of universal appeal. Movie-making process starts from one particular regional language and establishes its universal dialogue with others of different parts of the globe. That is the democratic beauty of cinematic specificity representing particular language and culture and consciousness. In this context, Bengali movies have constructed signature identity by highlighting modern thoughts. Bengali movie-makers consciously referred native social structures to coin broader aspects of social change. Satyajit Ray and other talented projections are still relevant in this context. In Malayalam, directorial ventures are classic examples of narrating native significance with the cinematic interpretations of modernity. In Kannada, this native projection creativity portrayed through many talents.

Conflicts between traditions, complex nature of belief system, religious stances, ambiguousness in human world, societal divergence, superstitious representations and contemporary challenge of facing change phenomenon are some core aspects of Kannada cinema in creating a native consciousness. Native structures were redefined by Kannada new wave cinematic culture and its influence on popular movie is minimal. Representatives of new wave movies presented narratives by focussing noble angles of nativity and threatening facets of its traditionalistic limitations through broader perspectives. At this juncture,

Kannada cinema responded positively to the modernity trends of Bengali movies. Kannada movie Samskara is the one which is considered as prime example of artistic representation aiming at exploring cultural conflicts of human world. It was also evident of new wave culture within the framework of native structure. Grahana (Directed by T. S. Nagabharana), is another movie which had portrayed negative facets of societal system associated with the caste-based religious inequality. This movie questioned negativity of native religious foundations with the rationale authenticity. It was dependent on various aspects of Kannada religious ritualistic elements to construct discourse over the significance of human values which are central notions of real modern transformation.

At the national level, popular Hindi movies attracted spectators of different regions. Their stereotypical narratives never tried to unveil native elements and reserved their screen-space to showcase hero-villain conflict and happy ending romance stories. Apart from these instances, there are directors who depicted native identity and native consciousness by elaborating rural-urban conflicts and traditionalistic tendency-modernity clashes. It is because of influence of the middle cinema movement on Hindi movies. As part of its inspirational wave, regional cinematic representatives tried to experiment with culturally relevant narratives. But those attempts have not attained wider acceptance and not continued with the intensified mode. Influenced by Marathi theatrical movement, representatives of Hindi movies created new wave through their new filmic approaches. But glorified popular stereotypes captured the mass acceptance while cinematic commitment of documenting native conscious and advocating new insightful interpretations sidelined.

Interestingly, Kannada popular cinema representatives thoroughly crafted cinematic authorship over native projection creativity. Bangarada Manushya, connotatively captured the rural struggle with the rigid elements of urbanisation and modernity complexities. It was the first experimental approach to find contemporary crisis in rural India. 'Mayer Muttanna' is another filmic instance of establishing crisis of rural people by placing them within the framework of urban structure. Dr. Rajkumar starrer Bedara Kannappa redefined the concept of Bhakti by questioning caste-based hierarchical stereotypical misleading versions over God-Human identity. The director Lakshminarayana with his iconic narrative patterns portrayed native cultural conflicts of human world successfully. Girish Kasaravalli directorial ventures are precious in terms of their native narrative patterns highlighting social ambiguity and human search for the ethical path. The movie titled Santa Shishunala Sharifa (Directed by T.S. Nagabharana) re-demonstrated counter-strategic mechanism to focus on national integrity by projecting complicated rural structures and limitations of human world.

Indian cinematic musical themes constructed based on classical and folk traditions. Cinema directors and music composers considered native classical and folk traditions while formulating music compositions to narrate stories. By considering noble native musical traditions, consciously, T.G. Lingappa, L. Vaidyanatha, M.Rangarao, Rajan-Nagendra, Hamsalekha and others have constructed thematic music for different movies. B.V. Karanth, theatre personality, played an important role in visualising native patterns through the cinematic lenses. His musical experiments advocated native structural roots of Indian society and Indian consciousness.

Movies representing different regional, cultural structures have strengthened the positive cinematic trends. They have also constructed Indian diversified image. Representatives of filmic federal wings have enriched the cinema as a powerful medium with their unique contributions. Native narrative and Native consciousness are the sources of abundant creativity for film-makers, which has to be eternally guarded and integrated to create a new conscious native narrative in visual world. □

The Sustainable Route of Universal Welfare

✍ Dr. Anup K. Mishra

Prelude

The new institutional economics has widened the scope of economics discussion on a canvas that transcends the traditional scope of economics. The basic assumption of traditional economics has been 'rationality and self-interest'. Real human beings do not at in these assumptions. To overcome this error, the concept of 'bounded rationality' is developed, which, in its term, has only made one modification or the other varying from model to model. However, rationality is relative and has its roots in the beliefs. The religious beliefs are very important. The complete man is not only rational, but also emotional. The complete man should be reflected by a combination of rationality and emotions. This combination is represented by the value system of the man. A man is defined by religion that offers a link between the individual and the institution. On the basis of the personality and behaviour of individual, so defined by religion, the paper entitled as above tries to focus on the issue of sustainability and proposing a tentative simulation to begin with. It also endeavours to find equilibrium process.

Introduction

The new institutional economics has added further dimension to the economic thinking with the apprehension of the failure of traditional economics in terms of predictability owing to its inability to capture the behaviour of the real man. In general, economics has tried more in the line of offering explanations to the already existing events than has tried to discover a truth for its own. Based on some very artificial assumptions, a logical deduction is worked out and the conclusions are superimposed upon people to be followed as the model behaviour. The basic assumption being all such theoretical under pinning had been 'rationality' and, thereby, the individual attempts to optimise unders given constraints. In setting forth the goals for such activity, self-interest is the only legitimate principle that can be depended upon. These individuals are rational fools (Sen, 1997). This means the self-interested economic man is not interest in the other self. He is a gentleman, intelligent, sober, and reasonable and so on so forth, because he maximises his objective function, which is devoid of ethics, values morals, love, favour religion, virtues and sacrifices. He is only playing with commodities or profits or money under free and full information.

One can easily conclude that technical economics has learned very little from other subjects of social sciences. In economics, the world is made to fit this (rationality and self interest assumption), rather than the assumption being made to fit the world (Sen, 1998).

Rationality: Bounded Unbounded, Relative or Absolute

Such assumptions of complete and absolute rationality are not only empirically unfound but also theoretically weak. The basic belief for even rationalist is relativity of rationality. To be rational is to have reasons. But it is not just the reason; it is a good or bad reason, a valid or invalid reason. The relativity of reason is governed by belief, practices and persons (Syed, 2003). Given to be rational is to have good reason is justificatory beliefs. It can be logical, factual or casual, normative or of some other kind. A good reason has two components; one component describes the situation and the other component articulate the rule by virtue of which the reason given is a valid reason for the belief in question (Syed, 2003). For absolute reason, identity and differences are important and that are sources of all perceptions of what a thing is and what it is not. Absolute identity and differences are pure abstractions or rather idealisation. Therefore, absolute rationality plays no role (Taylor, 1953). Recent developments in economics have recognised, although implicitly, the non-existence of the two extremes of absolute rationality visa-à-vis complete absence of the same, i.e., absolute foolishness. This has enabled the theoretical developments on the assumption of 'bounded rationality' as against 'unbounded rationality'. The literature putting bunds on rationality disseminates over almost every branch of economics. Conlisk (1996) surveys such attempts. What is clear from the survey and also going through different such researches that bounded rationality is not defined by itself but the economic models make curtailments in the assumption of rationality to fit their own situations. Apparently, the attempts based on bounded rationality seem nearer to absolute and independent rationality. They miss the existence of relativity of rationality. What is required is a trans-disciplinary approach and to begin the discussion from the very beginning.

Family and Belief

The families are foremost of the social settings in which preferences including values are shaped, certain moral inclinations either are instilled, or tried to be instilled at a young age. Whereas a family is central institution where values are shaped in one's youth, the workplace reaffirms and strengthens or invalidates and weakens values.

Personal ideology is an individual's philosophy of how life should be lived and of what forces influence human living. It is found that humanism and normative are related and are predicted in meaningful ways to cater a value system. In this regard, assumptions concerning human nature, religiosity and political orientation are important (de St. Aubin, 1996).

Institution and the New Institutional Economics

Institutions and organisations change preferences. The term 'institution' refers to rules, laws, norms and customs and the term 'organisation' refers to social settings in which activities such as production, learning, consumption take place. Institutional includes the legal or accepted ways of carrying out various activities, such as rules and laws governing market exchange, jurisprudence and politics and also widely held normative motions such as those regarding fairness and reciprocity. Organisations include firms, families, schools, media, government agencies and courts. There is interplay between categories.

A body of thinking has evolved based on two propositions: one, institutions do matter and two, the determinants of institutions can be used in economic discussion (Mathews, 1986). Elements of institutions are captured by property rights (Coase, 1992), conventions and norms, type of contracts and about authority.

Williamson (2000) delineates upon the levels of social analysis to capture different aspects of new institutional framework for economic thinking. The four levels given a sunder do act and interact with each other (Williamson, 2000).

Level-I relates to social theory that includes embededness: informal institutions, customs, traditions, norms and religion.

Level-II relates to economics of property rights/positive political theory, i.e., institutional environments: formal rules of games, especially property (polity, judiciary and bureaucracy)

Level-III relates to the transaction cost economics, i.e., governance: play of the games, especially contracts (aligning governance structures with transactions)

Level-IV relates to neoclassical economics/agency theory, i.e., resource allocation and employment (price and quantities; incentive alignments)

What is important for the author is second and third levels, which, in turn, form the new institutional economics. The first level is given and institution at this level changes very slowly. They are informal constraints and change over centuries or millennia. Therefore, religion loses its basis for economic discussions. This is because religion has different connotations in the West; however, in the Indian tradition, oneness of the existence that sustains is the basis.

Economic models of religious behaviour have generated heated debate. Therein, the deepest problem with the economic approach to religion lies in its treatment of belief formation. The terms 'religious belief' and 'religious preferences are used interchangeably', interpreting religious behaviour as choice under uncertainty. They use the concept of 'religious capital'. However, it is not clear whether the religious capital is proxy, for utilities, probability or both. They intend to dig into the utility function of individual and wonder whether probabilities, incomplete information about ultimate reality and the religious choices made by other do matter.

Another important approach lies on what is called 'methodological existentialism' and maintains that ultimate reality is unknowable. An 'infinite, chasmal, qualitative abyss' separates man from god (Kierkgarrd, 1980), (1849) and man is condemned to freedom (Sartre, 1966, 1943). Therefore, this approach depends upon that belief formations are caused by psychological tension arising from the necessity of choice, and, therefore, cognitive dissonance (Montgomery, 1996).

Economic agents were supposed to optimise subject to given institutional framework. Else, utmost institutions are taken as determinants of individual preferences. This way institutions and individuals are conflicting agents generally at war. However, if religion is taken as it is philosophised in Indian system, it does not only 'offer cooperation between' individual and the institution, but also treats them as one. This way it may offer a complete picture of existence and can offer positive explanation of normative aspect of the life.

Rationality, Belief and the Real Self:

Having established the relativity of rationality and its possible root in beliefs, the real self needs to be explored. An individual is generally emotional in the sense of psychological state because it seems that it is the more fundamental sense (Parrot, 1995; Ellsworth, 1995; Lazarus, 1995). Emotions represent a social relationship but it is an individual mind that creates them. Psychology has ample literature on emotions. Emotions might be more fundamental in the organisation of human behaviour than cognitions. That, in effect people may be emotes before they are cognizes (Charland, 1995; Brown, 1996). Ordinarily, e.g., love is categorised as an emotion yard held distinct from the desires, which motivate our preference ordering. It might be thought to hold little interest for economists. But our life is not so nearly compartmentalised. A central message from Freud makes the action of an individual unintelligible with reference only to the conscious intention of the agents. There are unconscious motives. Sartre makes the claim that formation and pursuit like 'love' is a central feature of the human condition.

The problem of combining and cognitions is multi-fold. It is due to emotions that the combination will be indeterminate. The simple logical method, based on existence of either 'IS' or 'NOT IS' will not be useful, because the result will be multi-dimensional. The clue to this problem lies in identifying a representative to this combination. The answer lays in value system of an individual. It is the combination of emotions and cognitions, which ensures a value system. Unlike the western system, value in the Indian system emanates from religion. The relation goes as under:

Man defined as character ⇨ Character defined as values ⇨ Values defined as Religion.

Man is defined by the religion. Unlike the Western system, in Indian tradition, religion (the institution) and man are not deferent. Therefore, if the discussion of the behaviour of the man runs in terms of value system, it can pave the way out to link institution to the behavioural analysis (Mishra and Singh, 2003).

A tentative simulation

To elaborate the discussion, a tentative simulation may be present, to begin with.

In Indian tradition, the values can be of two categories – one, Preya (loved ones) and Shreya (desired ones). These values can be first order property or property of second order. It can be subjective or objective, good or bad, static or dynamic. On this basis, the values can be categorised as under:

1. Values regarding self
2. Values regarding others
3. Values regarding process

Value Dissonance

It is believed that 'Value Dissonance' results when individuals have preferences over actual possessions which conflict with 'superior values' inculcated into them. The state of having values that can't be satisfied within the prevailing physical, social and financial constraints may be called 'value overload'. This condition inevitably generates 'value dissonance', psychological discomfort stemming from the feeling that one's personal values remain unfulfilled. The source of value overload may be a single value system. For example, a religion can demand from its followers that they are unable to fulfill or parents can instill in their children unrealistic standard of achievements. Similarly, values rooted in biological evolution need not be mutually consistent in any given context, for they might have developed in response to some separate problem. All these and many others generate value overload to be shed away by the acts. Only value-loaded act could think of sustainability and this needs the interdisciplinary approach.

Conclude: Proposed equilibrium

No discussion in economics is complete unless equilibrium conditions are delineated upon. The stationary state is never reached, constant returns never obtained, equilibrium, even dynamic ex ante, never established itself (Mehta, 1967). The way equilibrium conditions are derived; it assumes human life to be a collection of discrete objects such that objective function and constraints meet in some visible plane. Also, it approves of the paradox of happiness. One can maximise personal happiness only if one does not desire to maximise personal happiness. However, the Indian system of logic teaches that life is a continuous flow. It is a process. Therefore, to determine the consolidated behavioural agenda, it is believed that the objective function and constraints meet at infinitum. That is, they are asymptotic and not tangential. It is proposed that out of three categories of values mentioned above, first and second jointly form the objective function and the third acts as the constraint. This proposed equilibrium may ensure the route of sustainability.

Reference—

1. Atkinson J.W. (1957), Motivational determinants of Risk-taking Behaviour, Psychological Review, Vol. 64
2. Berry, Thomas, with Mary Evelyn Tucker ed. (2006). Evening Thoughts: Reflecting on Earth as Sacred Community, Sierra Club Books, San Francisco, CA
3. Blum, M.L. and Naylor, C. (1984), Industrial Psychology, CBS Pub. Delhi
4. Bowles, S. (1998), Endogenous Preferences: The Cultural Consequence of Market and Other Economic Institution, ou. Ot Eco. Lit., Vol 32
5. Briton, C (1996), The Shaping of the Modern Mind, New York, New Library
6. Brown, T. (1996), Value Knowledge and Piaget, in Value and Knowledge, lean Piaget Symposium series, Reed Edward, S. Turiel and Terrance (ed)
7. Charland, L.C. (1995), Emion as a natural kind: towards a computational foundation for emotion theory, Philosophical psychology, Vol. 8(1)
8. Coase, Ronald S. (1992) Keep the Faith: A Biblical Reference to Suroioing the Social Transition of Life, Special issue: Aging Families and Use of Proverbs for Value Enchantment, Activities, Adaptation and Aging, Vol. 19(2)
9. Conlisk, J. (1996) Why Bounded Rationality, lou. Of Eco. Lit., June, 1996, 34 (2)
10. Damasio, A.R. (1994) Descartes Error, New York, Putman
11. Damon, W. (1996) The Lifelong Transformation of Moral Goals Through Social Goals, in Iterative Mind, Life Span Perspective on the Social Foundation of Cognition, (ed) P. B. Baltes & U.M. Standing
12. De Sousa, R. (1987) The Rationality of Emotions, Cambridge, MA: MIT Press
13. De St Aubin (1996) Personal Ideology Polarity: Its Emotional Foundation and Manifestation, in individual Value System, Religiosity, Political Orientation and Assumptions Concernig Human Nature, Journal of Personality and Social Psychology, July, Vol. 71(1).

14. Dollinges, S.I., Leong, F.T.L., Ulicni, S.K. (1996) On Traits and Values; With Special Reference to Openness to Experience, Journal of Research in Personality, March, Vol. 30(1)
15. Ellsworth, P.C. (1989) The Right Way to study Emotions, Psychological Inquiry, Vol. 6(3)
16. Elster, I. (1989) Social Norms Economic Theory, Journal of Eco. Perspective, Fall, 3(4)
17. Elster, I. (1998) Emotions and Economic Theory, March, Vol. 36
18. Eestinger, L. (1957) A Theory of Cognitive Dissonance, Stanford, California, Stanford University Press
19. Fijda N.H. (1986) The Emotions, Cambridge University Press
20. Greely, A.N. (1989) Religious changes in America, Cambridge, MA, Harvard University Press.
21. Hadden, J.K. (1987) Towards Decentralizing Secularization Theory, Social Forces, March. Vol. 65(3)
22. Heap, S.H. (1989) Rationality in Economics, Pub. Basic Blackwell, Printed by Bielling & Sons Ltd., Worcester
23. Ho, David Y.P. (1995) Selfhood and Identity in Confucianism, Taoism, Buddhism and Hinduism: Contrast with the west, Journal for the Theory of Social Behavior, June, Vol. 25(2)
24. Holland, D. and Kipnis, A. (1995) American Cultural Models of Embarrassment: The Not So Egocentric Self Laid, in Every Day Conception of Emotions: An Introduction to the Psychology, Anthropology and Linguistics of Emotion, NATO ASI Series, Vol. 81, Kluwer Academic Pub., Dorecht Nether Land
25. Johns Laird, P.N. and Otley, K. (1992) Basic Emotions, Rationality and Folk Theory, Cogition and Emotion, May-July, Vol. 6(3-4)
26. Kerr, (2001). The Uses of the University were delivered at Harvard University in the annual Godkin Lectures on the Essentials of Free Government and Duties of the Citizen. They have been republished four times, each time including new chapters by Kerr. The Uses of the University.
27. Kluckhohn, C. (1952) Values and Value Orientation in the theory of Action: An Exploration in Definition and Classification, in T. Parson and E.A. Shils (ed), Towards a General Theory of Action, Cambridge, Mass
28. Lajarus, R.S. (1995) Emotions Express a Social relationship but it is Individual Mind that Creates Them, Psychological Inquiry, Vol. 6(3)
29. Le Doux, J.E. (1996) In Search of Emotional Theory in Brain, in the Cognitive Neurosciences, ed. M. Chael S. Gazzaniga
30. Le Doux, J.E. (1996) The Emotional Brain, New York, Simon and Schuster
31. Mehta, J.K. (1962) Philosophical Interpretation of Economics, George Allen and Unwin Ltd.
32. Mehta, J.K. (1967) Rhym, Rhythm and Truth in Economics, Asia Publishing House.
33. Mishra, A.K. and Singh Bhupendra V. (2003) The Economics of Religious Man: Do We Have a System? A Hundred Hues (A Tribute to Dr. Murli Manohar Joshi), Rupa & Co., 7/16, Ansari Road, Dariyaganj, New Delhi-110002.
34. Parrot, W.G. (1995) The Heart and the Head: Every Day Conception of Emotions:

An Introduction to the Psychology, Anthropology and Linguistics of Emotions, NATO ASI Series, Vol. 81, Kluwer Academic Pub., Dorecht, Netherland.
35. Rabin, M. (1998) Psychology and Economics, Journal of Eco. Literature, March, 36
36. Rao, V.K.R.V. (1971) Being and Bothingness London, Metheun
37. Sarveswara Rao, B. (1999-2000) Ethical Dimension of India's Development: Some Reflections, The Indian Economic Journal, Oct-Dec, Vol. 47(2)
38. Sen A.K. (1997) Rational Fools: A Critic of the Behavioral Foundations of Economic Theory, Philosophy and Public Affairs.
39. Sen A.K. (1998) Foreword in Economics; Values and Organisations, ed. By Avner Ben-ner and Louis Putterman, Cambridge University Press.
40. Shafer-Landau, R. (1999) Moral judgments and Normative Reason, Analysis, 59, pp. 33-40
41. Singer, P. (1993) Practical Ethics, Cambridge University Press
42. Smith, Adam (1776) An Enquiry in to the Nature and Causes of Wealth of Nations, reprinted by N. Champbell and Andrew S. Skinner eds. Oxford, Clarendon Press, 1996
43. Stark, R., Laimacone, L.R. and Pinke, R. (1996) Religion, Science and Rationality, American Economic Review, March-May, Vol-86(2)
44. Stark, R. Williamsons, B. (1985) The Future of Religion, Secularization; Revival and Cult Formation, Berkeley, University of California Press
45. Syed, A. Sayeed (2003) Cross Cultural Rationality, Indian Philosophical Quarterly, Vol. 30(1), Jan, pp. 1-44
46. Taylor C. (1982) Rationality in Rationality and Relativism, ed. Marin Hollis and Steen Lukes, Basil Blackwell, Oxford.
47. Wiland, Eric (2002) On Rationality of Desiring the Forbidden, Analysis, Vol. 62(4), New Series, No.276, Oct. 2002, pp. 296-98
48. Williamson, Oliver E. (2000) The New Institutional Economics Taking Stock, Looking Ahead, Journal of Eco. Lit. Vol. 38 (Sep.) pp. 595-613
49. Van Ness, (1992). Contextual Reality & Cosmic Totality in the Book Minding the Spirit edited by Elizabeth A. Dreyer & Mark S. Burrows.

□

हम भारत के लोग

✍ हरिभाई पटेल 'रवद'

हम भारत के लोग क्या यह जानते हैं कि हमारी सांस्कृतिक जड़ें कितनी गहरी हैं? हमारा आध्यात्मिक आधार क्या है? हमारे राष्ट्र के सामने चुनौतियाँ कौन सी हैं? हम आज तक टिके कैसे हैं? इसके पीछे क्या राज है? हम आखिर खुद को कम जानते हैं। हम खुद को जानने कि कोशिश तक नहीं करते। आखिर क्यों? लगता है, यह भी एक खोज का विषय होना चाहिए। यह अजीब विडंबना है कि हमारे गौरवमयी इतिहास को उसकी सांस्कृतिक जड़ों से जुड़ाव की बात न तो आज कोई पुस्तकें सांस्कृतिक जीवन मूल्यों से जोड़कर करती है, बल्कि जब तक पुस्तकें यो यह बात से उपेक्षा कर रही हैं, यह हमारे लिए बड़े दु:ख की बात है। आज हम यदि विचार करें तो लगता है, औपनिवेशिक मिथकों से मुक्त कर भारतीय सांस्कृतिक मूल्यों की जड़ें जो कि सनातन धर्म, वैदिक या हिंदू संस्कृति के प्रतिनिधित्व वेदों, पुराणों, रामायण, महाभारत आदि में प्रचुर मात्रा में प्रतिपादित की जा सकती हैं, क्या हम इससे जुड़े रह पाएँगे? उस पर हमें विचार करना होगा।

भारतीय संस्कृति के यह दो धार हैं—एक है भारतवर्ष की मिट्टी और दूसरा है—वैदिक वाङ्मय। यह बात की पुष्टि भागवत् में भारतवर्ष की बात करते परम वीतरागी संत शुकदेवजी कहते हैं—

अहो अमिषां किमकारी शोभन
प्रसन्न एषां स्विदुत स्वयं हरिः।
यैर्जन्म लब्धं नृषु भारताजिरे
मुकुन्दसेवौपयिकं स्पृहा हि नः।

आज ऐसी बात है कि हम भूल गए, वो बात कि जब देवता भी भारतवर्ष में पैदा हुए मानुजों के महिमा की बात करते वक्त कहते हैं, "अरे! जिसने भारतवर्ष में ईश्वर की सेवापरायणता योग्य मानुज जन्म पाया है, उन्होंने कैसे पुण्य किए होंगे जब कि स्वयं प्रभु

श्रीहरि उनके ऊपर प्रसन्न हैं?" यह बड़ा परम सौभाग्य है कि हम भी पाने को तरसते रहते हैं।

अपनी संस्कृति की ओर देखने का एक नया दृष्टिकोण हमें मिल सकता है, अगर हम भारतीय विचारधारा से जुड़कर यदि देखें। हम आज भले ही हमारे पाठ्यक्रम में यह नहीं देख पाते हों कि हजारों वर्षों के ऋषियों, मनीषियों, विद्वानों के भारत के सांस्कृतिक विस्तार की गाथा को, जिसके कारण भारत विश्व में जगत्-गुरु कहलाया तथा माना जाता है, उसको इतिहास के पन्नों से प्राय: गायब कर दिया है। हमें यह नहीं भूलना चाहिए कि सांस्कृतिक बृहत्तर भारत ब्रिटिश साम्राज्यवाद तथा औपनिवेशिक राजनीतिक प्रभुत्व एवं व्यापारिक एकाधिकार के घिनौने सिद्धांतों पर आधारित न था, न ही सोवियत रूस द्वारा पूर्वी यूरोप के अनेक राष्ट्रों का गला घोंट कर स्थापित हुआ और न ही साम्यवादी चीन की विस्तारवादी सूत्र मनोवृत्ति से प्रेरित था। बल्कि यह शाश्वत धर्म, वसुधैव कुटुंबकम्, विश्व बंधुत्व तथा कृण्वन्तो विश्वमार्यम् के रूप में विश्व का सही दिशा बोध करा रहा है। यही हमारा आध्यात्मिक आधार भी है।

हमारे राष्ट्र के सामने आज जो चुनौतियाँ हैं, इसे हम तब निपट सकते हैं, जबकि हम उसे अच्छी तरह से जानते भी हैं। क्या हमें पता है कि हमारे राष्ट्र को सिंधु-हिंदू, आर्यात्रत, ब्रह्मव्रत, भरत-खंडे, भारतवर्ष, पृथ्वी, ऋषिपत्तन, इंदु या इंतु आदि नामों से पुकारा गया तथा भारतीय स्वतंत्रता के पश्चात् भारतीय संविधान में 'इंडिया : दैट इज भारत' कहा है। क्या यह शब्द हमारी संस्कृति से जुड़ पाता है या इसकी गहराई को उद्घोषित कर सकता है? आधुनिक युग में राष्ट्रभाव अथवा राष्ट्रीयता या राष्ट्रवाद एक विश्वव्यापी अत्यंत महत्त्वपूर्ण तथा प्रभावी अवधारणा है। यह मानवता के विकास में बाधक नहीं, बल्कि उसका पोषक तत्त्व है। राष्ट्रव्यापी और मानव जाति के बीच एक अनिवार्य शर्त है। यह विश्व के विभिन्न कालखंडों में प्रेरक, प्रभावी तथा प्रखर तत्त्व रहा है। इसकी अवधारणा भारत में 'ऋग्वेद' से भी प्राचीन तथा पाश्चात्य जगत् में 18वीं शताब्दी के उत्तरार्ध अथवा 19वीं शताब्दी के प्रथम के दो दशकों में मानी जाती है। राष्ट्र मानव की उन पवित्र भावनाओं का प्रतीक है, जिसमें वह अतीत से जुड़ा रहता है। वर्तमान में वास करता है तथा भविष्य की आकांक्षा तथा कल्पना संजोता है। इसमें उसके अतीत के महान् पुरुषों वर्तमान के व्यक्तिगत संबंधित पूर्वजों तथा आगामी आनेवाली पीढ़ियाँ सम्मिलित हैं। अत: राष्ट्रवाद, भावात्मक, रागात्मक तथा समर्पण भाव का एक अटूट संबंध है। हमें इस भ्रामक तथा निर्मूल धारणा को उद्घोषित करनेवाले पैंतरों से बचना होगा।

भारत विश्व का प्राचीनतम राष्ट्र है तथा विश्व का पहला ग्रंथ 'ऋग्वेद' यहीं लिखा गया, जो इसकी रचना से हजारों वर्षों तक ऋषियों, मनीषियों द्वारा कंठस्थ करके पीढ़ी-दर-पीढ़ी गाया जाता रहा। अत: इस राष्ट्र चिंतन का प्रादुर्भाव भारत के ऋषियों द्वारा हुआ।

'अथर्ववेद' के एक मंत्र में राष्ट्र के जन्म का इतिहास दिया है। कहा गया है कि ऋषियों ने सबके कल्याण की इच्छा की। उन्होंने कठोर परिश्रम से आत्मज्ञान, तप और दीक्षा से कहा कि 'ततो राष्ट्रं बलम ओजस् जातं'—राष्ट्रबल और ओज का जन्म हुआ। दिव्य लोग इसकी (राष्ट्र) उपासना करें। उल्लेखनीय है कि वैदिक साहित्य तथा अन्य ग्रंथों में अंग्रेजी शब्द 'नेशन' या 'लेटिन' शब्द 'नेटिव' से हजारों साल पहले भारत में 'राष्ट्र' शब्द मिलता है। यही भारतीय राष्ट्र चिंतन में दो तत्त्वों को सर्वोत्तम स्थान दिया गया है। प्रथम, निश्चित समान भूमि तथा दूसरे, समान जीवन के सांस्कृतिक पहले के भारत तथा इस भूमि के साथ यहाँ के लोगों का अटूट संबंध बतलाया है तथा दूसरे सांस्कृतिक जीवन मूल्यों को विकसित तथा अविस्मरणीय काल से बताया है। अतः राष्ट्र का आधार भौगोलिक तथा सांस्कृतिक एकता है। यह समान भूमि को दरशाता है, जहाँ लोग रहे थे, जिनमें सांस्कृतिक एकता तथा परंपराएँ थीं। निष्कर्ष रूप से राष्ट्र किसी समझौते या सहमति का परिणाम नहीं है, बल्कि यह स्वनिर्मित है। इसका शरीर भूमि तथा इसकी आत्मा संस्कृति है, इन दोनों तत्त्वों का संलेप जानना आवश्यक होगा। वैदिक साहित्य की भाँति अन्य ग्रंथों में मातृभूमि का यशोगान किया गया है। 'वाल्मीकि रामायण' में मातृभूमि की तुलना स्वर्ग से करते हुए इसे महान् बताया गया तथा कहा गया है—'जननी जन्मभूमिश्च स्वर्गादर्शी गरीयसी'।

जैसे 'भारत' को 'इंडिया' बताकर हमारी जड़ों से अलग-थलग करने का घिनौना प्रयास किया है, बिल्कुल वैसे ही हमारी सभ्यता-संस्कृति के स्रोत सरस्वती नदी के संबंध में प्रश्नार्थ खड़े किए गए, जबकि साहित्य, पुरातत्त्व, इतिहास, भू-गर्भ विज्ञान तथा खगोलीय अनुसंधानों से अब यह प्रमाणित है कि वैदिक सरस्वती नदी का अस्तित्व था। सरस्वती नदी के संबंध में यह स्पष्ट है कि यह भारतवर्ष की प्राचीनतम एवं पवित्र नदियों में परिगणित है। भारत के प्राचीनतम वाङ्मय 'ऋग्वेद' में इसे एक विशाल एवं वेगवती नदी के रूप में चित्रित किया गया है, जिसका एक अंश यहाँ उद्धृत है—

अम्बितमे नदीतमे देवीतमे सरस्वती।
अप्रशस्ता इव स्मसि प्रशास्तिमम्ब नस्कृधि।

सरस्वती सभ्यता की घोषणाएँ हैं—'विश्वबंधुत्व, सर्वे भवन्तु सुखिनः प्राणिनां आर्त्तिनाशनम, आ नो भद्रः क्रतवो यन्तु विश्वतः, कृण्वन्तो विश्वमार्यम्।' इस जड़े को उखाड़ फेंकने का प्रयास सरस्वती थी ही नहीं। जैसी चुनौतियाँ देनेवाली ताकतों को अब प्रमाण मिलने लगे हैं, किंतु क्या हम इस बात से सजग हैं क्या ? ऐसी बात जम्मू-कश्मीर, एक समस्या के रूप में दुनिया के सामने रखने का प्रयास, राम का जन्म ही नहीं हुआ तो रामसेतु की बात ही कैसी, जैसे प्रश्न उठाकर राष्ट्र को पूरी तरह से अपनी जड़ों से तितर-बितर करने की यह साजिशें, जब कि यह सफल हो नहीं सकती, फिर भी कर रहे हैं। क्या हमारा यह फर्ज नहीं बनता कि सच्चाई को जाने और जन-जन तक पहुँचाएँ !

हमें जानना चाहिए कि जम्मू-कश्मीर की बात समस्या के रूप में की जाती है, उसमें कश्मीर घाटी जम्मू-कश्मीर का शायद एक तिहाई हिस्सा ही है, जहाँ अलगाववाद को उकसाया जा रहा है और उसी के आधार पर पूरे जम्मू-कश्मीर राज्य को भारत से हड़प करने का ख्वाब सँजोते हैं। इन चुनौतियों से हमें निपटना होगा।

हम इसी औपनिवेशिक ताकतों के मिथक प्रयासों के बावजूद टिके इसीलिए हैं कि हम इस भूमि के संतान हैं। और जो पौधा, जिस भूमि से पैदा होकर खिलता है, उसे क्या कोई आयाती हवाएँ लाख प्रयत्न भले ही क्यों न करें, न तो उसे उखाड़ सकती हैं और न ही उसे मिटा सकती हैं। भारतवर्ष की नस्त का भारत से न ही कोई हाइब्रिड नस्ल मिटा सकती है, कि वे भारत में ऐसी ही स्थिति में खुद खिल सकती है। क्योंकि हजारों सालों का पंच महाभूतों से विकसित हुआ पैटर्न है। इसी की वजह है कि आज भी भरतजनों को कभी भी अपने पर सवाल उठानेवालों को जवाब देने की न जरूरत पड़ी है और न ही कभी किसी के मन में ये मिथकों के बारे में सोचने का सवाल पैदा हुआ है। भरतजन, आर्यजनों का यह स्वाभाविक रूप है, जो कि भारत विश्व का प्राचीनतम, आध्यात्मिक, सांस्कृतिक, नैतिक जीवंत राष्ट्र है। यह तब भी धन-धान्य से संपन्न अत्यंत गौरवशाली राष्ट्र था, जब न ईसा का जन्म हुआ और न विश्व में इतिहास का कहीं अता-पता था, न यूनान के नगर राज्यों का अस्तित्व था और न ही रोम नगर का निर्माण हुआ था। अंग्रेजों ने भारतीयों में हीन भावना तथा राष्ट्रीय विस्मृति पैदा करने, अपने साम्राज्य को सुदृढ़ करने तथा भारत को अपनी संप्रभुता का देश बनाने हेतु इतिहास में अनेक भ्रांतियाँ तथा मिथकों को फैलाया। आज हम भारतवासियों को जैसे अपनी देह से उनके भागों के कार्यों के बारे में कभी कोई शक नहीं होता वैसे ही इस भ्रामक बातों से यह सहज भाव बारे में कोई भ्रांति नहीं होती है। जैसे कि आज कंप्यूटर के में भी इस बात को माना गया है कि संस्कृत ही एक ऐसी भाषा है, जो तार्किक आधार पर विकसित भाषा है, जो कि सॉफ्टवेयर बनाने में सटीक खड़ी उतरती है, जो कि भाषाओं की जननी मानी जाती है, जो हमारी संस्कृति का आधार है। आज भी हमारी सभ्यता के विश्व संचार के दर्जनों अवशेष पूरे विश्व में प्राप्य-उपलब्ध है, जिसमें म्याँमार में पगान, कंबोडिया में बांटिश्री, अंकोरवाट, ब्रह्मा, गणेशजी, हनुमानजी, अवलोकितेश्वर, थाईलैंड में लोकेश्वर, बुद्ध मूतियाँ, लोबपुरी, सुखोथाई, लाओस में बुद्ध गुफा, रामचंद्रजी की धनुर्भङ्गलीला, गरुड़, वियतनाम के शिव, चंपा, मायसोन, विजय, जावा के चंडीलारा, शिव, माँ दुर्गा, बाली द्वीप में चंडी बेतार मंदिर, हिंदू पूजाविधि, इंडोनेशिया में ब्रह्मा, विष्णु, बोरोबुदुर शिल्प, तिब्बत में शिव, गायत्री मंत्र, मंगोलिया में बुद्ध, भींतचित्र, संस्कृत मंत्र शिक्षा की अक्षरमाला; चीन में ब्रह्मा, कार्तिकेय, गणेशजी, महेश व बुद्ध, जापान में भारद्वाज, शिव, ब्रह्मा, वीणावादिनी, उपासक, वसिष्ठ, मैत्रेय, अफगानिस्तान में बोधिसत्त्व, शिल्प, मध्य एशिया में योग, वाझाक्लिक में नमस्कार

मुद्रा में देव, तुर्कस्तान में बुद्ध, अवलोकितेश्वर, लाल सागर में ब्राह्मी लेख, बेबीलोन में माहेखुरी लेख, ग्रीस में तेफ्रा, सतोरिनि द्वीप, माल्य प्राचीन मंदिर, इटली में यक्षिणि, समाधि पात्र में से मिले राम–सीता, लक्ष्मण के चित्र, दक्षिण अमरीका में प्रवेशद्वार, मामू पिचू, ईसा गढ़, राजाओं के स्थान, मैक्सिको के माय प्रासाद पलेंके, हलक उनिक, गणेश, मध्य अमरीका में से सूर्यमंदिर वेगराक्रूज; कोलंबिया में से सोने की नौका, होंडुरास में द्वारपाल, हनुमान और हाथी–सवार, ग्वाटेमाला में शिव और गणेश जैसी सांस्कृतिक धरोहरें भारतवर्ष के यशोगान कर रही हैं। ये हैं हमारी संस्कृति के उद्घोषक। क्या हमें पता है कि यह सिद्ध संदर्भ भारतीय संस्कृति के विश्व संचार के रूप में दैदीप्यमान है? हमें गौरव होना चाहिए और जानना भी चाहिए कि हम इस परंपरा के अंश हैं। क्या हम कभी अपनी दृष्टि–प्रकृति, भारतीय सोच से किसी भी बात को समझने की कोशिश करते हैं? या हमारे सोर्स भारतीय दृष्टि से अवलोकित हैं? हमें यह भी सोचना है कि हम आज भी यूरोसेंट्रिक इतिहास, मैकॉले नीति की शिक्षा जैसी औपनिवेशिक दृष्टि से घिरे हुए हैं। क्या हमें इससे छुटकारा पाना चाहिए? तो आइए, हमारी गौरवमयी पृष्ठभूमि को पहचानें, गौरव करें और सँवारें। हम रहें, न रहें, माँ तेरा वैभव अमर रहे।

क्या हम जानते हैं कि दस हजार वर्ष के इतिहास में हमारी ओर से कभी किसी राजकीय सत्ता को हड़प करके सांस्कृतिक प्रसार का माध्यम नहीं बनाया है? हमें जानना चाहिए कि हमारी आंतरिक ऊर्जा के बल पर हमें कोई भय नहीं है कि ऐसी घिनौनी हरकतें हमें करनी पड़ें; यही तो हमारा चिरंतन सनातन भाव है। यही सत्य है और वो शाश्वत भी है, जो कि हमें स्वाभाविक रखते हुए अपनी खोज की जरूरत महसूस ही नहीं हुई।

अमरीका में चीन के राजदूत रहे शिह ने कहा था कि भारत ने सरहद पार से बिना सैनिक भेजे बीसवीं सदी तक सांस्कृतिक शक्ति के आधार पर चीन पर विजय पाई है और उसको प्रभावित किया। ऐसे ही बिल ड्यूराट ने कहा था कि अपने आक्रमणों, उद्दंडता और लूटमार के बदले में भारत ने हमको क्या दिया? भारत ने सहिष्णुता, परिपक्व मानस की कोमलता, अजेय आत्मा का निर्दोष संतोष, सामंजस्य की भावना से जुड़ी शीतलता और हर एक प्राणी मात्र के साथ एकरूपता बनाए रखने के शांतिप्रद–स्नेहभाव के पाठ सिखाएँ हैं। क्या यही हमारी टिके रहने की ऊर्जा नहीं हो सकती?

दुनिया का भौतिक दृष्टिकोण की ब्रीफ करनेवाले विख्यात देश या ईसा से खड़ी हुई समस्या से बाज आ गए हैं। तथाकथित प्रगति का भ्रम नष्ट हुआ है, और उन दुःखों से मुक्त होने के रास्ते खोज रहे हैं। हम भारतीयों के पास एक विशेष आदर्श मौजूद है, किंतु हम उसे रूढ़िवादी और पुराना समझकर छोड़ रहे हैं जब कि पश्चिम के लोग हमारी और मार्गदर्शन की आशा करके बैठे हैं। उनकी अब समझ में आ रहा है कि एक मात्र अध्यात्मवाद के जरिए ही मानव मात्र की समस्या का समाधान अपने ही घर में मिल

सकता है, और हम इससे भाग रहे हैं, यह बड़ी विडंबना है। हमारे पास पारसमणि है, उसे न जानते हुए पत्थर मानकर हमें फेंक देना नहीं चाहिए। अपने दर्शन को हमें समझना होगा और गौरव करना होगा, जो कि प्रकृति के बिल्कुल अनुरूप है और वो कसौटी पर खरा भी उतरा है। हमारा नैतिक जीवन स्थायित्व, यह संस्कृति की देन है, और वही हमारा बल भी है, जिसके आधार पर हम टिके हैं। सत्यं, शिवं, सुंदरम्...

□

लोक, बाजार और मीडिया 'लोक' को संरक्षित करने से ही बचेगा भारत

✍ प्रो. संजय द्विवेदी

'लोक' मीडिया के लिए एक डाउन मार्केट चीज है। 'लोक' का बिंब जब हमारी आँखों में ही नहीं है तो उसका प्रतिबिंब क्या बनेगा? इसलिए 'लोक' को मीडिया की आँखों से देखने की हर कोशिश हमें निराश करेगी। क्योंकि लोक जीवन जितना बाजार बनाता है, उतना ही वह मीडिया का हिस्सा बन सकता है। 'लोक' मीडिया के लिए कोई बड़ा बाजार नहीं बनाता, इसलिए वह उसके बहुत काम का नहीं है। मीडिया के काम करने का अपना तरीका है, जबकि लोकजीवन अपनी ही गति से धड़कता है। उसकी गति, लय और समय की मीडिया से संगति कहाँ है? अगर मीडिया लोकजीवन में झाँकता भी है, तो कुछ कौतुक पैदा करने या हास्य रचने के लिए। वह लोकजीवन में एक कौतुक दृष्टि से प्रवेश करता है, इसलिए लोक का मन उसके साथ कहाँ आएगा। लोक को समझने वाली आँखें और दृष्टि यह मीडिया कहाँ से लाएगा। 'लोक' को विद्वान् कितना भी जटिल मानें, उत्तर आधुनिकतावादी उसे अस्पृश्य मानें, किंतु उसकी ताकत को नहीं नकारा जा सकता।

बाजार की ताकतों का लोकजीवन पर हमला

बाजार की ताकतों के लिए यह 'लोक' एक चुनौती सरीखा ही है। इसलिए वह सारी दुनिया को एक रंग में रँग देना चाहता है। एक भाषा, एक परिधान, एक खान-पान, एक सरीखा पश्चिम प्रेरित जीवन आरोपित करने की कोशिशों पर जोर है। यह सारा कुछ होगा कैसे? हमारे ही लोकजीवन को नागर जीवन में बदलकर। यानी हमला तो हमारे लोक पर ही है। सारी दुनिया को एक रंग में रँग देने की यह कोशिश खतरनाक है। 'राइट टू डिफरेंट' एक मानवीय विचार है और इसे अपनाया जाना चाहिए। हम देखें तो भारत में बाजार इतने संगठित रूप में और इतने सुगठित तरीके से कभी दिलो-दिमाग पर नहीं

छाया था, लेकिन उसकी छाया आज इतनी लंबी हो गई है कि उसके बिना कुछ संभव नहीं दिखता। बाजार अब सिर्फ शहरों और कस्बों तक केंद्रित नहीं रहे। वे अब गाँवों यानी हमारे लोकजीवन में नई संभावनाएँ तलाश रहे हैं। भारत गाँव में बसता है, इस सच्चाई को हमने भले ही न स्वीकारा हो, लेकिन भारतीय बाजार को कब्जे में लेने के लिए मैदान में उतरे प्रबंधक इसी मंत्र पर काम कर रहे हैं। शहरी बाजार अपनी हदें पा चुका है। वह संभावनाओं का एक विस्तृत आकाश प्राप्त कर चुका है, जबकि ग्रामीण बाजार और हमारा लोकजीवन एक नई और जीवंत उपभोक्ता शक्ति के साथ खड़े दिखते हैं। बढ़ती हुई प्रतिस्पर्धा, अपनी बढ़त को कायम रखने के लिए मैनेजमेंट गुरुओं और कंपनियों के पास इन गाँवों में झाँकने के अलावा और विकल्प नहीं है। एक अरब आबादी का यह देश, जिसके 73 फीसदी लोग आज भी हिंदुस्तान के 5 लाख, 72 हजार गाँवों में रहते हैं, अभी भी हमारे बाजार प्रबंधकों की जकड़ से बचा हुआ है। जाहिर है, निशाना यहीं पर है। तेजी से बदलती दुनिया, विज्ञापनों की शब्दावली, जीवन में कई ऐसी चीजों की बनती हुई जगह, जो कभी बहुत गैर-जरूरी थी, शायद इसीलिए प्रायोजित की जा रही है। भारतीय जनमानस में फैले लोकजीवन में स्थापित लोकप्रिय प्रतीकों, मिथकों को लेकर नए-नए प्रयोग किए जा रहे हैं। ये प्रयोग विज्ञापन और मनोरंजन—दोनों दुनिया में देखे जा रहे हैं।

भारत का लोकजीवन और हमारे गाँव अपने आप में दुनिया को विस्मित कर देने वाला मिथक हैं। परंपरा से संग्रही रही महिलाएँ, मोटा खाने और मोटा पहनने की सादगी भरी आदतों से जकड़े पुरुष आज भी इन्हीं क्षेत्रों में दिखते हैं। शायद इसी के चलते जोर उस नई पीढ़ी पर है, जिसने अभी-अभी शहरी बनने के सपने देखे हैं। भले ही गाँव में उसकी कितनी भी गहरी जड़ें क्यों न हों, गाँव को शहर जैसा बना देना, गाँव के घरों में भी उन्हीं सुविधाओं का पहुँच जाना, जिससे जीवन सहज भले न हो, वैभवशाली जरूर दिखता हो। ये मंत्र नई पीढ़ी के गले उतारे जा रहे हैं।

सामूहिकता की संस्कृति भी निशाने पर

आजादी के सात दशकों में जिन गाँवों तक हम पीने का पानी तक नहीं पहुँचा पाए, वहाँ कोला और पेप्सी की बोतलें हमारी लोकतांत्रिक व्यवस्था को मुँह चिढ़ाती दिखती हैं। गाँव में हो रहे आयोजन आज लस्सी, मठे और शरबत की जगह इन्हीं बोतलों के सहारे हो रहे हैं। ये बोतलें सिर्फ लोक की संस्कृति का विस्थापन नहीं हैं, ये सामूहिकता का भी गला घोंटती हैं। गाँव में हो रहे किसी आयोजन में कई घरों और गाँवों से माँगकर आई हुई दही, सब्जी या ऐसी तमाम चीजें अब एक आदेश पर एक नए रूप में उपलब्ध हो जाती हैं। दरी, चादर, चारपाई, बिछौने, गद्दे और कुरसियों के लिए अब टेंट हाउस हैं। इन चीजों की पहुँच ने कहीं-न-कहीं सामूहिकता की भावना को खंडित किया है।

भारतीय बाजार की यह ताकत हाल में अपने पूरे विद्रूप के साथ प्रभावी हुई है। सरकारी तंत्र के पास शायद गाँव की ताकत, उसकी संपन्नता के आँकड़े न हों, लेकिन बाजार के नए बाजीगर इन्हीं गाँवों में अपने लिए राह बना रहे हैं। नए विक्रेताओं को ग्रामीण भारत और लोकजीवन की सच्चाइयाँ जानने की ललक अकारण नहीं है। वे इन्हीं जिज्ञासाओं के माध्यम से भारत के ग्रामीण खजाने तक पहुँचना चाहते हैं। उपभोक्ता सामग्री से अटे पड़े शहर, मेगा मॉल्स और बाजार अब यदि भारत के लोकजीवन में अपनी जगह तलाश रहे हैं, तो उन्हें उन्हीं मुहावरों का इस्तेमाल करना होगा, जिन्हें भारतीय लोकजीवन समझता है। विविधताओं से भरे देश में किसी संदेश का आखिरी आदमी तक पहुँच जाना साधारण नहीं होता। कंपनियाँ अब ऐसी रणनीतियाँ बना रही हैं, जो उनकी इस चुनौती को हल कर सकें। चुनौती साधारण वैसे भी नहीं है, क्योंकि 5 लाख, 72 हजार गाँव भर नहीं, वहाँ बोली जानेवाली 33 भाषाएँ, 1652 बोलियाँ, संस्कृतियाँ, उनकी उप संस्कृतियाँ और इन सबमें रची-बसी स्थानीय लोकजीवन की भावनाएँ इस प्रसंग को बेहद दुरूह बना देती हैं। यह लोकजीवन एक भारत में कई भारत के साँस लेने जैसा है।

कोई भी विपणन रणनीति इस पूरे भारत को एक साथ संबोधित नहीं कर सकती। गाँव में रहनेवाले लोग, उनकी जरूरतें, खरीद और उपभोग के उनके तरीके बेहद अलग-अलग हैं। शहरी बाजार ने जिस तरह के तरीकों से अपना विस्तार किया, वे फॉर्मूले इस बाजार पर लागू नहीं किए जा सकते। शहरी बाजार की हदें जहाँ खत्म होती हैं, क्या भारतीय ग्रामीण बाजार वहीं से शुरू होता है, इसे भी देखना जरूरी है। ग्रामीण और शहरी भारत के स्वभाव, संवाद, भाषा और शैली में जमीन-आसमान के फर्क हैं। देश के मैनेजमेंट गुरु इन्हीं विविधताओं को लेकर शोधरत हैं। यह रास्ता भारतीय बाजार के अश्वमेध जैसा कठिन संकल्प है, जहाँ पग-पग पर चुनौतियाँ और बाधाएँ हैं। भारत के लोकजीवन में सालों के बाद झाँकने की यह कोशिश भारतीय बाजार के विस्तारवाद के बहाने हो रही है। इसके सुफल प्राप्त करने की कोशिशें हमें तेज कर देनी चाहिए, क्योंकि किसी भी इलाके में बाजार का जाना वहाँ की प्रवृत्तियों में बदलाव लाता है। वहाँ सूचना और संचार की शक्तियाँ भी सक्रिय होती हैं, क्योंकि इन्हीं के सहारे बाजार अपने संदेश लोगों तक पहुँचा सकता है। जाहिर है, यह विस्तारवाद सिर्फ बाजार का नहीं होगा, सूचनाओं का भी होगा, शिक्षा का भी होगा। अपनी बहुत बाजारवादी आकांक्षाओं के बावजूद वहाँ काम करनेवाला मीडिया कुछ प्रतिशत में ही सही, सामाजिक सरोकारों का खयाल जरूर रखेगा। ऐसे में गाँवों में सरकार, बाजार और मीडिया—तीन तरह की शक्तियों का समुच्चय होगा, जो यदि जनता में जागरूकता के थोड़े भी प्रश्न जगा सका, तो शायद ग्रामीण भारत का चेहरा बहुत बदला हुआ होगा। भारत के गाँव और वहाँ रहनेवाले किसान बेहद खराब स्थितियों के शिकार हैं। उनकी जमीनें तरह-तरह से हथियाकर उन्हें भूमिहीन बनाने के कई तरह के

प्रयास चल रहे हैं। इससे एक अलग तरह का असंतोष भी सामाजिक जीवन में दिखना शुरू हो गया है। भारतीय बाजार के नियंता इन परिस्थितियों का विचार कर अगर मानवीय चेहरा लेकर जाते हैं, तो शायद उनकी सफलता की दर कई गुना हो सकती है। फिलहाल तो आनेवाले दिन इसी ग्रामीण बाजार पर कब्जे के कई रोचक दृश्य उपस्थित करनेवाले हैं, जिसमें कितना भला होगा और कितना बुरा, इसका आकलन होना अभी बाकी है।

लोक की शक्ति को पहचानना जरूरी

कोई भी समाज सिर्फ आधुनिकता बोध के साथ नहीं जीता, उसकी साँसें तो 'लोक' में ही होती हैं। भारतीय जीवन की मूल चेतना तो लोकचेतना ही है। नागर जीवन के समानांतर लोक जीवन का भी विपुल विस्तार है, खासकर हिंदी का मन तो लोकविहीन हो ही नहीं सकता। हिंदी के सारे बड़े कवि तुलसीदास, कबीर, रसखान, मीराबाई, सूरदास लोक से ही आते हैं। नागरबोध आज भी हिंदी जगत् की उस तरह से पहचान नहीं बन सका है। गाँवों में बसने वाला देश होने के साथ-साथ भारत एक प्रखर लोकचेतना का वाहक देश भी है। आप देखें तो फिल्मों से लेकर विज्ञापनों तक में लोक की छवि सफलता की गारंटी बन रही है। 'बालिका वधू' जैसे टी.वी. धारावाहिक रहे हों या पिछले सालों में लोकप्रिय हुए फिल्मी गीत 'सास गारी देवे' (दिल्ली-6) या 'दबंग' फिल्म का 'मैं झंडू बाम हुई डार्लिंग तेरे लिए' इसका प्रमाण हैं। ऐसे तमाम उदाहरण हमारे सामने हैं, किंतु लोकजीवन के तमाम किस्से, गीत-संगीत और प्रदर्शन कलाएँ, शिल्प एक नई पैकेजिंग में सामने आ रहे हैं। इनमें बाजार की ताकतों ने घालमेल कर इनका मार्केट बनाना प्रारंभ किया है। इससे इनकी जीवंतता और मौलिकता को भी खतरा उत्पन्न हो रहा है। जैसे आदिवासी शिल्प को आज एक बड़ा बाजार हासिल है, किंतु उसका कलाकार आज भी फाके की स्थिति में है। जाहिर तौर पर हमें अपने लोक को बचाने के लिए उसे उसकी मौलिकता में ही स्वीकारना होगा। हजारोहजार गीत, कविताएँ, साहित्य, शिल्प और तमाम कलाएँ नष्ट होने के कगार पर हैं, किंतु उनके गुण ग्राहक कहाँ हैं? एक विशाल भू-भाग में बोली जानेवाली हजारों बोलियाँ, उनका साहित्य, जो वाचिक भी है और लिखित भी, उसकी कला-चेतना, प्रदर्शन कलाएँ सारा कुछ मिलकर एक ऐसा लोक रचती है, जिस तक पहुँचने के लिए अभी काफी समय लगेगा। लोकचेतना तो वेदों से भी पुरानी है। क्योंकि हमारी परंपरा में ही ज्ञान बसा हुआ है। ज्ञान, नीति-नियम, औषधियाँ, गीत, कथाएँ, पहेलियाँ—सबकुछ इसी 'लोक' का हिस्सा हैं। हिंदी अकेली भाषा है, जिसका चिकित्सक भी 'कविराय' कहा जाता था।

बोलियों और भाषाओं के लिए कठिन समय

बाजार आज सारे मूल्य तय कर रहा है और यह 'लोक' को नष्ट करने का षड्यंत्र

है। यह सही मायने में बिखरी और कमजोर आवाजों को दबाने का षड्यंत्र भी है। इसका सबसे बड़ा शिकार हमारी बोलियाँ बन रही हैं, जिनकी मौत का खतरा मँडरा रहा है। अंडमान की 'बो' नाम की भाषा खत्म होने के साथ इसका सिलसिला शुरू हो गया है। भारतीय भाषाओं और बोलियों के सामने यह सबसे खतरनाक समय है। आज के मुख्यधारा मीडिया के मीडिया के पास इस संदर्भों पर काम करने का अवकाश नहीं है। किंतु समाज के प्रतिबद्ध पत्रकारों, साहित्यकारों को आगे आकर इस चुनौती को स्वीकार करने की जरूरत है क्योंकि 'लोक' की उपेक्षा और बोलियों को नष्ट कर हम अपनी प्रदर्शन कलाओं, गीतों, शिल्पों और विरासतों को गँवा रहे हैं जबकि इसके संरक्षण की जरूरत है।

भारत एक ऐसा राष्ट्र है, जो मृत्युंजय है। विश्व के अनेक विद्वानों, रहस्यदर्शियों, वैज्ञानिकों और प्रतिभावान शोधार्थियों ने भारत की अमरता को सिद्ध किया है। किसी ने इसे 'ज्ञान की भूमि' कहा तो किसी ने मोक्ष की, किसी ने इसे सभ्यताओं का मूल कहा तो किसी ने इसे 'भाषाओं की जननी' कहा। किसी ने यहाँ आत्मिक पिपासा बुझाई तो कोई यहाँ के वैभव से चमत्कृत हुआ। कोई इसे 'मानवता का पालना' मानता है तो किसी ने इसे 'संस्कृतियों का संगीत' कहा। ऐसी महान् संस्कृति का आँगन भारत है, जिसकी हर साँस में ही पूरी वसुधा को एक कुटुंब मानने की आकांक्षा है। अपनी इसी आकांक्षा के नाते यह देश कह पाया कि कुछ बात है कि हस्ती मिटती नहीं हमारी। दरअसल इसीलिए भारत मृत्युंजय है। वह वसुधा पर ऐसी संस्कृति का संवाहक है, जो प्रेम, करुणा, संवेदना के भावों से भरी है और समूची मानवता के कल्याण की बात करती है। ऐसी महान् संस्कृति हमारे लिए प्रेरणा का कारण बनना चाहिए। किंतु गुलामी के लंबे कालखंड और विदेशी विचारों ने हमारे अपने गौरव ग्रंथों, मानबिंदुओं पर गर्द की चादर डाल दी। इस पूरे दृश्य को इतना धुँधला दिया गया कि हमें अपने गौरव का, अपने मान का, अपने ज्ञान का आदर ही न रहा। यह हर क्षेत्र में हुआ। हर क्षेत्र को विदेशी नजरों से देखा जाने लगा। हमारे अपने पैमाने और मानक भोथरे बना दिए गए। स्वामी विवेकानंद को याद करें, वे उसी स्वाभिमान को जगाने की बात करते हैं। महर्षि अरविंद, महात्मा गांधी, दीनदयाल उपाध्याय, डॉ. राममनोहर लोहिया से लेकर जयप्रकाश नारायण ने हमें उसी स्वत्व की याद दिलाई। सोते हुए भारत को जगाने और झकझोरने का काम किया। ऐसे समय में, जब एक बार फिर हमें अपने स्वत्व के पुनर्स्मरण की जरूरत है तो पत्रकारिता इसमें एक बड़ा साधन बन सकती है। हम देश में अपने नायकों की तलाश कर रहे हैं। वे हमारी जमीन के नायक हैं, इस देश के इतिहास के नायक हैं। पत्रकारिता की अपनी एक संस्कृति है। खासकर भारत के संदर्भ में पत्रकारिता लोकजागरण का ही अनुष्ठान है। भारतीय स्वतंत्रता आंदोलन में ही देश में तेजी से पत्रकारिता का विकास हुआ और इसके चलते देशभक्ति, जनजागरण और समाज सुधार के भाव इसकी जड़ों में हैं। आजादी के बाद इसमें कुछ बदलाव आए

और आज बाजारवादी शक्तियों का प्रभाव इस माध्यम पर काफी देखा जा रहा है। फिर भी, सबसे प्रभावशाली संचार माध्यम होने के नाते मीडिया को इस तरह छोड़ देना संभव नहीं है। हमें उसकी भूमिका पर विचार करना ही होगा।

लोकमंगल ही साहित्य और पत्रकारिता का उद्देश्य

हमें तय करना होगा कि किस तरह मीडिया लोकसंस्कारों को पुष्ट करते हुए अपनी जड़ों से जुड़ा रह सके। साहित्य हो या मीडिया, दोनों का काम है, लोकमंगल के लिए काम करना। राजनीति का भी यही काम है। लोकमंगल हम सबका ध्येय है। लोकतंत्र का भी यही उद्देश्य है। संकट तब खड़ा होता है, जब लोक हमारी नजरों से ओझल हो जाता है। लोक हमारे संस्कारों का प्रवक्ता है। वह हमें बताता है कि क्या करने योग्य है और क्या करने योग्य नहीं है। इसलिए लोकमानस की मान्यताएँ ही हमें संस्कारों से जोड़ती हैं और इसी से हमारी संस्कृति पुष्ट होती है। मीडिया दरअसल एक ऐसी ताकत के रूप में उभरा है, जो प्रभु वर्गों की वाणी बन रहा है, जबकि मीडिया की पारंपरिक संस्कृति और इतिहास इसे आम आदमी की वाणी बनने की सीख देते हैं। जाहिर तौर पर समय के प्रवाह में समाज जीवन के हर क्षेत्र में कुछ गिरावट दिख रही है, किंतु मीडिया के प्रभाव के मद्देनजर इसकी भूमिका बड़ी है। उसे लोक का प्रवक्ता होना चाहिए, पर वह कॉर्पोरेट और प्रभु वर्गों का प्रवक्ता बन जाता है। ऐसे में यह बहुत जरूरी है कि हम इसकी सकारात्मक भूमिका पर विचार करें।

भारतीय संस्कृति में सामाजिक संवाद की अनेक धाराएँ हैं, संवाद की परंपराएँ हैं। शास्त्रार्थ हमारे लोकजीवन का हिस्सा है। समाज में विविध समाजों और रिश्तों के बीच संवाद की परंपराएँ हैं। हमें उन पर ध्यान देने की जरूरत है। सुसंवाद से ही सुंदर समाज की रचना संभव है। मीडिया इसी संवाद का केंद्र है। वह हमें भाषा भी सिखाता है और जीवनशैली को भी प्रभावित करता है। आज खासकर दृश्य मीडिया पर जैसी भाषा बोली और कही जा रही है, उससे सुसंवाद कायम नहीं होता, बल्कि समाज में तनाव बढ़ता है। इसका भारतीयकरण करने की जरूरत है। हमारे जनमाध्यम ही इस जिम्मेदारी को निभा सकते हैं। वे समाज में मची होड़ और हड़बड़ी को एक सहज संवाद में बदल सकते हैं। संस्कृति अलग से कोई चीज नहीं होती, वह हमारे समाज के सालों से अर्जित पुण्य का फल है। इसे बचाने के लिए, संरक्षित करने के लिए और इसके विकास के लिए समाज और मीडिया, दोनों को साथ आना होगा। तभी हमारे गाँव बचेंगे, लोक बचेगा और लोक बच गया तो संस्कृति भी बचेगी।

□

कबरा कलां : प्राचीन सभ्यता की धरोहर

✍ **अंगद किशोर**

विगत दो दशकों से अपने गर्भस्थ पुरातात्त्विक अवशेषों को लेकर प्रिंट से इलेक्ट्रॉनिक मीडिया में चर्चा में रहा गाँव—कबरा कलां।

झारखंड की प्राचीनतम सभ्यता का एक ऐसा मिसाल है, जहाँ अब तक नवपाषाण काल से लेकर लगातार ब्रिटिश काल तक के पुरातात्त्विक अवशेष मिलते रहे हैं। आर्कियोलॉजिकल सर्वे ऑफ इंडिया ,राँची द्वारा की गई पुरातात्त्विक खुदाई में अब तक मौर्य काल के काफी अवशेष मिले हैं। पुरातत्त्वविदों का मानना है कि जब तक कि अंतिम स्तर तक खुदाई नहीं होती, तब तक सही निष्कर्ष पर पहुँचना जल्दीबाजी होगी।

गंगा की सहायक और गोंडवाना लैंड की महत्त्वपूर्ण नदी सोन और पलामू की जीवन रेखा कही जानेवाली नदी उत्तर कोयल के संगम पर अवस्थित कबरा कलां गाँव पलामू जिले के उत्तरी भाग में अवस्थित हुसैनाबाद अनुमंडल के हैदरनगर प्रखंड अंतर्गत स्थित है। हैदरनगर रेलवे स्टेशन से यह गाँव दस किलोमीटर पश्चिम, चर्चित दशीशानाथ धाम से दो किलोमीटर पूरब तथा बिहार के इतिहास प्रसिद्ध रोहतास किले से लगभग बीस किलोमीटर दक्षिण पूर्व दूर स्थित है। प्राचीन काल में आवागमन की दृष्टि से कबरा कलां एक ऐसा जंक्शन है, जहाँ से बिहार, झारखंड, मध्य प्रदेश, छत्तीसगढ़ एवं उत्तर प्रदेश की ओर जाना सुलभ था। बकौल इतिहासकार बी.पी. केशरी, झारखंड में प्रवेश के दो मार्ग थे—एक पंचेत होकर और दूसरा जपला अर्थात् कबरा कलां होकर। न जाने कितने शासकों और आक्रांताओं ने अन्य जनपदों अथवा क्षेत्रों में जाने के लिए कबरा कलां की राह को अपनाया होगा, ठीक-ठीक बताना मुश्किल है। मगर प्राचीन काल में घने जंगलों और पहाड़ों से आच्छादित इन क्षेत्रों में प्रवेश करने के लिए नदी के तट को पकड़कर अथवा जल मार्ग द्वारा ही दूसरे क्षेत्रों में जाना आसान था। संभावना है कि सम्राट् अशोक ने कलिंग पर आक्रमण करने के लिए इसी मार्ग का उपयोग किया था। प्राकृत भाषा के काव्य 'गउडवहो' के अनुसार, 726 से 730 ई. के मध्य कन्नौज नरेश

यशो वर्मा ने अपने सैनिकों के साथ मगध पर आक्रमण करने के लिए इसी सोन मार्ग का ही उपयोग किया था, जिसमें तत्कालीन मगध नरेश द्वितीय जीवित गुप्त (?) मारे गए थे। इस मार्ग का उपयोग न केवल शेरशाह ने, बल्कि 1585 ई में नागवंशी राजाओं पर आक्रमण करने के लिए अकबर के सेनापति शाहनवाज खान ने भी किया।

आर्कियोलॉजिकल सर्वे ऑफ इंडिया राँची द्वारा उत्खनन

इस वर्ष विगत 4 जनवरी से 31 मार्च तक आर्कियोलॉजिकल सर्वे ऑफ इंडिया राँची के अधीक्षण पुरातत्त्वविद् डॉ. हरिओम शरण एवं सहायक पुरातत्त्वविद् डॉ. पूनम बिंद के नेतृत्व में कबरा कलां गाँव में छह स्थानों पर खुदाई की गई। गाँव के सर्वाधिक ऊँचे स्थान पर की गई खुदाई में लगभग बीस फीट नीचे पक्की मिट्टी के 23 घड़े मिले। मृदभांड के बेशुमार टुकड़े मिले। चार उत्खनित गड्ढों में टेराकोटा के रिंग वेल मिले। दो गड्ढों में पक्की ईंटों की दीवारें मिलीं। और क्या-क्या मिला है, पुरातत्त्वविदों ने अभी खुलासा नहीं किया है। पुरावशेष कार्बन डेटिंग के लिए प्रयोगशाला में भेजे गए हैं।

प्राप्त पुरावशेष एवं पुरानिधियाँ

खेतों एवं घरों की बुनियाद की खुदाई के दौरान अनेक पुरावशेष एवं पुरानिधियाँ मिली हैं, जो अधिकांशतः ग्रामीणों के पास हैं। प्राप्त पुरावशेषों में नव पाषाण कालीन पत्थर की घर्षित कुल्हाड़ियाँ एवं अन्य औजार, ताम्र एवं लोहे के अवशिष्ट अंश, ताम्र पाषाण कालीन पूजा के जल पात्र, काला लाल एवं धूसर मृदभांड, टेराकोटा के खिलौने, मृण्मय मूर्तियाँ, पंचमार्क्ड ताँबे के सिक्के, मौर्यकालीन पालिश युक्त पत्थर, बटखारा, मुहरें, चावल का जला अवशेष, सोने का रिंग, बहुतायत बड़ी-बड़ी पक्की ईंटें, अस्थि-पंजर, हाथी दाँत एवं शीशे की चूड़ियाँ, कीमती एवं अर्द्ध कीमती पत्थर के मनके, धातु की सुराही, घड़े एवं पइला, पत्थलौटी, एम्फोरा, पत्थर की चिकनी गेंद, बुद्ध की आकृति उकेरित लौह फलक, उत्तर काली पालिश मृदभांड के सिल्वर एवं गोल्डन कलर के टुकड़े, बतख का साँचा आदि उल्लेखनीय हैं।

प्राचीनतम मुख्य मार्ग पर अवस्थित कबरा कलां

प्रख्यात इतिहासकार रोमिला थापर ने अपनी पुस्तक 'प्राचीन भारत का इतिहास' में लिखा है कि प्राचीन काल में पाटलिपुत्र से सोन नदी के किनारे-किनारे एक मुख्य मार्ग था, जो सासाराम होते हुए रुपनाथ (मध्य प्रदेश), जहाँ अशोक के लघु शिलालेख मिले हैं, तक जाता था। यह मार्ग यहाँ दो भागों में बँट जाता था। एक भाग पश्चिम दिशा की

ओर नर्मदा का तट पकड़कर उज्जैन और भरुच तक जाता था और दूसरा मार्ग दक्षिण की ओर उत्तर कलिंग और तोसली होते हुए कृष्णा घाटी होते हुए रायचूर और फिर तुंगभद्रा घाटी का मार्ग पकड़कर उत्तर मैसूर तक जाता था।

इसी मुख्य मार्ग पर अवस्थित कबरा कलां प्राचीन काल में व्यापार का महत्त्वपूर्ण केंद्र था। यहाँ से मृदभांड, टेराकोटा के खिलौने, लौह सामग्री, पत्थर के औजार आदि दूसरे गणराज्य या देश में भेजे जाते थे। कबरा कलां में रोम निर्मित दो एंफोरे मिले हैं। बकौल प्रख्यात पुरातत्त्वविद् एवं 'पुरातत्त्व विमर्श' के लेखक जे.एन. पांडेय, एम्फोरा चटक काला अथवा गहरा कत्थई रंग का दोनों ओर हत्थे वाला मर्तबान होता है। तंग गरदन वाली सुराही की तरह इसकी गरदन भी थोड़ी संकीर्ण होती है। इसका उपयोग प्रथम शताब्दी में रोम में शराब अथवा इत्र आदि बहुमूल्य तरल पदार्थ भरकर अन्य देशों में निर्यात करने के लिए होता था। जाहिर सी बात है कि कबरा कलां के तत्कालीन शासक अथवा निवासी रोम निर्मित शराब अथवा इत्र का इस्तेमाल करते थे। यहाँ गले में पहनने वाला कीमती पत्थर का एक प्रिंटेड मनका मिला है, जिसे पुरातत्त्वविदों ने कंधार निर्मित बताया है।

मौर्यकालीन नगर के अवशेष

यूँ तो कबरा कलां में नव पाषाण एवं ताम्र पाषाण काल के अनेक अवशेष और साक्ष्य मिले हैं, मगर आर्कियोलॉजिकल सर्वे ऑफ इंडिया, राँची द्वारा की गई खुदाई से स्पष्ट हो गया है कि यहाँ मौर्य काल में नगर था, जबकि पुरास्थल की खुदाई का निम्नतम स्तर प्राप्त करना अभी बाकी है। लगभग डेढ़ दशक पूर्व पटना से आए पुरातत्त्वविदों, टी.जे. अलोने और डी.के. अंबष्ट ने प्राप्त साक्ष्यों के आधार पर कबरा कलां को 3,600 वर्ष पुरानी बस्ती बतलाया था। मगर उत्खनित साक्ष्यों के आधार पर अधीक्षण पुरातत्त्वविद् डॉ. हरिओम शरण ने प्रथम दृष्टया इसे मौर्य कालीन नगर बताया है। यद्यपि इस गाँव की भौगोलिक बनावट प्राचीन काल के उस दुर्ग की तरह है, जिसके चारों ओर खाई हो। इस गाँव में लाखों की संख्या में पक्की ईंटों के टुकड़ों के साथ साथ खुदाई में पक्की ईंटों की दीवारें मिलना भी दरशाता है कि प्राचीन काल में यह एक शहर रहा होगा। लक्ष्मण चौधरी के घर के पास पक्की नाली के अवशेष आज भी जमींदोज हैं। आश्चर्य होता है कि गाँव में पक्की ईंटों की दीवारें धरातल पर भी दृष्टिगोचर हैं। पंसस रामप्रवेश सिंह के घर के पास एक प्राचीन काल का कुआँ आज भी विद्यमान है। लगभग तीन साल पूर्व शौचालय की एक संडास की खुदाई के दौरान तीन लंबी सुरंगें मिलीं। संभवत: ये सुरंगें किसी भवन के बरामदे या गलियारे के भाग होंगे। इस बार पुरातात्त्विक खुदाई के दौरान आधा दर्जन से अधिक टेराकोटा के रिंग वेल मिले, जबकि इस गाँव में ग्रामीणों द्वारा खुदाई के दौरान दर्जनों रिंग वेल पहले भी मिल चुके हैं। रिंग वेल सात से बारह फीट

गहरा तथा ढाई से लेकर चार फीट तक के व्यास वाले पक्की मिट्टी से निर्मित वलयाकार कुआँ होता है, जो रिंगनुमा पक्की मिट्टी को जोड़-जोड़कर बनाया जाता है। गाँवों में निर्मित होनेवाला पुट्ठीनुमा सीमेंटेड कुआँ प्राचीन रिंग वेल का ही अर्वाचीन संस्करण है। प्रख्यात इतिहासकार रोमिला थापर सहित अनेक इतिहासकारों के अनुसार रिंग वेल का उपयोग दो से ढाई हजार वर्ष पुराने शहरों में पनसोखा गड्ढा के रूप में होता था, जिसमें नाली का पानी गिरता था। इतिहासकारों के लिए सर्वाधिक आश्चर्य की बात यह है कि इस गाँव में खुदाई के दौरान अकसर टेराकोटा के रिंग वेल मिल जाते हैं। इतनी अधिक संख्या में रिंग वेल किसी एक स्थल से प्राप्त होने से प्रतीत होता है कि यहाँ रिंग वेल का उपयोग भिन्न-भिन्न कार्यों के लिए किया जाता रहा होगा। पर्याप्त संख्या में रिंग वेल की उपलब्धता पुरातत्त्वविदों के लिए भी आश्चर्य का सबब है।

आर्कियोलॉजिकल सर्वे ऑफ इंडिया द्वारा उत्खनन के उपरांत प्राप्त पुरावशेषों के मद्देनजर पुरातात्त्विक शोध एवं अध्ययन के लिए पुरातत्त्वविदों, शोधकर्ताओं एवं इतिहास प्रेमियों को आमंत्रित करता कबरा कलां प्राचीन काल में मगध साम्राज्य का अंग था। भौगोलिक, सामाजिक, सांस्कृतिक एवं भाषाई दृष्टि से वर्तमान दक्षिणी बिहार से साम्य रखनेवाला हुसैनाबाद अनुमंडल 1872 ई. के पूर्व गया जिले का दक्षिणी पश्चिमी भाग हुआ करता था। यही कारण है कि इस अनुमंडल के तहत अवस्थित न केवल कबरा कलां, बल्कि सोन, उत्तर कोयल, कररबार, हड़ही एवं सदाबह नदियों के तट पर अवस्थित लगभग दो दर्जन बस्तियाँ ऐसी हैं, जहाँ महाजन पदकालीन अवशेषों के साक्ष्य जमींदोज हैं।

मूर्ति एवं लिपि

कबरा कलां गाँव में एक मृण्मय अष्टफलकीय तल पर उत्कीर्ण सुनहले रंग की सुंदर एवं सुसज्जित केशों वाली एक औरत की मूर्ति मिली है। लगभग दो इंच ऊँची इस मूर्ति के पाँच फलकों पर लिपि अंकित है, जो बाद में खुरेचकर लिखी गई है। पुरातत्त्वविदों ने लिपि को ब्राह्मी लिपि बताया, जो भारत की प्राचीनतम लिपि है। यह लिपि अभी तक नहीं पढ़ी गई है। एक मृदभांड और एक ईंट पर भी उकेरित ब्राह्मी लिपि मिली है। दो दशक पूर्व इस गाँव के खेत से बालूका पत्थर से निर्मित एक जीर्ण-शीर्ण मूर्ति मिली है, जो एक मनुष्य की थी। यहाँ खेतों में चिकने पत्थर के शिवलिंग भी मिले हैं, जो गाँव में विद्यमान मध्यकालीन शिव मंदिर में रखे गए हैं। अष्टकोणीय गर्भगृह वाला यह शिव मंदिर सोन नदी के तट पर है। यहाँ से लगभग दो किलोमीटर की दूरी पर दशीशानाथ का पूजा स्थल है, जो सोन नदी की धारा के बीच में है। यह पूजा स्थल काफी प्राचीन है, जहाँ शिवरात्रि के दिन विशाल मेला लगता है। भगवान् शिव की स्थापना संबंधी जो कथा देवघर में प्रचलित है, वही कथा दशीशानाथ के बारे में यहाँ किंवदंतियों में शामिल है।

सिक्के

अनेक युगीन सभ्यताओं का साक्षी रहा यह गाँव समृद्धि एवं गौरव का पर्याय रहा हो तो कोई आश्चर्य नहीं कहा जाता है कि अनेक लोगों को न केवल बेशकीमती गहने और बरतन मिलें, बल्कि सोना-चाँदी के सिक्के भी मिले हैं। मगर ग्रामीणों द्वारा पुरातत्त्वविदों को दिखलाए गए सिक्कों में मौर्यकालीन, मुगलकालीन तथा ब्रिटिशकालीन उल्लेखनीय हैं। यहाँ मौर्यकालीन सिक्कों में चाँदी एवं ताँबे के पंचमार्क्ड सिक्के मिले हैं ,जो चौकोर हैं तथा जिसके दोनों फलकों पर चित्र उकेरित हैं। एक ओर मेहराब के ऊपर अर्द्धचंद्र के साथ अन्य आकृतियाँ हैं, तो दूसरी ओर खड़े जानवर का चित्र उकेरित है। भिन्न-भिन्न सिक्कों में कुछ अलग-अलग आकृतियाँ भी हैं। यहाँ शाह आलम द्वितीय तथा अठारहवीं शताब्दी के रानी विक्टोरिया के सिक्कों को भी ग्रामीणों ने दिखाया।

पुरातत्त्वविदों का आगमन

विगत दो दशकों से कबरा कलां के इतिहास के उद्भेदन के लिए कृत संकल्प सोन घाटी पुरातत्त्व परिषद्,जपला के प्रयास के फलस्वरूप आर्कियोलॉजिकल सर्वे ऑफ इंडिया की ओर से अनेक पुरातत्त्वविद् समय-समय पर आते रहे हैं। आर्कियोलॉजिकल सर्वे ऑफ इंडिया, पटना से पहला दल 16 सितंबर, 1999 को सहायक अधीक्षण पुरातत्त्वविद् नीरज कुमार सिन्हा के नेतृत्व में आया था, जिसने कबरा कलां की गलियों और खेतों में बिखरे पड़े उत्तर काली पॉलिश मृदभांड समेत अन्य अवशेषों को देखकर इस गाँव को बुद्धकालीन नगर बताया था। दूसरा दल सहायक अधीक्षण पुरातत्त्वविद् टी.जे. अलोने और डी.के. अम्बष्ट के नेतृत्व में विगत 6 अप्रैल, 2000 को आया, जिसने कबरा कलां को 3,600 वर्ष पुराना बताया। इसके बाद 20 अक्तूबर, 2003 को पुरातात्त्विक संस्थान, नई दिल्ली केनिदेशक डॉ. अमरेंद्र नाथ के नेतृत्व में छह सदस्यीय टीम ने कबरा कलां का पुरातात्त्विक भ्रमण एवं निरीक्षण किया। तत्पश्चात् आर्कियोलॉजिकल सर्वे ऑफ इंडिया, राँची के अधीक्षण पुरातत्त्वविद् टी.जे. वैद्य 2005, सहायक अधीक्षण पुरातत्त्वविद् डॉ. आर.के. वर्मा 2010 तथा अधीक्षण पुरातत्त्वविद् एन.जी. निकोसन एवं अब्दुल आरिफ 2011 ई. में कबरा कलां सहित अन्य पुरास्थल का दौरा किया। इसके बाद ही आर्कियोलॉजिकल सर्वे ऑफ इंडिया ने कबरा कलां एवं सहार विहरा में उत्खनन हेतु सर्वे करने की मंजूरी दी, जो नहीं हो सका। फिर 4 अक्तूबर, 2012 को झारखंड सरकार कला संस्कृति, खेलकूद एवं युवा कार्य विभाग की ओर से राँची विश्वविद्यालय के प्राध्यापक एवं इतिहासकार डॉ. गीता ओझा एवं राज्य संग्रहालय, राँची के अध्यक्ष डॉ. शर्फुद्दीन के नेतृत्व में लगभग ढाई दर्जन शोधकर्ताओं की टीम कबरा कलां एवं कुड़वा कलाँ में पुरातात्त्विक निरीक्षण किया। मैंने (अंगद किशोर) संस्था के पास संग्रहीत सौ से

अधिक पुरावशेषों एवं पुरानिधियों को स्टेट म्यूजियम, राँची में संरक्षणार्थ एवं प्रदर्शनार्थ निःशुल्क डॉ. शर्फुद्दीन को सौंप दिया, जो संप्रति प्रदर्शित हैं।

नेशनल म्यूजियम, नई दिल्ली के पुरातत्त्वविद् डॉ. आर.के. वर्मा के प्रयास के फलस्वरूप आर्कियोलॉजिकल सर्वे ऑफ इंडिया ने कबरा कलां में उत्खनन का आदेश वर्ष 2017 में जारी किया, जिसके फलस्वरूप राँची सर्किल के अधीक्षण पुरातत्त्वविद् डॉ. हरिओम शरण एवं सहायक पुरातत्त्वविद् डॉ. पूनम बिंद के नेतृत्व में विगत 4 जनवरी, 2018 से कबरा कलां में उत्खनन प्रारंभ हुआ, जो 31 मार्च, 2018 तक चला। कबरा कलां की पुरातात्त्विक महत्ता के मद्देनजर आगे भी खुदाई की संभावना है।

सोन घाटी पुरातत्त्व परिषद्

यूँ तो अंगद किशोर के नेतृत्व में इतिहास प्रेमियों एवं पत्रकारों की टीम इतिहास पुनर्विचार मंच के बैनर तले वर्ष 1997 से ही कबरा कलां का इतिहास को विभिन्न अखबारों के माध्यम से उजागर करने के लिए सक्रिय थी, मगर वर्ष 1999 में स्थापित सोन घाटी पुरातत्त्व परिषद् ने इस खोज को मजबूती और हौसला अफजाई की। पुरातत्त्व शोध परिषद् और हेरिटेज एसोसिएशन ऑफ इंडिया ने भी कबरा कलां को सदैव चर्चा में रखा। राँची विश्वविद्यालय के व्याख्याता अभिषेक कुमार गुप्ता एवं निबंधित संस्था सोन घाटी पुरातत्त्व परिषद् के प्रयास के फलस्वरूप दो दशकों के बाद कबरा कलां में उत्खनन संभव हो सका। सोन घाटी पुरातत्त्व परिषद् के संप्रति पदाधिकारियों में संरक्षक श्री चंद्रेश्वर प्रसाद, वरिष्ठ अधिवक्ता, अध्यक्ष साहित्यकार एवं इतिहासकार अंगद किशोर, उपाध्यक्ष आलोक कुमार, अधिवक्ता, सचिव तापस डे, सह सचिव ई. रंजीत कुमार, कोषाध्यक्ष अमर कुमार गुप्ता, एवं मीडिया प्रभारी पत्रकार जफर हुसैन के अलावा अभिषेक कुमार गुप्ता, पत्रकार कमलेश कुमार विश्वकर्मा, पत्रकार परमानंद चौधरी, पत्रकार जीतेंद्र प्रसाद, रवि कुमार गुप्ता, डॉ. आलोक रंजन, अजीत कुमार, रंजीत सिंह, निरंजन प्रसाद, सुकमल डे, मुकेश कुमार विश्वकर्मा, संजय विश्वकर्मा आदि उल्लेखनीय हैं।

बहरहाल, अनेक कालों का मूक साक्षी एवं ट्रेड रूट पर अवस्थित कबरा कलां का इतिहास का उद्भेदन एक रोमांचक और आश्चर्यजनक सच सामने प्रकट हो तो कोई अतिशयोक्ति नहीं। सोन नदी के तट पर अवस्थित सौ से अधिक पुरास्थल हैं, जिनका इतिहास ढूँढ़ना बाकी है। आखिर नव पाषाण काल में कबरा कलां अथवा सोन घाटी को आबाद करनेवाले कौन लोग थे? उनका विनाश कैसे हुआ? कहीं ये आर्यों के आक्रमण के भय से भागे हुए लोग तो नहीं? या मोहनजोदड़ो की सभ्यता के पतन के बाद वहाँ से भागकर आए हुए लोग तो नहीं? क्योंकि मोहनजोदड़ो एवं कबरा कलां से प्राप्त पक्की ईंटों के आकार-प्रकार में अद्भुत समानता है। कबरा कलां के इतिहास का

सच निम्नतम स्तर तक खुदाई के उपरांत ही प्रकाश में आ सकता है, जिसका इतिहास प्रेमियों, शोधकर्ताओं, पुरातत्त्वविदों एवं जिज्ञासुओं को बेसब्री से इंतजार है। जब झारखंड में प्रारंभिक ऐतिहासिक कालीन साक्ष्यों, पुरातत्त्वशेषों एवं पुरानिधियों की अनुपलब्धता सर्वत्र दृष्टिगोचर होता है, तब झारखंड में कबरा कलां की महत्ता और उपयोगिता और बढ़ जाती है।

□

भारतीय चिंतनधारा में सामाजिक एवं राजनीतिक न्याय के विविध आयाम

✍ प्रो. संजीव कुमार शर्मा
✍ सुश्री चंचल

प्राचीन भारत मे न्याय धर्म में निहित है। धर्म भारतीय संस्कृति का केंद्रीय तत्त्व है। व्यक्ति के आचार-विचार, रहन-सहन, नैतिकता, आदर्शवादिता, आध्यात्मिकता, त्याग एवं समर्पण की भावनाएँ सभी धर्म से ही अभिप्रेरित है। प्राचीन भारत में धर्म व्यापक संदर्भों में परिलक्षित होता है। व्यक्ति के जन्म से लेकर मृत्यु तक की सभी मान्यतायें एवं समस्त व्यवस्थायें धर्म पर ही आधारित है। न्याय के परिप्रेक्ष्य में धर्म व्यक्ति के जीवन का उच्च आदर्श है। जो उसके जीवन को संवर्द्धित, नियमित, संयमित एवं संरक्षित करके सामाजिक व्यवस्था को सुरक्षित करता है।

प्राचीन भारत में न्याय का स्वरूप सदैव ही गतिमान रहा है। जिसके आधार पर न्याय को तीन प्रमुख आयामों में वर्गीकृत किया जा सकता है। सामाजिक न्याय, राजनीतिक न्याय एवं आर्थिक न्याय। प्राचीन भारत में सामाजिक न्याय के तीन प्रमुख पक्ष है— आध्यात्मिक, सामाजिक एवं मनोवैज्ञानिक। 'ऋत्' सामाजिक न्याय का आध्यात्मिक सार है। 'वर्णधर्म' सामाजिक न्याय का सामाजिक आधार वर्णधर्म है और सामाजिक न्याय का मनोवैज्ञानिक आधार आश्रम धर्म है। सामाजिक न्याय के इन पक्षों का मूल ध्येय समाज कल्याण करना ही है। सामाजिक न्याय के आध्यात्मिक पक्ष के अनुसार वैदिक धारणा में किसी राजनीतिक व्यवस्था के उद्‌भव से पूर्व समाज 'ऋत्' पर आधारित था। मानव जीवन के सभी कार्य, 'ऋत्' के द्वारा ही नियंत्रित एवं संचालित होते थे। 'ऋत्' से अभिप्राय ऐसे प्राकृतिक नियमों एवं शक्तियों से है जो निरंतर गमनशील एवं शाश्वत है। ये नियम प्राकृतिक व्यवस्था एवं नैतिक व्यवहार से संबंधित है। प्रथम रूप में 'ऋत्' का अर्थ सत्य एवं सृष्टि के नियमों-ऋतुओं के स्वाभाविक परिवर्तन, सूर्योदय एवं सूर्यास्त,

पुष्प के पुष्पित होने, वर्षा, अग्नि की उत्पत्ति इत्यादि से है। द्वितीय रूप में 'ऋत्' मानव के कर्म के साथ नैतिक आदेश के रूप में नियामक की भूमिका पर प्रतिष्ठित है। ऋत् देवताओं से पूर्व में था तथा इसके आधार पर ही जगत् एवं देवताओं दोनों को प्रशासित किया जाता रहा है। उस समय व्यक्ति के अंदर स्वार्थी प्रवृत्ति नहीं थी, जिस कारण मानव का जीवन सुखी एवं संतुष्ट था तथा व्यक्ति का सामाजिक जीवन विभिन्न श्रेणियों में विभक्त नहीं हुआ था और न ही किसी राजनीतिक संस्था का अस्तित्व था। 'ऋत्' के नियमों से ही व्यक्ति का जीवन कर्तव्यनिष्ठ, नियंत्रित, संयमित एवं परोपकारी था। इस प्रकार प्रारंभिक समाजों में 'ऋत्' द्वारा संचालित व्यवस्था में प्रत्येक व्यक्ति का समाज में विशिष्ट स्थान था तथा प्रत्येक व्यक्ति का कार्य निर्धारित था, जिससे प्राचीन समाजों में सामाजिक न्याय की स्थापना हुई है।

सामाजिक न्याय का सामाजिक पक्ष 'वर्णधर्म' पर आधारित है। प्राचीन ऋषियों एवं मुनियों ने समाज का चार वर्णों क्रमशः ब्राह्मण, क्षत्रिय, वैश्य तथा शूद्र में विभाजित किया है। वर्णों का विभाजन व्यक्ति के कर्म, गुण एवं स्वभाव के आधार पर ही किया गया है। सामाजिक संगठन को सुदृढ़ बनाने के लिए चारों वर्णों के कर्तव्य निर्धारित थे, जिनका अनुपालन करना प्रत्येक वर्ण के लिए अनिवार्य था। प्राचीन मान्यता के अनुसार प्रत्येक वर्ण को अपने-अपने स्वधर्म का पालन आपसी सहयोग की भावना से करना चाहिए। यह व्यवस्था न केवल समाज के स्थायित्व के लिए आवश्यक थी, बल्कि समाज के विकास में भी सहायक थी। इस प्रकार वर्णधर्म का स्वतंत्रतापूर्वक पालन करना एवं दूसरे वर्ण के कार्य में हस्तक्षेप न करना ही सामाजिक न्याय का सामाजिक पक्ष है।

सामाजिक न्याय का मनोवैज्ञानिक पक्ष 'आश्रम धर्म' है। प्राचीन भारतीय संस्कृति में मानव जीवन को सुव्यवस्थित एवं सुसंगठित करने में आश्रम व्यवस्था का निर्णायक योगदान रहा है। आश्रम व्यवस्था के अंतर्गत मानव जीवन को आयु के अनुरूप चार आश्रमों-ब्रह्मचर्य, ग्राहस्थ, वानप्रस्थ एवं संन्यास में विभाजित किया गया है। आश्रम व्यवस्था में कर्तव्यों को 'धर्म' कहा गया है। प्रत्येक व्यक्ति का धर्म था कि वह अपने आश्रमानुसार विहित कर्तव्यों का अनुपालन पूर्ण निष्ठा भाव से करें, क्योंकि केवल तभी मानव जीवन के परमलक्ष्य पुरुषार्थ को प्राप्त किया जा सकता है। आश्रम व्यवस्था में व्यक्ति चारों पुरुषार्थ धर्म, अर्थ, काम एवं मोक्ष को संधान करता है। ब्रह्मचर्य में व्यक्ति धर्म, गृहस्थ में अर्थ एवं काम तथा वानप्रस्थ एवं संन्यास में व्यक्ति मोक्ष की प्राप्ति हेतु प्रयत्नशील रहता है। आश्रम धर्म के अंतर्गत त्याग, साधना, श्रम एवं तपस्या का विशेष महत्त्व है। ये सभी पुरुषार्थ की प्राप्ति में सहायक है।

अतएव आश्रम व्यवस्था में निहित स्वधर्म पालन से व्यक्ति का बौद्धिक, नैतिक, सांसारिक एवं आध्यात्मिक विकास होता है, जो सामाजिक न्याय का प्रतिरूप है। प्राचीन

भारतीय समाज में सामाजिक न्याय स्वधर्म अनुपालन से जुड़ा हुआ है, जो व्यक्ति के स्वधर्म का स्पष्टीकरण विशेषीकरण एवं संतुलन करके अहस्तक्षेप को महत्त्व प्रदान करता है, ताकि प्रत्येक व्यक्ति जीवन के उच्च आदर्श को प्राप्त करके अपना उत्थान कर सके।

निष्कर्षत: कहा जा सकता है कि प्राचीन भारत में न्याय का सामाजिक आयाम सामाजिक कल्याण की भावना पर आधारित है, जिसमें समाज को व्यवस्थित एवं सुसंगठित करने के लिए कर्तव्य विभाजन को स्वीकार करते हुए भी पारस्परिक सहयोग की भावना को प्रोत्साहित किया गया है। जो श्रेष्ठ एवं उचित जीवन के क्रमानुसार विकास के लिए आवश्यक है।

प्राचीन भारत में न्याय के द्वितीय आयाम राजनीतिक न्याय से तात्पर्य प्राचीन समाजों की राजनीतिक व्यवस्था एवं राजनीतिक प्रक्रियाओं में व्यक्ति की भागीदारी से है। राजनीतिक व्यवस्था का चिंतन सामाजिक व्यवस्था के अध्ययन के बिना एकांगी है। सामाजिक व्यवस्था का संगठित रूप ही राजनीतिक व्यवस्था को निर्मित करता है। सामाजिक न्याय के संरक्षण में राज्य के स्वरूप एवं कार्य का निर्धारण हुआ है। वास्तव में राजनीतिक न्याय सामाजिक न्याय के आदर्शों की पूर्ति का एक महत्त्वपूर्ण साधन होने के कारण सामाजिक न्याय का अभिन्न अंग है। प्राचीन समाजों में राजनीतिक न्याय समाज के समस्त व्यक्तियों की अंतर्निहित क्षमताओं के आधार पर राजव्यवस्था में उनकी प्रत्यक्ष एवं अप्रत्यक्ष भागेदारी को सुनिश्चित करता है। इस दृष्टि में राजनीतिक न्याय व्यक्ति के चारित्रिक गुणों, योग्यता, बल एवं बुद्धि को महत्त्व प्रदान करके ऐसे न्यायपूर्ण राज्य के निर्माण का प्रयास करता है, जहाँ सभी व्यक्तियों की सहभागिता हो। तभी व्यक्तियों को न्याय प्राप्त होगा। प्राचीन समाजों में राजनीतिक न्याय व्यक्तियों के मध्य समानता एवं स्वतंत्रता को स्थापित करने का सार्थक प्रयास करता है, जिससे प्रत्येक व्यक्ति को उसकी योग्यतानुसार एवं गुणों के अनुरूप स्वयं की उन्नति के पर्याप्त अवसर उपलब्ध हो सके।

इस प्रकार राजनीतिक न्याय की अवधारणा एक ओर व्यवस्थाओं में व्यक्तियों की भागेदारी को सुनिश्चित करती है, वही दूसरी ओर यह प्रयास करती है कि राजनीतिक शक्ति का प्रयोग 'सर्वकल्याण' के लिए ही किया जाए।

प्राचीन भारतीय चिंतन में आर्थिक न्याय की प्राप्ति में वर्णों के श्रम एवं श्रम विभाजन की महत्त्वपूर्ण भूमिका रही है। भारतीय चिंतकों ने चारों पुरुषार्थ धर्म, अर्थ, काम एवं मोक्ष तथा चारों विद्याओं आन्वीक्षकी, त्रयी, वार्त्ता तथा दंडनीति को अर्थ की प्राप्ति, जीविकोपार्जन एवं आर्थिक विकास के लिए महत्त्वपूर्ण माना है। भारतीय विद्वानों ने कहा है कि चारों विद्याओं के ज्ञान से व्यक्ति के दोषों का निवारण होता है और जिससे उसका जीवन व्यावहारिक बनता है तथा धर्म (मानवीय नियमों), अर्थ (अर्थ की वृद्धि, उपभोग, संचय एवं संग्रह), काम (काम इच्छाओं की पूर्ति) के उचित प्रयोजन से

व्यक्ति मोक्ष को प्राप्त कर सकता है। प्राचीन भारतीय चिंतन में धर्म के पश्चात् अर्थ को महत्त्वपूर्ण स्थान प्रदान किया गया है। प्रजा के आर्थिक जीवन को उन्नत करने के लिए अर्थ प्राप्ति के संसाधनों, उपभोग, उद्योग, कर प्रणाली, व्यापार, कृषि एवं वस्तु वितरण का सुव्यवस्थित रूप प्रस्तुत करते हुए उचित 'कर संचय' को समाज कल्याण के लिए आवश्यक माना है।

भारतीय परंपरा में अर्थसंचय, अर्थ उपभोग, आर्थिक विकास एवं आर्थिक योजनाओं के समुचित संचालन में राजा का महत्त्वपूर्ण स्थान है। राजा का प्रमुख कर्तव्य राज्य एवं प्रजा के कल्याण के लिए उचित आर्थिक प्रबंध करना है। महाभारत महाकाव्य में स्पष्ट तौर पर कहा है कि राजा को प्रजा की सामर्थ्य के अनुसार की कर का निर्धारण करना चाहिए। महाभारत में राजा को निर्देश दिया गया कि "भ्रमर जिस प्रकार पौधे को बिना कोई क्षति पहुँचाए उसके फूल से मधु ले लेता है, उसी प्रकार राजा को प्रजा को बिना किसी प्रकार की क्षति पहुँचाए उत्थित अंश से कोष को समृद्ध करना चाहिए।"

मनुस्मृति में उचित कर व्यवस्था के महत्त्व का प्रतिपादन करते हुए कहा गया है कि 'जैसे जोंक रूधिर, बछड़ा-दूध और भौंरा-शहद थोड़ा-थोड़ा करके पीते हैं, वैसे ही राजा को राष्ट्र में थोड़ा-थोड़ा कर लगाना चाहिए।[2] आचार्य कौटिल्य ने राजकार्यों का आधार 'कोष' को माना है तथा कोषवृद्धि के लिए कर संचय के लिए आदर्श व्यवस्थाओं को प्रस्तुत किया है। कौटिल्य के अनुसार, "जिस प्रकार एक चालाक माली वृक्षों से भूमि पर गिरे पके फलों को तोड़ता नहीं है, अपितु उनकी रक्षा की व्यवस्था करने के लिए प्रयत्नशील रहता है, उसी प्रकार राजा को अपनी प्रजा पर सोच-विचारकर लगाना चाहिए, जिससे कि उसको किसी प्रकार की क्षति न उठानी पड़े।" आचार्य शुक्र ने कर संग्रह में माली की तरह व्यवहार करनेवाले राजा एवं अन्य राजाओं से कर प्राप्त करनेवाले राजा को श्रेष्ठ, वेश्यावृत्ति से राजकीय कोष को बढ़ाने वाले राजा को अधर्म और सेवा, दंड तीर्थ एवं देवमंदिरों पर कर लगाकर कोष बढ़ाने वाले राजा को अधर्म घोषित किया गया है। शुक्र ने कोष संग्रह की अपेक्षा कोष संरक्षण का विधिवत् उल्लेख किया है। भारतीय परंपरा में कोष वृद्धि हेतु कोष संचय की ऐसी व्यवस्था का सृजन किया गया, जिसने श्रम भी है और श्रम का विधिवत् विभाजन भी, ताकि प्रत्येक व्यक्ति आर्थिक विकास में योगदान दे सके।

आर्थिक न्याय के अंतर्गत एक ओर जहाँ समुचित कर व्यवस्था को बल प्रदान करके न्यायपूर्ण समाज की स्थापना की गई है, वही दूसरी ओर समानता एवं स्वतंत्रता का सूक्ष्म समन्वय किया गया, ताकि प्रकृति से पाये जानेवाले समस्त संसाधनों को सभी व्यक्ति अपनी आवश्यकतानुसार स्वतंत्रतापूर्वक उपयोग कर सके। इस प्रकार आर्थिक न्याय सामाजिक न्याय का एक महत्त्वपूर्ण घटक है, जो वर्ग संघर्ष के अन्याय को समाप्त

करके ऐसी व्यवस्था को स्थापित करता है, जिसमें प्रत्येक व्यक्ति को अपनी-अपनी योग्यता और परिश्रम के अनुसार अवसर, आय एवं संपत्ति प्रदान की जाती है।

अतएव आर्थिक न्याय सभी वस्तुओं उत्पादन एवं वितरण के क्षेत्र समानता एवं स्वतंत्रता के आदर्श को स्थापित करके ऐसी व्यवस्था का निर्माण करता है, जिसमें सभी का कल्याण निश्चित है। वास्तव में आर्थिक न्याय का मूल उद्देश्य यही है व्यक्ति के विकास हेतु प्राप्त होने वाले अवसर कुछ गिने-चुने व्यक्तियों के हाथों में सिमटकर न रहे, बल्कि सभी व्यक्तियों को विशेषत: दुर्बल एवं निर्धन वर्गों को समान अवसर मिले, ताकि सभी योग्य व्यक्ति सुखी सम्मानित एवं गरिमापूर्ण जीवन व्यतीत कर सके।

इस प्रकार न्याय के विविध आयामों-सामाजिक, राजनीतिक एवं आर्थिक न्याय का मूल भाव पारस्परिक समानता एवं बन्धुत्व की भावना उत्पन्न करके व्यक्तिगत हितों एवं सामाजिक हितों के मध्य सामंजस्य स्थापित करना है, ताकि समाज के सभी व्यक्तियों का जीवन सुखमय एवं न्यायसंगत बन सके। वस्तुत: न्याय के सभी आयामों का स्वरूप गत्यात्मक, अनुशासनिक, आदर्शमूलक एवं कल्याणकारी है।

भारतीय चिंतनधारा में सामाजिक न्याय की स्थिति

भारतीय चिंतनधारा में न्याय की प्राप्ति में धर्म की निर्णायक भूमिका है। मानव जीवन समस्त संव्यवहार धर्म द्वारा ही नियंत्रित थे। धर्म का कर्तव्य, नियम, न्याय, परंपरा, संस्कार, सदाचार, गुण एवं नैतिक अपेक्षाओं के रूप में प्रस्तुत किया गया है। भारतीय परंपरा में धर्म का केंद्रीय महत्त्व है। धर्म को राज्य एवं समाज का रक्षक माना गया है। मान्यता है कि धर्म के संधान से समाज एवं राज्य का कल्याण निश्चित होता है, जबकि धर्म के नाश से सभी कुछ नष्ट हो जाता है। महर्षि मनु ने धर्म की रक्षा की अनिवार्यता का प्रतिपादन करते हुए कहा है कि "नष्ट हुआ धर्म ही नाश करता है और रक्षित किया धर्म ही रक्षा करता है। नष्ट धर्म कही हमें नष्ट न करे, इसलिए धर्म का कभी नाश नहीं करना चाहिए। स्वयं की रक्षा करने के लिए धर्म का रक्षण आवश्यक है। धर्म की हानि होने पर अधर्म का सर्वनाश निश्चित है। श्रीमद् भगवतगीता में स्वयं भगवान् श्रीकृष्ण ने कहा है कि "जब-जब धर्म ही हानि और अधर्म की वृद्धि होती है, तब-तब मैं ही साकार रूप में लोगों के सम्मुख प्रकट होता हूँ और साधु पुरुषों के उद्धार करने के लिए, पाप कर्म करनेवालों का विनाश करने के लिए धर्म की पुनर्स्थापना के लिए मैं प्रत्येक युग में प्रकट होता रहूँगा। वस्तुत: धर्म समाज एवं राज्य का अभिन्न अंग है, जो कभी भी नष्ट नहीं किया जा सकता। धर्म ही समस्त व्यवस्थाओं को संचालित करता है। सामाजिक संदर्भों में सर्वप्रथम धर्म का व्यापक प्रयोग किया गया तथा धर्म नैतिक नियमों के संग्रह, वर्णधर्म एवं आश्रमधर्म के रूप में व्यक्त किया गया है। राजनीतिक संदर्भों में धर्म का

प्रयोग राज्य की सुरक्षा एवं प्रजा के रक्षण हेतु अनुशास्ति के रूप में किया गया है। सामाजिक न्याय की संप्राप्ति में धर्म व्यक्तियों को केवल उचित एवं अनुचित का ज्ञान ही नहीं कराता, बल्कि व्यक्तियों को उनके कर्तव्यों के प्रति प्रेरित करके दूसरों के कर्तव्यों में हस्तक्षेप न करने की मर्यादा को सुनिश्चित करता है, जिससे सभी व्यक्ति अपने कर्तव्यों का अनुपालन पूर्ण निष्ठा से करें। धर्म व्यक्ति के मध्य पारस्परिक सहयोग की भावना का प्रसार करता है, जिससे कर्तव्यपालन में अनुकूलता उत्पन्न होती है, जो सर्वकल्याण में सहायक है। इस प्रकार प्राचीन प्रारंभिक समाजों का संचालन धर्म द्वारा ही होता था। धार्मिक समाज में एक आदर्श व्यवस्था थी। व्यक्ति परस्पर सद्भावपूर्ण व्यवहार किया करते थे और उनका जीवन सुखमय एवं सुव्यवस्थित था, क्योंकि धर्म समाज को धारण कर लेता था तथा धर्म से ही मानव के समस्त व्यवहार निर्दिष्ट एवं नियंत्रित होते थे। प्राचीन समाजों की व्यवस्था धर्म पालन के व्यवहार से ही सुव्यवस्थित थी।

प्राचीन भारतीय समाज सुसंस्कृत समाज था। ऐसे समाज में सामाजिक न्याय की स्थिति सामाजिक समरसता, समन्वयात्मकता एवं सहअस्तित्व की भावना पर आधारित है। जिसका चिंतन सामाजिक संस्थाओं के संगठन-वर्णव्यवस्था, आश्रमव्यवस्था, नारी जीवन एवं पर्यावरण के अध्ययन के बिना पूर्णतः एकांगी है। भारतीय वर्णात्मक समाज के विभाजन का मूल उद्देश्य श्रम का विभाजन था। कर्म के द्वारा वर्णों का प्रकटन किया गया था। भारतीय वर्णव्यवस्था जन्म पर आधारित न होकर कर्म पर आधारित थी, जिसका मूल कारण सभी व्यक्तियों को उन्नति के समान अवसर प्रदान करना था। भारतीय वर्णव्यवस्था में चारों वर्णों के विभाजन का प्रयोजन व्यक्ति के गुण, कर्म एवं स्वभाव के अनुरूप किया गया था। वर्ण के शाब्दिक अर्थ के अनुसार भी वर्ण से आशय, जिसका वरण किया जाए अर्थात् जिसे चुना जाए ही है। भारतीय चिंतन में वर्ण व्यवस्था के माध्यम से कर्तव्यों का विधिवत विभाजन किया गया, ताकि प्रत्येक व्यक्ति अपनी योग्यतानुसार कार्य का चयन करके अपनी जीविका का प्रबंध कर सके। वर्ण व्यवस्था के प्रयोजन में श्रम का विभाजन इस आधार पर किया गया कि कोई भी व्यक्ति बेकार न रहे सभी व्यक्ति अपनी योग्यता एवं क्षमता से अपना एवं समाज का विकास करे।

भारतीय चिंतनधारा में चारों वर्णों के कर्तव्यों का विभाजन उनकी योग्यतानुसार किया गया था। चारों वर्णों को उनके श्रमानुसार विशेष अधिकार प्रदान किए गए थे, ताकि प्रत्येक वर्ण अपने-अपने श्रम का अनुपालन दक्षतापूर्ण कर सके। किंतु भारतीय चिंतन के विषय में किन्हीं संकीर्ण मानसिकता संग्रस्त लोगों ने यह कहा कि शूद्रों को कोई अधिकार नहीं थे, उनकी समाज में निम्न स्थिति थी, किंतु भारतीय चिंतन का अध्ययन करनेवाले भलीभाँति जानते हैं कि वर्णात्मक दृष्टि से ब्राह्मण और शूद्र में कोई भेद नहीं है। ऋग्वेद में कहा गया है कि "मनुष्यों में न कोई बड़ा है, न कोई छोटा है। सभी आपस में

एक समान बराबर के भाई हैं। सभी मिलकर लौकिक एवं पारलौकिक सुख एवं ऐश्वर्य को प्राप्त करें।" महाभारत महाकाव्य में भी वर्णों के विभाजन में कर्म की प्रधानता को स्वीकार किया है और कहा गया कि व्यक्ति के कर्म की श्रेष्ठता ही समाज में व्यक्ति को श्रेष्ठ स्थान प्रदान करती है। महाभारत में कहा गया है कि "ब्राह्मणी के गर्भ से उत्पन्न होने से, संस्कार से, वेद श्रवण से अथवा ब्राह्मण पिता की संतान होने से कोई ब्राह्मण नहीं बन जाता है, अपितु सदाचार से ही मनुष्य ब्राह्मण है।" कोई भी मनुष्य कुल जाति के कारण ब्राह्मण नहीं हो सकता यदि चांडाल भी सदाचारी है तो ब्राह्मण है। भारतीय चिंतन में स्पष्टत: वर्णों के गुण एवं कर्म को महत्त्व प्रदान किया गया है ऐसी व्यवस्था भी दिखाई देती है, जहाँ ब्राह्मण वर्ण का पुत्र गुण, स्वभाव एवं योग्यता के अभाव के कारण शूद्र माना गया तथा शूद्र अपने गुण एवं चारित्रिक योग्यता के कारण ब्राह्मण कहलाए हैं। महाभारत में कहा गया है कि "जो ब्राह्मण, दुष्ट कर्म करता है, वो दंभी पापी और अज्ञानी है, उसे शूद्र समझना चाहिए और जो शूद्र सत्य और धर्म पर स्थित है, उसे ब्राह्मण समझना चाहिए। मनुस्मृति में चारों वर्णों के समान धर्म का प्रतिपादन करके चारों वर्णों के आचार एवं धर्म में भेद नहीं किया है। मनुस्मृति में वर्ण परिवर्तन के स्पष्ट संकेत दिखाई देते हैं। मनु ने कहा है कि शूद्र ब्राह्मण और ब्राह्मण शूद्र हो जाता है। इसी प्रकार क्षत्रियों एवं वैश्यों की संतानों के वर्ण भी बदल जाते हैं। इस प्रकार भारतीय वर्णव्यवस्था का ध्येय समाज में किसी को तुच्छ एवं निम्न बताकर सामाजिक विषमता उत्पन्न करना नहीं, बल्कि सभी मनुष्यों के लिए जीविका का प्रबंध करना था, ताकि प्रत्येक वर्ण अपने-अपने स्वधर्म का पालन पूर्ण में स्थिर रहे। इसी प्रकार आश्रम व्यवस्था को स्वधर्म के रूप में निरूपित किया गया है। प्रत्येक आश्रम का धारण करनेवाले वर्ण का कर्तव्य है कि वह अपने-अपने स्वधर्म का पालन करें, क्योंकि इसका प्रत्यक्ष प्रभाव व्यक्ति, परिवार, समाज एवं राष्ट्र की उन्नति पर पड़ता है। भारतीय चिंतन की विशेषता यही है कि इसमें कर्तव्यों पर विशेष बल प्रदान किया गया है। गीता में स्पष्टत: कहा गया है, मनुष्य का उसके कर्म में अधिकार है, किंतु फल में नहीं। कर्तव्य ही व्यक्ति और समाज दोनों के प्रति न्याय के बोध को जन्म देता है। अतएव सर्वकल्याण के लिए व्यक्तियों को अपने कर्तव्यों को पूर्ण करना ही चाहिए। इस प्रकार भारतीय दर्शन में कर्तव्य पालन के महत्त्व में न्यायप्रिय समाज की स्थापना की गई है।

भारतीय चिंतन में व्यष्टि एवं समष्टि के मध्य समरसता का भाव दिखाई देता है। सामाजिक संबंधों माता-पिता, गुरु-शिष्य, भाई-बहन, पिता-पुत्र, पति-पत्नी, बालक-युवा एवं वृद्ध के आपसी व्यवहार को सदाचार की श्रेणी में रखा गया है। समाज में समानता स्थापित करने के लिए नारी को विशेष सम्मान प्रदान किया गया है। प्राचीन भारतीय मनीषी इस तथ्य से भलीभाँति परिचित थे कि समाज में सामाजिक न्याय की

स्थापना तब तक संभव नहीं है, जब तक कि नारियों की प्रस्थिति सुदृढ़ एवं सशक्त न हो। भारतीय समाज में प्राचीन काल से ही नारियों को सम्मानित पद प्राप्त था। कन्या के रूप में नारी का जन्म साक्षात् देवी की उत्पत्ति मानी जाती थी। अयोग्य पुत्रों की अपेक्षा कन्या का जन्म अधिक श्रेयस्कर माना जाता था। पत्नी के रूप में नारी को विशेष अधिकार प्राप्त थे। नारी के बिना पुरुष ऋण से मुक्त नहीं हो पाता था तथा नारी की उपस्थिति के बिना कोई भी पुण्य कार्य सफल नहीं होता था। माता के रूप में नारी को श्रेष्ठ गुरु की उपाधि प्रदान की गई है। महाभारत महाकाव्य में संतान के लिए माता की महिमा का विवेचन करते हुए कहा गया है—

नास्ति मातृसमा छाया नास्ति समाः गतिः।
नास्ति मातृसमं त्राणां नास्ति मातृसमा त्रिया॥

अर्थात् माता के तुल्य कोई छाया नहीं है। माता के तुल्य कोई सहारा नहीं है माता के सदृश कोई रक्षक नहीं है तथा माता के समान कोई प्रिय वस्तु नहीं है।

माता बालक के व्यक्तित्व का विकास करके उसे एक श्रेष्ठ व्यक्ति बनाती है तथा बालक को सन्मार्ग की ओर प्रेरित करती है तथा कुमार्ग पर चलने से रोकती है। भारतीय चिंतन में नारी को अनेक विशेषाधिकार प्राप्त थे। नारियों के सर्वांगीण विकास के लिए शिक्षा की समुचित व्यवस्था थी। महाकाव्यकाल में नारी को शिक्षा प्राप्त करने का अधिकार अवश्य ही प्राप्त था, किंतु शिक्षा को ग्रहण करने के लिए गुरुकुलों में जाने का प्रावधान नहीं था उनकी शिक्षा की व्यवस्था घरों में ही की जाती थी। भारतीय चिंतन में नारी की शिक्षा व्यावहारिक, व्यावसायिक, आध्यात्मिक, धार्मिक एवं राजनीतिक ज्ञान से संबंधित थी। नारियों के लिए आतिथ्य सेवा का विशेष महत्त्व था। भारतीय चिंतन में कन्या को अनेक प्रकार की स्वतंत्रतायें प्राप्त थी। कन्या विवाह के लिए वर चयन करती थी। विवाह योग्य हो जाने पर कन्या को यह अधिकार प्राप्त था कि यदि संरक्षक विवाह न करे, तब वह स्वयं इच्छित वर को धारण कर ले। नारी की सुरक्षा को अहम मानते हुए नारी की रक्षा का दायित्व पुरुषों को सौंपा गया है। विवाह से पूर्व स्त्री के भरण पोषण का दायित्व पिता एवं विवाह उपरांत पति एवं वृद्धावस्था में पुत्र पर था। इसके अतिरिक्त राजा का कर्तव्य है कि बंध्या, अनाथ, रूग्ण, असहाय, नाबालिग स्त्रियों की सुरक्षा करे। नारियों के अधिकारों एवं स्वतंत्रता को सुरक्षित करने के लिए राजा ऐसे व्यक्तियों को दंडित करता है, जो स्त्रियों के कौमार्य को दूषित करते हैं एवं असहाय स्त्रियों की संपत्ति का हरण किया करते थे। भारतीय चिंतन में स्त्रियों को समान अधिकार एवं स्वतंत्रता प्रदान करने का दायित्व राज्य को सौंपकर सामाजिक न्याय की स्थापना की है। प्राचीन चिंतक इस तथ्य से भलीभाँति परिचित थे कि राज्य में सामाजिक न्याय तभी संभव हो सकता है, जब नारी को विकास के पर्याप्त अवसर प्रदान किए जाए तथा इन अवसरों में

समानता का भाव हो और इसका प्रयोग नारी स्वतंत्रतापूर्वक कर सके। उन्होंने स्वतंत्रता की सुनियोजित व्यवस्था में नारी सुरक्षा पर विशेष ध्यान रखा, तभी समाज एवं राज्य के विकास में नारी की सशक्त भागीदारी थी। भारतीय चिंतन में सामाजिक न्याय की स्थापना में सहायक प्रत्येक कार्यों का सूक्ष्मता के साथ विवेचन किया गया है। नारी संरक्षण के साथ-साथ ऐसे व्यक्तियों के संरक्षण को महत्त्व प्रदान किया गया है जो कि दुर्बल, असहाय, वृद्ध, अनाथ, रोगी एवं विधवा हो। महर्षि मनु ने ऐसे व्यक्तियों का संरक्षण प्रदान अनिवार्य माना है। उनके अनुसार नपुंसक पति, जन्मांध, बहरा, पागल, जड़, गूँगा, लगड़ा, लूला, अपाहिज आदि राजा से वस्त्र आदि पाने की अपेक्षा रखते हैं। अत: उनके भरण-पोषण की व्यवस्था राजा को करनी चाहिए। इन लोगों की सुरक्षा के लिए प्राचीन चिंतकों ने राजा को निर्देश दिया कि वह राज्य के अनाथालय, विधवा गृह एवं राज्य सहायता केंद्र की स्थापना करे। जिसमें उनके स्वास्थ्य, चिकित्सा, शिक्षा एवं आवश्यक सुख-सुविधा की व्यवस्था हो। प्रजा के कल्याण और उनके भविष्य की सुरक्षा के साथ-साथ राष्ट्रीय आपदों से सुरक्षा का विवेचन किया गया है। भारतीय चिंतकों ने प्रजा की सुरक्षा के साथ-साथ प्रजा के नैतिक विकास का दायित्व भी राजा को सौंपा है, ताकि समाज में अधर्म, अनैतिकता, द्वेष, भ्रष्टाचार जैसी दुर्बल भावनाओं का विकास न होने पाए। सभी चिंतकों ने मद्यशाला, वेश्यालयों, जुआघर, जो नैतिकता के पतन के साधन हैं, उन पर राजा के नियंत्रण की व्यवस्था की है। इस प्रकार सामाजिक आदर्शों की प्राप्ति में लोककल्याण की भावना को समाहित करके सामाजिक न्याय की व्यवस्था की गई है।

भारतीय चिंतन में स्वस्थ पर्यावरण स्वस्थ समाज की आधारशिला है। प्रकृति के पंच प्राकृतिक तत्त्वों—पृथ्वी, जल, अग्नि, आकाश एवं वायु तथा भौतिक तत्त्वों—नदी, पर्वत, पहाड़, जंगल, जीव-जंतु, पेड़, पौधों और पशु-पक्षियों के संरक्षण, संवर्धन एवं उचित प्रयोग का दायित्व राजा को सौंपा गया है। राजा का कर्तव्य है कि वह प्रकृति के सभी सजीव एवं निर्जीव घटकों के मध्य सामंजस्य की स्थापना इस प्रकार करे कि पर्यावरण को कोई भी व्यक्ति हानि न पहुँचा सके। भारतीय संस्कृति में पर्यावरण एवं व्यक्ति के मध्य अनूठा संबंध दिखलाई देता है। प्रकृति के विनाश को महापाप के रूप में दर्शाया गया है तथा पर्यावरण की रक्षा में युद्ध को किए जाना भी उचित माना है। भारतीय चिंतन में पर्यावरण की महत्ता के अनेक कारण हैं। प्राचीन समय से ही नदियों, समुद्र, पुष्प, वृक्ष, पृथ्वी एवं अन्न का पूजन किया जाता था तथा समस्त धार्मिक प्रायोजनों में पर्यावरण का विशेष महत्त्व था। यदि कोई व्यक्ति निज-स्वार्थ की भावना से लिप्त होकर पर्यावरण को क्षति पहुँचाता था तो राजा उसे दंडित करता था। भारतीय चिंतन में यह तक कहा गया है कि जो राजा पर्यावरण की रक्षा करने में समर्थ नहीं है, उसे राजा कहलाने का अधिकार नहीं है इसीलिए राजा को पर्यावरण की रक्षा संतान के समान ही

करनी चाहिए, ऐसा राजा ही यश एवं कीर्ति को प्राप्त करता है।

भारतीय चिंतक प्रकृति की रक्षा के प्रति काफी सजग थे। इसीलिए उन्होंने राजा का परामर्श दिया है कि वह वन्य जीव-जंतुओं, पेड़-पौधों, नदी, तालाबों इत्यादि का संरक्षण करे। वन्य जीव-जंतुओं की स्वास्थ्य की रक्षा हेतु चिकित्सा की व्यवस्था करे। भारतीय मनीषियों ने पर्यावरण की स्वच्छता का दायित्व राज्य एवं प्रजा दोनों को सौंपा है। राजा का कर्तव्य है कि वह पर्यावरण के प्रति जनसाधारण को प्रेरित करने के लिए आवश्यक उपाय करता रहे। प्राचीन चिंतन में ऐसे अनेक उदाहरण उपलब्ध हैं, जिसमें राज्य में स्थापत्यकला, चित्रकला एवं वास्तुकला को सजीवता का स्वरूप प्रदान करके आमजन के मनों में पर्यावरण के प्रति सकारात्मक संवेदना उत्पन्न की गई है। प्राकृतिक संसाधनों के उचित रख-रखाव का कार्य राजा को सौंपा गया तथा राजा को निर्देश दिया गया कि राजा को वह प्राकृतिक संसाधनों का प्रयोग राष्ट्रीय सुरक्षा, अंतरराज्य व्यापार एवं जनकल्याण के लिए ही करें। इस प्रकार भारतीय चिंतकों ने हजारों वर्षों पूर्व व्यक्तियों के विकास के लिए स्वस्थ वातावरण की आवश्यकता को स्वीकार किया है।

प्राचीन भारतीय वांङ्मय में सामाजिक न्याय की प्राप्ति में राज्य को सामाजिक आवश्यकताओं की पूर्ति का एक साधन माना गया है तथा राजा द्वारा दिए जानेवाले दंड को इस उद्देश्य की प्राप्ति का सशक्त माध्यम बताया गया है। सभी व्यक्तियों की स्वतंत्रता एवं अधिकारों के रक्षण में दंड समाज में सापेक्ष भूमिका निभाता है। दंड का प्रयोग न्याय की प्रतिष्ठा के लिए किया गया है। महाभारत में राजा को संपूर्ण न्याय व्यवस्था का प्रमुख निर्णायक एवं सर्वोच्च अधिकारी मानते हुए धर्मानुसार निष्पक्ष न्याय प्रदान करने का आग्रह किया है। मनुस्मृति में धर्म का क्रियान्वयन दंड द्वारा ही बताया गया है साथ ही संपूर्ण सामाजिक व्यवस्था के लिए दंड को अत्यंत आवश्यक माना है। दंड के अभाव में धर्म का क्रियान्वयन असंभव है इस लोक में ही नहीं, बल्कि परलोक में भी व्यक्ति धर्म का पालन दंड के कारण ही करते हैं। आचार्य कौटिल्य ने कहा है कि दंड के माध्यम से ही राज्य द्वारा सुरक्षित हुए चारों वर्ण एवं आश्रम अपने-अपने धर्म एवं कर्तव्य में संलग्न रहते हैं और सन्मार्ग पर चलते हैं। शुक्रनीति में दंड को एक ऐसा साधन माना गया है, जिससे असत् आचरण में निवृत्ति होती है। दंड के भय से राजा प्रजा को धर्म में संलग्न रखता है तथा प्रजा अनैतिक, अधार्मिक एवं समाज विरोधी कृत्यों से विमुख रहती है। सभी चिंतकों ने राजा को परामर्श दिया कि वह उचित एवं निष्पक्ष दंड का ही धारण करे। इस प्रकार सामाजिक न्याय की व्यवस्था में राजा आपराधिक तत्त्वों का उन्मूलन करके शांति एवं सुरक्षा की स्थापना करता है।

निष्कर्षत: प्राचीन भारतीय चिंतन में आधुनिक समय की भाँति सामाजिक न्याय की स्थिति सुदृढ़ एवं सुस्थापित थी। जिसमें व्यक्ति की स्वतंत्रता, समानता, सुरक्षा का

प्रयोजन समन्वयात्मक रूप से प्रस्तुत किया गया है। सामाजिक व्यवस्था के अंतर्गत वर्ण, आश्रम, विवाह स्त्रियों की स्थिति, परिवार एवं पर्यावरण की रक्षा पर विशेष ध्यान देकर समाज को सुदृढ़ता प्रदान की गई है। भारतीय चिंतकों ने भौतिकता एवं नैतिकता के मध्य समन्वय स्थापित करके प्रजा के कल्याण में सामाजिक न्याय को प्रस्तुत किया है।

प्राचीन भारत में राजनीतिक न्याय की स्थिति

प्राचीन भारत में राज्य को एक जनहितकारी संस्था के रूप में अभिव्यक्त किया गया है। प्रजा के जीवन को सुरक्षित एवं संरिक्षत करने में राज्य का महत्त्वपूर्ण योगदान है। राज्य की उन्नति तभी संभव है, जब प्रजा को स्वतंत्रता, समानता एवं न्याय समान रूप से प्राप्त हो। राज्य के इन मूल उद्‌देश्यों की सार्थकता के लिए राजनीतिक न्याय स्थापित किया गया, ताकि समस्त कार्यों एवं निर्णयों में निष्पक्षता हो। प्राचीन भारत में राजनीतिक न्याय की संकल्पनायें राजव्यवस्था में व्यक्ति की भागीदारी में अभिव्यक्त है। राज्य में राजा राज्य का प्रतिनिधित्व करता है। राजा की आवश्यकता का प्रतिपादन करते हुए महाभारत में कहा गया है कि सर्वप्रथम राजा की प्राप्ति करनी चाहिए, तब पत्नी और इसके उपरांत धन का संचय करना चाहिए; क्योंकि राजा के अभाव में न तो पत्नी रह सकेगी और न धन, न अन्य परिग्रह ही रह पाता है। आचार्य शुक्र ने भी राजा की उपस्थिति का अनिवार्य मानते हुए कहा कि यदि प्रजा का समुचित नेता राजा न हो तो प्रजा इस प्रकार विपत्ति मग्न हो जाती है, जिस प्रकार बिना कर्णधार के समुद्र में नौका डूब जाती है। प्रजापालक राजा के बिना प्रजा अपने कर्तव्य में स्थिर नहीं रह सकती है। इस पृथ्वीतल पर बिना राजा के प्रजा की शोभा नहीं होती है। इस प्रकार सभी राजप्रणेताओं ने राजा की महत्ता को स्वीकार किया है।

राजा की उत्पत्ति के सभी सिद्धांतों में दैवीय सिद्धांत एवं सामाजिक अनुबंधवाद का विशेष मान्यता प्राप्त होते हुए भी राजनीतिक न्याय को उनमें समाविष्ट किया गया है। इसका मूल कारण यही है कि राजा की नियुक्ति में जनसहमति का विशेष महत्त्व था। राजा के निर्वाचन में प्रजा की सहमति का अनुसरण करने के पश्चात् ही राजा को राजपद पर सुशोभित किया जाता था। राजा की नियुक्ति में कुछ शर्तें निर्धारित थी, जिनका अनुपालन करना अनिवार्य था। राजा की नियुक्ति वीर वंश में जन्म से भी संबंधित है। जिनका अभिप्राय यही है कि राजा उस व्यक्ति को बनाया जाए, जो वीर वंश में उत्पन्न हुआ हो या स्वयं वीर हो। ऐसी मान्यता थी कि वीर वंश में जन्म लेने वाले व्यक्ति में वीरता एवं उच्चाचरण की संभावनाएँ अधिक होती हैं, क्योंकि वह व्यक्ति अपनी पूर्वजों से शौर्य, साहस, नीति-निर्णयों को सीखता है। इसीलिए राजपद वंश परंपरागत व्यवस्था पर आधारित था अर्थात् पिता के पश्चात् पुत्र को ही राजपद प्रदान किया जाता था। प्राचीन

परंपरा में राजपद में ज्येष्ठता का नियम था, जिसके अनुसार नियुक्त राजा के ज्येष्ठ पुत्र को ही राजपद प्रदान किया जाता था। महाभारत महाकाव्य में महाराज धृतराष्ट्र अपने पुत्र दुर्योधन से कहते हैं कि "तू राजा नहीं हो सकता, क्योंकि तू राजा का पुत्र नहीं है।" युधिष्ठिर पांडु का पुत्र है और पांडु कुरुओं का राजा था। अत: राजपद का वही अधिकारी है। महाराज युधिष्ठिर को ज्येष्ठ पुत्र होने के नाते ही राजा बनाया गया था। ज्येष्ठता के आधार पर राजपद प्रदान करने की प्रक्रिया में भावी राजा को स्वयं की शारीरिक योग्यता एवं क्षमता को प्रमाणित करना अनिवार्य था। ऐसे अनेक उदाहरण उपलब्ध है, जिनमें किसी ज्येष्ठ राजकुमार को शारीरिक दुर्बलता के कारण राजपद से वंचित कर दिया गया है। महाराज धृतराष्ट्र में राजपद की सभी योग्यताएँ थीं, किंतु उनके अंधेपन के कारण उनको राजा नहीं बनाया गया था। ज्येष्ठता के सिद्धांत में केवल उसी राजकुमार को राजपद प्रदान किया जाता था, जो कि शारीरिक एवं चारित्रिक योग्यताओं को पूर्ण करता हो। यदि ज्येष्ठ पुत्र में किसी भी दृष्टि में अयोग्य या कोई दोष उसमें होता था तो उसे राजपद प्रदान नहीं किया जाता था। तब ज्येष्ठ पुत्र के अनुज को योग्यता के आधार पर राजपद प्रदान किया जाता था। महाराज ययाति ने अपने ज्येष्ठ पुत्र की अपेक्षा अपने छोटे पुत्र पुरु को राजा बनाया। राजपद के लिए आदर्श आचरण को स्वीकार किया गया है। महाभारत महाकाव्य में राजा के आचरण की तुलना गर्भिणी स्त्री से करते हुए कहा है कि जिस प्रकार गर्भवती स्त्री अपने गर्भ में पल रहे शिशु देख-रेख, बुद्धि और कल्याण के प्रति सचेत रहती है और ऐसे आचरण से दूर रहती है, जिससे उसके गर्भस्थ शिशु को कोई कष्ट हो, उसी प्रकार राजा को ऐसा आचरण करना चाहिए, जिससे उसकी प्रजा को लेशमात्र भी अकल्याण न होने पाए। उसे प्रत्येक क्षण इस बात की चिंता करती चाहिए कि प्रजा को सुख एवं शांति किस प्रकार प्रदान की जाए। महर्षि मनु ने राजपद के लिए आचरण की शुद्धता का अनिवार्य माना है तथा ऐसे राजाओं के नाम उदाहरणस्वरूप प्रस्तुत किए हैं, जिन्हें अविनयशील होने पर प्रजा के द्वारा राजपद से हटा दिया गया था। आचार्य कौटिल्य ने राजा की योग्यता में राजा के गुणों एवं दुर्गुणों को राजा चाहे कितना भी चतुर क्यों न हो, यदि वह षड्दोषों-काम, क्रोध, लोभ, मोह, मद और मात्सर्य से प्रभावित है, जो उसका नाश निश्चित है। आचार्य शुक्र ने भी कौटिल्य के विचारों पर सहमति प्रकट करते हुए कहा है कि राजा केवल दूसरे को उत्तम कर्म करने का उपदेश देता रहे और स्वयं उस कर्म का आचरण न करे, यह उचित नहीं है। ऐसे बहुत से राजा नष्ट हुए हैं, जो दूसरों को शुद्धाचरण का उपदेश देते थे, किंतु स्वयं उन पर आरूढ़ नहीं हुए। आदर्श आचरण की योग्यता अत्यंत अनिवार्य थी।

राजा की नियुक्ति की प्रक्रिया का अनुशीलन राजनीतिक न्याय के संदर्भ में देखने पर यह स्पष्ट होता है कि राज्य के सबसे महत्त्वपूर्ण पद में दो बातें मूल थी—प्रथम राजपद

में योग्यता का सिद्धांत जिसके अनुसार राजपद उसी व्यक्ति को प्रदान किया जाता था, जिसमें राजपद प्राप्त करने की सभी योग्यताएँ होती थीं, यदि कोई उत्तराधिकारी वांछनीय योग्यता को सिद्ध नहीं कर पाता था तो उसे राजपद के लिए अयोग्य माना जाता था और उसके स्थान पर योग्य व्यक्ति को ही राजा बनाया जाता था। द्वितीय जनता की स्वीकृति का सिद्धांत है, जिसके अनुसार राजा उसी व्यक्ति को बनाया जाता था, जिसमें प्रजा की सहमति हो। महाभारत महाकाव्य में अनेक ऐसे उदाहरण हैं, जिसमें राजा की नियुक्ति में प्रजा का प्रभाव स्पष्ट रूप में दिखलाई देता है। प्रजा का प्रभाव इतना अधिक था कि प्रजा को राजा की नियुक्ति हस्तक्षेप भी किया करते थी। जब राजा ययाति ने अपने ज्येष्ठ पुत्र यदु को छोड़कर पुरु को राजा बनाने का प्रस्ताव प्रजा की स्वीकृति हेतु उनके समक्ष प्रस्तुत किया, तब प्रजा ने अस्वीकार करते हुए कहा कि हे राजन्! शुक्राचार्य के नाती और देवयानी के बड़े पुत्र यदु को छोड़कर पुरु को राजसिंहासन क्यों प्रदान करते हो? हे राजन! ज्येष्ठ पुत्र का परित्याग कर सबसे छोटा भाई पुरु राज्य कैसे प्राप्त कर सकता है? हम आपको सचेत करते हैं, आप धर्ममर्यादा का पालन करें। तब ययाति ने प्रजा से कहा कि जो पुत्र माता पिता का आज्ञाकारी, उनके हित में तत्पर और पुत्रवत् माता-पिता से व्यवहार करनेवाला होता है, वही सच्चा पुत्र है। मेरे हितकारी पुत्र पुरु ने मेरी कामनाओं की पूर्ति की है। स्वयं शुक्राचार्य ने इसकी अनुमति दी है। आप सभी मेरी प्रार्थना है कि आप पुरु को राजपद पर अभिव्यक्ति करें। तब प्रजा ने राजा के वचनों से संतुष्ट होकर ययाति के छोटे पुत्र को राजसिंहासन पर बैठाया। महाभारत के उद्योग पर्व में भी एक ऐसा उदाहरण उपलब्ध हैं, जिसमें राज्य के ब्राह्मणों, वृद्धों एवं परिजनपदों वासियों ने देवापि की युवराज पद पर नियुक्ति का विरोध किया और राजा प्रतीप को जनमत को मानना पड़ा था।

महाभारत में ऐसे उदाहरण भी उपलब्ध हैं, जिनमें प्रजा सभाओं एवं चौराहों पर राजा के गुणों का व्याख्यान किया करती थी, ताकि राजपद सबल व्यक्ति को ही प्राप्त हो। महाराज युधिष्ठिर को राजपद दिलाने के लिए प्रजा ने इसी प्रकार सहायता प्रदान की है। प्रजा ने केवल राजा की नियुक्ति ने स्वस्थ जनमत तैयार करती थी, बल्कि वह सभाओं तथा चौराहों पर राजा की अनुचित नीतियों की निंदा एवं विरोध भी करती थी। प्रजा ने कई बार दुर्योधन की नीति के विरुद्ध प्रतिवाद किया था तथा पांडवों के वनवास के लिए दुर्योधन को दोषी माना था। जब दुर्योधन प्रजा की निंदा से भयभीत एवं विचलित हो गए थे, तब महाराज धृतराष्ट्र ने अपने पुत्र दुर्योधन को स्नेहपूर्वक समझाते हुए कहा था कि पुत्र दुर्योधन यदि हम पाण्डवों के साथ अन्याय करेंगे तो प्रजा हमको बंधुबांधवों सहित मार डालेंगी। अतएव उस समय प्रजा को राजा की निरकुंशता पर प्रतिबंध लगाने का पूर्ण अधिकार था।

प्राचीन भारतीय चिंतक निरकुंश शासन के प्रबल विरोधी थे, इसीलिए मंत्रियों की नियुक्ति को राजा का प्रधान कर्तव्य माना है। राज्य में मंत्रिपरिषद् के महत्त्व को सभी राजप्रणेताओं ने स्वीकार किया है। महाभारत के शांतिपर्व में अनेक स्थलों पर मंत्रिपरिषद् के महत्त्व को दर्शाया गया है। शांतिपर्व में कालूकवृक्षीय मुनि विदेहराज महाराज जनक से कहते हैं—'न राज्यमनमात्येन शक्यं शास्तुमपित्र्महं' अर्थात् बिना मंत्री की सहायता के राजा तीन दिन भी राज्य का संचालन नहीं कर सकता है। उसी पर्व में भीष्म पितामह कहते हैं कि एक ही मनुष्य में शासन संबंधी सारे वांछनीय गुण पाए नहीं जाते अत: राजा को कई ऐसे व्यक्तियों को अपना मंत्री बनाना चाहिए, जो भिन्न-भिन्न विषयों के विशेषज्ञ हों। क्योंकि सहायकों के बिना किसी भी अर्थ की प्राप्ति नहीं हो सकती। यदि अर्थ की प्राप्ति हो भी गई तो उसकी रक्षा असंभव हो जाती है। इस विषय में मनु का कथन है कि साधारण से साधारण कार्य भी कोई व्यक्ति अकेला नहीं कर सकता फिर राजकार्य, जो बहुत ही गुरुतर है, बिना दूसरों की सहायता से कैसे संपन्न किया जा सकता है। कौटिल्य ने कहा है कि राज्य का रथ अकेले राजा के एक पहिये से नहीं चल करता, इसलिए अमात्यादि दूसरे चक्र की आवश्यकता पड़ती है। शुक्र कहते हैं कि राजा कितना भी योग्य एवं विद्वान् क्यों न हो, उसे राजकीय कार्य बिना मंत्रियों की सहायता के नहीं करना चाहिए अन्यथा वह राज्य को तो विपत्ति में डाल ही देगा और स्वयं भी विनाश की ओर अग्रसारित होगा। शुक्र ने राजा से आग्रह किया है कि भिन्न-भिन्न मनुष्यों में भिन्न-भिन्न प्रकार की बुद्धि-वैभव देखा गया है। अकेला मनुष्य कुछ जान लेने में समर्थ नहीं है, इसलिए राजा को विद्वान् और बुद्धिमान पुरुषों की प्रजापालन के कार्य में अवश्य ही सहायता लेनी चाहिए। इस प्रकार सभी राजप्रणेताओं ने राज्य के संचालन में मंत्रियों की नियुक्ति को अनिवार्य माना है।

प्राचीन भारत में मंत्रिपरिषद् की नियुक्ति में अनेक वैधानिक प्रतिबंध थे, जो भावी मंत्रियों में मंत्रीपद प्राप्त करने हेतु अपेक्षित गुणों को अनिवार्य मानते थे। मंत्रिपद का कार्य राजा को बेहद सावधानीपूर्वक करने का निर्देश दिया गया है। राजा को यह ध्यान रखना पड़ता था कि वह ऐसे व्यक्ति को मंत्रिपद प्रदान करे, जो परंपरागत मंत्रिवंश से संबंधित हो। इसके पीछे मूल मान्यता यही थी कि चरित्र निर्माण में रक्त का प्रभाव पड़ता है। मंत्रियों की नियुक्ति में योग्यता को विशेष महत्त्व प्रदान किया गया था। सभी राजप्रणेताओं ने मंत्रियों के गुणों की एक बहुत बड़ी सारणी प्रस्तुत की है, जिसमें कुलीन, जितेंद्रिय, नीतिविद्, सुहद, धर्मशास्त्र का ज्ञाता, सत्यवादी, क्षमाशील, निर्लोभी, लज्जाशील, शूरवीर, विनयशील, मृदुभाषी, निर्भीक एवं व्यसनरहित व्यक्ति को मंत्रीपद पर नियुक्त करने के निर्देश दिए हैं। मंत्रियों की नियुक्ति में वर्तमान समय की भाँति राज्य का निवासी होना अत्यंत वांछनीय था। ऐसा विश्वास था कि राज्य के नागरिक के मन में राज्य के प्रति

विशेष, प्रेम, स्नेह एवं लगाव होना स्वाभाविक है। जो उसे मातृभूमि के प्रति विश्वासघात करने से रोकता है। यर्थाथवादी विचारक कौटिल्य ने कहा है कि मंत्री उसी व्यक्ति को बनाया जाए, जो उस राज्य का निवासी हो। मंत्रिपद की एक अनिवार्य प्रतिबंध प्रजा का विश्वास है। मंत्रिपद उसी व्यक्ति को प्रदान किया जाता था, जिस व्यक्ति में राज्य की सत्ता का विश्वास होता था—मंत्रियों की नियुक्ति एवं पदच्युति की प्रक्रिया में जनता विशेष भूमिका निभाती थी और राजा ऐसे ही व्यक्तियों को मंत्रीपद प्रदान करता था, जिसमें प्रजा की सम्मति होती थी। मंत्रियों की नियुक्ति कार्य बहुत सर्तकतापूर्वक किया जाता था, जिनके लिए योग्यता की परीक्षा की भी व्यवस्था थी। महाभारत में कहा गया है कि बिना परीक्षा लिए किसी व्यक्ति को सचिव पद पर न नियुक्त किया जाए। यह परीक्षा गुप्त रीति से होती थी, इसके बाद धर्मोपधा, अर्थोपधा, कामोपधा एवं भयोपधा के पश्चात् ही पदाधिकारियों की नियुक्ति की जाती थी। महर्षि मनु ने भी मंत्रिपरिषद् के सदस्यों की नियुक्ति में परीक्षा प्रणाली का पूर्ण समर्थन किया है। आचार्य कौटिल्य ने राजा को परामर्श दिया है कि वह अमात्य पद पर जिस व्यक्ति को नियुक्त करना है, सर्वप्रथम उसे साधारण पद प्रदान करके गुप्त रूप से उसके आचरण एवं गुणों की परीक्षा करे। इस प्रकार मंत्रियों के गुणों एवं अवगुणों की परीक्षा लेकर ही किसी व्यक्ति को मंत्रीपद पर नियुक्त किया जाता था।

राजनीतिक न्याय समान वेतन प्राप्ति के बिना अधूरा है। भारतीय चिंतन में राज्य के पदाधिकारियों के लिए वेतन निश्चित थे। राज्य कर्मचारियों के वेतन उनकी योग्यता, कार्य और राजकीय आय-व्यय को ध्यान में रखकर ही प्रदान किए जाते थे। राज्य के पदाधिकारी राज्य के लिए काम करते हैं, इसीलिए राजा का कर्तव्य था कि वह नियत समय पर वेतन प्रदान करे। इसके साथ ही श्रेष्ठ कार्य करनेवाले पदाधिकारी को पुरस्कृत किया जाता था। वही सदस्य सम्मान पाने के अधिकारी होते थे, जिन्होंने अपनी योग्यता को सिद्ध किया हो। राज्य के कर्मचारियों की मृत्यु राजसेवा करते हुए होती थी तो उनके परिवार के आश्रितों का भरण-पोषण किया जाता था।

प्राचीन भारतीय विचारकों में मंत्रियों की संख्या के विषय में काफी मतभेद हैं। भीष्म पितामह ने कहा कि राजा को अनेक विशेषज्ञों से परामर्श करने की आवश्यकता होती है, अत: उसके मंत्रियों की संख्या बहुत स्वल्प नहीं होनी चाहिए। भीष्म पितामह ने युधिष्ठिर को उपदेश देते हुए कहा कि मंत्रियों की संख्या सैंतीस होनी चाहिए, जिसमें चार ब्राह्मण, आठ क्षत्रिय, इक्कीस वैश्य, तीन शूद्र, तथा एक सूत होना अनिवार्य था। ये सदस्य चारों वर्णों का प्रतिनिधित्व करते थे, जिसके द्वारा राज्य की जनता के प्रत्येक वर्ण एवं वर्ग के हितों का सरंक्षण हो सकता था। महाभारत में मंत्रियों की संख्या में सभी वर्णों को उचित प्रतिनिधित्व प्रदान करके राजनीतिक न्याय की प्रस्थापना की है। महर्षि

मनु ने सात एवं आठ संख्या वाले मंत्रिमंडल का समर्थन किया है। आचार्य कौटिल्य ने कहा कि जैसा समय देखे उतने ही सदस्य मंत्रिपरिषद् में रखे और आदेश दिया है कि राजा मंत्रणा केवल तीन या चार मंत्रियों के साथ करे। शुक्रनीति में आठ या दस मंत्रियों की नियुक्ति की व्यवस्था की है।

इन सभी उद्धरणों से स्पष्ट होता है कि प्राचीन भारत में राजनीतिक न्याय सुव्यवस्थित एवं सुनियोजित था। राजा की नियुक्ति एवं मंत्रिपरिषद् के सदस्यों की नियुक्ति में जनसहमति एवं अपेक्षित गुणों की परीक्षा ने राजनीतिक व्यवस्था में समानता को प्रतिष्ठापित किया है। राजकार्यों में सहायक मंत्रियों की नियुक्ति में सभी वर्णों एवं वर्गों के उचित प्रतिनिधित्व के विचार ने सभी श्रेष्ठतम व्यक्ति को नियुक्ति के समान अवसर प्रदान करके राजनीतिक न्याय को पोषित किया है।

□

भारत बोध : जन गण मन 'परमवैभव की परिकल्पना'

✍ डॉ. सोनल मानसिंह

किसी भी देश की उन्नति में उसकी संस्कृति, सभ्यता, मूल्य, परंपराओं और सहेजी गई धरोहरों का बहुत महत्त्व होता है। मगर विडंबना है कि हमारी प्राचीन लोककलाएँ आज मात्र राष्ट्रीय पर्वों पर झाँकी-प्रदर्शनी या विशेष सांस्कृतिक महोत्सवों में प्रदर्शित होने तक सीमित रह गई है।

विडंबना है कि यूनेस्को ने जिन लोकनृत्यों को (राजस्थान के कालबेलिया, ओड़िशा, झारखंड और पश्चिम बंगाल के छऊ नृत्य और केरल के मुडिएट्टू लोकनृत्य) विश्व धरोहर सूची में सम्मिलित कर वैश्विक स्तर पर उन्हें पहचान दिलाई, वे अपने ही देश में उपेक्षित हैं।

वाट्स-एप पर आए एक वीडियो फुटेज ने काफी हैरान किया। इसमें कुछ स्त्रियाँ ढोल-मजीरे की थाप पर गीत गा रहीं थी—'डीजे वाले बाबू मेरा गाना तू बजा⋯'। 'ये दुनिया, दुनिया पीतल दी, बेबी डाल मैं सोने दी', 'आज ब्लू है पानी पानी⋯'। इन गानों को सुनना हास्यास्पद तो था ही, आश्चर्यजनक था कि सिनेमाई संस्कृति ने लोकसंस्कृति को किस हद तक नुकसान पहुँचाया है। यह संस्कृतियों के टकराव का समय है। किसी भी देश की संस्कृति, उस देश में निवास करनेवाले सामान्य जन के रहन-सहन, आचार-विचार, खान-पान, वस्त्र-आभूषण, नृत्य-गीत-संगीत, जन्म, विवाह, मृत्यु आदि संस्कारों से निर्मित होती है, इसलिए अगर किसी देश के मूल्य और संस्कृति के वास्तविक और प्राकृतिक स्वरूप को निरखना-परखना हो तो इसको सबसे अच्छा स्रोत उस देश की संस्कृति और मुख्य रूप से लोकसंस्कृति है।

भारत विविधताओं का देश है। यहाँ विभिन्न धर्म, जाति, वर्ण और वर्ग के लोग रहते हैं। यह भी तथ्य है कि भारतीय एक नहीं, भिन्न जातियों के वंशजों का मिश्रण हैं। ये

आपस में इतनी घुल-मिल गई हैं कि आज यह कहना मुश्किल है कि कौन सी जाति मूल रूप से कहाँ उत्पन्न हुई है। कहा जा सकता है कि भारतीय संस्कृति आर्यों और अनार्यों के मूल तत्त्वों का सुंदर समन्वय है। हमारा अध्यात्म आर्यों की देन है, तो कलाओं पर अनार्यों की अमिट छाप है।

ये सब भारतीय समाज में इस कदर घुल-मिल गए कि उनका अपना अस्तित्व ही लुप्त हो गया और भारतीय संस्कृति ने अपनी समन्वयशीलता को प्रमाणित करते हुए उन्हें अपने में समाहित कर लिया, विकृत हुए बिना। हिमालय की बर्फीली पहाड़ियों से लेकर हिंद महासागर तक फैले विस्तृत भारतीय भू-भाग में अनेक संस्कृतियाँ तमाम विविधताओं के बावजूद एक साथ फल-फूल रही हैं।

वैभव के प्रकार—

1. आत्म वैभव।
2. कला वैभव।
3. संस्कृति वैभव।
4. ज्ञान वैभव।
5. धन वैभव।
6. बुद्धि वैभव।
7. बल वैभव।
8. योग वैभव।
9. विद्या वैभव।

इतनी भिन्नता होते हुए भी भारत समष्टि में व्यष्टि के सिद्धांत का एक ज्वलंत उदाहरण है। विश्वपटल पर भारत खासकर अपनी पुरातन लोकसंस्कृति के लिए जाना-पहचाना जाता है। हमारे लोकनृत्य, लोकनाट्य, लोकसंगीत, लोककलाएँ, लोकपरंपराएँ हमारी अनमोल धरोहर हैं। भारतीय लोकनृत्यों में होनेवाला जन-जीवन का स्वाभाविक चित्रण किसी को भी विस्मित कर सकता है। असम के बिहू, बिछुआ, राखल, अरुणाचल प्रदेश के मुखौटा और युद्ध नृत्य; मिजोरम के पखुपिला, चेरोकन; हिमाचल प्रदेश के रासलीला, नौटंकी, झूला; बिहार के करमा, जातरा, सरहुल, माघा आदि लोकनृत्यों में उनके लोकजीवन की सजीव झाँकी दिखती है। छऊ भारत का प्राचीनतम नृत्य है। इसमें महाभारत, रामायण आदि या स्थापित लोकसाहित्य पर आधारित कथा-वृत्तांतों पर अभिनय किया जाता है। क्या कोई भी आइटम नंबर या सिनेमाई अभिनय इस लोकनृत्य की भाव-भंगिमाओं का स्पर्श कर सकता है।

धरोहर

1. मूर्त धरोहर।
2. अमूर्त धरोहर।

1. **मूर्त धरोहर :** मूर्त धरोहरों की सूची में सारनाथ, गंगा घाट, गंगा किनारे के कई धार्मिक व ऐतिहासिक निर्माण, बाबा दरबार, संपूर्णानंद संस्कृत विश्वविद्यालय का मुख्य भवन आदि विश्वेश्वर मंदिर, रामनगर किला जैसे तमाम ऐतिहासिक व पौराणिक स्थल शामिल होंगे।
2. **अमूर्त धरोहर :** पारंपरिक कला, दार्शनिक विचार, बोली, रीति-रिवाज, खान-पान, परंपरा, पहनावा, रहन-सहन और उत्सव आदि को स्थान दिया है।

हमारी लोककलाएँ अपने में एक इतिहास समाहित किए हैं। यही कारण है कि केवल शासकीय नृत्य नहीं, लोकनृत्यों को भी सीखने के लिए विदेशी स्त्री-पुरुष लालायित रहते हैं। पर विडंबना है कि लोकवाद्य यंत्रों पर बजती संगीत स्वर लहरियों की मधुरता आज के रीमिक्स संगीत के बीच लुप्त होने के कगार पर है। ग्रामांचलों में भी सिनेमाई संस्कृति हावी है, अब तो लोकगीतों की धुनों पर भी फिल्मी संगीत का असर दिखाई देने लगा है। स्थिति यह है कि आज सांस्कृतिक महोत्सवों में फिल्मी आइटम सांग बजाया जा रहा है। सिनेमाई संस्कृति ओर संगीत के हावी होने से लोकनृत्य-संगीत पर भी पाश्चात्य प्रभाव दिखाई देने लगा है। इससे लोकरंग का क्षरण हुआ है। शादी-विवाह के अवसरों पर भी ढोल-मजीरों और घुँघरुओं की आवाज लुप्त होती जा रही है, आज डीजे संस्कृति चरम पर है।

हमारे लोकजीवन में शरीर पर गोदना गुदवाने की प्रथा बहुत प्राचीन है। आज भी बहुत से घरों में दादी-नारियों के हाथ-पैरों पर गोदना दिखता है। इसमें पति के पूरे नाम या नाम के पहले अक्षर के साथ फूल-पत्ती आदि चिह्न भी गुदवाए जाते थे। पहले यह गोदना एक संस्कृति विशेष का प्रतीक था। बनारस के कुछ स्थानों पर आज भी शादी में गोदना गुदवाने की परंपरा का निर्वाह होता है। पर आज गोदने का आधुनिक रूप टैटू के रूप में सामने आया है, जो एक वर्ग-विशेष के लिए 'स्टेटस सिंबल' या फैशन का पर्याय बन गया है। फिल्मी सितारों ने भी इसमें खासी भूमिका निभाई है।

इसके साथ ही लोककलाएँ उचित संरक्षण के अभाव में अपनी अंतिम साँसें गिन रही है। आज अनेक लोककलाएँ विलुप्त होने के कगार पर हैं। ग्रामीण क्षेत्रों में हाथ से बनाए डलवा, मौनी, पिटारी आदि जो मूंज, सेठा और सिरकी को रंग कर, सुंदर कलाकृतियाँ उकेरते हुए बनाए जाते हैं, अब कम ही दिखते हैं। बाँस की सिरकी के बने बेना का स्थान अब प्लास्टिक और फोल्डिंग पंखों ने ले लिया है।

प्लास्टिक और फाइबर के चलन ने कुम्हार के बनाए कुल्हड़ को मिट्टी में मिला दिया है। कुम्हार के बनाए स्प्रिंग लगे सिर हिलाते बूढ़े बाबा, तीन दीपक वाली ग्वालिन

और गृहस्थी वाले चक्की-चूल्हे अब बच्चों के मनोरंजन की चीज नहीं है, क्योंकि अब चाभी से संचालित होते विदेशी खिलौने प्रचलन में है। आज कितने ऐसे बच्चे होंगे, जिन्होंने डोरियों पर थिरकती कठपुतलियों का नाच देखा होगा। ये सभी लोककलाएँ अपने अंतिम दिन गिन रही है। आज जब पूरा विश्व एक बाजार बन चुका है, हमारी दुर्लभ लोककलाएँ बाजार से नदारद हैं। वैश्वीकरण के कारण आज इनके स्वरूप में काफी बदलाव आया है। हालाँकि वैश्वीकरण ने आज यह अवसर प्रदान किया है कि इसके जरिए अपनी अनमोल और विलक्षण धरोहर लोकसंस्कृति और साहित्य को सिमटे हुए, सीमित दायरों से बाहर निकाल कर वैश्विक स्तर पर इसकी पहचान बनाई जा सके, जो स्थानीयता के रंगों से रंगी होने पर भी विश्वव्यापी बन सके।

इतिहास गवाह है कि समय के साथ कितनी संस्कृतियों का अस्तित्व नष्ट-भ्रष्ट हो गया, पर भारतीय संस्कृति अब भी विश्व-पटल पर उसी तेज के साथ चमक रही है। लेकिन इस बात को भी नकारा नहीं जा सकता कि हमारे मूल्य और परंपराओं के साथ ही हमारी संस्कृति में भी विकृतियाँ आई हैं, उसका मूल स्वरूप परिवर्तित होता जा रहा है। इस उत्तर-आधुनिक काल में सामाजिक, राजनीतिक, आर्थिक क्षेत्रों के साथ ही सांस्कृतिक क्षेत्रों में भी तीव्र गति से परिवर्तन हुए हैं, उन्होंने समाज और संस्कृति की स्थिरता को विचलित किया है, जिसके परिणामस्वरूप हमारे मूल्यों के साथ परंपराएँ भी खंडित हुई है। किसी भी देश की उन्नति में उसकी संस्कृति, सभ्यता, मूल्य, परंपराओं और सहेजी गई धरोहरों का बहुत महत्त्व होता है। मगर विडंबना है कि हमारी प्राचीन लोककलाएँ आज मात्र राष्ट्रीय पर्वों पर झाँकी-प्रदर्शनी या विशेष सांस्कृतिक महोत्सवों में प्रदर्शित होने तक सीमित रह गई हैं।

सैकड़ों वर्ष पुरानी लोककलाएँ सरकारी संरक्षण और उचित सुविधाओं के अभाव में स्थापित पहचान बनाने को तरह रही हैं। विडंबना है कि यूनेस्को ने जिन लोकनृत्यों को (राजस्थान के कालबेलिया, ओड़िशा, झारखंड और पश्चिम बंगाल के छऊ नृत्य और केरल के मुडिएट्टू लोकनृत्य) विश्व धरोहर सूची में सम्मिलित कर वैश्विक स्तर पर उन्हें पहचान दिलाई, वे अपने ही देश में उपेक्षित है। उत्तर प्रदेश की नौटंकी, बैसवाड़े का फाग, महाराष्ट्र का तमाशा आदि भारतीय लोकनृत्य की दुर्लभ विरासत है। अकेले केरल में ही पचास से अधिक लोकनृत्य प्रचलित हैं। बस आवश्यकता उनके उचित संरक्षण और संवर्धन की है।

वर्तमान समय विमर्शों और हशिए के विषयों पर चर्चा-परिचर्या का है, पर इन विविध विमर्शों के इस दौर में भारतीय लोकसंस्कृति और साहित्य के पुनर्पाठ की भी महती आवश्यकता है। प्रयास यह होना चाहिए कि हम लोकसंस्कृति को उसके प्राकृतिक और स्वाभाविक स्वरूप में विकसित करने में सहायक सहायक बन सके। आज इसे सहेज कर

रखने और यथासंभव इसके संवर्धन के सतत वर्तमान समय विमर्शों और हाशिए के विषयों पर चर्चा-परिचर्या का है, पर इन विविध विमर्शों के इस दौर में भारतीय लोकसंस्कृति और साहित्य के पुनर्पाठ की भी महती आवश्यकता है। प्रयास यह होना चाहिए कि हम लोकसंस्कृति को उसके प्राकृतिक और स्वाभाविक स्वरूप में विकसित करने में सहायक बन सके। आज इसे सहेज कर रखने और यथासंभव इसके संवर्धन के सतत प्रयास की आवश्यकता है। प्रयास की आवश्यकता है।

शिक्षा

शिक्षा वह है, जो इनसान को सर्वगुण संपन्न बना दे। जिससे वह अपना, अपने परिवार का और अपने देश का विकास कर सकें। परंतु आज के दौर में अपने भारत देश का व्यक्ति शिक्षा भी देश के बाहर से लेना चाहते हैं और नौकरी भी देश से बाहर करना चाहते हैं, इसमें वह गौरव महसूस करते हैं। सचमुच यह एक बहुत ही गंभीर विषय है।

विश्व कल्याण हेतु भारतीय शिक्षा को विकसित करने के लिए हमें विदेशी माडल अपनाने की आवश्यकता नहीं है। स्वामी विवेकानंद के वेदांत आधारित शिक्षा दर्शन में पथ-प्रदर्शित कर सकता है। हमें स्वयं को पहचान कर स्वयं के सामाजिक परिवेश अनुसार शिक्षा व्यवस्था को विकसित करने की आवश्यकता है न कि पाश्चात्य जगत् के माडल के पीछे पड़ने की। आज हमारे देश में पाश्चात्य संस्कृति को अपनाना एक स्टैंडर्ड मेंटेन करना हो गया और अब तो यह हमारी शिक्षा व्यवस्था में भी अपना प्रकोप दिखाने लगा है, सारे देश में कांवेंट स्कूल ने अपना व्यापार खोल रखा है और हमारी नैतिक शिक्षा को खत्म किया जा रहा है, हमें अपनी शिक्षा और संस्कृति को साथ में लेकर चलना होगा, तभी भारत का वास्तविक विकास होगा। भारतीय शिक्षक भी अपनी शिक्षण विधि का चिंतन करें, अपने संस्कारों की ओर ध्यान रखें व अपनी परंपराओं का निर्वाह करना नितांत करणीय कार्य है। अपनी परंपराओं का चिंतन न करना ही आज के समय में उत्पात का कारण हम सब अनुभव कर रहे हैं।

गुरुकुल शिक्षा पद्धति : वर्तमान समय की आवश्यकता

विकास की मंशा से तीव्र गति से दौड़ते वर्तमान युग में चिरंतन भारतीय संस्कृति के संस्कारों पर पड़ा आघात आज का सबसे बड़ा चिंतनीय बिंदु है। जैसे-जैसे विकास की गति बढ़ रही है, वैसे-वैसे हमारी नई पीढ़ी का धर्म व अध्यात्म के प्रति श्रद्धा व विश्वास कम होता जा रहा है। इन स्थितियों में हमारे सामने सबसे बड़ी चुनौती इन नई युवा पीढ़ी को संस्कारवान बनाना हो गया है। दु:ख की बात है कि हमारी वर्तमान पीढ़ी सदियों से

चली आ रहे हमारे पारंपरिक संस्कारों व संस्कृति को भूलते जा रहे हैं। यह सब हमारे भविष्य के लिए कितना घातक हो सकता है। इसका अनुभव हमें अभी नहीं हो रहा है। कुछ प्रभाव तो हमें अभी दिखाई दे रहे हैं, परंतु कुछेक को हम जानकर भी अंजान हैं। इन सबके पीछे की स्थितियों और इनके कारणों के बारे में हमें जानने की आवश्यकता है।

मूल्य व संस्कारहीन शिक्षा

धर्म-अध्यात्म से विमुख होती संस्कारहीन वर्तमान पीढ़ी के पीछे एक बड़ी हद तक मूल्य और संस्कारहीन शिक्षा ही है। आधुनिकता की अंधी होड़ और पाश्चात्य सभ्यता का अनुसरण करती हमारी शिक्षा में संस्कारों की कमी हो रही है। विद्यालयों में अंग्रेजी के बढ़ते प्रभाव के कारण बच्चों को भारतीय संस्कृति में निर्दिष्ट जीवन मूल्यों, संस्कारों और आदर्शों के बारे में उतना ज्ञान नहीं हो पाता, जितना कि हमारे ऋषि-मुनियों द्वारा गुरुकुल शिक्षण पद्धति में दिए जाते थे।

गुरुकुल पद्धति ही एकमात्र उपाय

इस भौतिकवादी युग में बच्चों में संस्कारों और भारतीय संस्कृति के आदर्शों को डालने के लिए अब हमें क्या करना चाहिए, इस विषय पर चिंतन की आवश्यकता है। हमें वर्तमान युवा पीढ़ी के सुख भविष्य को देखते हुए संस्कारों और जीवन मूल्यों से युक्त शिक्षा प्रदान करने के साथ ही उसे धर्म व अध्यात्म के अनुगामी बनाने की आवश्यकता अनुभूत की जा रही है।

हमें हमारे सांस्कृतिक महापुरुषों और उनके जीवन चरित्र के बारे में बताने की भी आवश्यकता है और इस पीढ़ी को यह बताने की आवश्यकता है कि उन महापुरुषों ने इन्हें संस्कारों व जीवन मूल्यों को अपने जीवन में उतार कर सफलता पाई थी और अपने जीवन को सार्थक साबित किया था।

हमें इस पीढ़ी को यह भी बताना होगा कि पहले ईंट पत्थरों की चहारदीवारी से युक्त विद्यालयों में नहीं अपितु प्रकृति की गोद, पंच महाभूतों के बीच स्थित आश्रमों में शिक्षा का अभ्यास करवाया जाता था और जीवन मूल्यों की शिक्षा देते हुए सदाचरण और स्वावलंबन का पाठ पढ़ाया जाता था। पहले मंदिर में भगवान् के दर्शन से दिन की शुरुआत होती थी। आश्रम व गुरुकुलों में मन को निर्मल करने का पाठ सिखाया जाता था। घर में शास्त्रों का अध्ययन-अध्यापन, पठन-पाठन होता था। माताएँ अपने बच्चे को महापुरुषों की कहानियाँ सुनाया करती थी।

सोचे, आज हमारे दिन की शुरुआत कहाँ से होती है व अंत कहाँ से होता है। यह हर

कोई जानता है। इन सब स्थितियों को हमारे अनुकूल बनाने के लिए हमें गुरुकुल पद्धति के अनुसार शिक्षा की व्यवस्था करनी है और उन सांस्कृतिक आदर्शों व जीवन मूल्यों का अनुसरण करना है, जिनके माध्यम से हम इस जीवन को सार्थक व सफल बना सकते हैं।

वर्तमान शिक्षा पद्धति और इसकी बुराइयों, इसके कारण धर्म व अध्यात्म से दूर हुई हमारी वर्तमान पीढ़ी को पुन: उसी परम वैभव युक्त सांस्कृतिक शिक्षा देने के लिए हमने एक ऐसे गुरुकुल की स्थापना की है, जो हमें उसी युग की ओर लौटाएगी, जिसमें रहकर ऋषि-मुनियों ने अपने जीवन को सार्थक किया था। अपने घर को स्वर्ग से सुंदर बनाने, भगवान् आदिनाथ के जीवन मूल्यों का जन-जन तक प्रचार-प्रसार करने के लिए श्रीफल परिवार ने अक्षर कलश अभियान का शुभारंभ किया है। आनेवाले समय में श्रीफल परिवार संस्थान गुरुकुल की स्थापना भी कर रहे है। श्रीफल परिवार संस्थान का यह गुरुकुल उन समस्त जीवन मूल्यों और धर्म, अध्यात्म व संस्कारों से युक्त शिक्षा का अनुसरण करेगा।

आज का युवा इंटरनेट/आई.टी. में लगा पड़ा है, डिजिटल समय में यदि हमारे युवा इन वैभवों से वंचित रहते हैं तो क्या होगा?

इंटरनेट युवा पीढ़ी के लिए संभावनाओं, अपने क्षितिज का विस्तार और विभिन्न संस्कृतियों और जीवन के तरीके के लिए उन्हें प्रकाश में लाने की एक दुनिया को खोलता है, जबकि वे इस तरह इंटरनेट की लत, स्पष्ट सामग्री और साहित्यिक चोरी के रूप में इंटरनेट का नकारात्मक प्रभाव ठीक से इस्तेमाल नहीं करते हैं, तो इंटरनेट से बच्चों और युवा वयस्कों के मानसिक और शारीरिक स्वास्थ्य के लिए गंभीर रूप से हानिकारक हो सकता है, जो आज की संस्कृति में असामान्य नहीं है।

इंटरनेट का उपयोग युवा पीढ़ी के साथ स्पष्ट समस्याओं में से एक आदी होने का मौका है, कंप्यूटर का उपयोग कर बड़े हो गए बच्चे और युवा किशोरों के लिए स्वाभाविक रूप से इंटरनेट पर आदी होने के लिए अतिसंवेदनशील हो जाएगा। उन्हें अध्ययन करने के लिए कम समय में इस कंप्यूटर के अति प्रयोग के परिणाम, इंटरनेट की लत में वे समय इंटरनेट सर्फिंग बरबाद कर अश्लील साहित्य को देख, साइबर कैफे में ऑनलाइन गेम खेल रहे हैं, सबूत साइबर कैफे से घातीय वृद्धि से देखा जा सकता है। तथ्य की बात के रूप में, युवा पीढ़ी में फलस्वरूप, मोटापा, नेत्र स्वास्थ्य और postural समस्याओं के रूप में कई चिकित्सा समस्या होती हैं कि वे अपने दैनिक व्यायाम हो रही है कि तुलना मॉनिटर सर्फिंग इंटरनेट के सामने अधिक समय खर्च करने और बच्चों के स्वास्थ्य और सामाजिक जीवन को प्रभावित कर रहे हैं। इस तरह के एक पैटर्न अंतत: उनके ग्रेड, स्वास्थ्य और सामाजिक जीवन को प्रभावित करेगें, इसके अलावा, इंटरनेट की लत परिवार और दोस्तों के साथ किशोरों के रिश्तों को बाधित करती है।

वहीं युवा पीढ़ी खाए-पिए बिना रह सकती है, पर एक दिन इंटरनेट इस्तेमाल किए

बिना रहना मुश्किल लगता है। इंटरनेट पर भी सूचनाएँ तो ऐसे बिखरी पढ़ी हैं, जैसे पूरा समाज इंटरनेट के अंदर ही सिमट कर गया है। जिससे जो सूचना चाहिए वो ले ले और जो नहीं चाहिए, उसे वहीं छोड़ दे। इंटरनेट का इस्तेमाल इतना बढ़ चुका है कि अगर हम एक दिन भी इंटरनेट का इस्तेमाल न करे तो लगता जैसे कुछ अधूरा है, आज जैसे हमने कुछ काम ही नहीं किया, इंटरनेट ने अपने पैर आज हर जगह जमा लिये हैं, स्कूल हो या ऑफिस इंटरनेट का इस्तेमाल इस कदर बढ़ चुका है कि अगर इंटरनेट ने काम करना बंद कर दिया तो समझो उस दिन ऑफिस में काम करने की रफ्तार एकदम धीमी पड़ जाती है। बैंक में तो इंटरनेट के बिना काम करने के बारे में सोचना हास्यास्पद लगता है। आज आधुनिक टेकनीक के युग में इंटरनेट ने बैंक को भी अपनी गिरफ्त में ले लिया है। इंटरनेट का बंद होना कस्टमर्स को काफी महँगा पड़ता है। इंटरनेट के बिना बैंक में न तो एंट्री होती है और न ही कैश डिपोजिट होता है। आज आधुनिक युग में जो समय के साथ चलता चाहता है, उसे इंटरनेट की जानकारी होनी चाहिए और इंटरनेट का इस्तेमाल करना अच्छी तरह आना चाहिए। अगर हम युवा पीढ़ी को ध्यान में रखकर बात करें तो युवा पीढ़ी पर इंटरनेट का नशा कुछ इस कदर चढ़ा हुआ है कि इंटरनेट का इस्तेमाल करना अब जैसे उनके जीवन का जरूरी हिस्सा बन चुका है। ये कहना बिल्कुल गलत नहीं होगा कि आज की युवा पीढ़ी इंटरनेट की अडिक्ट हो चुकी है।

facebook, twitter social networking sites पर जब तक अपने पूरे दिन में हमने क्या किया, ये upload न कर दें और दोस्तों से जब तक chatting न हो, तब तक दिन पूरा नहीं होता।

□

नाट्यशास्त्र और लोकानुरंजन

✍ डॉ. रवींद्र भारती

मानव ऐसा प्राणी है, जो कलाओं का आग्रही है। कलाओं में निहित आकर्षण और मधुरता के कारण उसका आस्वादन करनेवालों की मनोवृत्तियों का अनायास ही सुखमय परिवर्तन किया जा सकता है।

यूँ तो कलाएँ 64 मानी गई हैं, किंतु मुख्य रूप से 8 कलाएँ हैं—1. काव्य कला (साहित्य), 2. संगीत कला, 3. चित्रकला, 4. स्थापत्य कला, 5. धातु कला, 6. टंकण कला, 7. वास्तुकला, 8. शिल्प कला। इन आठों कलाओं में काव्य कला का स्थान सर्वोपरि माना गया है। श्री भतृहरि ने नीति शतक में कहा है—'कलासीमा काव्यं'। कलाओं की सीमा काव्य है।

काव्य कला (साहित्य)

मानव की चेतना और कल्पनाशक्ति में असाधारण योगदान कर देने वाला परंपरा, स्थिर एवं सद्यः फलदाई सरस तत्त्व काव्य की है। जीवन की समग्रता, सफलता और सजृनात्मक प्रवृत्तियों के प्रति अभिमुख या उन्मुख करनेवाली आत्मीयता की भावनाओं से ओत-प्रोत वृत्ति हृदय गुरु या शिष्य यदि कोई है तो काव्य ही है, जो मानव की चेतना को निर्मल गंगा की तरह प्रवाहमान कर देता है। सभी सुखी कहते हैं, सौंदर्य को निखारते हैं, आस्वाद में विभोर रहने की चेष्टा करते हैं, परमानंद की घूँट पीने को तत्पर रहते हैं। ऐसे शासकों के स्तर को ऊँचा उठाने, वास्तविक रहस्य की ओर ले जाने में, बोध के जागरण की हदा को बतलाने में, इतिहास के विकास की झाँकी का दर्शन कराने में सहायक, गंभीर एवं कठिन समझे जानेवाले कर्तव्यों को आस्वाद्य बना लघु रूप में प्रस्तुत करनेवाला प्रभावाली साधन काव्य ही है। जिसके बारे में प्रसिद्ध है कि 'काव्यशास्त्र विनोदेन कालोगच्छति धीमताम्।'

नाट्य (नाटक)

काव्य कला में रसों की अलौकिक प्रवृत्त तत्त्वभाव, अनुभाव और संसारी भावों से होती है। जिनके उपस्थापन अपनी-अपनी दृश्य, श्रव्य एवं चित्रीयशैलियों में अविभूत होते हैं। इनमें पहली शैली मानी गई है—शब्द।

प्रतिपाद्य अर्थ एवं शुद्ध अर्थ रूप, सात्त्विक (रोमांटिक आदि), आंगिक (अभिनय), वाचिक (प्रावधान) एवं आहार्यिक (वेश भूषात्मक)। तत्वत: अभिनय प्रधान काव्य को 'नाट्य' माना गया है। इसे 'काव्य दृश्य' भी कहा गया है। दृश्य रूप ही होता है अत: इसे रूप भी कहते हैं कि अभिनय कर्ता अभिनीत चरित्र का अपने में आरोप कर लेते हैं, इसलिए इसको 'रूपक' भी कहते हैं।

नाट्य रूप को छोड़कर काव्य (साहित्य) के सभी रूपों में दो ही आयाम होते हैं—लेखक और पाठक। नाटक में सूत्रधार के रूप में एक तीसरे आयाम की अनिवार्यता है। लेखक के कथानक का विस्तार, दर्शकों की रसानुभूति और सूत्रधार द्वारा रंगमंच की सारी आयोजना नाट्य कला के अंतर्गत समाहित है। यूरोप में प्राचीन ग्रीक काल से ही उच्चकोटि के नाटक लेखन तथा अभिनय की परंपरा रही है। वहाँ नाट्यशास्त्र की चर्चा भी हुई है, पर नाट्य कला के संबंध में इतनी संश्लिष्ट और व्यापक दृष्टि, वहाँ की विवेचना में नहीं पाई जाती, परंतु भारतीय परंपरा में नाट्यशास्त्र संबंधी चर्चाएँ नाट्य कला की पूर्ण दृष्टि का परिचय देती हैं। भरत का नाट्यशास्त्र इस बात का साक्षी है कि नाटक के विभिन्न आयामों के संबंध में इस देश में बड़ी व्यापक और सूक्ष्म दृष्टि रही है। इस अकेले एक ग्रंथ में ही नाट्यकला संबंधी जितनी भी संभाविताएँ हो सकती हैं, सभी नाटक के अभिन्न अंगों के रूप में की गई हैं।

नाटक की विशेषताओं का शासन करनेवाले शास्त्र को मननशील मनीषियों ने 'नाट्यशास्त्र' कहा है। इसकी चर्चाएँ आज भी अपने रूप में वैसी ही हैं और भविष्य में भी वैसी ही रहेंगी, क्योंकि चर्चाएँ इतनी ठोस हैं कि इनका जितना विस्तार किया जाएगा, उतनी ही नए-नए रूप में यह प्रस्फुटित होगी।

नाट्यशास्त्र

भरतमुनि के नाट्यशास्त्र का अध्ययन करनेवाले यह भलीभाँति जानते हैं कि नाट्यशास्त्र की रचना के पर्व ही इससे संबद्धशास्त्रीय विषय पर तथा संबद्ध अंगों के विवेचन विषयक अनेक ग्रंथ निर्मित हो चुके थे। इतना ही नहीं रंगमंच, रंग भवन और पात्रों के विषय में अनेक मान्यताएँ और रूढ़ियाँ भी स्वीकृत हो चुकी थीं। विद्वानों का तो ऐसा भी कथन है कि साहित्यशास्त्र का विकास नाट्य कला से ही हुआ है। वस्तुत: नाटक का बीज ऋग्वेद काल से ही ऋकसंहिता में उपलब्ध होने लगा था।

2000 से वर्ष से अधिक बीत चुके हैं, जब भरतमुनि ने नाट्यशास्त्र की रचना की। यद्यपि बीसवीं सदी के आरंभ में भरत रचित नाट्यशास्त्र का उल्लेख तो मिलता था, परंतु मूल ग्रंथ उपलब्ध नहीं था। सौभाग्य से 20वीं सदी के आरंभ में यह अनुपम कृति उपलब्ध हुई और जब विद्वानों ने इसे पढ़ा तो आश्चर्यचकित रह गए।

पराधीन भारत में विद्यालयों को पढ़ाया जाता था कि ज्ञान का उदय यूनान में हुआ। नाटक का आरंभ यूनान में हुआ। सर्वश्रेष्ठ नाटककार 'शेक्सपियर' हैं और अनपढ़ जंगली भारत को दयालु महारानी विक्टोरिया ने मनोरंजन के लिए 'थिएटर' प्रदान किया है।

फिर प्रभात हुआ। कालिदास की शाकुंतला पढ़कर विदेशी विद्वानों ने दाँतों तले अंगुली दबा ली। ऐसा अद्भुत नाटक अनपढ़ लोगों के देश से फिर केरल के गंवई गाँव के कलाकार। तक्कीयारों के घर से भास के नाटक प्रकट हुए।

2000 वर्ष पूर्व भी भारत में नाटक होते थे, रंगमंच था, यह जानकर सभी आश्चर्यचकित थे, तयों ना होते?। शेक्सपियर से 1500 वर्ष पूर्व भास जैसा नाटककार अंधकार भरे जंगल में कैसे पैदा हो गया? प्रकाश बढ़ता गया। भ्रमजाल कटते गए। सुनते थे कोई भरत थे, जिन्होंने नाट्यशास्त्र लिखा था। बेठन में शलपटी पोथियों में भरत नाट्यशास्त्र का उल्लेख था, पर ग्रंथ का अता-पता नहीं था। फिर सहसा भरतमुनि प्रदत्त मंजूषा प्रकट हुई। नाट्यशास्त्र की पांडुलिपियाँ या प्रतियाँ भारतवर्ष में अल्मोड़ा, आंध्र प्रदेश, बंगाल, दरभंगा, नेपाल, पुणे, तिरुवनंतपुरम्, तमिलनाडु और उज्जैन में मिलीं। ये भोजजमोर, देवनागरी और नेवारी लिपियों में हैं। अंग्रेजी अनुवाद छपे। संस्कृत में भी छपे। लोगों ने माना नाट्यशास्त्र कोई कपोल कल्पना नहीं, बल्कि काव्य, नाटक, संगीत और न जाने कितनी कलाओं और साहित्य का आदि ग्रंथ है।

भरत नाट्यशास्त्र में गद्य-पद्य-सूर कारिका, भाष्य और आनुवांश्य श्लोक या आर्याएँ आदि अनेक प्रकार के अंक उपलब्ध हैं, जिनसे यह सिद्ध होता है कि प्राचीन भारत में और भरतमुनि के युग में नाट्य की परंपरा अत्यंत प्रौढ़ हो चुकी थी।

डॉ. सुरेंद्र नाथ दीक्षित के अनुसार भरतमुनि का युग और नाट्यशास्त्र का निश्चित समय निर्धारित करना प्रत्यक्ष और असंदिग्ध प्रमाणों के आधार पर संभव नहीं है, परंतु अनेक अंत:साक्ष्यों और बहि:साक्ष्यों के आधार पर विश्व के अनेक विद्वानों ने अनुमान किया है कि यह ग्रंथ ईसा पूर्व पाँचवीं शताब्दी से पूर्व पूर्ववर्ती नहीं है तथा दूसरी शताब्दी ईस्वी से परवती नहीं है। हो सकता है कि इसके मूल सूत्र, ईसा पूर्व पाँचवीं शताब्दी से भी पूर्व के हों। परंतु यह सभी मानते हैं कि भारतीय प्रमुख ललित कलाओं का विश्वकोश निश्चत ही ईसा पूर्व की शताब्दियों में अत्यंत समादृत और मान्य रूप में प्रतिष्ठापित हो चुका था।

नाट्यशास्त्र की विश्वकोशात्मकता

भरत का नाट्यशास्त्र वस्तुत: भारतीय साहित्य, शास्त्रीय वाङ्मय में विश्वकोशात्मक माना जाता है। संस्कृत साहित्य के इतिहास में काव्यास्त्र और उनके विभिन्न उपादान तत्त्वों के प्रौढ़ विवेचनात्मक जो भी विवरण मिलते हैं, उन सब का मूल नाट्यशास्त्र में ढूँढ़ा जा सकता है। नाट्याभिनय के अंतर्गत वाचिक अभिनय के क्रम में काव्यपाठ या काव्यात्मक संवाद होते थे और उनमें अलंकार, गुण आदि का वाचिका अभिनय होता था। रस, भाव, अलंकार, गुण, नायक-नायिका भेद, भाषा आदि सभी विषय अपने आदिम रूप में नाट्यशास्त्र की पंक्तियों में विद्यमान है। नाट्य के जितने अंग हैं, जितने उपकरण हैं, रस, भाव, व्यंजन की जितनी ध्वनियाँ, चेष्टाएँ, मुद्राएँ, नेत्र संचालन, भ्र संचालन, मुखसंचालन, हस्त मुद्रा, अंग मुद्राएँ हैं सब का पर्याप्त निरूपण भरतमुनि ने किया है। छंद, व्याकरण, स्वर, वर्ण, ध्वनि सभी यहाँ निरूपित और विवेचित हैं। संगीत के स्वरूप में उन्होंने वाद्य, नृत्य, गान, ध्रुवा, स्वर, ताल और लय आदि का वर्णन प्रत्यक्ष या परोक्ष रीति से किया है।

नाट्यशास्त्र जहाँ वास्तु विद्या का प्रारंभिक ग्रंथ है, वहीं नृत्यकला का आदि ग्रंथ है। रसशास्त्र, काव्य, व्याकरण, भाषाशास्त्र का यह प्रथम ग्रंथ है। नाट्य कला का तो यह मूल ग्रंथ है ही जिसमें अभिनय, वृत्तिचारी, मंडन, रूप सज्जा, वेश-नेपथ्य के विन्यास, कार्यकलाप, नाट्य लेखन, नाटक के प्रकार, प्रेक्षक, नाटक के आलोचन और सभी कुछ तो है।

नाट्यशास्त्र में नाट्य वेद को पंचम वेद कहा गया है और इसे सभी वर्णों के द्वारा व्यवहार्य माना गया है। (1/12)

भरत नाट्यशास्त्र के अंतर्गत नाटक की सामान्य परिभाषा के साथ-साथ उसके त्रैआयाम संबंधी कल्पना भी स्पष्ट होती है। नाटक की परिभाषा देते हुए ब्रह्मा कहते हैं कि 'यह विभिन्न विलभंदन अवस्थाओं से युक्त अनेक प्रकार के भावों से संपन्न लोकवृत्त का अनुकरण करनेवाला नाट्य मेरे द्वारा रचा गया है।'

नाट्यशास्त्र में नाटक के विकास में इतिहास का संयोग भी अत्यंत महत्त्वपूर्ण माना गया है और कहा गया है कि वेदों, विद्याओं तथा इतिहासों (कथाओं) की परिकल्पना प्रस्तुत करनेवाला नाट्य लोकानुरंजन करनेवाला है। (1/120)

नाट्यशास्त्र की सबसे बड़ी विशेषता यह है कि इसमें संपूर्ण नाट्य की कल्पना एक पूर्ण इकाई के रूप में की गई है।

नाट्यशास्त्र में नाटक का अभिनय पक्ष बहुत विस्तार से प्रस्तुत किया गया है। यदि वैज्ञानिक उन्नति से संभव प्रयोगों को दृष्टि में रखकर विचार किया जाए तो संभवत: आधुनिक युग में भी अभिनय कला का इससे पूर्ण और सर्वांगीण विवेचन नहीं किया जा सकता है।

वस्तुत: नाट्यशास्त्रीय परंपरा में भरत अनूठे हैं—अद्वितीय हैं। अभिनय के क्रियात्मक

पक्ष के एक-एक रेशे को इस कलात्मक ढंग से उन्होंने सँवारा है और फिर उसे काल में जब कि संसार के अन्य भागों में एतद् विषय कोई चर्चा तक नहीं मिलती, तब भरत की इस सूक्ष्मदर्शिता से हम अभिभूत ही नहीं श्रद्धावनत हो उठते हैं।

अभिनय की समग्र दृष्टि के साथ नाट्यशास्त्र में रंगमंच की सांगोपांग कल्पना भी की गई है। इस विर्य में सबसे पहले तो प्रेक्षाग्रहों की रचना का विस्तृत विधान दिया गया है, जिसके आधार पर स्पष्टतः कहा जा सकता है कि भारतीय नाट्य में अभिनय को सूक्ष्म कला के रूप में स्वीकार किया गया है।

नाट्यशास्त्र में वृत्तियों का भी विवेचन है, जिसमें नाट्य रचना की विविध शैलियों, अभिनय की विविध नीतियों के साथ रस के अनिवार्य संबंध की स्थापना की गई है। इस प्रकार इन वृत्तियों के प्रसंग में भी शास्त्रकार की समग्र दृष्टि का परिचय मिलता है।

नाट्यशास्त्र के रिनयता महामुनि भरत यह तो मानते थे कि नाटक सभी वर्ग के लोगों के लिए होता है, किंतु वे यह भी मानते थे कि सर्वशास्त्र, शिल्प कला, विद्या आदि को अपने में समेट लेने वाले, नाटक का समुचित रसास्वादन करनेवालों में भी कई गुणों की अपेक्षा है। इसलिए उनके अनुसार नाटक देखनेवाले 'दर्शक' नहीं 'प्रेक्षक' होने चाहिए। दर्शक का अर्थ है—देखनेवाला। अपेक्षित गुण न होने पर भी यदि कोई नाटक देखने पहुँच जाता है तो वह दिषक बन जाता है। वह अपनी क्षमता के अनुसार नाटक देख पाता है, किंतु उसके मर्म तक नहीं पहुँच पाता। नाटक के मर्म की उपलब्धि तो उसी को होती है, जो वस्तुतः प्रेक्षक हो अर्थात् प्रकृष्ट (श्रेष्ठ) ईक्षक। भरत ने अपने नाट्यशास्त्र में 'प्रेक्षक' में क्या-क्या गुण होने चाहिए, उसकी एक लंबी तालिका दी है।

यह भारतीय संगीत का भी प्रथम ग्रंथ है, जिसमें कंठ संगीत के साथ ही वाद्य वादन का विस्तार से विवरण मिलता है। नाट्यशास्त्र से यह भी सिद्ध हो जाता है कि भारतीय नाट्य की परंपरा में संगीत का महत्त्वपूर्ण स्थान रहा है। नाटक के सूक्ष्म भावाभिनय की दृष्टि से तथा उसमें रसमय वातावरण की सृष्टि के लिए नाट्यशास्त्र में संगीत के तीनों अंगों—नृत्य, गायन और वादन का विस्तृत विवेचन, किया गया है।

नाट्यशास्त्र, समाजास्त्र और राजनीति का, ललित कला और कौशल, धर्म और दर्शन का भी ग्रंथ है।

नाट्यशास्त्र का मुख्य उद्देश्य लोकानुरंजन

नाट्यशास्त्र की साक्षी के आधार पर यह कहा जा सकता है कि भारतीय नाट्य कला का समुचित विकास इस दृष्टि में आर्यों के साथ देव, दानव, गंधर्व, राक्षस, यक्ष तथा महानाग जातियों का समुचित योग होने के बाद हुआ। (3/10)।

माना जाता है कि आर्यों के जीवन में नागरिक सभ्यता के विकास के साथ-साथ

विषमताएँ बढ़ने लगी थीं। काम–लोभ–ईर्ष्या आदि से आक्रांत होकर उनका लोकधर्म में प्रवृत्ति जीवन सुख–दु:ख से आंदोलित होने लगा था। फिर भी आर्यों के समुदायों का, परिवारों से पूर्ण शासित और वेद शास्त्र के धर्म से नियोजित जीवन, अधिक विमर्श नहीं हो पाया था, परंतु अन्य जातियों के समागम के साथ इस जीवन में जो विषमताएँ आने लगी थीं, उनको पूर्णत: प्रतिबिंबित करनेवाले नाटक का विकास होना आरंभ हुआ, जो धर्म—अर्थ की प्राप्ति करनेवाला, यश देने वाला, उपदेश और लोकहित की भावना से युक्ति भावी लोक समाज के कर्मों का निर्देशिक समझा गया। (1/14)। परंतु इसका उद्‌देश्य मूलत: लोकानुरंजन ही स्वीकार किया गया है।

नाट्‌यशास्त्र की साक्षी के आधार पर यह अनुमान लगाया जाता है कि नाट्‌य के पूर्ण अभ्युदय काल में वेद के साथ लोक की सशक्त परंपरा स्थापित हो चुकी थी। जिसकी अवहेलना नहीं की जा सकती थी और इस लोक की परंपरा का समुचित अर्थ यही हो सकता है कि नाना जातियों के सम्मिलन से समाज में अनेकानेक ऐसी परंपराएँ और मान्यताएँ स्वीकृत हो चुकी थीं, जो वेद विहित नहीं थी, पर जिनको ग्रहण कर लिया गया था। ये मान्यताएँ तथा विश्वास दूसरी जातियों के द्वारा समाज में प्रचलित किए गए होंगे।

ऐसा नहीं है कि नाटक के तत्त्वों का वैदिक समाज में अभाव था, उसके विभिन्न तत्त्वों का विकास आर्यों के सामाजिक जीवन में ही हो चुका था, जिन्हें नाटक के पूर्ण विकास में देखा जा सकता है। भरत ने तो स्पष्ट कहा है कि ऋग्वेद से नाटक के कथोपकथन का, सामवेद से गान का, यजुर्वेद से अभिनय का तथा अथर्ववेद से रस का विकास हुआ है (1/17)। परंतु यह भी सत्य है कि यह नाट्‌य लोक प्रमाण पर मुख्यत: आधारित है, अर्थात् नाट्‌य के विकास की वार्त्तिक भूमिका लोकजीवन के कलात्मक तत्त्वों का संगठन है। लोकवृत्ति के अनुकरण के कारण यद्यपि वेद तथा अध्यात्म प्रमाणों से नाटक की व्यवस्था को अनुशासित माना गया है तथापि इसके लिए लोक ही अंतिम प्रमाण स्वीकार किया गया।

लोक प्रमाण का तात्पर्य

यहाँ इस लोक प्रमाण का तात्पर्य यह माना जा सकता है कि नाट्‌य संबंधी, जितनी मान्यताएँ हैं, उन सब का आधार लोकजीवन में है, क्योंकि नाटक के अंतर्गत लोकजीवन से संबंधित घटनाएँ अपनी समस्त अवस्थाओं के साथ प्रस्तुत की जाती हैं। अत: लोकधर्म में प्रवृत्ति जितने भी शास्त्र, धर्म, शिल्प और कार्य हैं, सब उसमें विद्यमान होते हैं। वस्तुत: लोक की भावात्मक द्रष्टाओं के संबंध में शास्त्र पूर्णत: नियम नहीं बना पाते। अत: नानाशील तथा प्रकृतियों से युक्ति शास्त्रों पर आधारित नाटक के संबंध में अंतिम प्रमाण लोक ही माना गया है।

सारांचित और समग्रत: नाट्यशास्त्र का हेतु है कि लौकिक भाव, भाषा आदि की अपेक्षा नाट्य की आकर्षक मनभावनी शब्दावली से गुंथी भाषा, उसकी भावभंगिमा, उसकी स्थापना आदि सभी अतीव सुंदर और विलक्षण हो। वे भाव जो प्रत्यक्ष देखे जाते हैं, इतने चमत्कारी और अद्भुत नहीं होते, जितने की नाटकीय ढंग से सात्त्विक, आंगिक, वाचिक और आहानर्यक चतुर्वध अभिनय के द्वारा उपस्थित किए गए विस्मय उत्पादक होते हैं। ऐसा नाट्य राष्ट्र के भावी विकास में महान् उपयोगी शासकों की ज्ञान पिपासा को बढ़ाता है, जिससे वह अध्ययन करने को प्रवृत्त होते हैं और अध्ययन के बाद उनके चित्रपटल पर बहुविध प्रकृत्ति की किरण सरणियाँ फैल कर सरलता के साथ सुखपपूर्वक हृदय में व्याप्त हो जाती है, परिणामस्वरूप, मूलभूत सत्य के प्रति उनमें श्रद्धा का बीजारोपण हो जाता है।

ऐसा प्रतिसाद प्रदाता नाट्यशास्त्र कला के क्षेत्र में मूर्धन्य है। विश्व की किसी भी भाषा में ऐसा मौलिक ग्रंथ रत्न दूसरा कोई नहीं है, जो आज विश्व में दिखलाई पड़ रहा हो। विश्व के साहित्य में आज नाटकों का जो प्रचार-प्रसार एवं प्रकृति-विकास दिखाई पड़ रहा है, वह सब इसी की देन है, सब का मूल स्रोत यही है, जिसके रचियता भरतमुनि हैं। □

धर्म तत्त्व-निर्णय

✍ प्रो. सुरेंद्र भटनागर

1. प्रस्तावना

1. अस्ति, बीज है। उसका विस्तार ही अस्तित्व है। अस्तित्व सगुण रूप में व्यक्त है और वही निर्गुण रूप में अव्यक्त भी।

   जो अस्तित्व को, निर्गुण या सगुण, उसके किसी भी रूप में स्वीकार करता है, वह आस्तिक है। जो लोग अस्तित्व को नाशमान मानकर, अस्तित्व की सभी संभावनाओं को मूल्यहीन समझकर, अस्वीकार करते हैं, वास्तव में वे ही नास्तिक हैं। निराशाओं से भरा उनका जीवन धरती पर ही नर्क है। धर्म, अस्तित्व की धरती पर अपने को बनाए रखने की, धारक-क्षमता है।

2. इस आलेख में मेरी दूसरी प्रस्तावना है कि धर्म ही नहीं, अधर्म भी सनातन होता है, क्योंकि जैसे ही धर्म के किसी नए प्रत्यय की स्थापना होती है, क्रिया की प्रतिक्रिया के रूप में, अधर्म का प्रति-प्रत्यय भी, साथ ही में विकल्प के रूप में जन्म लेता है। धर्म के समान अधर्म भी युगानुकूल होते हैं। समय से अधर्म भी शक्तिशाली हो जाते हैं।

2. धर्म, एक सकारात्मक गतिशील प्रत्यय

देश और काल के अनुरूप, धर्म भी एक परिवर्तनशील प्रत्यय है। स्वायंभुव मनु, मनुओं में प्रथम हैं। महाभारत में उनके कथन का इस प्रकार उल्लेख है।

"स एव धर्मः सैधर्मो देशकाले प्रतिष्ठितः आदानमनृतं हिंसा धर्मो ह्यावस्थिकः स्मृतः (महाभारत, शांतिपर्व 36-11)।" जिसका अर्थ है कि एक ही क्रिया देश और काल के भेद से धर्म अथवा अधर्म हो जाती है। महाभारत में व्यासजी, शुकदेवजी से कहते हैं कि सतयुग में तप, त्रेता में ज्ञान, द्वापर में यज्ञ और कलियुग में दान को ही श्रेष्ठ धर्म समझा जाता है, "तपः परं कृतयुगे त्रेतायाम् ज्ञानमुत्तमम्। द्वापरे यज्ञमेवाहुर्दान्मेकं कलौ

युगे (महाभारत शांति-पर्व 231-28)" गीता में भगवान् श्रीकृष्ण अर्जुन से कहते हैं कि द्रव्यों के द्वारा किए जानेवाले यज्ञों की तुलना में ज्ञान-यज्ञ श्रेयस्कर हैं, श्रेयांद्रव्यमयाद्यज्ञा ज्ञानयज्ञ परन्तप

अहिंसा की गणना परम-धर्म के रूप में की गई है, फिर भी पशुबलि एक प्राचीन चलन था। ब्राह्मण ग्रंथों में पशुबलि के विधानों का विस्तृत वर्णन मिलता है। किंतु भगवान् बुद्ध ने इस प्रथा को सदा के लिए धर्म की श्रेणी से अलग कर दिया। आगे वैष्णव धर्म आया और पशुबलि एक धार्मिक आचार के रूप लगभग समाप्त हो गई। अतुल कुमार सिन्हा (1999)— एक प्रत्यय के रूप में धर्म की व्याख्या करते हुए लिखते हैं—सत्य और न्याय के चेतना-सूत्रों से इसका ताना-बाना बुना जाता है और गत्यात्मिकता इसकी प्रकृति है। सृष्टि के जीवित घटकों के लिए। परिवर्तन और विकास मौलिक सच्चाइयाँ हैं। अस्तित्व एक होता है। स्थिति और गति, किंतु एक समय वह एक अवस्था में ही रह सकता है। इसलिए जो धर्म जीवित हैं, वे केवल जड़ता का दासत्व स्वीकार नहीं कर सकते।

3. सनातन धर्म क्या

यदि धर्म देश-काल के अनुसार एक परिवर्तनशील प्रत्यय है, तो जो कालातीत है और सनातन है, धर्म में वह क्या है, गीता में भगवान् श्री कृष्ण कहते हैं, कालक्रम से धर्म में विकार आते हैं।

तब अवतारिक महाचेतना धरती पर आती है, और धर्म को उसकी मूल-प्रतिष्ठा में, जीवन के सनातन सकारात्मक आचार में प्रतिष्ठित करती है। यह महाचेतना क्या है? कहाँ से आती है? यह समझने के लिए प्रणव की रचना समझना आवश्यक है। वैदिक प्रणव या ओंकार चतुष्पाद पुरुष है। इनमें भूरू, भुवः स्वः, प्रणव के प्राण या उर्जा द्वारा संधारित एवं संचारित, प्रथम तीन पद या लोक हैं। ये तीनों परस्पर एक दूसरे से ऊर्जा-संचार द्वारा बंधे हैं। ऊर्जा द्वारा बंधी, ऊर्जा की इन तीन अवस्थाओं के नाम, देह, प्राण, मन हैं या अंग्रेजी भाषा में इन्हें मैटर, इनर्जी और माइंड कह सकते हैं। ऊपर दिए बाँधनेवाले, प्राण के इस प्रवाह को, दिशात्मक तीरों द्वारा दिखाया गया है। यह त्रिलोक ही हमारा जगत् है, जो हमारी चेतना में है और जिसमें हम व्यवहार करते हैं। इसी प्रणव का चौथा चंद्रमा, महः है। जो स्वतंत्र है। महः इति चंद्रमा, तद् ब्रह्म। चेतना का यही बंधनमुक्त, स्वतंत्र, रचनात्मक लोक है। देह, प्राण, मन के त्रिलोक में ऊर्जाबन्धनों से बंधे जीव,पशु कहलाते हैं। मनुष्य और देवता इसी त्रिलोक में रहते हैं। वे सभी, नियमों के पाशों से बँधे हैं। पशु हैं। इन तीन लोकों से ऊपर जो चौथा लोक है, उसके स्वामी पशुपतिनाथ हैं। शिव के माथे पर चंद्रमा है। महर्लोक के स्वामी देवाधिदेव महादेव हैं। शिव हैं। जो आत्मा, इस लोक में अपने तप से पहुँच जाती है, महात्मा कहलाती है। जीवन में सबसे

महत्पूर्ण महः लोक की साधना है। इस आलेख में प्रणव के संबंध में गहराई से समझाने के मेरे दो उद्‌देश्य थे। 1. संसार कर्मभूमि है और कर्मों की भोग-भूमि भी। इस जीवन में महत्त्वपूर्ण केवल महत्पदपाना है। प्रणव में उसके इस चौथे पद की अर्हता ही मनुष्य को अर्हत बनाती है, महान बनाती है और देवों को महादेव। संसार, एक विश्व-जैविक सत्ता है, विकास के जिसके अपने स्वायत्त जैव-गतिक नियम हैं, जीव कोई भी हो, यहाँ स्वतंत्र नहीं है। ईश्वर चेतना भी, संसार में रहकर, संसार के नियमों का पालन करती है। 2. दूसरा उद्‌देश्य इस बात को समझना था कि धर्म-अधर्म का निर्णय कौन कर सकता है? यह एक यक्ष प्रश्न कहा जाता है और इसका उत्तर मैं स्वयं न देकर महाभारत के वनपर्व में यक्ष और युधिष्ठिर के बीच एक संवाद के माध्यम से देना चाहूँगा। यक्ष ने धर्मराज कहे जानेवाले, युधिष्ठिर से लगभग 100 प्रश्न पूछे। मैने उनमें से कुछ चुने हैं, जिन्हें मैं नीचे दे रहा हूँ।

यक्ष ने पूछा—

1-पहला प्रश्न है—कः धर्मः

2-दूसरा प्रश्न है—किन्स्विद् धर्मं सनातनम्

इस जगह यह प्रश्न उठता है कि कालक्रम में जब धर्म विकारग्रस्त हो जाता है, तो विवाद के समय, सत्य का निर्णय कौन करेगा? आज भी यह एक यक्ष-प्रश्न के रूप में जाना जाता है। महाभारत के समय यह प्रश्न शिव-रूप-यक्ष ने पांडवों से पूछा था। यक्ष ने कहा—सत्य का निर्णय, तर्क के द्वारा नहीं किया जा सकता, क्योंकि जिसके पास अधिक बुद्धिबल या तर्कक्षमता है वह झूठ को भी सच सिद्ध कर सकता है। इसलिए तर्क की प्रतिष्ठा नहीं है। तर्केप्रतिष्ठा। वेद भी एक नहीं हैं। श्रुतियोर्विभिन्न। और कोई एक मुनि भी नहीं जिसका वचन प्रमाण माना जा सके। न एको मुनिः यस्य वचः प्रमाणंप्

फिर धर्म के तत्त्व का निर्णय कौन करेगा? युधिष्ठिर का सरल और एकसूत्र उत्तर था—हे यक्ष धर्म का तत्त्व, चेतना की गहरी गुहा में स्थित है और जिसने चेतना के महर्लोक की इस अर्हत स्थिति को प्राप्त कर लिया है, वह धर्म की जो परिभाषा दे और करणीय-अकरणीय के संबंध में जो निर्णय करे, वही सही है, धर्मस्य तत्त्वं निहितं गुहायाम्-महाजनो येन गतः स पन्था। यक्ष का दूसरा प्रश्न धर्म की सनातन प्रकृति के संबंध में था। यक्ष—किन्स्विद्धर्म सनातनम्

4. सनातन धर्म

सनातन धर्म किसे कहते हैं? इसका सीधा और सरल उत्तर जो युधिष्ठिर ने दिया, वह था, जो नित्य है, अमृत है, वही सनातन है। सनातनोमृतो। सनातन और सदा रहनेवाले जीवन-धर्मों का जन्म, मनुष्य के डी.एन.ए. के साथ, उसे प्रकृति से दान के रूप में मिलता

है। प्रकृति के ये देय सारी मनुष्यता के लिए समान होते हैं, जैसे अहिंसा, योग, सहयोग, सहिष्णुता, पारस्परिकता, उदारता, अस्तेय, क्षमा, दान, दया, इंद्रिय-निग्रह, संयम और जीव मात्र से प्रेम और शांतिपूर्ण सहजीवन इत्यादि। सकारात्मक सरोकारों वाले ये गुण, मनु के धर्मशास्त्र से आज तक ज्यों-के-त्यों हैं, सदा हैं, सदा रहेंगे, इसलिए सनातन हैं।

5. सनातन अधर्म

किंतु इसी प्रकृति ने सनातन-अधर्म को भी साथ ही जन्म दिया, जिसका सूत्र स्वार्थ और मात्स्य-न्याय था। इसके आधार पर पश्चिमी राष्ट्रों ने संपूर्ण पृथ्वी पर अपने उपनिवेश बनाकर, उनके इस लूटे हुए धन से, उन्होंने अपनी भौतिक समृद्धि का निर्माण किया, आज भी ये देश, आधुनिकतम युद्धों की सामग्री बनाकर और बेचकर दुनिया पर अपना आर्थिक वर्चस्व बनाए हुए हैं। पश्चिम से पहिले मध्य एशियाई जातियों ने लूट को लक्ष्य बनाकर भारत पर लगातार आक्रमण किए। यह प्रश्न संभवतः सदा प्रश्न ही बना रहे कि इसलाम के पैगंबर ने अपने पंथ के प्रसार के लिए प्रारंभ से ही युद्ध का रास्ता क्यों चुना। तारिक अली (2002) अपनी पुस्तक 'द क्लैश ओफ फंडामेंटलिज्म्स' में लिखते हैं कि हिजरी सन् 8 में ही हजरत मोहम्मद साहिब ने मक्का की भाग्य की देवी अल मनात की मूर्ति तोड़ने के लिए बीस सशस्त्र घुड़सवारों को भेजा। तारिक अली आगे लिखते हैं कि 8 वर्ष तक वे कुरैश कबीलाई पुरुष देवता अल्लाह और उनकी तीन पुत्रियों, अल मनात, अल-लात और अल-उज्जा के साथ, किसी प्रकार असहज सह-अस्तित्व में रहे, फिर मक्का के कबीलों से बद्र की लड़ाई में जीत के बाद, मक्का के इस मंदिर की तीनों देवियों की मूर्तियाँ तोड़ दी गईं। तारिक अली पूछते हैं—क्या अल्लाह अपनी पुत्रियों की इस दशा पर रोया? क्या उसने कोई विरोध किया? इस घटना की वृत्तकथा में इसका कोई उल्लेख नहीं है। किंतु आज दुनिया में औसत आदमी का सोच पूरी तरह बदल चुका है, आज दुरुस्त दिमाग के सभी लोग एक दूसरे के सोच का सम्मान करते हैं। जोर, जबरदस्ती, छल-बल और लालच से अपने संप्रदाय के लोगों की संख्या, किसी भी तरह बढ़ाना, इसका धर्म से कोई संबंध नहीं है। इस प्रकार का धर्मपरिवर्तन एक गर्हित कर्म है, इसकी गणना सनातन अधर्मों में ही की जा सकती है।

6. धर्म जीवन की धारक सत्ता

धर्म व्यक्ति और समाज के जीवन की धारक-सत्ता है, धर्मो धारयते प्रजाः। कोई भी ग्रंथ हो, वह एक समय की, एक समय तक के लिए, बाँधी बँधी गठरी है। वह धर्म की गतिशीलता के गुण को चुनौती देता है। किसी को गुरु मानना या न मानना, ईश्वर के

अस्तित्व को भी स्वीकार करना या न करना, यह व्यक्ति के व्यक्तिगत विवेक पर निर्भर करता है। वर्तमान सदी में आज ऐसे किसी सभ्य समाज की कल्पना नहीं की जा सकती, जहाँ समाज में रहकर उसे अपने विचारों के अनुसार अपना जीवन जीने की आजादी न हो।

7. सर्व समावेशी हिंदुत्व

अक्षरा मई 2018 में धरोहर स्थायी स्तंभ में अवैदिक जातियों से वैदिकों के विवाह संबंध शीर्षक के अन्तर्गत स्वातंर्त्य वीर सावरकरजी के विचार पढ़ने को मिले। वे लिखते हैं—हिंदू के सिवाय अन्य कोई भी नाम, हम लोगों की जातीय तथा वांशिक एकता के यथार्थ का प्रदर्शन नहीं कर सकता। एक ही परिवार में पिता बौद्ध, पुत्र जैन तथा माता वैदिक होते थे। गुजरात में वैष्णवों और जैनों में आज भी संबध होते हैं। दक्षिण में आयर और नायर भी हम लोगों जैसे हिंदू ही थे। हम लोगों में कुछ दाक्षिणात्य हैं तो कुछ गौड़, परंतु गौड़ और सारस्वत सभी हिंदू ही हैं। तो आज भी यह क्यों नहीं हो सकता कि परिवार हिंदू ही कहलाए और परिवार के व्यक्ति अपने-अपने विचार और संप्रदायों के अनुसार जीवन जीने के लिए स्वतंत्र हों। मैं स्वयं भी व्यक्तिगत रूप से यह समझने में असमर्थ हूँ कि जब अलग-अलग विचारों के लोग एक साथ एक परिवार में रह सकते हैं, तो अलग-अलग आध्यात्मिक पंथों के क्यों नहीं ?

प्रसिद्ध विचारक डॉक्टर संपूर्णानंद ने सितंबर 1951 में अपने एक लेख में लिखा था, "कभी-कभी मुझे ऐसा लगता है कि देश की व्याख्या करते समय सेक्युलर शब्द पर जोर देना हमारी बुद्धिमानी के प्रतिरूप रचता है। वह हमारी बुद्धिमानी के बजाय, हमारी कमजोरी का प्रतीक हो बैठता है। सांप्रदायिक जाल से दूर होने की बात समझ में आती है, किंतु इसका यह मतलब नहीं होता कि हम जीवन के प्रति एक अधार्मिक दृष्टिकोण स्थापित कर लें। हमें यह नहीं भूलना चाहिए कि यद्यपि हमारी सांस्कृतिक धारा को विभिन्न छोटी-छोटी धाराओं ने पुष्ट किया है, फिर भी इसकी मूल धारा का उद्‍गम उन लोगों की बौद्धिक और आध्यात्मिक विचार परंपरा में है, जिसका प्रतिनिधित्व वैदिक साहित्य करता है। सर्वसाधारण की भाषा में यह मूलतः और प्रधानतः हिंदू संस्कृति है।" मैं भी यह किसी भी तरह सोचने में असमर्थ हूँ कि एक ओर जो लोग हर जगह विचारों की आजादी की वकालत करते नहीं थकते, वे संविधान के माध्यम से सेक्युलरिज्म के एक नकारात्मक विचार को, पूरे देश पर कैसे थोप सकते हैं। स्वामी विवेकानंद हिंदुत्व के सर्वसमावेशी चरित्र की व्याख्या शिव महिम्न स्त्रोत से इस प्रकार की है—यं शैवा समुपासिते शिवः इति ब्रह्मेति वेदान्तिनो, बौद्धा बुद्ध इति प्रमाण पटवः कर्तेती नैयायिका सोयं वो विदधातु वांच्छित फलं त्रैलोक्य नाथो हरिः।

अक्षरा द्वैमासिक के जुलाई 2017 के अंक में प्रकाशित न्यायमूर्ति देवदत्त माधव

धर्माधिकारी का संस्मरण पढ़ने को मिला। ग्वालियर में मध्य प्रदेश उच्च न्यायालय के भवन के शिलान्यास के लिए भारत के तत्कालीन मुख्य न्यायाधिपति माननीय अहमदीजी को बुलाया गया थां, किंतु इस कार्यक्रम में सरस्वती वंदना इसलिए नहीं हो सकी, क्योंकि हमारा नकारात्मक संकीर्ण वैचारिक सेक्युलर सोच इसकी अनुमति नहीं देता। यह भी कि हमारे राजनैतिक और प्रशासनिक उच्च पदों पर बैठे अधिकारियों में आज भी इन प्रतीकों की आवश्यक वैचारिक समझ नहीं है। इसलिए वे धर्म को रिलिजन या मजहब से अलग नहीं देख पाते। वे समझकर भी नहीं समझ पाते की हिंदू एक देशपरक प्रत्यय है, जिसका अनुवांशिक आधार है। हमारी पौराणिक स्मृति, हमें उस काल तक पीछे ले जाती है, जब न राजा होते थे, न राज्य। पृथ्वी ही एक देश और पूरा मानव समाज ही एक राष्ट्र समझा जाता था। आधुनिक विज्ञान दो लाख वर्ष पूर्व मनुष्य की उत्पत्ति मानता है। हमारे पुराण लक्षणों के आधार पर स्वायंभुव मन्वंतर कहते हैं। वैदिक संहिताओं में राष्ट्र का स्वरूप पृथ्वीपरक है और रामायण इत्यादि महाकाव्यों के काल तक यह जननी और जन्मभूमि से जुड़ा रहा। वेद मैं कई स्थान पर राष्ट्र शब्द आया है। यथा-वयं राष्ट्रे जागृयामः पुरोहिताः। इसका अर्थ समाजपरक है। इस विषय के अधिकारिक एवम् तात्विक विवेचन के लिए श्री दत्तोपंत जी ठेंगडी की पुस्तक—'राष्ट्र' पठनीय है। आज राष्ट्र शब्द भी धर्म के समान अर्थ-विकृत हो चुका है। इसलिए भी इस पुस्तक की चर्चा और पठन आवश्यक है।

8. अंत में

युधिष्ठिर द्वारा, यक्ष के तीसरे प्रश्न का उत्तर कि क्या द्विजत्व का अर्जन, मात्र वेदपाठ एवं स्वाध्याय से संभव है, युधिष्ठिर का उत्तर था—सुनो यक्ष—

श्रुणु यक्ष कुलं तात न स्वाध्यायो न च श्रुतम्।
कारणं हि द्विजत्वे च वृत्तमेव न संशयः।।

मात्र स्वाध्याय नहीं, द्विजत्व के लिए आचरण ही आवश्यक है आचार के अभाव में भारत आज अन्य सभी देशों के समान ही एक भ्रष्टाचारी देश है। संतों ने, ईश्वर का नाम पतित-पावन दिया, इस प्रकार मंदिर हों, मठ हों अथवा आश्रम वे मुख्य रूप से पतितों की पनाहगाहें होना चाहिए थे, जहाँ पतित, पवित्र हो सकते। पर आज मंदिरों पर उन जातियों का एकाधिकार है, जो एक जाति के रूप में पहिले से ही पवित्र हैं। कम-से-कम ऐसा अहंकार तो उनको है ही। आदमी शांति की खोज में मंदिरों में जाता था, पर आज वह भीड़ और शोर के सिवा वहाँ कुछ नहीं पाता। संतों ने ईश्वर का दूसरा नाम दीनानाथ दिया, गरीब निवाज, पर जो गरीबों का ठिकाना और ईश्वर की पूजा की जगह होना चाहिए थी, वह भी वी.आई.पी. श्रेणी के लोगों के लिए आरक्षित हो गई हैं। आज मानवता को

धर्म के अर्थ के संबंध में फिर गहराई से सोचना होगा। एक सच्चे अर्थों में धार्मिक-विश्व के निर्माण के सिवा, मनुष्यता पर अन्य कोई विकल्प भी नहीं है। अपनी कमजोरियों पर विजय पाए बिना कोई भी धर्म, कृत अर्थ नहीं हो सकता।

संदर्भ—

1. अतुल कुमार सिन्हा, (2000) भारतीय संस्कृति का इतिहास बोध। चित्र वीथिका। इलाहबाद संग्रहालय, इलाहबाद।
2. धर्माधिकारी देवदत्त माधव (2017) न्याय मंदिर का उद्घाटन। अक्षरा। संपादक डॉ. सुनीता खत्री। राष्ट्र भाषा प्रचार समिति, भोपाल।
3. डॉ. संपूर्णानंद (2003) अधूरी क्रान्ति। लोकहित प्रकाशन। लखनऊ।
4. ठेंगडी, श्री दत्तोपंत जी (1991) राष्ट्र। जानकी प्रकाशन। नई दिल्ली।
5. महर्षि वेद व्यास- महाभारत, वन पर्व। द्वितीय खंड (पृष्ठ 1822) गीता प्रेस, गोरखपुर।
6. तारिक अली (2003) द क्लैश ओफ फंडामेंटलिज्म्स। रूपा एंड को. न्यू दिल्ली।

□

लेखक परिचय

1. श्री जे. नंदकुमार संप्रति प्रज्ञा प्रवाह के राष्ट्रीय संयोजक हैं। वे शिक्षा से इंजीनियर, आग्रह से पत्रकार, कार्य से स्वयंसेवक तथा दायित्व से प्रचारक हैं।
2. श्री मुकुल कानिटकर संप्रति भारतीय शिक्षण मंडल, नागपुर के राष्ट्रीय संगठन के मंत्री हैं।
3. प्रो. बी.के. कुठियाला संप्रति हरियाणा राज्य उच्च शिक्षा परिषद् के अध्यक्ष हैं। डॉ. कुठियाला पूर्व में माखनलाल चतुर्वेदी राष्ट्रीय पत्रकारिता एवं जनसंचार विश्वविद्यालय, भोपाल (म.प्र.) के कुलपति रह चुके हैं।
4. प्रो. श्रीप्रकाश मणि त्रिपाठी संप्रति दीनदयाल उपाध्याय गोरखपुर विश्वविद्यालय, गोरखपुर (उत्तर प्रदेश) में राजनीति विज्ञान के वरिष्ठ आचार्य हैं।
5. डॉ. नीरजा अरुण संप्रति गुजरात विश्वविद्यालय, अहमदाबाद के प्रवासी अध्ययन केंद्र की निदेशक हैं। साथ ही डॉ. नीरजा भवन्स् कॉलिज ऑफ आर्ट्स एवं कॉमर्स, अहमदाबाद की प्राचार्य हैं।
6. डॉ. बलवंत जानी संप्रति डॉ. हरिसिंह गौर विश्वविद्यालय, सागर (मध्य प्रदेश) के कुलाधिपति हैं।
7. प्रो. भगवती प्रकाश शर्मा ख्याति प्राप्त अकादमिक चिंतक, प्रशासक एवं लेखक हैं तथा संप्रति पैसेफिक विश्वविद्यालय, उदयपुर (राजस्थान) के प्रति कुलपति हैं।
8. डॉ. शरद हेबालकर प्रज्ञा प्रवाह से संबद्ध इतिहासज्ञ हैं।
9. श्रीमती इंदुमती बेन वरिष्ठ समाजसेवी एवं शिक्षाविद् हैं।
10. प्रो. कौशल किशोर मिश्र संप्रति काशी हिंदू विश्वविद्यालय, वाराणसी में राजनीति विज्ञान के वरिष्ठ आचार्य हैं।
11. प्रो. चंद्रकांत शुक्ल वरिष्ठ शिक्षाविद् हैं।

12. प्रो. संजीव कुमार शर्मा संप्रति चौधरी चरण सिंह विश्वविद्यालय, मेरठ के राजनीति विज्ञान विभाग में आचार्य एवं अध्यक्ष हैं। डॉ. शर्मा अखिल भारतीय राजनीति विज्ञान परिषद् के राष्ट्रीय महासचिव एवं कोषाध्यक्ष हैं।
13. श्री राज नेहरू वर्तमान में हरियाणा राज्य कौशल विश्वविद्यालय के कुलपति हैं।
14. प्रो. राकेश कुमार मिश्र संप्रति लखनऊ विश्वविद्यालय, लखनऊ में राजनीति विज्ञान विषय के वरिष्ठ आचार्य हैं।
15. डॉ. देवव्रत सिंह संप्रति झारखंड केंद्रीय विश्वविद्यालय, राँची में जनसंचार विभाग के अध्यक्ष हैं।
16. श्री दिनेश कुमार स्वतंत्र पत्रकार हैं।
17. सुश्री अद्वैता काला सुप्रसिद्ध उपन्यास एवं फिल्म लेखिका एवं स्वतंत्रचेता पत्रकार हैं।
18. श्री विजय मनोहर तिवारी दैनिक भास्कर के नेशनल न्यूज रूम में उप संपादक हैं।
19. प्रो. रमेश चंद्र त्रिपाठी संप्रति लखनऊ विश्वविद्यालय, लखनऊ के पत्रकारिता एवं जनसंचार विभाग के कृतकार्य अध्यक्ष हैं।
20. प्रो. श्रीप्रकाश सिंह संप्रति दिल्ली विश्वविद्यालय, दिल्ली में राजनीति विज्ञान विषय के आचार्य हैं।
21. श्री हरेश वशिष्ठ दैनिक ट्रिब्यून के समाचार संपादक हैं।
22. श्री अजय भारद्वाज चंडीगढ़ स्थित वरिष्ठ पत्रकार हैं।
23. डॉ. पी. शशिकला वर्तमान में माखनलाल चतुर्वेदी राष्ट्रीय पत्रकारिता (मध्य प्रदेश) में नव संचार प्रौद्योगिकी विभाग में आचार्य एवं अध्यक्ष हैं।
24. श्री टी.एस. नागाभरण वरिष्ठ पत्रकार और मीडिया कर्मी हैं।
25. डॉ. अनूप कुमार मिश्र, वर्तमान में डी.ए.वी. कॉलेज, वाराणसी में अर्थशास्त्र विभाग में सहयुक्त आचार्य हैं।
26. श्री हरिभाई पटेल संप्रति अखिल भारतीय इतिहास संकलन समिति, गुजरात के सहसचिव हैं।
27. प्रो संजय द्विवेदी संप्रति माखनलाल चतुर्वेदी राष्ट्रीय पत्रकारिता एवं संचार विश्वविद्यालय, भोपाल में जनसंचार विभाग के आचार्य एवं अध्यक्ष हैं।

28. श्री अंगद किशोर संप्रति सोनघाटी पुरातत्व परिषद्, पलामू (झारखंड) के अध्यक्ष हैं।
29. सुश्री चंचल संप्रति चौधरी चरण सिंह विश्वविद्यालय, मेरठ के राजनीति विज्ञान विभाग में शोध सहायक हैं।
30. डॉ. सोनल मानसिंह ख्यातिप्राप्त नृत्यांगना एवं राज्यसभा सांसद हैं।
31. डॉ. रविंद्र भारती महर्षि दयानंद सरस्वती विश्वविद्यालय, अजमेर के भारतविद्या संकुल के पूर्व सह निदेशक हैं।
32. प्रो. सुरेंद्र भटनागर महर्षि दयानंद सरस्वती विश्वविद्यालय, अजमेर के भारतविद्या संकुल के पूर्व निदेशक हैं।
33. श्री श्रीधर पराड़कर भारतीय साहित्य परिषद् से संबद्ध हैं।

□□□